作者簡介

馮玉軍，著名國際問題專家，北京大學歷史學系教授，華東師範大學社會主義歷史與文獻研究院特聘教授，中國中俄關係史研究會副會長。曾任中國現代國際關係研究院俄羅斯所所長，復旦大學國際問題研究院副院長、俄羅斯中亞研究中心主任。主要從事俄國史／蘇聯史、俄羅斯／蘇聯問題、中俄關係的歷史與現實、國際戰略與大國關係、國際能源安全與外交研究。主要著作有《誰將接掌俄羅斯：普京之後的俄羅斯政治精英》《歐亞新秩序》（三卷本）、《俄羅斯發展前景與中俄關係走向》《俄羅斯國家安全決策機制》《百年中俄關係》等，曾獲第九屆教育部高等學校科學研究優秀成果獎（人文社會科學）二等獎、上海市第十五屆哲學社會科學優秀成果獎（學科學術類）一等獎。

俄羅斯外交決策機制

從蘇聯解體到俄烏戰爭

馮玉軍 著

開明書店

目　錄

導　言

一、本書的理論與現實意義

蘇聯的解體是俄羅斯歷史發展和國際關係演變過程中的重大事件。在國家層面上，蘇聯的解體使俄羅斯國家的發展軌跡發生了巨大轉折；在國際層面，蘇聯的解體引起了歐洲乃至世界國際關係格局的劇烈重組。

蘇聯解體的一個重要後果，就是其繼承國—俄羅斯聯邦作為獨立的國際法及對外政策主體出現在國際舞台上，但國內體制的激烈轉軌和國際環境的巨大變化，使新俄羅斯的對外政策和安全政策制訂面臨着嚴峻的挑戰，作用於前蘇聯國家外交與安全政策制訂的幾乎所有因素都發生了變化：國際關係體系發生了變化，俄羅斯在國際關係體系中的地位發生了變化，俄羅斯國內的政治、經濟系統與權力結構也發生了變化。俄羅斯決策機制，特別是外交與安全政策決策機制，無論是從法律基礎還是從政治內涵上，都隨着社會結構和政治體制的變化而發生了相應的調整。

與國際環境的變化相比，俄羅斯內部社會政治結構與決策機制的變化，對俄羅斯的對外政策與安全政策產生着更為深遠的影響。俄羅斯的對外政策與安全政策取向「在很大程度上取決於國內社會政治的發展、社會精英的組成、它的基本功能與力量對比；國家的憲法體制與政治結構；國家總體利益與對外政策利益的關係，其中的現實主義與意識形態成分的比重；國內政策與對外政策過程的基本特點。」[1] 從某種意義上說，俄羅斯的外交

1 *Н. Косолапов*. Внешняя политика России: проблемы становления и политикоформирующие факторы // МЭ и МО. 1993. No. 2.

與安全政策是社會內部政治結構和決策機制變化的結果，「無論是從形式上還是從內容上，它都不得不適應變化了和正在發生變化的現實，同時它又不可避免地反映出內部鬥爭的波折。」[1] 俄羅斯社會結構與政治體制的一系列因素——「國家體制的變化、政治變遷、社會的民主化以及向市場經濟的過渡」——「決定了對外政策過程參與者的組成」，[2] 從而影響着俄羅斯聯邦對外政策與安全政策的制訂和實施。可以說，對外政策與安全政策決策機制是國內社會政治結構影響對外政策的橋樑，只有通過對決策機制的研究我們才能深入理解：俄羅斯的國家體制與對外政策和安全政策有着什麼樣的關係，俄羅斯內部的體制轉軌過程對對外政策和安全政策產生着什麼樣的影響？哪些社會政治力量參與外交與安全政策決策，政治主體通過怎樣的權力運作機制來制訂政策？與對外政策和安全政策有關的國家權力機構擁有哪些權限，在決策過程中發揮着什麼功能？決策機制對政策內容有着怎樣的影響？由各個系統單元組成的決策機制是否可以有效地協調並正常運轉，從而凝聚國家的政治意志，有效利用所擁有的資源以達到自己的對外政策與安全政策目標？

本書的核心任務，就是以蘇聯解體後俄羅斯社會政治變遷為宏觀歷史背景，以對外政策與安全政策的決策機制作為研究主線，通過研究新俄羅斯政治體制和社會結構變化的總體特點、各個官僚機構在對外政策與安全政策決策過程中的權限和相互關係以及影響俄羅斯外交決策的社會因素，總結出俄羅斯對外政策與安全政策決策機制的結構框架與決策模式。

此項研究工作的理論及現實意義在於：

首先，對實踐的理論性探討——探索、揭示俄羅斯外交決策機制的內在規律。俄羅斯獨立以來，其外交和安全政策幾經調整。大多數研究者將

---

1 *Н. Косолапов*. Внешняя политика России: проблемы становления и политикоформирующие факторы // МЭ и МО. 1993. № 2.

2 *И.Кобринская*. Внутренние факторы внешней политики посткоммунистической России // Политическая Россия. Московский центр Карнеги.1999. С.276.

這種政策變化的原因，歸結於國際環境的變化和國內政治鬥爭。但對於國際環境的變化和國內政治鬥爭通過什麼渠道與途徑作用於對外政策與安全政策卻語焉不詳。也就是說，學界更多地注重對俄羅斯外交與安全政策內容的研究，而對俄羅斯外交與安全決策的分析、研究尚未引起足夠的重視。作者認為，在宏觀國際環境以及俄羅斯國內政治結構與外交和安全政策之間存在着一種「轉換器」——外交與安全政策決策機制。正是通過這種決策機制，俄羅斯國內政治因素才按照一定的結構與過程作用於對外政策；正是通過這種決策機制，國際環境的改變才能作為一種決策人頭腦中的「印象」反映在外交與安全政策當中。只有通過對外交與安全政策決策機制的研究，才能做到「知其然，更知其所以然」，不僅看到簡單的外交與安全政策，更能把握外交與安全政策與國內政治結構以及國際環境之間的內在聯繫和政策的制訂過程。對外交決策機制的研究，可以為我們提供一個科學的研究視角與分析框架，有助於我們對俄羅斯外交與安全政策的深入把握和準確預測。

其次，理論聯繫實際，把政治學理論更好地應用於俄羅斯問題研究。政治學理論源於社會政治生活，對政治學研究具有普遍的指導意義。但同時，政治學理論又是對社會政治生活普遍性規律的總結，在將其運用於當代俄羅斯這一「特殊客體」時，又必須考慮俄羅斯自身的發展特點與規律。加之，現代政治學理論在一定程度上是西方「話語霸權」的產物，不可能放之四海而皆準，因而必須根據俄羅斯的社會政治現實加以甄別利用。鑒於中國當代俄羅斯問題研究較多地注重實證性分析，而政治學界特別是國際關係理論學界則較多地注重學理性闡釋的傾向，本書力圖將系統論、決策論和官僚政治理論運用於俄羅斯外交決策機制研究，在理論與實踐的有機結合方面進行初步的嘗試。

第三，把學術性研究與對策性研究結合起來，服務於我對俄外交政策實踐。俄羅斯是世界大國，更是中國的最大鄰國。俄羅斯外交與安全政策的變化不僅影響着國際形勢的宏觀走向，更對中國國家利益有着巨大的影響。俄羅斯的社會轉軌進程將是一個長期的過程，其外交與安全政策決策機制也將在不斷的調整中走向完善與成熟。儘早加強對俄外交決策機制的研究，不僅可以使我們從學術上更清楚地了解俄羅斯外交與安全政策的決策因素、出台過程和發展趨勢，更能在實踐上為開展對俄外交工作提供新的視角和思路，使我們的外交實踐更加有的放矢。

第四，歷史研究、現實研究與未來預測相結合，給史學以新的生命力，使未來預測學更加扎實可靠。「一切歷史都是當代史」，著名史學家的這一名言不僅意味着遙遠歷史的現實意義，也意味着現實生活的歷史內涵。俄羅斯的制度變遷過程不僅是正在發生的現實事件，更有着深刻的歷史內涵和長遠的未來意義。對俄羅斯外交與安全政策決策機制的研究可以使我們在俄羅斯制度變遷的宏觀背景中，理解俄羅斯作為一個歐亞大國的現實意義，掌握預測俄羅斯對外政策與安全政策走向的科學架構與方法。

第五，從外交與安全的側面研究轉型社會的國家管理問題。在由傳統的計劃經濟體制向市場經濟體制過渡、由高度集權的政治體制向「三權分立」的資產階級民主制度過渡的轉軌過程中，俄羅斯遇到的一個突出問題就是國家管理的有效性問題。在舊的國家管理模式失去效力的情況下，應該建立一種什麼樣的新的國家管理模式？這種模式如何才能保證社會轉型的有序性，如何避免在物質財產重新分配、社會階層重新分化、政治權力重新轉移過程中的混亂與失序？具體到外交與安全政策領域，應該建立一種怎樣的、能夠調節不同社會階層的利益分歧、協調各個權力部門的觀點與立場，在明確決策系統不同單元的職能與權限的基礎上，整合社會的政治意志、利用國家的政治資源以最大程度地保障國家利益的決策機制。

第六，深化對國際關係體系演變的認識。俄羅斯是當今國際關係體系演變中不可忽視的變量，因而，加強對俄羅斯外交與安全政策決策機制的研究，有助於從規律和理論上把握俄羅斯對外政策的內在原因和發展趨勢，有助於深化對國際關係體系總體演變的認識。

二、資料及研究狀況評述

俄羅斯國家體制變遷的複雜性與長期性，決定了其外交決策機制形成的艱巨性，從而也導致了新俄羅斯外交與安全政策的波動性。在俄羅斯是否形成了穩定的外交決策機制？是否形成了一整套影響對外政策的國內因素，它們又在多大程度上確實影響着外交決策，也就是說是否形成了內外政策之間穩定的相互關係，[1] 這些問題引起了學者們的廣泛興趣。

各國學者對於俄羅斯外交決策機制的研究，是隨着俄羅斯新的政治體制和管理模式的確立而展開的。而俄羅斯新的政治體制和管理模式是由俄羅斯聯邦憲法、一系列俄羅斯聯邦憲法性法律和俄羅斯聯邦法律來確立的。這一系列法律文件確立了俄羅斯聯邦的憲政制度，也就是「保證以俄羅斯聯邦憲法為核心的法在俄羅斯聯邦至高無上，把俄羅斯聯邦改造為資本主義憲政國家的制度」。[2] 俄羅斯外交決策機制也正是在這一憲政制度的總體框架中建立、發展和完善的，因此對於這一研究項目來說，最為重要的資料來源是，包括俄羅斯聯邦憲法、俄羅斯執行與立法權力機關的組織法和工作章程、《俄羅斯聯邦國家安全構想》《俄羅斯聯邦對外政策構想》等在內的法律文件，正是這些法律法規確立了俄羅斯國家管理模式，規定了各權力機關在外交與安全決策過程中的基本職能、權限與任務，它是分析俄羅斯外交決策機制的根本源泉。對這些文件的深入研究與挖掘可以使我們透過事物的現象，把握各種權力機關在俄羅斯外交與政策決策機制中的職能作用與相互關係。根據這些法律的重要程度和涉及問題，我們可以將其劃分為：

1. 俄羅斯聯邦根本法－俄羅斯聯邦憲法。俄羅斯聯邦憲法是「俄羅斯聯邦的最高法律規範，是鞏固國家憲政制度基礎、人和公民的權利與自由、

---

1 *И.Кобринская*. Внутренние факторы внешней политики посткоммунистической России // Политическая Россия. Московский центр Карнеги.1999. С.290.

2 劉向文、宋雅芳：《俄羅斯聯邦憲政制度》，法律出版社 1999 年版，第 30 頁。

聯邦體制、國家權力與地方自治機關法律地位的法律規範系統」。[1] 俄羅斯聯邦憲法規定了國家政治體制的最高原則和基本模式。俄羅斯獨立以來，經歷了兩次憲法變更，第一次是 1992 年 4 月 21 日由第 6 次俄羅斯聯邦人民代表大會對 1978 年俄羅斯社會主義聯邦共和國憲法進行第 7 次修改補充而形成的《俄羅斯聯邦憲法－基本法》，[2] 這一憲法基本確認了蘇聯解體的事實，但並沒有根據社會政治現實的變更對國家的憲政結構與政治體制進行相應修改。憲法的矛盾性導致了蘇聯解體後俄羅斯國內的「憲法危機」，並最終導致了在「炮打白宮」事件後於 1993 年 12 月 12 日經全民公決通過現行的《俄羅斯聯邦憲法》。[3] 現行憲法最終確認了蘇聯解體後俄羅斯國內政治現實的變化，規定了憲政制度的根本原則。正是憲法的更改導致了整個國家體制、包括外交與安全政策決策機制的變化。但必須注意的是，普京執政 24 年來，通過一系列操作，1993 年《俄羅斯聯邦憲法》已經在很大程度上被「空心化」了。憲法中規定的「多黨制」「議會制」「聯邦制」等基本原則已相當大程度上已經形同虛設，俄羅斯實際上已經重新成為了一個中央集權制國家。憲法制度的這種變化必須影響到決策機制的結構及其運轉，近年來可以觀察到的一個明顯傾向就是，俄羅斯外交與安全決策機制的重心日益向總統機構甚至總統本人傾斜，而這必然導致了體系性的失衡和決策失誤的增多。

2. 有關外交與國家安全總體問題的聯邦法律。其中包括《俄羅斯聯邦國家安全構想》《俄羅斯聯邦對外政策構想》《俄羅斯聯邦安全法》《俄羅斯聯

1 Основы конституционного права Российской Федерации: структурно-логические схемы. Под ред. *В.П. Лозбякова*. М., 1999. С.5.

2 Закон РСФСР《Об изменениях и дополнениях Коституции (Основного Закона) Российской Советской Федеральной Социалистической Республик》// Российская газета. 1992. 22 апреля.

3 Конституция Российской Федерации. М.,1993.

邦國防法》《俄羅斯聯邦對外情報法》等。[1] 這些法律規定了俄羅斯外交與安全問題的總體原則與主要內容。普京執政以來，這些法律經過多次修訂，一個基本趨勢是「泛安全化」程度持續提升，國家權力機構的權力日益集中，而俄羅斯社會的彈性空間被不斷壓縮。

3. 有關外交和安全權力機構職能、權限與工作程序的各種聯邦憲法性法律、聯邦法律和總統令等。如《俄羅斯聯邦總統法》《俄羅斯聯邦政府法》《俄羅斯聯邦會議聯邦委員會章程》《俄羅斯聯邦會議國家杜馬章程》《俄羅斯聯邦安全會議章程》《俄羅斯聯邦外交部條例》《俄羅斯總統下屬對外政策委員會條例》等。[2]

值得注意的是，由於俄羅斯正處於法制國家的確立階段，其法律的穩定性不強、法律之間的相互衝突也時有發生。[3] 這些法律衝突導致了外交與國防政策決策機制實踐運行的失誤與疏漏，而這正是需要研究者特別值得加以關注的地方。

除了正式的法律法規外，俄羅斯的其他一些重要官方文件和國家領導人的一系列重要講話等，也都涉及到建立和完善外交與安全政策決策機

1 例如：Закон РФ《О Безопасности》// Российская газета. 1992.9 марта；Закон РФ《Об обороне》. М., 1996. No. 151-ФЗ；Закон РФ《О внешней разведке》М., 1996. No. 5-ФЗ.

2 例如：Закон РСФСР《О Президенте РСФСР》// Российская газета. 1991. 27 апреля；《Регламент Государственной Думы Федерального Собрания парламента Российской Федерации》. *Принят Постановлением Государственной Думы Федерального Собрания Российской Федерации от 25 марта 1994 года No. 80-ГД*；《Регламент Совета Федерации Федерального Собрания Российской Федерации》. *Утвержден Постановлением Совета Федерации Федерального Собрания Российской Федерации от 7 февраля 1996 г. No. 42-СФ*；Указ Президента Российской Федерации,《Положение о Министерстве иностранных дел РФ》// *Дипломатический вестник. 1995. No. 4.*；Указ Президента Российской Федерации,《Положение о Совете Безопасности РФ》. *Дипломатический вестник. No. 8 1996*；Указ Президента Российской Федерации,《Положение о Совете по внешней политике при Президенте РФ》// *Дипломатический вестник. 1996. No. 2.*

3 例如，對現行憲法的修改在一個時期內曾引起社會的廣泛爭論。俄羅斯重要的決策諮詢部門外交與國防政策委員會的研究報告《Изменение Конституции?》就明確提出現行憲法不完善，「修改現行憲法是使俄羅斯擺脫目前全面危機的一個重要舉措」。參見 http://www.svop.ru.

制問題。[1]

一門學科的成長與發展有賴於長期的知識積累與理論積澱，今天的俄羅斯對外政策與安全政策決策研究，也與蘇聯時期的國際政治學發展有着緊密的淵源。儘管「蘇聯社會的封閉性、外交決策過程參與者的極端有限性和意識形態的因循守舊使有關蘇聯內部政治與對外政策相互關係問題被排除於研究領域之外」，[2] 但蘇聯的國際關係學者們沒有放棄對外交決策問題的探索。蘇聯科學院美國與加拿大研究所、世界經濟與國際關係研究所以及其他學術單位的學者們在西方國家、特別是美國的外交與安全政策決策研究領域取得了不小的成就。《預測非社會主義國家對外政策的方法論與方法：系統組織概念的經驗》《資本主義國家外交決策與執行過程》《美國對外政策的決策機制》《美國國會與對外政策：影響的可能與方式》《美國國會在外交決策中的作用》《美國外交決策的社會參與》《美國總統與國會在對外政策領域的憲法相互關係》《美國的社會意識與對外政策》《美國的對外政策機制：機構、職能與管理》《美國：總統與國會的聯繫機構與對外政策》《美國總統的院外活動與對外政策》《美國：情報與對外政策》等一大批學術著作涉及到了西方國家、特別是美國外交與安全政策決策機制的各個方面，為今天俄羅斯學界研究俄羅斯本身的外交與安全政策決策機制提供了

---

1 例如：俄羅斯總統葉利欽：Выступление Президента Российской Федерации на первом заседании Совета Безопасности Российкой Федерации // Росссйская газета. 1992. 22. Апреля；俄羅斯國家杜馬主席 *Г.Н.Селезнев*. Роль Государственной Думы в решении вопросов внешней политики Российской Федерации // *Дипломатический ежегодник:1999*. М., 1999；俄羅斯聯邦委員會副主席 *В.Лихачев*. Совет Федерации в международных делах // *Международная жизнь,1998. №. 4*；俄羅斯國家杜馬副主席、原杜馬國際事務委員會主席 *В.Лукин*. Выступление в Академии Государственной службы при Президенте РФ: 《Парламент в формировании внешнеполитического курса России》. 1999. 28 сентября.

2 *Кобринская И.Я.* Внутренние факторы внешней политики посткоммунистической России // Политическая Россия. Московский центр Карнеги.1999.С.237.

豐富的理論積累和可資借鑒的分析框架。[1]

在俄羅斯目前的政治學研究中，還沒有把俄羅斯本國的外交與安全決策機制作為主要客體而進行系統研究的專著。由於近年來俄羅斯的對外政策始終處於不斷調整的狀態，對外戰略尚未最終定型，因而大多數學者把注意力放在俄羅斯對外政策的具體內容上。在很多情況下，外交與安全政策決策問題只是作為國際關係學、有關新俄羅斯對外政策演變和地緣政治學著作中的附屬物。但是，自從蘇聯解體以來，俄羅斯學術界已經意識到外交與安全政策決策機制在國家政治生活中的重要性，他們也開始從不同的側面着手研究外交與安全政策決策問題。我們可以將這些研究成果分為幾類：

1. 從「大安全」的角度出發，將外交與安全政策決策機制納入國家安全保障系統進行研究。這一類研究的突出代表是俄羅斯武裝力量副總參謀長、原國家安全會議副祕書 В.Л. 馬尼洛夫的著作《夥伴時代的安全》。[2] 作為直接參與決策過程的人士，馬尼洛夫熟知俄羅斯外交與安全決策過程。在對國家安全保障問題進行理論與方法論闡述的基礎上，馬尼洛夫對美國和

1 例如：*Долныкова Р.Н.* Методология и методика прогнозирования внешней политики несоциалистических государств: Опыт системной организации понятий. М., 1986；Процесс формирования и осуществления внешней политики капиталистических государств. М.,1981；Механизм формирования внешней политики США. *Отв. ред. Трофименко П.А., Подлесный П.Т.* М., 1986；*Иванов Ю.А.* Конгресс США и внешняя политика: Возможности и методы влияния. М.,1982；*Иванов Ю.А.* Роль конгресса в формировании внешней политики США. М.,1980；*Ныпорко Ю.И.* Конституционые взаимоотношения президента и Конгресса США в облости внешней политики. Киев.,1979；Общественное сознание и внешняя политика США. *Отв. ред. Замошкин Ю.А.* М.,1987；Проблемы участия американской общественности в формировании внешней политики США. Научно-аналистический обзор. М., ИНИОН, 1987；*Сергунин А.А.* США: аппарат президента по связям с конгрессом и внешняя политика. Нижний Новгород. 1990；*Сергунин А.А.* США: президентский лоббизм и внешняя политика. М.,1989；*Богданов Р.Г, Кокошин А.А.* США: информация и внешняя политика.М., 1979；*Колобов О.А.* Процесс принятия внешнеполитических решений: исторический опыт США, государства Израль и стран Европы. Ниж-Новгород.1992.

2 *Манилов. В.Л.* Безопасность в эпоху партнерства. М.: ТЕРРА, 1999.

俄羅斯的國家安全觀和國家安全保障機制進行了比較分析，他認為俄羅斯對國家安全的認識不像美國那樣仍局限於軍事與戰略問題，而是採用了更符合現代理念的「大安全」觀念，俄羅斯國家安全保障機制的建立也是建立在這種「綜合安全」的基礎之上的。在對俄羅斯外交與安全決策機制進行具體分析時，馬尼洛夫將重點放在了俄羅斯國家安全會議上，強調「安全會議與作為美國總統執行權力機構的一部分的美國國家安全委員會不同，是不進入任何權力分支的跨部門機構」，它可以在更廣泛的範圍內集中國家政治資源解決外交與安全問題。

俄羅斯總統下屬國家行政學院國家安全教研室也從「大安全」的角度對國家安全保障系統問題進行了大量研究。[1] 這些研究成果主要從理論與方法論上對國家安全的概念與內涵、國家安全保障體系的運作進行了探討，但對於具體的俄羅斯外交與安全決策機制着墨不多。

2. 從制度變遷的角度研究國內政治因素對外交和安全政策的影響。這一類成果主要集中在俄羅斯眾多國際問題研究機構或教學機構的博士或副博士論文中。這些著作主要分析了國家政治體制的變化對於對外政策過程的影響。引人注目的是，由於俄羅斯「三權分立」制度的實行，議會在外交與安全政策決策中的作用引起了研究者們的廣泛興趣。但遺憾的是，這些

---

1 *Возжеников А.В.* Национальная безопасность: теория, политика, стратегия. М., 2000 ; *Возжеников А.В.* Система обеспечения национальной безопасности Российской Федерации. М., РАГС, 1998 ; *Возжеников А.В.* Концептуальные подходы к обеспечению национальной безопасности. М.:РАГС. 1998 ; *Возжеников А.В.* Внутренние и внешние угрозы национальной безопасности Российской Федерации: основные понятия, классификация, механизм согласования. М.: РАГС. 1998 ; *Возжеников А.В., Прохожев А.А.* Безопасность России: современное понимание, обеспечение. М.:Росэкономфонд 《Созидание》, 1998 ; *Возжеников А.В., Прохожев А.А.* Государственное управление и национальная безопасность. М.: РАГС, 1999 ; *Возжеников А.В., Прохожев А.А.* Система жизненно важных интересов Российской Федерации: сущность, содержание, характер и классификация // Управление риском. 1998. №. 3 ; *Возжеников А.В.* Системный подход в исследованиях национальной безопасности // Управление риском. 1998. №. 2; *Возжеников А.В.* Особенность и недостатки существующей системы обеспечения национальной безопасности // Управление риском. 1998. №. 1.

著作大多只是從一個側面來分析國內政治影響對外交與安全政策的影響，沒有以決策機制的主線來統制和貫穿整個研究。因此他們只看到了決策系統單元的職能，卻沒有分析這些決策系統單元的相互關係，更未能對整個決策機制的運行進行全局性掌握。[1]

3. 有關外交與安全政策決策問題的專題性研究。比如，莫斯科國立國際關係學院國際問題研究所就杜馬有關對外政策問題的表決情況進行了跟蹤統計分析。[2] 這些統計分析可以使我們了解到第 5 屆國家杜馬和第 6 屆國家杜馬對外政策興趣的重點、各個黨團在對外政策問題上的態度等有價值的情況。但是由於所涉及問題的範圍有限，我們不能從這些專題性的研究中，得出有關杜馬對外政策問題的表決程序和杜馬在整個外交與安全決策過程中的地位的清晰概念。俄羅斯卡內基中心副主任德米特里・特列寧和倫敦皇家國際事務研究所研究員波波羅合作撰寫了《俄羅斯外交決策概覽》，對俄羅斯外交決策的制度背景、利益博弈、外部因素進行了綜合性探討，特別是對普京與葉利欽時期俄羅斯外交決策的異同進行了簡要的比較。[3]

除了與外交與安全決策問題直接有關的研究成果外，俄羅斯學者近年來出版的關於俄羅斯政治體制和社會轉軌方面的成果為我們更好地理解俄

---

1 例如：*Кан Бон Ку*. Формирование внешнеполитического курса РФ: истоки, процесс и основные направления. Дис. д.п.н. М.: ИМЭМО. РАН.1999；*М.Лемуткина*. Внешняя политика в деятельности представительных и исполнительных органов власти: сравнительный анализ США, Великобритании, Франции и России. Дис..к.п.н. М., 1996；*Проскурин С.А*. Теоретико-методологические проблемы формирования внешнеполитического курса Российской Федерации в условиях меняющегося мира. Дис. д. п.н. М.1998；*Дахина Е.М*. Внешнеполитические доктрины России и общество: историко-сравнительный анализ. Дис. к.и.н. М., 1997；*Бае Су Хан*. Законодательная власть во внешнеполитическом процессе России: 1992 — 1996гг. ИМЭМО.

2 *Л. Гусев и др*. V Государственная Дума: анализ голосований по внешнеполитическим вопросом. М.: ЦМИ МГИМО. 1996; *Л. Аксенова и др*. V Государственная Дума: анализ голосований по внешнеполитическим вопросом: выпуск второй. 1998 год. М.: ЦМИ МГИМО.

3 The landscape of Russian foreign policy decision-making. D. Trenin, Bobo Lo, Moskov Institute Karnegi.2005.

羅斯制度變遷的過程、實質奠定了基礎，也為我們從整個制度變遷的宏觀背景研究俄羅斯的外交與安全政策決策機制提供了可資借鑒的分析角度與研究方法。這些研究成果包括：對俄羅斯整個社會制度變遷的研究[1]；對當代俄羅斯政治體制的分析；[2] 對當代俄羅斯利益集團及其政治作用的研究；[3] 對俄羅斯國家管理模式和決策過程的研究等等。[4]

圍繞外交決策機制的研究不僅要分析決策主體的構成，還要考察決策過程的運作。只有通過對決策過程的研究，才能了解各決策主體之間的相

---

1 Власть и общество в постсоветской России: новые практика и институты. М.,1999；*Гельман В.Я.* Трансформация в России: политический режим и демократическая оппозиция. М.,1999；*Клямкин И., Щевцова Л.Ф.* Внесистемный режим Бориса II: некоторые особенности политического развития постсоветской России. М., 1999；*Щевцова Л.Ф.* Режим Бориса Ельцина. М.: Московский центр Карнеги.1999；Политическая Россия. М., Московский центр Карнеги.1999.

2 *Гуторова А.* Эволюция, особенности и современные проблемы становления представительной власти в России. дис. к.п.н // РАГС. М.,1996；*Килиниченко Л.А.* Формирование административной среды органов испольнительной власти реформируемой России: социологический анализ. Дис. к.с.н // РАГС. М.1995；*Герасименко О.В.* Тенденции и противоречия парламентаризма в процессе демократизации российского общества. Дис. к.п.н // РАГС. М.1995；*Анохин М.Г.* Динамика политической системы в условиях переходного периода. Дис. в форме науч.докл. д.п.н // РАГС. М.1996；*Яшкова Т.А.* Российская государственность в условиях политической модернизации: кризис, проблемы развития. Дис. к.п.н // РАГС. М.1997；*Ковалев А.М.* Институт президента в системе разделения властей. Автореф. …Дис.к.ю.н. // Институт государства и права РАН. М.,1998.

3 *Темирханов И.* Группы давления в российской политике. М.,1994；*Затов С.В.* Лоббизм как институт политического представительства интересво в современной России. Дис. …к-та полит.наук // РАГС.-М.1997；*Конюшко С.* Группы давления в российском парламенте.// На путях политической трансформации (Политические партии и политическая элита постсоветского периода) / Моск.обществ.науч.фонд. – М.,1997.

4 *Лысцов В.* Теория процессов принятия политических решений. Дис. к-та полит.наук. М.,1994；*Шибикина Н.А.* Трансформация механизма принятия политических решений в процессе демократизации российского общества. Дис. к.п.н // РАГС. М.1996；*Ведяшкан М.А.* СМИ в социально-политических процессах Российской Федерации: 90-е годы. Дис. к.п.н. М.1999；*Чайко И.В.* Политический процесс: вопросы теории и опыт России. Дис. к.п.н // МГУ. М., 2000；*Никулин Н.М.* Политические процессы в современной России: тенденции развития. М.,1996；*Никулин Н.М.* Политические процессы в современной России: тенденции развития (часть вторая). М.,1999.

互關係以及決策機制對於政策內容的影響。這就需要考察大量的日常政策制訂與執行情況，這種資料不僅需要通過官方文件和專題性研究獲取，還要從大量的相關公開材料與大眾傳媒而獲得。在本書的寫作過程中，充分運用了俄羅斯各種形式的公開出版物：

1. 各種形式的官方出版物。這些出版物包括俄羅斯總統辦公廳機關報《俄羅斯報》；俄羅斯政府機關報《俄羅斯消息報》；俄羅斯外交部的刊物《外交通報》與《國際生活》；俄羅斯軍報《紅星報》；俄羅斯聯邦委員會通報和俄羅斯國家杜馬通報等。這種資料來源的突出特點是其權威性，在這些出版物中不僅刊登重要的官方法律與文件，還經常刊登官方人士的講話與文章，可以從不同角度與側面為我們提供分析外交決策機制的材料。

2. 有關國際關係與對外政策、國家安全等問題的專業性刊物與研究報告。俄羅斯國際問題研究機構眾多，[1] 其專業研究能力很強，儘管目前俄羅斯學者們的研究很少直接涉及到外交與安全決策機制問題，但他們的研究也從不同側面為我們的研究提供了有價值的材料。這些專業性刊物包括：俄羅斯科學院世界經濟與國際關係研究所的《世界經濟與國際關係》、美國與加拿大研究所的《美國：政治、經濟與意識形態》、歐洲研究所的《歐洲研究所報告》、遠東研究所的《遠東問題》、莫斯科國際關係學院的《莫斯科國際法雜誌》、俄羅斯國際事務委員會的系列出版物等。除一些傳統的國際問題科研機構外，新出現的一些不同形式的「獨立研究機構」與基金會對外交與安全問題也給予了廣泛的注意。[2]

3. 大眾傳媒。隨着俄羅斯社會開放程度的擴大，大眾傳媒對對外政策與安全政策的社會參與程度也比蘇聯時期明顯增強。對外政策與安全問題經

---

1 參見：Международные исследования в России и СНГ: Справочник. М.: Московский общественный научный фонд.1999.

2 如俄羅斯外交與國防政策委員會（Совет по внешней и оборонной политике）、莫斯科社會科學基金會（Московский общественный научный фонд）、莫斯科卡內基中心（Московский центр Карнеги）等。

常成為大眾傳媒討論的焦點。在這些大眾傳媒中，最有影響的是《獨立報》（特別是其《獨立軍事評論》《獨聯體》等副刊）、俄羅斯公眾電視台的《明鏡》節目和獨立電視台的《總結》節目等。

4. 電子媒體。隨着國際互聯網的迅速發展，網上資源已成為研究當代現實國際問題的重要資料來源。經常訪問俄羅斯各權力機構的站點使作者可以迅速掌握它們的活動動態和其他信息，並從中得到有關外交與安全決策機制的相關資料。

由於研究指導思想的轉變和研究條件的改善，中國對於蘇聯解體後俄羅斯問題的研究更加深入，涉及的問題也日益廣泛，特別是對於俄羅斯獨立之後的政治、經濟形勢和對外政策調整的研究已經出版過多部專著。這些著作對於俄羅斯近年來的體制變遷進行了認真的總結，材料翔實，分析透徹。

在中國的俄羅斯問題研究成果中，一些學者不同程度地涉及到了有關俄羅斯外交決策問題。北京大學國際關係學院的葉自成教授所著《俄羅斯政府與政治》[1] 的第七章第二節「俄羅斯的外交決策機制及其影響因素」對俄羅斯的外交決策機制也有所涉及。中國社科院東歐中亞研究所董曉陽研究員所著《俄羅斯利益集團》[2] 對俄羅斯金融工業集團對外交政策的影響進行了一些分析。華東師範大學馮紹雷教授所著《制度變遷與對外關係 —— 1992 年以來的俄羅斯》從新俄羅斯的政治、經濟和社會形態變遷的角度全面系統地分析了「權威主義政治與對外關係」、「俄式多黨政治與對外政策」、「開放結構中的壓力集團」、「地區問題與對外關係」等與決策機制有關的問題。但由於篇幅的宏大和所涉及問題的廣泛，作者不可能對包括決策主體與決策過程在內的外交與安全政策的決策機制進行深入的分析。[3]

1 葉自成：《俄羅斯政府與政治》，中國台灣揚智文化事業股份有限公司 1997 年版。

2 董曉陽：《俄羅斯利益集團》，當代世界出版社 1999 年版。

3 馮紹雷：《制度變遷與對外關係——1992 年以來的俄羅斯》，上海人民出版社 1997 年版。

但值得注意的是，目前中國對於俄羅斯問題的研究所關注的問題基本上大同小異，涉及的領域沒有太大差別。僅就有關俄羅斯對外政策的研究而言，大多數研究的重點基本上都是近年來俄羅斯對外政策內容的演變。這些研究工作的理論前提基本上都是把俄羅斯視為一個單一的理性國家，認為俄羅斯作為一個統一的整體，可以根據國際系統結構的變化和自己在其中所處的位置理性地決定對外政策，以實現國家利益的最大化。這恰恰忽視了影響對外政策的另外一個重要方面—決策機制因素。由於俄羅斯的國內政治結構及其對外交決策機制的影響未被考慮在內，因而造成在了解對外政策內容的同時往往忽視政策是如何決定的，決策機制對政策內容產生了什麼樣的影響。可以說，中國學者初步涉及了某些俄羅斯外交與安全政策決策機制問題，但有待於系統、深入地研究。

近年來，西方特別是美國學界對俄羅斯外交與安全政策決策問題給予了較大關注。[1] 這些研究成果運用決策理論對俄羅斯的外交與安全政策決策過程和決策機制進行了分析，重點探討了各決策單位在對外政策制訂過程中的地位、作用和相互矛盾，研究了國家身份、民族特性、政治文化等因素對俄羅斯對外政策的影響。這些研究成果為本項研究工作提供了一些有

1 Foreign and Security Policy Decisionmaking Under Yeltdsin. *F.Stephen Larrabee and Theodore W.Karasik*. National Desearch Research Institute, Washington, 1997；The Making of Foreign Policy in Russia and The New States of Eurasia. *Editors:Adeed Dawisha and Karen Dawisha*, New York: M.E.Sharpe, 1995；Russian Foreign Policy Since 1990. *Edited by Peter Shearman. Boulder: Westview Press 1995*；The Sources of Russian Foreign Policy After the Cold War. *Edited by Celeste A. Wallander*. Boulder: Westview Press, 1996；The Foreign Policy of the Russian Federation. *Edited by Roger E. Kanet and Alexander V. Kozhemiakin*. New York: St.Martin's Press, 1997；The Foreign Policy of Russia: Changing Systems, Enduring Interests. *Robert H.Donaldson and Joseph L. Nogee*. New York: M.E.Sharpe, 1998；The New Russian Foreign Policy. *Edited by Michael Mandel*. The Council on Foreign Relations1998；From Empire to Anarchy: Postcommunist Foreign Policy and International Relations. *Mette Skak*. New York: St.Martin's Press 1996；Internal Factors in Russia Foreign Policy. *Nell Malcolm, Alex Pravda, Roy Allison and Margot Light*. New York: Oxford University Press 1996；State Building and Military Power in Russia and the New States of Eurasia. *Editor: Bruce Parrott*. New York: M.E.Sharpe, 1995.

益的思路和分析框架。利西尼婭·西芒撰寫的論文《領導人還能做決定嗎？領導人在俄羅斯外交決策中的作用》，從個人層面的分析來闡述俄羅斯外交政策制定的演變動態，並補充了現有關於思想、世界觀和有影響力的團體在外交政策分析中的作用的分析，其中融入了新古典現實主義和建構主義的見解。前者將國家視為國際權力分配和政治行動之間的傳動帶，而後者則強調思想和規範的作用。特別是重點探討了領導人包括參與制定外交政策優先事項和外部環境的其他參與者的觀點與情境約束之間不斷變化的關係，解釋了在普京和梅德韋傑夫領導下的俄羅斯外交政策是如何做出的，從法律（憲法）和實踐角度來看，總統的作用是什麼。該文通過兩個案例研究，描繪了普京和梅德韋傑夫領導下的俄羅斯政治領導人的決策：普京決定支持「9·11 事件」後美國領導的反恐戰爭、梅德韋傑夫決定在 2008 年與格魯吉亞開戰。[1]

蘇聯解體後，俄羅斯將媒體作為重要的影響力工具和槓桿。自從烏克蘭衝突和其他國內和國際對抗開始以來，媒體在推動俄羅斯外交政策和施加對外影響力方面的作用越來越明顯。2018 年，美國戰略分析中心（CNA）發佈的研究報告《繪製俄羅斯媒體網絡：媒體在俄羅斯外交政策和決策中的作用》重在分析俄羅斯媒體環境與對外政策的影響以及俄羅斯與媒體有關的決策。該報告概述了媒體在俄羅斯外交政策中所起的作用，特別是俄羅斯的媒體環境，俄羅斯與媒體和信息相關的決策，包括決策的驅動因素和邊界。報告還評估了普京及其核心集團的作用以及俄羅斯媒體和信息在施加對外影響方面所起的作用。報告強調，雖然媒體是關鍵的影響力工具，但文化、政治和商業在俄羅斯更廣泛的海外影響努力中也很重要。此外，報告還概述了普京及其最親密的顧問，在從危機到穩定狀態的一系列情況

---

1 Licínia Simão. Do leaders still decide? The role of leadership in Russian foreign policymaking. *International Politics*. Volume 49, pages 482-497, (2012)

下進行決策和傳遞信息的方式。[1]

此外，迄今為止西方學者對俄羅斯外交與安全決策的研究中，尚未見到就外交與安全政策的決策機制總結出切合實際而又具有解釋能力的決策模式。部分西方機構和學者存在的研究不足在於：對轉型中俄羅斯的社會結構與政治體制特點的普遍忽視和缺乏對有關外交決策機制的法律法規的深入探討。他們時常僅以一些偶然的事件就做出普遍性的結論。比如蘭德公司的研究報告《葉利欽時期俄羅斯外交與安全政策決策》[2]滿足於對俄羅斯政治鬥爭中偶然事件和對外政策行為的主觀解釋，但對從本質上決定外交與安全決策機制的法律法規幾乎沒有提及，這種帶有很大片面性的研究很難使人信服。

綜合國內外的研究成果，可以發現目前對俄羅斯對外政策的決策機制有三種較為典型的觀點：第一種觀點認為俄羅斯總統牢牢掌握着對外政策的制訂權。這種觀點基於目前俄羅斯實行的「超級總統制」，認為總統不僅在國內政治，而且在外交與安全事務中都是大權獨攬。這種觀點只看到了表面現象，卻忽視了俄羅斯憲法中分權制和聯邦制原則對政治體制結構的影響，更沒有看到在向多元化社會過渡的過程中，俄羅斯權力運作的分散化傾向；第二種觀點強調，俄羅斯聯邦安全會議在俄羅斯外交和安全政策的決定中發揮着關鍵性的作用，它成功地組織和協調了各涉外職能機構在外交與安全決策中的工作。這種觀點強調了各官僚之間的合作，而忽略了它們之間的利益衝突和政策分歧，同時也將安全會議的理想設計與其實際運作混為一談；第三種觀點最為普遍，它看到了影響俄羅斯外交與安全政策決策的某些因素，也分析了這些因素對俄外交決策的一些作用。但是由

---

1 Vera Zakem, Paul Saunders, Umida Hashimova, and P. Kathleen Hammerberg. Mapping Russian Media Network: Media's Role in Russian Foreign Policy and Decision-making. CNF. January 2018. https://www.cna.org/reports/2018/01/mapping-russian-media-network

2 Foreign and Security Policy Decisionmaking Under Yeltdsin. *F.Stephen Larrabee and Theodore W.Karasik*. National Desearch Research Institute, Washington, 1997.

於種種原因，這種分析沒有把俄羅斯外交決策機制作為一個有機的體系進行系統研究，特別是沒有分析影響俄外交與安全決策的各種機制性因素和環境性因素之間的相互作用，因而未能形成一個有關俄羅斯外交與安全政策決策機制的完整體系。

三、研究題目的時間分期

本書的時間跨度始於在蘇聯大廈將傾之際主權俄羅斯孕育形成的 1991 年，止於俄烏戰爭已經持續了 1000 多天的刻轉折時期，而且這一制度變遷過程還遠未完成。根據社會政治形勢的變化和外交與安全決策機制自身發展的特點，我們可以將這 30 多年劃分為四個階段：

1. 從俄羅斯獲得獨立的 1991 年到 1993 年 12 月現行憲法通過。這一階段是俄羅斯處於「憲法危機」的時期，深刻的憲法矛盾使立法與行政權力的衝突日益激烈，他們之間的鬥爭也反映在對於外交與安全政策決策權力的爭奪之中，可以說這一時期的外交與安全決策機制還處於一種無序的混亂狀態。

2. 從 1993 年底到 1997 年初。現行憲法的通過確定了俄羅斯聯邦憲政制度的基本框架，之後，一系列有關外交與安全政策的法律法規出台，外交與安全政策決策機制初現輪廓。但政治體制與管理模式存在的不足、相關法律之間存在的矛盾以及因 1996 年總統大選及葉利欽病重而引發的國內權力鬥爭的加劇使決策機制仍處於不穩定狀態。

3. 從 1997 年初到 1999 年底葉利欽時代的終結。隨着葉利欽心臟手術結束後重返權力中心，俄羅斯加大了對外交與安全決策機制的協調力度。在經過一段時間的磨合之後，各權力機關之間的相互關係逐漸理順，外交與安全決策機制漸趨穩定。

4. 2000 年普京上台之後。葉利欽時代的結束標誌着俄羅斯制度變遷的第一階段已經結束，俄羅斯社會進入了一個以既有體制為基礎、以提高管理效率為目標、實現社會經濟「恢復性發展」的時期。伴隨着 2000 年以來普京對國家管理模式的改革和一系列對外政策和安全文件的出台，[1]以總統為核心、以聯邦委員會和國家杜馬為立法保障、以安全會議為主要協調機構、以外交部和其他聯邦執行權力機構為執行機構的外交與安全政策決策機制基本定型。但必須看到，在普京截至目前為止長達近四分之一世紀的執政過程中，俄羅斯的政治體制和決策機制都不是一成不變的，決策機制各子系統之間的關係日趨失衡，功能不斷退化，決策機制的合理性、透明度和績效在不斷衰減。處於金字頂端的最高決策者很大程度上已經陷入了「信息繭房」，整個體系近乎已喪失了應有的糾錯能力。

四、本書的理論與方法論基礎

以客觀、系統和發展的眼光研究與分析俄羅斯的外交與安全決策機制是本項研究的根本原則。

系統論是本項研究工作的主要理論基礎。在此情況下，俄羅斯外交與安全決策機制將被視為一個系統，作者將分別從政策輸入、政策過程和政策輸出的角度對其進行考察。

本書還根據俄羅斯的現實，批判性地借鑒西方國際關係理論中的決策論和政治學理論中的官僚政治理論。在目前的西方外交決策理論中，有關決策機制的闡述主要集中在「官僚政治模式」和「組織過程模式」當中，但這兩種模式主要着眼於一般的決策過程進行研究，而對於對外政策的機制問題着墨不多。更為重要的是，西方外交決策理論主要是從西方國家、特別是美國的外交行為活動中抽象出來的，不可能完全套用到俄羅斯身上，因此作者將根據俄羅斯的實際對西方外交決策理論進行批判性的利用。

本書研究工作的主要方法是系統分析方法。在此情況下，外交決策機制將被視為一個系統，外交與安全政策是系統的輸出產物。作者的任務在於分

1 Концепция внешней политики Российской Федерации. Утверждена Президентом Российской Федерации В. Путиным.; Военная доктрина Российской Федерации.

析決策系統的各個單元——立法與執行權力機構、利益集團、智庫等——在決策過程中的職能、作用和相互關係，在此基礎上闡明系統（決策機制）對其產品（外交與安全政策）的影響。

部分研究工作將運用「個案分析」的方法，其主要目的是揭示在具體的情勢下——如制訂國家安全構想、決定出兵科索沃、發動對烏克蘭的全面戰爭——外交與安全決策機制的具體運作程序。

五、研究目的

鑒於目前國內外有關俄羅斯外交與安全決策機制研究所取得的成果和存在的不足，作者擬批判性地吸收西方外交決策理論和官僚政治理論，運用系統論的研究方法，從分析轉軌時期俄羅斯社會結構與政治體制的總體特點和剖析當代俄羅斯有關外交與安全問題的法律法規入手，研究俄羅斯當代政治體制、壓力集團、智庫、大眾傳媒等影響俄羅斯外交與安全政策決策的組織機構和社會性因素的功能與作用以及它們之間的相互關係，探索並揭示出蘇聯解體後俄羅斯外交與安全政策決策機制和程序的內在規律。

為達到上述目的，本書致力於完成下列研究任務：

1. 對外交與安全政策決策機制的概念進行科學的界定；

2. 揭示處於深刻制度變遷過程中的俄羅斯政治體制與管理模式的特點；

3. 闡明立法與執行權力機構中涉及外交與安全決策的單位的職能與權限，以確定外交與安全決策機制的靜態結構；

4. 考察俄羅斯院外活動的根源與特點，確定它們在外交與安全政策決策機制中的地位、作用以及行為方式；

5. 研究智庫和大眾傳媒在外交決策中的地位與作用。

6. 在上述工作的基礎上總結出俄羅斯外交與安全政策決策機制的模式。

六、本書的創新之處

第一，本書從決策機制的角度對處於制度變遷過程中的俄羅斯外交與安全政策進行全面系統的研究，力圖添補國內外這一研究領域的空白。

第二，本書將通過分析當代俄羅斯外交與安全法律規範和研究當代俄羅斯對外政策的具體實踐來闡明制度變遷對外交與安全政策的影響方式，明確立法與執行權力機關在外交與安全政策決策中的具體職能與相互關係，了解智庫在外交與安全政策決策中的地位，判別院外活動在外交與安全政策制訂中的作用與影響。

第三，本書力圖提煉出分析俄羅斯外交與安全政策決策機制的理論框架和分析模式，為今後深入全面地研究俄羅斯的外交與安全政策提供一個新的視角和科學的參照體系。

第一章
外交決策理論

政治學理論的意義在於為尋求分析和正確理解政治系統運行方式提供有效的工具。[1] 作為一項研究俄羅斯外交與安全政策決策的課題，我們不能不對前人已經形成的外交決策理論進行一下簡短的分析與總結，以借鑒其分析工具與研究框架，並根據俄羅斯政治生活的現實提出一個切合實際的分析架構。

第一節　西方對外政策分析：理論的嬗變

以「對外政策分析」為特徵的研究方向從西方國際關係學整體中分離出來是 20 世紀 50 年代的事情。到目前為止，對外政策分析已經發展成為國際關係學的一個強大分支。在構建自己的理論和方法論基礎方面它經歷了兩個脈絡清晰的發展階段。

第一階段是從 20 世紀 50 年代中期開始到 80 年代初，對外政策分析作為一個獨立的分支擺脫了政治現實主義以「權力」為核心的理論邏輯起點和傳統經驗主義歷史描述性的研究方法，將關注焦點轉向國家對外政策的動力、對外政策的制訂實施以及對外政策的規律和特徵，並借用了自然科

1 戴維．伊斯頓：《政治生活的系統分析》，華夏出版社 1999 年中文版。第 3 頁。

學的思想與方法，特別是控制論、系統論與數量分析方法。

「理解和解釋對外政策過程和國際政治主體行為」這一統一研究對象的確定賦予了對外政策分析作為獨立的科學體系的完整性。[1] 在對外政策分析自身發展的過程中更清楚地區分了對外政策分析理論與國際關係理論的研究客體。如果説國際關係理論注重研究國家的外部環境和國際生活的現象、過程與機制的話，對外政策分析理論就是力圖通過研究國家的內部因素來闡明一個國家與其外部環境相互作用時導致其一定行為方式的原因、動力和機制。也就是説，國際關係理論研究的是國際關係主體之間的相互作用與相互關係；而對外政策分析理論研究的是一個國家內部因素與其在國際政治和國際關係中對外行為的相互聯繫。與着重從國際政治經濟結構或國際環境層面解釋和分析國家行為的「國際體系層次分析」不同，對外政策研究把國家特性與國內因素作為主要的自變量，考察這些變量對對外政策的具體影響，從而否定了「國際體系層次分析」把國內政治進程視為「黑箱作業」的假設，開闢了「民族國家層次分析」的途徑，展示了影響對外政策的豐富多彩的「微觀世界」。[2] 與此同時，在對外政策分析發展的最初階段，西方國家特別是美國社會的開放性在給予這門學科豐富的經驗主義營養（詳細分析和研究國家政策決定和執行的具體細節以及領導人在其中的態度，這種課題在大多數國家都是保密的）的同時，也使所有對外政策研究都把自己的理論建立在西方社會的政治模式基礎之上，並以此來片面地衡量其他國家的對外政策。

在這一階段，產生了**對外政策分析的三個基本研究方向：**對外政策比較

1　*Neack L, Hey J.K,* Generational Change in Foreign Policy Analysis // Foreign Policy Analysis. N.Y. 1995.P.1.

2　美國政治學家戴維．辛格把國際關係研究分為「國際體系」和「民族國家」兩個層次，前者一般稱為國際關係的宏觀分析，後者被稱為微觀分析。參見 J. David Singer, "The Level-of-Analysis Problem in International Relations", in Klaus Knorr and Sidney Verba, eds., *The International System: Theoretical Essays,* Princeton, N. J: Princeton University Press,1961.

研究、對外政策結構功能分析和對外政策社會心理研究。

對外政策比較研究　作為對外政策分析的一個重要分支，致力於從總體上（而不是某一個具體的國家）闡述由國家推行的對外政策，把主要注意力集中於國家對外政策的制訂操作過程，以及它們在功能、社會和因果關係上的本質差異：從個人（國家元首）到小集團（領導集團和諮議機構）、組織結構（政府及其機構和部門）直到廣大的社會層面（社會類型、對外政策藉以運作的國內社會以及國際關係系統）。20 世紀 50 年代末到 80 年代初，比較對外政策研究領域的絕大多數學者都力圖建立一種統一的「宏理論」，使它不僅可能解釋特定國家在具體的條件和環境下所做出的具體政策，還可以從總體上解釋對外政策本身。

在外交決策與執行研究領域，羅森諾的文章《對外政策的前理論與理論》[1] 具有重要的理論與方法論意義：首先，他提出了研究對外政策的宏觀組織類型學概念，至今仍廣泛應用；第二，在對外政策分析研究中首次提出了「選擇思想」。他認為五個方面的因素——政治家的個性、政治家的角色、國家政治結構特點、社會結構特點以及系統因素——決定着國家的對外政策。正是由於將對外政策視為這五種因素相互影響和綜合作用的結果，對外政策才不再被視為先驗的和唯一可能的。

比較對外政策研究作為一種實證主義的研究方向受到計量研究方法的重要影響，但這種統計方法運用的本身沒有也不能促進對外政策理論的建立。計量方法引入對外政策研究產生了雙重功效：比較對外政策研究做出了向建立社會政治過程和現象的複雜模型的第一次嘗試，這些嘗試為在社會學和控制論的基礎上構建跨學科的對外政策「思想模式」開闢了道路（莫德爾斯基的對外政策理論；多伊奇的控制論方法；羅森諾的理論，對外政策經濟學以及「跨國關係」思想）。這些對外政策理論為之後研究不同國家

1 *Rosenau J.N.* Pre-theories and Theories of Foreign Policy // Approaches to Comparative and International Politics. Evanston, 1966.

對外政策制訂和執行過程的共性與特點以及對外政策過程本身的結構提供了相應的分析工具。

20 世紀 70 年代，出現了許多有關對外政策過程的高質量的研究成果，並成為對外政策分析的經典性著作。這些作者中的許多人原來是實際工作者，他們在藉助 60 年代發展起來的理論的基礎上，將對自己實際經驗的思考理論化，研究了對外政策制訂和執行過程的各個階段，並對決策過程中領袖個人作用、官僚階層的規則、與反對者的談判邏輯與施加壓力的方式等諸多問題進行了探討。

艾利森在 1969 年提出了外交決策的三種模式。[1] 這三種相互補充的模式反映了關於外交決策問題理論思索的發展，並且開闢了對外政策分析的新方向。

對外政策結構功能研究　主要關注三個問題：對外政策的官僚政治理論、特別是作用於這一領域的組織機構的功能特點；國家領導在進行外交決策時的特點；精英和壓力集團在外交決策中的作用。

對外政策的官僚政治理論　立足於組織理論，強調「國家的對外政策永遠是參與對外政策方針制訂、決策和執行的部門之間複雜的相互關係和相互作用的結果。而這些官僚部門一方面是在分權體制下（民主體制）部門間的利益衝突、領導人之間的相互蔑視和在集權體制下（特別是專制體制）的幕後陰謀的背景下進行活動的，另一方面又受到來自外部的院外活動的影響。正如基辛格所說，「不存在『美國對外政策』這樣的東西。導致一定結果的所有步驟的本身目的可能都不是要達到這樣的結果。」[2] 組織理論旨在闡述官僚機構本身的功能，而不是官僚機構應該制訂或實行的政策。

外交決策過程研究　在 60 年代末廣泛流行。它力圖在作為官僚政治過

---

1 Graham Allison (1969), Conceptual models and the Cuban Missile Crisis, American Political Science Review 63: 689-718.

2 *Kissinger H*. Bureaucracy and Policy-Making: The Effect of Insiders and Outsiders on the Policy Process // *Kissinger H, Brodie B.Bureaucracy*. Politics and Strategy. L.A.1968.P.1.

程產物的對外政策與作為政治交易結果的對外政策之間架設一座解釋性橋樑。這一研究方向的方法論與為適應現代自動化管理系統而產生的決策理論相聯繫；也與作為解決大量管理任務的現代規劃學和現代程序學的方法論基礎的系統分析相聯繫。當一項政策是長期的、參與其中的有眾多組織，而這一政策又要花費相當數量的資源，需要決策具有完整的功能時，決策理論是十分必要的。決策過程理論強調要將決策過程明確劃分為「問題提出」和「採取決策」兩個性質完全不同的階段。問題提出階段的主要任務是從程序和內容上確定所面臨的問題，明確解決這一問題的決定數量和質量標準並在此基礎上確定解決這一問題的各種決策方案——從最佳方案依次遞減；而採取決策階段的主要任務是從上述已經確定的途徑中進行非此即彼的選擇。在決策過程中，決策參與者不僅要在問題的決定軌道內進行實用主義的考慮，還要考慮相互之間公開和隱密的政治和地位交易。結果，所採取的決策通常都不是最優方案，而是參與決策的人或集團（政府、領袖或壓力集團）的政治交易或妥協。

承認這種政治交易因素及其在對外政策決定過程中的重要意義，促使在實際研究中要注重研究精英和壓力集團在外交決策和執行中的作用，以及影響他們在多大程度上影響對外政策的客觀因素。在這一方面，對外政策分析從政治學中借用了相應的精英理論和利益集團理論。

對外政策的社會心理研究　興起於50年代上半期，它在很大程度上獨立於對外政策比較研究和對外政策結構功能研究，但同時又與它們保持着密切的聯繫。從一開始，這一研究方向就關注着三個問題：研究民族性格及其與國家對外政策的關係；研究作用於對外政策過程各個層面和各個階段的社會心理因素；以及從行為者對於衝突態度的角度研究他們在衝突過程中的行為關係和特點的衝突研究。

儘管民族性格可以憑直覺感受到，但關於民族性格與國家對外政策相互關係的研究至今也沒有擺脱不符合現代科學的方法論規範的嫌疑，民族性格與對外政策之間的相互聯繫還沒有明顯到可以對其進行確切的評價和明確其規律的程度。因此對外政策的社會心理研究開始強調概念和理論的具體性和可操作性，將注意力轉向深入研究「組織」的和「個人」的心理特徵對於對外政策過程的影響。對於作用於對外政策過程的個人、社會和政治心理研究因素的研究從 20 世紀 50 年代中期開始興起並延續至今，其中重要的一個方面就是把心理學和社會學的概念和理論直接引入了對外政策分析理論，其中包括心理分析理論和小集團理論。

20 世紀 80 年代中期以後，對外政策分析進入了發展的**第二階段**。與前一階段相比，對外政策研究發生了質變：首先，在現代化理論的影響下，對外政策研究放棄了以西方模式為唯一版本的固有觀念，開始強調世界上存在不同類型的國家和內部政治過程，承認它們對於形成相應國家對外政策特點的意義，認為不能把西方的模式生硬地套用到這些國家；其次，從 70 年代開始直到 80 年代，過去在國際關係研究和比較政治學中一直佔統治地位的實證主義受到侵蝕，取而代之的是方法論上的折衷主義。這是由於 60 — 70 年代包括系統論、衝突理論、政治學、對外政策研究和國際關係學在內的一系列學科建立有關研究客體的宏理論的嘗試都未成功。目標的變化促使了方法論的改變：如果說只能在統一的方法論基礎上建立理論的話，那麼研究許多部分性質的問題則不要求這樣做。由於放棄了建立宏理論的目標，研究對外政策部分問題的方法論手段呈現出多元化的局面；第三，從 60 年代中期到 80 年代末，科學本身逐漸擺脱了 18 世紀形成的對科學的直覺理解，走向中心是「系統和發展」的對科學的複雜理解，對科學環境認識的複雜化減輕了對方法論的探索，國際關係學和對外政策研究也不例外，對外政策過程被視為複雜的系統現象並被認為不存在統一的模式。這意味着，今天應在原來建立的部分理論的基礎上在更廣泛的範圍上對對外政策進行更認真的研究。在上述針對方法論問題的認識指導下，「當代的對外政策研究實際上建立在對對外政策過程本身及其各個部分的系統理解之上。構建簡單和直觀的關聯性、機械地看待對外政策過程及其單獨的事件與現象的設想已成為過去。取而代之的是對對外政策過程內部因果聯繫、對外政策過程與國內因素之間以及對外政策過程與國際環境之間的複雜性的明確認識，儘管對這種聯繫的具體內容研究得還不充分」；[1] 第四，如果說 50 — 70 年代的對外政策理論研究絕大部分是建立在美國的現實與經驗上的話，那麼從 80 年代開始，這方面研究的重心逐漸以其他國家的對外政策過程資料為基礎，並不再信奉原來的那種視西方的政治制度和外交決策過程為臬圭的「教條」。

第二節　外交決策模式

通過對對外政策分析理論發展的歷史性回顧，我們可以認識到，對外政策分析是一個綜合性課題，如把對外政策作為一個應變量處理，那麼對外政策分析應主要集中於以下五個方面：（1）何種因素、如何影響對外政策？（2）對外政策是如何制訂、執行的？（3）國際環境或國際體系如何影響對外政策？（4）國內政治如何影響對外政策？（5）各國對外政策如何相互作用並產生何種結果？[2] 根據我們研究課題所面臨的任務，作者擬在本節中對西方對外政策分析中的社會環境決定論、國際體系決定論、合理選擇模式、組織過程模式、官僚政治模式和心理認知模式等決策模式進行批判性的分析與總結，力圖揭示出各種決策模式的相互關聯性，並對這些模式的運用提出一些初步看法。

宏觀對外政策分析。宏觀對外政策分析主要是政治現實主義和結構現

1 *Н.Косолапов*. Анализ внешней политики: основные направления исследований // МЭ и МО. 1999. №. 2.

2 ［日］佐藤英夫：《對外政策》，經濟日報出版社 1990 年中文版，第 2 頁。

實主義等國際關係理論對對外政策進行闡述的產物。[1] 在宏觀對外政策分析家看來，「世界各國遵循着一些共同的行為模式」，[2] 各國對外政策之所以不同，是由於它們各自的自然、社會、人文環境以及它們在國際關係中所處的地位不同決定的。因此，他們把研究的重點放在影響對外政策的「宏觀背景因素」上，並形成傳統「宏觀對外政策分析」的兩種學派：

社會環境決定論。這一理論強調，在分析一國對外政策時，「重要的是研究決定決策者們活動範圍的經濟和社會條件。」[3] 也就是說，由地理條件、政治制度、國家規模、國民性和意識形態等因素構成的「國家背景」是對外政策的決定性因素，而決策者的身份和決策程序等因素則被視為可有可無的東西。地緣政治論、帝國主義論以及民主和平論等都是這種理論的代表。社會環境決定論無論表現形式如何，都遵循着這樣一個研究原則：「一國的外交政策、包括其決策模式，均取決於該國的內部環境以及這個環境的社會、經濟和政治條件」[4]，只要能夠從宏觀上把握研究對象的社會環境，就可以預測其對外政策的走向。但是在實際上，民主和平論既不能成為「所

---

1 在國內有關國際關係學理論的研究中，有關國際關係學的分支（國際關係理論、對外政策分析等）的區分還沒有引起足夠的重視，這在實際當中容易導致研究層次的相互混淆。筆者認為，國際關係學應包括下列幾種分支：研究社會、國家的功能與進程內部規律的國際社會學理論；研究國家對外政策決策過程的對外政策分析理論；研究國際關係主體相互關係和相互影響過程的跨國關係理論；研究宏觀國際社會關係及其特定現實系統與秩序的國際關係理論；研究上述所有進程和世界總體發展的世界發展理論。而國際關係理論與對外政策分析理論的區別在于：對外政策分析理論關注的焦點是對外政策的動力、對外政策的制訂和執行、對外政策的規律和特徵以及國家在國際舞台上的「行為」；以政治實現主義為核心的傳統國際關係理論著重以傳統的經驗主義的研究方式研究對外政策和世界政治、外交和國際關係以及國際關係的分支問題。而從 60 年代初開始以結構現實主義為代表的國際關係理論實際上是試圖解決國際社會和推動統一的國際社會形成進程。可以說對外政策分析關注的是「國家」層次，而國際關係理論關注的則是「國際」層次。

2 ［加拿大］夏爾－菲利普．大衛：《白宮的祕密：從杜魯門到克林頓的美國外交決策》。中國人民大學出版社 1998 年中文版，第 4 頁。

3 《白宮的祕密：從杜魯門到克林頓的美國外交決策》，第 10 頁。

4 《白宮的祕密：從杜魯門到克林頓的美國外交決策》，第 4 頁。

有民主國家間不會發生戰爭」的全稱陳述，地緣政治論也不能證實「遠交近攻」是必然邏輯。這種只靠一個國家的宏觀情況來預測其對外政策的方法，不能解釋那些不規則的、甚至相互矛盾的過程。

國際體系決定論。這是結構現實主義國際關係理論的根本觀點。肯尼思・沃爾茲認為，國際關係系統是一個處於無政府狀態的「自助體系」;「國家作為一個統一的、以生存作為最低目標的行為主體」，是國際體系的基本構成單位；在一個自助的體系內，國家是按其實力的大小排列的，「國家行為的變化主要因為實力的不同而不同，而不是由於其意識形態，或其社會及政府形式的區別。」[1]這種觀點突出國際體系的結構在一國外交政策決定過程中的根本性作用，認為只要認定一個國家在國際體系結構中的地位，就可以把握其對外政策。這種理論一方面忽視了國際體系結構本身就是各國外交政策相互作用結果的這一事實，另一方面又過分低估了一國對其所採取的對外政策的主動性以及所參與的國際體系的影響力。事實上，「國際關係重大決策的制訂方式，對國際體系整體演變過程的衝擊，比人們開始時想到的要直接得多。國際關係中的種種決策匯合在一起，最終漸漸改變了國際體系的面貌和運作。」[2]

宏觀對外政策分析以兩個相關的假定為起點：第一種假定是「國家是國際政治中的最重要角色，因而國家之間的關係就可視為國際政治研究的主題」。第二種假定是「政府代表國家在國際領域中的活動，可以把它們作為單一的因素進行分析。」[3]這種「國家中心主義」與傳統現實主義的權力觀念相結合，就導致對國家權力、國家安全等「高位政治」(high politics)的過分強調和在國家對外政策問題上的宿命論觀點。他們把民族國家視為抽

---

1 [美]肯尼思・沃爾茲:《國際政治理論》，中國人民公安大學出版社 1992 年中文版，序言第 3 頁。

2《白宮的祕密：從杜魯門到克林頓的美國外交決策》，第 14 頁。

3 Trevor Taylor:《國際關係中的學派與理論》，中國台灣商務印書館 1985 年中文版，第 191 頁。

象的「單一整體」，把對外政策的國內決定因素視為「黑箱」，用「外在環境因素」（國家的地理、歷史、經濟、政治等因素）來解釋國家的對外政策行為，強調環境因素決定國家的對外政策。在這種假定中，政治家被認為很少有選擇的餘地，他們只能依據本國的實力對國際體系結構做被動的「反應」。在方法論上，宏觀對外政策分析主要使用歷史描述性的方法。這就其帶來了不可避免的缺陷：一方面，宏觀對外政策分析學派無法對「權力」、「權力平衡」、「國家利益」等中心概念提供精確的定義和嚴格的分析；另一方面，大量描述性的個案研究很少具有「解釋性的價值」和「預測性的潛力」。[1]

合理選擇模式。合理選擇模式是曾經一度在國際關係理論學界最為流行的決策理論，也是傳統的外交史學和國際政治學最為常用的分析方法。它以人類的理性為理論前提，強調決策人在政策決定過程中的主體作用，借用古典經濟學中的「利益最大化」原則，認為政策是「基於合理計算的選擇」，[2] 所謂決策也就是政府依據明確的對外政策目標，對所面臨的多種方案進行得失分析、權衡利弊，從中選擇出一種以最小的代價換取最大效果的對外政策方案的過程。

圖表 1　合理選擇模式 [3]

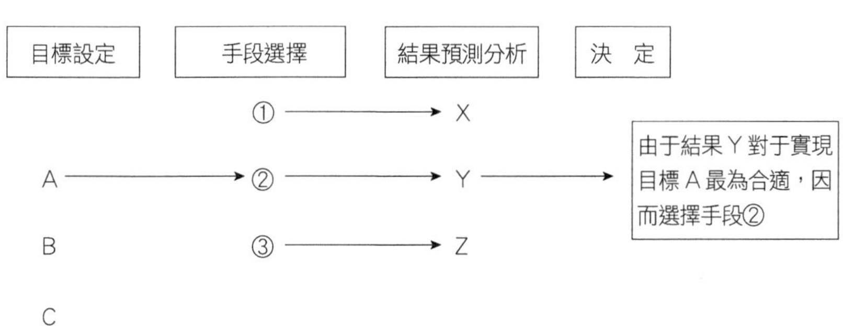

1 Trevor Taylor:《國際關係中的學派與理論》，中國台灣商務印書館 1985 年中文版。第 194 頁。

2 ［日］佐藤英夫：《對外政策》，經濟日報出版社 1990 年，第 25 頁。

3 ［日］佐藤英夫：《對外政策》，經濟日報出版社 1990 年，第 26 頁。

合理選擇模式有以下幾個重要的理論假設：

首先，政府是一個統一體，決策者擁有最高的決策權力，完全可以自覺地、有意識地行動，不存在組織性因素。在這裏，「政府被擬人化為追求國家利益的『合理行為者』」，[1] 一個國家的外交政策被理解為「統一的國家政府所採取的有目標的行動」。[2] 這與傳統現實主義「爭奪權力是外交政策的目標和基礎，所有的國家都爭取最大限度地擴大其實力」的理論相結合，就形成這樣一種觀點，「不管決策的性質如何，其目的都是增強一國的潛力或是防止對其實力及威望的損害，決策者使用手中的各種獎懲手段，以便用最佳方法實現期望的目標。」[3] 但是在實際上，一個國家內部有着複雜的政治系統，多種因素決定着國家的對外政策，決策者不可能不受其他因素影響。

其次，決策中的信息傳遞是完全的、可靠的。也就是説，決策者不僅可以得到關於面臨形勢的全面情報，而且可以有多種行動方案可以選擇。但實際上，很少有完美的情報：一方面，提供情報的人出於自己的目的，可能對情報大肆刪改或加以粉飾；另一方面，接收情報的人則往往帶着成見對其進行分析。

第三，決策者對行動方案的評估是客觀的。但在具體的決策過程中，時間的緊迫性、決策環境的壓力往往使這種情況不可能實現。另外，決策者不僅僅是以維護國家利益等公共產品為目標，他還考慮與自身的升遷、再次當選等切身利益有關係的問題，而且決策者本人更容易感受的還是後者。

當代對外政策分析的興起。20 世紀 50 年代中後期，伴隨着行為主義對傳統理論的衝擊，國際關係理論學界也發生了一次深刻的革命。1954 年，

---

1 ［日］大岳秀夫：《政策過程》，經濟日報出版社 1992 年中文版，第 17 頁。

2 Trevor Taylor：《國際關係中的學派與理論》，中國台灣商務印書館 1985 年中文版，第 207 頁。

3 《白宮的祕密：從杜魯門到克林頓的美國外交決策》，第 7 頁。

美國政治學家斯奈德、布魯克和薩賓發表了《外交決策：國際政治的研究途徑》，[1] 首先提出了作為「分析類型」的外交決策理論。他們把社會學、社會心理學和組織行為理論運用於國際政治研究，提出國家的對外政策行為不是抽象的，而是決策者在一個複雜環境中的認識與行為的結果。參與決策的機構或單位的特性、各組織內部的溝通與信息交往、決策者的個性、背景及價值觀念決定決策行為的結果。

斯奈德試圖把行為科學的方法及嚴謹性應用在對外政策研究中，研究的主題不再是一個抽象的國家，而是具體的決策者。他強調：「我們選擇的一個基本方法是把國家的官方決策人確定為國家，他們的權威行為無論如何都代表着國家行為。國家行為是以國家的名義行事的那些人們的行為。」[2] 這意味着人不再是抽象的概念，決策者的政治行為是可以加以精確觀察，可以接受科學分析的。

斯奈德把決策定義為「從多種受社會限定的不確定選擇中，決策者挑選其中一種他認為能夠實現自己所構想的特定狀況的過程」，強調「外交政策是一系列可以分別予以分析的慎重決策」，[3] 認為只要把研究對象從抽象的國家轉向具體的決策者與組織，概括出決策過程中某些共同的因素（如政策制訂過程中有哪些主要參與者，他們的個性、動機與對環境因素的理解如何；決策涉及哪些主要的政府與非政府機構，它們的性質和活動方式如何影響決策制訂；以及決策者如何協調彼此的分歧而達到其政策目標等），通過對這些影響決策的各種要素的分析就可以準確地研究對外政策。

斯奈德認為外交決策是以下三個要素相互作用的結果：

---

1 *R.C. Snyder, H. W. Bruck and Burton Sapin,* "Decision-Making as an Approach to the Study of International Politics" , Princeton University, *Foreign Policy Analysis*, No.3, Princeton, 1954; *Snyder, Bruck and Sapin,* Foreign Policy Decision-Making. New York: Free press,1962.

2 轉引自詹姆斯．多爾蒂、小羅伯特．普法爾茨格拉夫：《爭論中的國際關係理論》，世界知識出版社 1987 年中文版，第 502 頁。

3 Snyder, Bruck and Sapin, *Foreign Policy Decision-Making*, New York: Free press.1962. P.57.

（1）權限範圍(sphere of competence)。決策者為達到其組織目標的一切有關和認為必要的活動。它構成一個決策機構或單位的特性（決策機構是鬆散的還是嚴密的，正式的還是非正式的，它是否有應變的能力，它的官僚化程度如何），是決定決策的重要因素。

（2）傳播與情報(communication and information)。傳達情報的通信系統以及決策者在決定政策時手中實際掌握的情報。也就是組織內部的溝通網絡，表示在決策各組織之間誰與誰聯繫，如何聯繫，在聯繫中都有什麼集團，有多少信息來自這一單位之外，這一單位接受信息時靈活性如何等等。

（3）動機(motivation)。是斯奈德最為注重的因素，它意味着動員一切力量，使之傾向於某一政策選擇的決策者的心理狀況。也就是決策單位、決策者的價值觀念及其性格作風、經歷和背景。[1]

同時，斯奈德還特別強調決策過程本身就是一種關鍵性的變量，因為它在國內和國外「環境因素」刺激與決策反應之間構成一種「過濾器」(Filter)，環境因素只有通過決策過程才能對外交政策產生作用。

與宏觀對外政策研究相比，斯奈德理論有以下幾個顯著的特點：首先，認為外交政策是不同決策組成的，而這些決策是由可以鑒別的決策者做出的，因而決策也就是需要解釋的行為性活動；其次，強調決策者界定情況的觀念；第三，強調外交決策的國內和社會根源；最後，明確認定決策過程本身也是一種重要的、獨立的決策來源。

斯奈德理論對宏觀對外政策分析形成了嚴峻的挑戰，也為以後的學術研究開闢了一條新路。但斯奈德理論本身也存在一些弱點：首先，對於決策過程的過分關切，會產生過分重視決策機構而忽視政策實際內容的趨勢。而這種「程序主義」很容易把對外政策「視為一系列的程序，而與所傳送的

1 *Snyder, Bruck and Sapin,* Foreign Policy Decision-Making, New York: Free press.1962.PP68-120.

信息或所做出的決定的實質卻毫無關係[1];其次，既然把外交政策視為可認識的單位或系統所做出的一系列決定，那麼系統和次系統的界線就必須明確劃分，只有這樣，才能明確各個系統單位的功能。但在斯奈德的理論中，決策過程層次含糊不清，缺乏適當的劃分；第三，斯奈德的模式要求保留幾乎所有原始性歷史資料，而不是提供一種有用的工具以減少決策過程的複雜性。變量過多，而且無法給這些變量之間的相互關係下明確的定義，使將這種模式用於決策分析的具體實際較為困難。只由格倫・佩奇主持的有關美國參與朝鮮戰爭的決策研究使用了這一方法。[2]

由於這種羅列有關對外政策一切要素並使之系統化的決策「宏理論」難於應用於具體的決策分析，因而以後的政治學者們把更多的注意力放在了「微觀決策理論」上。

微觀決策理論。在宏觀對外政策分析中，民族國家往往被視為具有「獨立人格」的政治行為體，而微觀決策理論則標誌着對傳統政治分析方法的重大改變，它「不把注意力放在抽象的國家或政府概念上，甚至不放在『行政當局』這種泛指的機構上，而是集中在實際制訂政府政策的具體決策人的行為上。」[3]微觀決策理論主要包括以下幾種模式：

組織過程模式（Organizational process model）。這種模式假定，政府由若干個半封建性的組織所構成，彼此間締結寬鬆的同盟，外交政策是「依照常規運作程序（standard operating procedure-SOP）而運作的大型組織的產品」，[4]也就是說，決策不是一個「整體性政府」理性選擇的產物，而是「基於組織內常規運作程序的一種機械的或半機械的過程的產物。」[5]在

---

1 *S. H. Hoffman*. "International relations: The long road to theory". *World Politics* XI (April). P364.

2 *Glenn D. Paige,* The Korean Decision, New York: Free Press, 1968.

3《爭論中的國際關係理論》，第 502 頁。

4 *Allison, G. T.* Essence of Decision: Explaining the Cuban Missile Crisis, Boston, Little, Brown, 1971.

5 ［日］佐藤英夫：《對外政策》，經濟日報出版社 1990 年中文版，第 27 頁。

這種範疇中，解釋的意義是要指明組織的位置，並使他們的程序與外交政策發生關係。與合理選擇模式相比，組織過程模式的特點在於：

首先，決策的主體是政府內部組織。在一個分權式的政府中，政府領導人與相關的行政部門在一個封閉的組織系統中進行決策，其間的關鍵角色是各種行政組織，而不是最高決策人。大多數行政組織相對於最高決策人來説具有一定的自主權。在這種模式裏，政府涉及外交事務的行政部門在各自的領域裏按照既定的 SOP 自動採取對應措施，而最高決策者所做的只是順應各個組織的請求做出應有的回答或者在必要時調整政府內各組織之間的關係。在這一模式中，最高決策者在決策中缺乏主動性，「對外政策實際上成為那些涉及外交事務的行政組織的一系列具體對外政策的總和。」[1]

其次，政策的內容是由政府內部各組織所具備的 SOP 所決定的。由於根據事先確定的 SOP 進行決策，就必然導致重視前例的傾向，而決策一旦形成，又會有很大的慣性和延續性。久而久之，就容易陷入「漸進主義」，即 t 點時做出決定能夠預測 t+1 時將做出的決定；而 t 點時所作的決定又可從 t-1 時的決策中找出原因。[2] 也就是説，「各組織的成員日復一日地幹着幾乎同樣的事，當今的許多決策和對外政策都反映出多年積累下的官僚習氣。」[3]

第三，各組織之間必然要發生激烈的競爭。由於每一個行政組織都試圖在推進自己的組織使命、職業角色和常規運作程序方面有所建樹，並捍衛自己的組織利益，因而各組織之間必然要發生激烈的競爭。因此，「由行政機構控制的決策過程可能不僅會使對外政策不太具有內聚力，還可能出現彼此對立的政策。」[4] 這不僅體現在政策制訂過程中，更體現在政策執行過程中。由於執行政策的幾乎完全是政府的行政部門，因而即使最高決策人

---

1 ［美］傑里爾．A．羅賽蒂：《美國對外政策的政治學》，世界知識出版社 1997 年中文版，第 253 頁。

2 ［日］佐藤英夫：《對外政策》，經濟日報出版社 1990 年中文版，第 28 頁。

3 《美國對外政策的政治學》，第 254 頁。

4 《美國對外政策的政治學》，第 253 頁。

已經做出決策，所決定的政策有時也不能按領導的意願執行。

官僚政治模式（Bureaucratic politics model）。這種模式也可稱為政府內部政治模式（Governmental politics model）。其中心假設是對外政策既不是理性選擇的結果，也不是基於組織內部的常規運作程序的機構過程的產物，而是參與外交決策的政府領導人及其在不同的官僚機構中的代表們相互競爭、討價還價的結果。如果說，合理選擇模式是從國家（或政府）角度進行分析，組織過程模式是以政府內的組織為重點進行分析，那麼，官僚政治模式則是從政府內各個成員的活動為着眼點進行分析。

官僚政治模式描述的是一種既非集權、又非理性化的決策過程。它基於一種多元決策環境，在這個環境中，權力是分散的。由於參與決策的每個人都有不同的目標，而又沒有一個權威來控制整個決策過程，因此整個決策程序圍繞着決策者們彼此間的競爭和妥協來進行。

官僚政治模式中關鍵性的命題是：地位決定立場（Where you stand depends on where you sit）。每個決策者大都關心國家安全利益、組織利益、國內政治利益和個人利益，每位決策者都想推進他們個人、組織和國家的利益。但與合理選擇理論不同，決策結果「不是依靠決策者對這些利益的理性權衡，而是與其他成員的周旋。」[1] 決策者依據自己的地位來決定自己的政治立場，比如國防部長首先關心的國家安全利益，外交部長優先考慮的是與他國的關係，而商務部長則特別關注國內的產業發展。而最終的決策結果則取決於各成員的「地位權限」和「有效使用這種權限的能力」。

在現實的對外決策中，決策單位往往是具有高度內聚力的小集團，它存在着以下一些弱點：（1）小集團內部有趨向同一的自然趨勢，使決策者們喪失了多種方案的選擇機會。（2）小集團往往過於重視自己機構的組織利益，並試圖與其他官僚機構保持距離，因此他們的情報研究工作總是不夠全面。（3）小集團內部協調一致和集體精神的需要，導致決策者們刻意

1 ［日］佐藤英夫：《對外政策》，經濟日報出版社 1990 年中文版，第 30 頁。

追求意見統一，往往排斥不於己不利的情報，忽視對可能出現的意外的預測。因此，「小集團思維最終限制了對各種行動方案的客觀評判，壓制了自由討論，影響了決策者們對情報的準確掌握和對問題的正確定性。」[1] 而且，各決策單位之間的明爭暗鬥、結黨營私和相互妥協也侵蝕了高質量決策的可能性。

心理認知模式(Psychological cognitive model)。與前兩種模式相比，這一模式把分析的重點放到決策人的思想及心理活動上，強調政策是人的認識過程或心理過程的產物。[2]

心理認知模式對合理選擇模式的理論假定進行了批判，強調「人未必都能正確地把握現狀、正確地設立政策目標，也不一定都能衡量多種選擇，從而選擇最佳手段」。[3] 所謂決策，是「左右決策者們對外交政策的感覺的諸過程和因素的結果」，是「在給定的情勢下，決策者根據他對此時種種情況的感覺採取他認為最滿意的行動。」[4] 在這裏，感覺成為關鍵性的概念，「感覺」反映着決策者們固有的「信條體系」、反映着他們長期以來形成的價值觀和信仰、反映着他們對本國和對他國行為的認識。「感覺」猶如一面多棱鏡，橫亘在「客觀現實」與最後的政策選擇之間，使外界的事物在決策者的頭腦中發生折射，從而使決策者們不能正確地認識現實。

心理認知模式認為，感覺主要通過四種方式影響決策：(1) 對現實情況進行重構，使其簡單化或發生扭曲；(2) 使外來信息與決策者的觀念相符的強烈傾向，往往會剔除一些重要的、與決策者觀念不符的情報；(3) 可能會使決策者按照一種特殊的心態，以自己先入為主的想法把各種不同的乃

1 《白宮的祕密：從杜魯門到克林頓的美國外交決策》，第 21 頁。

2 *Robert Jervis*, Perception and Misperception in International Politics, Princeton, N. J. Princeton University Press, 1976; *Lawrence S. Falkowski, ed.*, Psychological Model in International Politics, Boulder, Colorado, 1979; *Joseph De Rivera,* The Psychological Decision of Foreign Policy, Columbus, Ohio: Merill, 1968.

3 ［日］佐藤英夫：《對外政策》，經濟日報出版社 1990 年中文版，第 32 頁。

4 《白宮的祕密：從杜魯門到克林頓的美國外交決策》，第 8 頁。

至相互矛盾的意願混同起來，對他們不願看到的東西則視而不見；（4）使決策者在決策時，往往以自身經驗和歷史情況為參照物，進行簡單的類比推斷。[1]

感覺對決策的影響程度依決策者的個性而不同。「理性的思考人」(theoretical thinker) 獨斷專行，全然拒絕外來與之思想信條相矛盾的信息；「中立的思考人」（uncommitted thinker）願意聽取周圍人的意見，但對哪種意見都不願做出明確的態度；「因循守舊的思考人」（grooved thinker）對環境的變化反應遲鈍，總是被官僚主義的框框所束縛，只會做出舊式的決定。

決策模式的相互關聯性及模式運用。各種決策模式儘管是從不同角度來考察一國的對外政策，但是決策模式本身具有一定的相互關聯性：從決策主體看，國際體系決定論和社會環境決定論的主體是被動的、抽象的民族國家，合理選擇模式的主體是具有「獨立人格」的理性國家，組織過程模式和官僚政治模式的主體是政府內部組織，心理認知模式的主體則是決策人的心理認知機能。

圖表 2　決策模式的相互關聯性

	社會環境決定論	國際體系決定論	合理選擇模式	組織過程模式	官僚政治模式	心理認知模式
決策主體	抽象的民族國家	抽象的民族國家	具有獨立人格的理性國家	政府組織	政府組織	人的心理認知機能
決策類型	基於社會環境壓力的決定	基於國際壓力的決定	基於理性的決定	基於 SOP 的決定	基於討價還價的決定	基於心理認知的決定
決策過程	被動反應	被動反應	理性過程	機械過程	社會過程	認知過程

決策主體從宏觀向微觀的過渡及決策類型假定的不同引起了決策過程的變化：在社會環境決定論和國際體系決定論中，由於決策主體是抽象的

1 《白宮的祕密：從杜魯門到克林頓的美國外交決策》，第 18 頁。

民族國家，而決策類型是基於社會環境壓力或國際壓力的決定，因而決定了其決策過程是一種被動的反應；在合理選擇模式中，決策主體是具有獨立人格的理性國家，其決策類型是基於理性的決定，因此其決策過程則是一種理性「選擇」的過程；在組織過程模式和官僚政治模式中，儘管決策主體都是政府內部組織，但由於組織過程模式強調政府內部組織的常規運作程序，而官僚政治模式着重於官僚機構之間的討價還價，因而前者的決策過程是一種機械的過程，而後者的決策過程則是「政治性」的社會過程；在心理認知模式中，由於決策主體已「微觀」到決策人的心理認知機能，其決策類型假設是基於心理認知的決定，因而其決策過程是決策人的「認知過程」（見圖表 2）。

決策類型和決策過程的不同，為對外政策的研究提供了不同的視角和分析工具，為全面地把握一國的對外政策，探索其外交決策的規律提供了可能。艾利森在其經典性著作《決策的實質：古巴導彈危機闡釋》中認為，在危機決策中，合理選擇、組織過程、官僚政治三個決策模式都存在，而且他把後兩個模式引入了美國對古巴導彈危機的危機決策分析當中。

各種決策模式既有長處，也有不足，不能籠統地説那種模式更為有用。一個國家外交決策是複雜的動態過程，受着多種因素的影響，其決策模式的運用也因「國際環境、國內輿論動向、時代背景、政治體制、領導人性格、問題的本質等等而相應地變化。」[1]

總體説來，國際體系結構與國家的社會環境是一國對外政策的宏觀背景，也是決策者進行決策的必要依據。無論是採用理性決策模式，還是心理認知模式，都難以想像，一個積貧積弱國家的決策者會採取稱霸世界的外交戰略。社會環境決定論和國際體系決策論的合理運用，可以揭示一個國家對外政策的宏觀歷史背景，為對外政策的研究提供初步的時空定位。

1 ［日］佐藤英夫：《對外政策》，經濟日報出版社 1990 年中文版，第 35 頁。

圖表 3　決策模式的運用

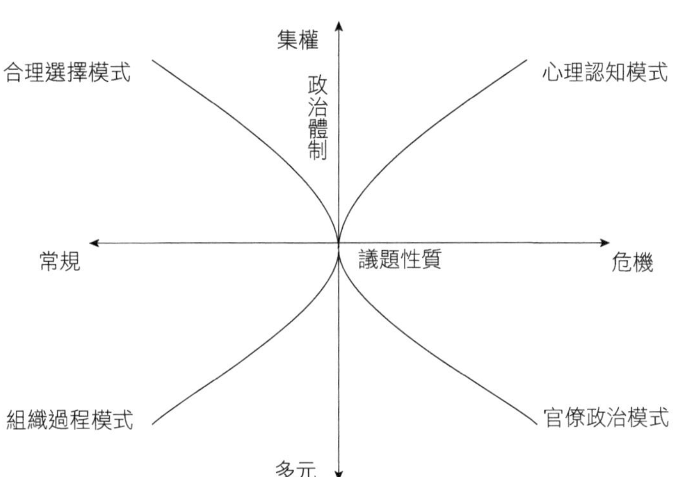

在對一國的對外政策進行研究時，我們可以用多種決策模式作為工具對其進行分析，從而可以多側面、全方位地把握其對外政策的實質。但在進行外交決策的實踐時，決策模式的運用則在很大程度上受到議題性質、政治制度等因素的影響。如果議題是帶有危機色彩的、在短期內決定國家命運的、必須馬上做出決定的問題，而政治體制是較為集權的，則對外決策很可能由最高決策人根據自己的心理認知進行決策；如果議題帶有危機性質，而政治體制是分散、多元的，則由少數人參加決策、相互討價還價而最終達成妥協的官僚政治模式有可能出現；如果議題是常規、而政治體制是集權式的，則合理選擇模式較為普遍，在這時，對外政策成為一個「既集權化又理智化的決策過程」；而如果議題是常規性、政治體制是多元化的，則組織過程模式的運用更為典型。

上例（圖表 3）只是把實際情況簡單化的結果，實際上，外交決策決不是只在一個模式的框框裏以單純的形式出現。外交決策實踐的動態性和複雜性決定了外交決策模式的隨機性與複合性。對國際關係學者來說，外交決策模式的研究的意義在於：通過對多種模式的理解，並把這些模式同時應用於同一政策決定現象的研究，以避免狹隘片面的分析。要力求兼具理性、組織、官僚決策模式的優點，排除不切實際的期望和要求，避免單一決策模式所可能造成僵化、呆板、保守的缺點，防止受到內部個人利益、機構爭權，以及組織惰性的傷害。

第三節　外交決策分析：俄羅斯的觀點與方法

隨着二戰後國際地位的提高和對外政策利益的擴展，蘇聯的國際關係學研究也取得了迅猛發展。特別是從勃列日涅夫時期開始，大量的國際問題研究機構的設立和國際問題人才的培養使蘇聯的國際問題、包括對外政策問題的研究取得了長足進展。蘇聯學者以馬列主義的歷史唯物主義和唯物辯證法為指導思想，批判性地吸收了西方國際關係學者的研究成果，在俄羅斯哲學思辨傳統的影響下，發展起一套具有俄羅斯特色的對外政策研究理論與方法，並將其運用於有關西方國家、特別是美國的對外政策研究，取得了豐碩的成果。蘇聯解體後，儘管馬列主義失去了國家意識形態的地位，但對外政策研究領域的理論與方法仍大量保留下來。回顧與總結俄羅斯對外政策分析領域的理論與方法，可以使我們從另一個側面了解西方對外政策分析理論的優勢與不足，在對西方理論與俄羅斯理論相互印證、相互補充的基礎上，根據我們研究項目的特點，構建切實有效的理論基礎、分析框架和研究方法。

蘇聯對外政策分析理論將外交決策與執行過程視為「帶有明顯階級和社會經濟屬性、同時運行於國內社會和國際關係兩個系統的統一而連續的過程。在對外政策過程中，進行着國內社會和國際關係兩個系統及其固有的組成要素和相關機制的相互作用，而這些要素與機制又以不同程度和方式決定着對外政策過程，以不同的方式進入對外政策過程的結構並受着這一結構的影響。」[1]對外政策過程以不同的方式反映着建立在國內和國際階級鬥爭基礎之上的對外政策系統發展的現實可能。對外政策過程的最終產物是對外政策，對外政策作為國家統治階級的對外需求、利益、目標、思想、學説、方針、機構、實際行為的綜合系統而演變發展。在此過程中，國家及其相應機制運用着外交、經濟、社會、科技、文化、意識形態、心理、宣傳、軍事等各種手段來達到對外政策目標。

蘇聯學者認為，西方政治學家習慣於將對外政策的決策與執行過程視為簡單的超社會、超階級的過程，僅局限於從公眾輿論、政黨活動、官僚機構、利益集團等內部政治問題或能否在對外政策中有效利用經濟資源和軍事潛力等角度來研究對外政策過程，而缺乏對對外政策的系統研究，這使其不能對對外政策過程進行有效的分析。[2] 因此，要對與複雜的國內社會系統與國際關係系統緊密相連的對外政策過程進行研究，就必須將歷史唯物主義的歷史方法、邏輯方法與系統功能方法結合起來。

蘇聯學者認為，對對外政策過程的研究，首先必須明確對外政策過程的實質。「一切現實的過程都是同一定的物質客體相聯繫的」，對外政策過程的物質客體就是對外政策。可以説，對外政策既是對外政策過程的客體，又是對外政策過程的直接結果。經濟基礎、階級的經濟利益是一切國內政策、外交政策以及外交決策過程的基礎。經濟基礎通過內外政策以及決策過程的複雜系統的相互作用、通過由階級關係決定的相互交錯的社會意識形態、社會心理等結構，以不同的形式反覆作用於對外政策。國內因素以各種方式參與到外交決策與執行過程當中。內部客觀因素包括階級力量對比，各階級、政黨、民族和國家的政治活動，政治關係系統和自然歷史決定因素。內部主觀因素包括意識形態，政治力量、政黨和組織的狀

---

1 Процесс формирования и осуществления внешней политики капиталистических государств. Отв. ред.Гантман В.И. М., 1981.С.10.

2 Процесс формирования и осуществления внешней политики капиталистических государств. Отв. ред.Гантман В.И. М., 1981.С.18.

況，這些力量的思想與方針，他們的行為目標，國家機構和主要政治家的作用，他們對外交決策過程、特別是在決策階段的參與等。從本質上講，外交決策與執行過程反映着一個國家的生產關係、階級關係，這個國家統治階級的經濟和政治需求、利益和目標。

外交決策與執行過程本身是階級的、社會政治的過程，同時也反映着每個國家內部社會和政治發展的更深、更廣的階級過程，經常性地與這些階級過程相聯繫並在自己的結構與發展中間接地體現它們的規律。同時，外交決策與執行過程也與國際關係系統中的階級、社會政治進程有着密切的聯繫，並在自己的結構與發展中反映着這些進程的特點。統一的階級社會標準決定了對外政策和對外政策過程的實質。由階級社會標準決定的對外政策過程實質表現於它的每一個現象、內容和階段。直接參與外交決策與執行過程的是力圖在國際上實現自己目標、掌握着現實的可能和物質手段的人與階級，首先是統治階級。被統治階級參與到外交決策過程是非常困難的，儘管有時統治階級不得不考慮被壓迫階級的意見，但還是不允許他們積極地參與到這一進程當中。[1]

一個國家的對外政策過程離不開現實的外部環境——國際關係系統。國際關係系統為各種不同的對外政策方針提供了一定的條件和界限，並在某種程度上影響着這一國家統治階級的對外政策需求、利益、目標、戰略和戰術。

因此要研究對外政策過程，應該確定從國內社會系統和國際關係系統兩個方面對其施加影響的各種因素和機制的綜合作用。也就是說要研究外交決策與執行機制，必須分析由一個國家國內社會系統決定的因素與作用機制；由國際關係系統決定的因素與作用機制；由作為國內政治系統子系統的對外政策機制本身決定的因素與作用機制；在對外政策過程本身中產

---

1 Процесс формирования и осуществления внешней политики капиталистических государств. Отв. ред.Гантман В.И. М., 1981.С.35.

生的因素與作用機制。

與國際環境的影響相比，一個國家的內部因素更積極地作用於對外政策的決策與執行過程。國內政治的急劇轉變必然通過對外政策過程的傳遞而引起其對外政策的相應變化。可以說，「國內政治因素始終決定着一個國家的統治者對外政策的長期和戰略性方針及其參與國際關係系統的性質。」[1]

在研究國內因素對對外政策過程的影響時，首先要分析「整體社會系統的高度結構性內部組織——**政治系統**及其次系統——作為對外政策直接主體的**國家**。直接與對外政策過程相聯繫的是一個社會的政治系統，其主要成分是國家，另外還包括政黨、社會運動、利益集團和其他政治主體，也就是說國家的權力關係、國家權力的獲取、組織和運用。調節國家內部關係的政治法律規範和政治意識也是政治系統的組成部分。政治系統產生於一定的社會階級結構，社會階級關係系統產生於這一社會的經濟基礎並且成為它的上層建築。正是一個社會的經濟基礎決定着這一社會的社會階級結構、內部政治體制、國家及其機構的性質，從而也決定着國內政策和對外政策的過程。

在研究對外政策過程的影響因素與機制時，不僅要研究直接作用於對外政策過程的政治系統的因素（具體地說，對外政策過程在這些因素的範圍內運作），還要研究社會系統的結構環節，以及對社會和國家機制的存在和運行具有重要意義的因素。首先要研究一個國家系統和相應的內部政治進程對於對外政策過程的影響。社會階級結構既是政治系統賴以存在和發展的環境，也是社會經濟基礎對於政治進程影響的轉換器，從而也成為對外政策過程的決定性因素。同時，政治系統也是一種環境，對外政策過程直接在其中發展。一個社會政治系統的核心組成部分是國家。正是國家的階級政治性質，由憲法確定的決策過程的特點，國家機構各環節，首先是

1　Процесс формирования и осуществления внешней политики капиталистических государств. Отв. ред.Гантман В.И. М., 1981.С.68.

參與對外政策過程的各種機構的相互關係以及各種政治力量（政黨、利益集團等）直接影響着對外政策的決策與執行過程。對政治系統進行分析的主要注意力應放在社會政治因素、國內政治進程與外交決策與執行過程相互作用的機制上來。[1] 其次要考察一個國家的自然和文化歷史條件、它的物質資源、科技發展以及軍事力量。這些因素中的大多數的意義都會隨着時間的發展而變化，也會在社會政治進程的作用下發生變化。

蘇聯學者強調應着重從下面幾個角度來研究一個國家的國內政治系統對於對外政策過程的影響：

首先是社會階級結構。社會階級結構的變化是影響一個國家政治力量總體分佈和活動的重要常項。階級分析方法對於闡明一個國家對外政策的總體規律和趨勢、對於明確這一國家對外政策方針制訂與執行過程中的對外政策問題有着重要意義。在研究國內政治系統因素對於對外政策過程的影響時必須首先分析社會階級結構通過政治系統和政治過程對對外政策過程的折射性影響。但需要注意的是，社會階級結構與對外政策過程的相互聯繫不是直接的。社會階級結構是社會政治系統的外部環境，正是通過政治系統的結構組成單位才實現了外交決策與執行過程的「輸入」。通過自己的政治組織參與到政治進程中的各個階級以各自的方式表達自己的利益、力量和對政治系統的影響。統治階級在任何國家都是對外政策的決定者，其他階級也依據自己在社會階級結構中的份量而利用階級鬥爭和其他政治鬥爭手段來外交決策與執行過程產生相應影響。可以說，一個國家的對外政策方針密切地與它的社會階級結構性質、階級內部和各階級之間的關係以及這一國家階級鬥爭的頻率與強度相關。

其次是社會政治系統。社會階級結構對外交決策與執行過程的影響是間接的、複雜的，主要是通過政治系統來施加影響。換句話說，與階級結

1 Процесс формирования и осуществления внешней политики капиталистических государств. Отв. ред.Гантман В.И. М., 1981.С.77.

構相比，政治系統對對外政策過程有着更直接、更具體的影響。一個社會的政治系統又可以劃分為：

國家。國家是統治階級實施領導與管理的工具，是政治系統的核心，[1] 國家機構在結構功能上是外交決策過程的核心。在一個國家的外交決策與執行過程中，對外政策機構的權限劃分具有重要的理論與現實意義。什麼機構或機構組合是最高對外政策機制？它在什麼條件下可以以國家的名義推行對外關係行為？它以什麼方式實現對權力授權的監督？怎樣以及從哪些社會階層中選拔對外政策部門的領導幹部？回答這些問題對於正確理解一個國家對外政策機制、外交決策與執行過程的組織與職能有着重要意義。[2]

政黨。政黨是現代社會政治系統的重要組成部分和統治階級實現政治統治的重要渠道，它以不同的程度影響着社會生活的所有領域，並以各種方式積極地參與到國家管理、包括對外政策活動中來。但認為政黨在對外政策過程的參與是在國內政治進程的簡單投影是錯誤的。對外政策活動本身的特點、對外政策相對於國內問題的差異賦予了政黨參與對外政策活動的特性與特殊方式。對外政策是政黨間鬥爭的一個重要領域，其激烈程度並不比有關國內問題的鬥爭弱。這一鬥爭的結果在很大程度上體現於對外政策的制訂與執行中。

政黨有可能影響外交決策與執行過程的各個階段。其方式主要包括：首先，確立整體對外政策方針，明確對外戰略目標；其次，選擇相應的對外政策戰術手段，選擇國際行為的具體路線，確定具體的對外政策方針；最後，影響廣大居民對於國家對外政策活動的不同反應，也就是影響實現國家對外政策方針的社會政治氣氛。

影響政黨對對外政策過程影響的程度與方式的因素包括：（1）政黨的意

1　此時，「國家」的概念不是廣義社會學意義上的社會政治結構，而是以法律形式確認的公共權力機構。正是在這一意義上國家才是社會政治系統的組成部分。

2　Процесс формирования и осуществления внешней политики капиталистических государств. Отв. ред.Гантман В.И. М., 1981.С.97.

識形態和政治立場、對於對外政策問題態度的特點、政黨內部對於對外政策問題的一致性程度、政黨內部結構的緊密程度以及政黨領導的威信與權威；（2）政黨對對外政策問題影響的法律機制背景。這一政黨是執政黨還是在野黨、這一國家在憲法和傳統基礎上（政府、議會和其他政治機構的作用；執政黨將自己的綱領轉變為政府方針的傳統等）的政治過程（包括對外政策過程）的特點、政黨在國家機構（特別是對外政策部門）中安插親信的可能性等；（3）客觀政治形勢的特點、對外政策問題從國內政治角度衡量的意義、政黨與其政治盟友或對手的關係、政黨對國際形勢和具體的國際政治問題的評價等。所有這些因素可以歸結為一點，就是它們以怎樣的方式和在多大程度上使政黨對於國家對外政策方針的制訂的執行成為可能？

利益集團。利益集團對外交決策過程的影響主要包括兩個方面：一方面，它可以影響與外交決策有關的政府機構本身；另一方面，它也可以影響決策機構藉以運行的環境。

利益集團影響對外政策過程的最常用手段就是「私人關係」，也就是在關鍵的政府機構、包括與外交決策有關的機構中直接安插自己的「代理人」。向決策機構提供相應的對外政策信息也是利益集團影響決策機構的重要方式。[1]

利益集團影響外交決策的效果主要取決於三個因素：利益集團內部的性質、這種影響所處的周圍環境狀況、決策機構對影響的接受程度。利益集團的內部性質包括其人數、是否存在強有力的領導、成員的團結程度、對長遠或眼前利益的一致程度、他們擁有的財政及其他資源的規模及動員能力、與決策機構關係的密切程度等；周圍環境是一種過濾器，它決定着利益集團的「利益要求」能夠在多大程度上送達決策機構。構成周圍環境的主

1 Процесс формирования и осуществления внешней политики капиталистических государств. Отв. ред.Гантман В.И. М., 1981.С.156.

要因素包括：是否存在規範院外活動集團的法律規則、是否存在相互對立的院外集團、院外活動集團所持的立場與社會意識與心理的適應程度、國內政治形勢的緊張程度等。決策機制對來自利益集團壓力的接受程度根據領導人的性格、他在國內地位的穩定程度、其所推行的政策受歡迎程度、執行權力與立法權力之間關係的性質等因素而變化。[1]

大眾傳媒。大眾傳媒是一個國家各種政治力量和利益集團對外交決策與執行過程施加影響的重要渠道，在某種情況下大眾傳媒還可以被視為獨立的「利益集團」。大眾傳媒自身還對社會政治力量劃分施加影響，它不僅傳達着各種政治力量有關對外政策問題的觀點與意見，而且影響着有關對外政策問題的社會輿論的形成。

大眾傳媒在外交決策與執行過程發揮着獨特的功能。它既是使政治力量在具體的對外政策問題上發生「分化」的催化劑，又是向外交決策機構和決策人傳遞有關對外政策問題的公眾意見和政治力量分化組合信息的重要渠道。在一定程度上，大眾傳媒還在外交決策與執行過程中扮演着「監督者」的角色，它「以那些想知道政府如何履行自己的職責、想有一種可信的機制來監督政府的行為的政治力量的名義注視着執行權力機關的對外政策活動。」[2]

在實際當中，大眾傳媒成為除官僚機關之外的重要信息獲取渠道，信息來源的多樣化和相關材料的獨立性在一定程度上可以使政府部門擺脱單純的「機關情報」的束縛，這對制訂現實的政策是有益的。但執行權力在需要從大眾傳媒獲取信息的同時，又力求使大眾傳媒儘可能少地破壞它的立場。

儘管大眾傳媒具有一定的「獨立性」，但它不可能脱離一個國家的宏觀

1 Процесс формирования и осуществления внешней политики капиталистических государств. Отв. ред.Гантман В.И. М., 1981.С.157-161.

2 Процесс формирования и осуществления внешней политики капиталистических государств. Отв. ред.Гантман В.И. М., 1981.С.163.

政治背景和其背後的政治經濟勢力。從根本上說，一定的大眾傳媒傳達的是一定階級、階層的對外政策觀點與政策主張。在更大的程度上，它的作用不是獨立性，而是各種政治力量對對外政策過程施加影響的工具。

蘇聯學者認為，外交決策過程綜合了國內社會系統與國際關係系統的相互作用。但這些系統的作用不是直接表現出來的，而是通過具有相應結構和功能的決策機制而對社會、國家、階級、社會集團、運動與組織以及決策人施加影響所產生的綜合效果表現出來的。正是在外交決策機制中進行着對外政策過程所受到的來自國內社會系統與國際關係系統的作用與影響的綜合與折射。換句話說，與來自國際關係系統的影響與國內社會系統的壓力相比，外交決策機制層次上的對外政策過程從某種程度上來說是更直接和首要的。因此，確定政府和國家機構層次上的外交決策機制的結構與功能是分析外交決策與執行過程的核心。[1]

一個國家的官方政治過程結構、包括對外政策過程結構直接取決於這一國家的政治體制、憲法和其他重要法律規則。在通常的「非危機」條件下，正是國家的政治體制決定着政治過程的主要「遊戲規則」。對對外政策機制的研究應包括其與國內社會系統與國際關係系統相互作用的基本方向；對外政策過程的制訂、決策和執行各階段的綜合性質；各決策組織之間的相互關係；以及實際參與決策過程的集團和個人（上層人物）間的關係。

在蘇聯學者那裏，外交決策被理解為「由國家領導和參與對外政策機制的重要部門組成的小集團中決定對外政策的過程」。[2] 而外交決策機制被理解為「經常性參與外交決策與執行過程的、以一定形式組織並相互作用的國家機構的總和」，將某種國家機構納入對外政策機制的標準是對其對對外政

---

1 Процесс формирования и осуществления внешней политики капиталистических государств. Отв. ред.Гантман В.И. М., 1981.С.303.

2 Процесс формирования и осуществления внешней политики капиталистических государств. Отв. ред.Гантман В.И. М., 1981.С.329.

策活動的經常性參與，也就是說它與外國或其他法人維持專門的職能關係。[1]

基於這種認識，蘇聯學者將對外政策機制簡單地理解成為參與日常性對外政策活動的立法與執行權力機構。

在外交決策機制中發揮主要作用的是「管理中心」，它通常是執行權力首腦及其下屬的部門。在憲法和法律許可的情況下，它可以在必要時對對外政策機制進行相應的改動。在憲法規則、對外政策機制結構與運作程序相對穩定的情況下，其具體結構與活動會隨着大選所導致的權力層中政黨與人物的變化而改變。

在「管理中心」之下可以設立其所需要的諮詢與協調組織（比如美國的總統國家安全委員會）。從功能説，這些機構可以劃分為「服務系統」（諮詢機構）和「執行系統」（協調機構）兩類。它們的功能與直接執行對外政策活動的部委的功能有很大不同，高層諮詢機構（如美國國家安全委員會）負有補償官僚體系本身產生的弊端的任務。在直接隸屬並服務於最高行政領導層的情況下，這種機構不僅進行必要的分析工作、準備相應的決策方案，更重要的是從最高行政權力層的利益出發平衡各種部門利益的分歧，將「管理中心」所擬定和計劃的政策方針切實貫徹到實際當中。

參與對外政策機制的主要包括外交部、國防部和情報部門在內的傳統對外政策部門和隨着對外政策範圍的擴大而新出現的對外政策部門，這些部門在對外政策的決策與執行過程中發揮着特別明顯的作用。外交部、國防部和對外情報部門在對外政策機制中擔負着「服務」與「執行」的雙重任務，對於政府來説它們既是獲取和評估對外政策情報的機制，也是準備決策方案的機制，還是執行政府所通過的外交決策的工具。與其他部門相比，它們在對外政策過程中有着幹部、技術與職能優勢。

在蘇聯學者看來，除了上述三個部門之外，其他以各種方式參與對外

---

1 Процесс формирования и осуществления внешней политики капиталистических государств. Отв. ред.Гантман В.И. М., 1981.С.319.

政策機制的官僚部門的活動通常都摻雜着內部政治與對外政策的雙重因素。儘管這些機構在對外政策機制中的地位和意義有所增強，但這只是相對的，他們在長期的對外政策目標制訂中仍是外圍的、執行的和輔助性的。

「決策圈」在對外政策機制的結構中具有重要意義。具有原則意義的對外決策是在由國家領導和參與對外政策機制的重要部門的領導人組成的小集團中採取的，正是這一集團的決策決定着一個國家對外政策的具體形式與方法。這一集團的結構與組成取決於其成員之間的關係性質，在某些情況下，非正式關係的份量也許比正式關係的還大。在不同的國家、不同的時期這一「決策圈」的結構都是獨特的，應該根據具體的歷史狀況進行專門的研究。

對決策的狹隘定義和將對外政策機制局限於參與日常對外政策活動的行政部門使蘇聯學者對立法機關在對外政策活動中的作用估計不足。他們認為，立法機關與執行權力機關相比在對外政策中處於「二流位置」。在對外政策問題上立法機關一般只負責戰爭與和平問題、批准政府簽署的重要國際條約與協定、任命由政府提名的重要的外交代表人選等。這些問題決定了立法機關對對外政策問題的參與是偶然、而非經常性的。立法機關只能通過法律批准和審批預算等間接手段對政府的對外政策施加間接影響。此外，立法機關通常沒有自己的對外政策服務系統和執行系統，所有對外政策部門都直接屬於執行權力。如果立法與執行權力機關發生矛盾，執行權力機關有可能運用自己的各種部門首先維護自己的利益。各種對外政策部門都隸屬於執行權力也意味着執行權力而不是立法機關在利用對外政策部門的信息方面處於壟斷地位，立法部門一般沒有自己的設於境外的信息渠道，只能利用執行權力機關認為有必要給他們的信息。

蘇聯學者認為，與直接參與外交決策相比，立法機關在對外政策過程中的重要職能是對執行權力的監督職能。此外，立法機構還是在統治階級內部及其各集團以議會鬥爭或院外活動的方式就對外政策問題達成妥協的調節器。

闡明對外政策機構的結構與相互聯繫、確定其中的決策圈可以揭示對外政策機制統一的系統聯繫，但不能解釋對外政策機制如何運行和發揮功能。機制內部的正式結構與關係以及機制與其外部環境的關係應以與正式關係同時並存的非正式關係以及對對外政策機制各個層面施加影響的機構、集團和人的關係作為補充。

在一定的對外政策機制中，國內外環境對對外政策影響的「內化機制」、決策機構或決策人所持的對外政策價值與取向、決策人對於客觀現象進行主觀詮釋傾向都有着重要的意義。這是由於對外政策的決策與執行的背後都是具體的人，每一個參與外交決策與執行的人都依據自己的官職或其他社會屬性在這一過程中履行相應的職能。他們根據自己的社會角色並應按照這一角色完成的要求與期待行事。而這些要求既可以是國家法律所規定的正式的行為規範、工作準則，也可以是與決策人的個性相聯繫的傳統、習慣與特點。個人特點主要包括三方面的內容：其在對外政策過程中的地位；個人參與對外政策過程的動機；個人素質與特點。

第四節　決策機制：對外政策過程的靜態結構

對外政策過程是一個國家在接受國際關係系統和國內社會系統雙重影響的條件下，通過具有相應結構和功能的決策系統而產生對外政策的過程。如果我們將其進行圖示，則呈現圖表 4 所示結果。

西方的對外政策研究者沒有對這一決策系統進行明確定義，他們更傾向於將這一系統視為官僚政治體系，強調具有各種組織利益與部門利益的官僚機構在外交決策過程中進行相互爭鬥與相互妥協，對外政策過程是這些官僚集團相互爭鬥與妥協的過程，對外政策也就是這些集團爭鬥與妥協的產物。這種籠統的定義從某一方面概括出了這一國內政治系統進程的總

圖表 4　外交決策系統流程圖

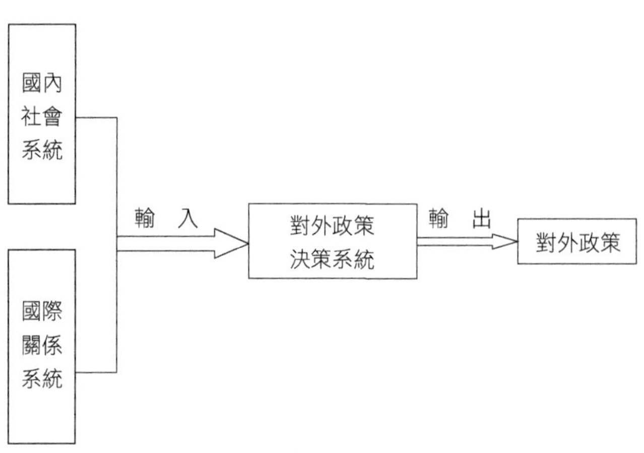

體性質，但無法使我們了解這一系統及其組成要素在對外政策過程中的結構與功能。其結果是「決策系統黑箱」被打開後，看到的只是一團混亂和無序的爭鬥。

俄羅斯學者將從接受國際關係系統和國內社會系統雙重影響到產生對外政策的這一決策系統定義為「對外政策機制」，他們認為，「與來自國際關係系統的影響與國內社會系統的壓力相比，對外政策機制層次上的對外政策過程從某種程度上來説是更直接和首要的。因此，確定政府和國家機構層次上的外交決策機制的結構與功能是分析外交決策與執行過程的核心」。「對外政策機制」概念的提出比單純地將對外政策過程視為官僚集團的相互爭鬥前進了一步，它劃分了參與外交決策的政府部門的功能和它們之間的相互聯繫，使「對外政策黑箱」中的過程進一步有序化。但將外交決策簡單地理解為「由國家領導和參與對外政策機制的重要部門組成的小集團決定對外政策的過程」，而將對外政策機制定義為「經常性參與外交決策與執行過程的、以一定形式組織並相互作用的國家機構的總和」似乎過於狹隘。在現代分權制國家中，對外政策的決策權不僅掌握在行政部門手中，而且也掌握在立法機關手中，更何況對外政策部門的活動還受着政黨、社會運動和利益集團等政治功能團體的影響。

戴維・伊斯頓將政治過程視為「持續不斷且相互關聯的一連串行為」，將政治系統視為「一個巨大而永恆的轉換過程」，強調在環境與系統之間存在着以「輸入」和「輸出」為形式的相互溝通。[1] 如果說戴維・伊斯頓的興趣主要在於闡釋「一切系統是怎麼能夠長期地存在並做出決策」的話，那麼本項研究的興趣則在於解釋一個外交決策系統在接受環境「輸入」的情況下，其內部的結構如何發揮功能對這種「輸入」做出反應和轉換，從而「輸出」自己的產品——對外政策。基於這種考慮，我們將來自環境的「要求」與「支持」視為是恆定的，我們的任務在於揭示外交決策系統這只「黑箱」的內部結構、程序與運作規律。

在一個社會系統的政治進程中，發揮關鍵性直接作用的是這一社會的政治機制。而在一個國家的對外政策過程中，起關鍵作用的是這一國家的外交決策機制。本書將外交決策機制定義為「以擔負對外政策職能的國家政治機構為核心、在政治系統其他重要因素的影響下，按照相應組織結構運作從而將來自外部環境的要求與支持轉化為一個國家對外政策的組織體系」。按照現代國家系統的一般規範，其參與外交決策機制的政治機構一般包括：國家元首、執行權力機關、立法權力機關、政黨、利益集團、軍隊等。它們按照由憲法等重要法律確立的正式程序或者由幕後關係等確立的非正式程序運作並發揮外交決策功能，從而將來自國際關係系統和國內社會系統的「要求」或「支持」經過由外交決策機制所主導的對外政策過程而形成一個國家具體的對外政策。通過對外交決策機制的研究，我們可以了解一個國家的對外政策是如何出籠的。由於我們將研究的重點從環境的輸入與系統的輸出轉向了系統本身的結構與過程，因而圖表 4 的外交決策系統流程圖就變成圖表 5 的樣子：

1　戴維・伊斯頓：《政治生活的系統分析》，華夏出版社 1999 年中文版，第 33-38 頁。

圖表 5　外交決策機制示意圖

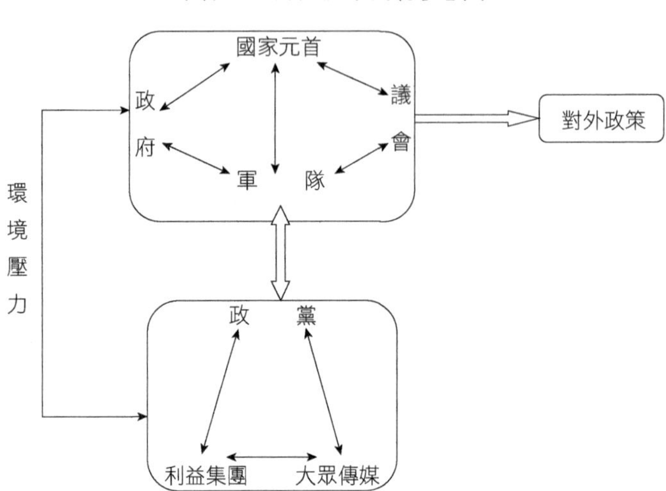

在這一圖中，我們可以看到，一個國家的外交決策機制由國家和社會兩個層面組成。國家層面的決策機制是這一整體機制的核心。以國家元首（總統）、執行權力機構（政府）、立法機構（議會）、軍隊組成的國家機器在行使國內管理職能的同時，在對外政策過程中行使着最直接和最重要的對外政策職能。這些國家權力機構一般按照憲法等法律規定的職能分工和工作程序履行自己的對外政策職能並相互作用。

決策機制在國家層面的特徵首先取決於政治體制的性質：是總統制還是議會制。政治體制的不同將直接導致各決策機構對外政策職能的區別與相互關係的差異。一般來講，在總統制下，總統和執行權力機構構成決策機構的核心。作為外交決策機制核心，總統和執行權力機構領導着對外政策機制的「服務機構」和「執行機構」，這些機構負責獲取、評估情報；決策方案準備；現狀和前景分析；組織技術保障以及政策執行等諸多工作。作為決策機制的核心，它還應該賦予對外政策以必要的相融性、明確性、內部完整性與統一性。

一般而言，議會不參與國家的日常對外政策活動，但這不等於它在外交決策機制中無足輕重。作為國家的立法機構與重要的制衡機制，議會在外交決策機制中的功能可以具體表現為：(1) 確立與對外政策有關的國內法律，為對外政策機制的運行提供相應的法制保障；(2) 決定戰爭與和平、批准國際條約等與國家利益有關的對外政策問題，使執行權力的對外政策活動具體法律效力；(3) 作為「監督系統」對執行權力機關的對外政策活動進行監督；(4) 開展議會外交，拓寬傳統外交活動的活動範圍；(5) 作為社會各種政治力量與集團的利益代表機制，在對外政策過程中體現這些政治力量的利益。

軍隊作為國家機器的重要組成部分，不僅肩負着保衛國家安全的執行職能，在外交決策機制中也佔有重要地位。值得注意的是，作為一個具有嚴格內部結構與獨特利益取向的社會羣體，軍隊在外交決策機制中不僅僅是單純地作為國家機器的一個零件，有時還表現為一個特殊的利益集團。

在外交決策機制的社會層面上，政黨、利益集團和大眾傳媒等因素相互作用並且對決策機制的國家層面施加影響。如果說國家層面的決策機制主要依據憲法等正式法律規範來運行的話，政黨、利益集團和大眾傳媒等社會因素則主要依據非正式程序來實現自己的對外政策職能。儘管從表面上來看，最終的外交決策是由國家層面的決策機制決定的，但在特定的條件下，這些社會性因素通過幕後關係等途徑在外交決策中發揮着不可小視的影響。特別是對於處於轉型時期、政治體制尚未健全的國家來說，這些幕後關係發揮着更重要的作用。在大多數情況下，這些具體的幕後關係及其運作很難為外人所知，但科學的理論與方法可以使我們對它們的基本功能、行為方式進行總括性的探討。

在確定了外交決策機制的靜態結構後，必須把對外政策過程劃分為幾個具體的階段來考察外交決策機制的動態運作，只有在決策機制的動態運作中才能確定不同權力機構和社會力量在外交決策過程中的具體作用與相互聯繫。

基於上述認識，考慮到俄羅斯的具體特點，本書將着重研究下面幾個問題：（1）研究當代俄羅斯的政治體制和管理模式，以確定對外政策機制的總體政治環境；（2）分析國家層面上的總統、議會、政府的對外政策權限與職能以及社會層面上的利益集團、智庫和大眾傳媒影響外交決策的方式和在決策過程中的具體作用，考察它們之間的相互關係以確定當代俄羅斯外交決策機制的靜態結構；（3）依據決策程序的相應階段考察決策機制組成要素的動態運作及相互聯繫；（4）總結當代俄羅斯對外政策的決策模式，分析俄羅斯外交決策機制的有效性，並對其發展趨勢進行科學預測。

第二章

當代俄羅斯政治體制與外交決策

蘇聯解體使俄羅斯這個歐亞大國發生了翻天覆地的巨大變化。蘇聯解體之初，新政治精英為俄羅斯公眾描繪了一幅以西方價值觀念為主導取向的美好前景：從高度集中的計劃經濟體制經由休克療法向市場經濟的過渡、從高度集權的政治體制經由實行「三權分立」向「民主制度」的發展、從社會功能發育不全經由培育中產階級向「公民社會」的發展將使俄羅斯在很短的時間內實現經濟繁榮、政治民主、社會公正和國家強盛。但 30 多年的改革實踐並沒有實現俄羅斯政治精英們的美好預期，改革之初確定的目標已經扭曲，歷史的合力使俄羅斯社會發展進入一個長期的痛苦轉軌進程。

俄羅斯轉軌 30 多年所經歷的社會變遷在俄羅斯國內和西方學術界引起了熱烈的討論，學者們在總結俄羅斯社會變遷實踐的基礎上提出了多種理論模式與分析框架。本書作者力圖在吸收借鑒外國學者研究成果的基礎上，着重從國家管理的角度分析當代俄羅斯政治體制的特點及其對外交決策的影響。

第一節　政治轉軌的進展與矛盾

俄羅斯政治轉軌的實質在於政權建設基本原則的根本改變。以西方政治理念為終極目標和核心的政治變革使俄羅斯出現了三權分立、代議民主、言論自由、多黨競爭、定期選舉等現代西方民主制度的內容，單純從表像上看，俄羅斯的政治體制從許多方面都類似於西方的制度。蘇聯解體以來俄羅斯民主化進程取得的進展在於：

首先，以 1993 年憲法為核心的憲政體制逐漸確立，儘管存在着各種不足，但相對穩定的憲政制度確立了以聯邦制為核心的國家結構和以「超級總統制」為核心的政權體制。[1] 多年的實際運轉證明，這一體制在實現社會政治多元化的同時基本避免了俄羅斯社會激烈的政治衝突，在一定程度上保障了社會的政治穩定。

其次，政治多元化、利益集團和政治反對派的存在已經成為俄羅斯政治生活不可分割的組成部分。反對派獲得了表達自己觀點的合法可能，已經成為政治生活的重要成分和系統性因素，政治生活不再是一種力量的一統天下。同樣重要的是，公開的衝突和政治鬥爭長期以來第一次成為政治生活的形式，而「衝突及其解決——正是社會向民主邁進的必要前提」。

第三，社會功能的逐漸培育與發展使俄羅斯社會第一次開始擺脱國家機器的長期束縛，權力制衡的出現在一定程度上制約着專制主義的發展和寡頭統治的鞏固。中央與地方政權機構的選舉已經成為當代俄羅斯政治生活的經常性現象，並成為社會對國家方針施加影響的方式和權力精英重組的重要渠道。

第四，計劃經濟的終結和市場關係的逐漸確立對政治進程產生着積極影響。它一方面促進了獨立「政治人」的出現及對國家依賴的弱化，另一方面加強了經濟利益在政治行為中的調節作用。

第五，超級大國角色的終結一度促進了俄羅斯國內的政治民主化進程。特別是在 2012 年前，俄羅斯在政治、經濟、安全和社會等多個領域大

1　參見劉向文、宋雅芳：《俄羅斯聯邦憲政制度》，法律出版社 1999 年版。他們將俄羅斯聯邦國家結構原則歸納為：聯邦制原則、聯邦主體多樣性原則、聯邦結構建立原則（聯邦國家完整原則、國家權力體系統一原則、聯邦中央與聯邦主體劃分管轄對象和權限原則、各各族人民平等和自決原則、各聯邦主體平等原則）和聯邦為主權國家原則。將規範權力機關模式的原則歸結為：共和制原則、三權分立原則、地方自治原則、多黨制原則和意識形態多元化原則。

範圍融入既有國際體系，不僅成為巴黎俱樂部、倫敦俱樂部、WTO、G20成員，還與西方主要工業發達國家共建「八國集團」，與北約組建「俄羅斯—北約理事會」。俄羅斯國內的社會治理還一度參照歐洲標準，自由化程度有所提升，社會高壓控制有所淡化。

但與此同時，俄羅斯政治生活中一些舊有消極因素仍然保留，隨着轉軌進程而出現的社會分化加劇和政治失序等新的消極因素不斷滋生並且迅速蔓延。新舊消極因素交織使系統轉軌過程中的俄羅斯處於「剪不斷、理還亂」的兩難境地。這些消極現象突出表現為：

首先，大部分舊執政階層仍然當權，舊的政治行為和傳統仍然延續。波蘭社會學家雅澤克．瓦西列夫斯基在分析 1988 — 1993 年俄羅斯等東歐國家的精英組成時得出結論：在這一時期的國家官員中，有三分之一是前社會主義體制下的舊有精英。在一些部門這一比例更高，比如，50.7% 的經濟精英、48.2% 的政治精英和 40.8% 的文化精英都是舊有人物。在俄羅斯的舊有精英階層中，有 86% 的人進入新精英階層，而只有 10% 失去了原來地位。1993 年後俄羅斯的新式精英中有 49% 是舊有精英「梯隊」中的後備人才。[1] 到 1996 年，蘇聯時期的官僚在總統機構中佔 75%、政府中佔 74.3%、政黨領袖中佔 57.1%、地方精英中佔 82.3%、經濟精英中佔 61%。[2] 在新包裝下所進行的實質上的「精英延續」使很多舊的管理模式與風格仍然保留在新體制中，一個最突出的表現就是政權對社會缺乏責任感，當代官僚們的不負責任使人們很難將其與蘇聯時代的黨政幹部區別開來。「缺乏責任感是俄羅斯政治制度的一個重要特徵，存在於政治結構的各個層面。」[3]

其次，權力運作缺乏有效的機制保障，「超級總統制」並未保證有效的國家管理。1993 年憲法是在葉利欽炮打白宮之後產生的，「它記錄着一種政

1 參見：*Wasilewski J.* Communist Nomenklatura in Post-Communist Eastern Europe: Winnres or Loosers of Transformation? // Polish Academy of Science. Warsaw, 1995.

2 Известия. 1996.10.января.

3 *Лилия Шевцова*. Режим Бориса Ельцина. Московский центр Карнеги.1999. С.482.

治力量在缺乏政治一致情況下以武力取得的勝利。」[1] 儘管憲法規定了三權分立原則，但俄羅斯政治體制中的權力劃分並不均衡，總統在「93 體制」中處於絕對優勢，很少受到制衡。人格化政權的保留以及權力向領袖手中的集中使總統擁有無限的權力。[2] 但是，擁有權力並不意味着能夠有效行使權力，權力既是巨大的政治資源也是沈重的政治負擔，缺乏相應機制保障的巨大權力重負即使超人般的總統也無力承負，遑論體弱多病的葉利欽？總統不能有效行使憲法所賦予的權力導致大權旁落和「影子政治」，必然導致管理的混亂。在體系結構失衡、系統功能弱化的政治體制中，總統自身也不得不周旋於各種政治力量之間，隨機應變、左右平衡。他既沒有足夠的時間也很難集中全部精力來顧及國家利益，這無疑加劇了社會的無組織性並在一定程度上導致了決策的混亂。

第三，國家對社會生活的干預雖然大大減少了，但因此而出現的真空卻沒有功能健全的自治機構和相應的社會組織來填補。在傳統管理手段失效、新的管理手段尚未建立或無法正常運轉的情況下，國家無力完成保障社會正常生活的職能。而在國家及其機構弱化的同時，一些影子集團則藉機侵蝕國家的權力和職能。[3]

第四，政治民主化進程扭曲變形。俄羅斯社會轉軌進程的重要後果就是社會的嚴重兩極分化。民主社會得以發展的基礎——中產階級在俄羅斯處於剛剛起步的階段，還不能成為所有權的真正主體和公民社會的堅實基礎。儘管政治多元化造就了俄羅斯的多黨制，但大規模、全局性經濟衰退所導致的生活狀況惡化使大多數居民政治參與熱情下降，形成了廣泛的政

---

1 *Лилия Шевцова, Игорь Клямкин*. Эта всесильная бесссильная власть // Независимая газета. 1998. 24-25. июня.

2 *Тихомиров Л.А.* Монархическая государственность. М.: ГУП, 1998；中國學者馮紹雷將當代俄羅斯政治格局特徵稱為「具有俄羅斯特色的權威主義」。參見馮紹雷：《制度變遷與對外關係—— 1992 年以來的俄羅斯》，上海人民出版社 1998 年版，第 568 頁。

3 *Афанасьев М.* Клиентелизм и российская государственность. МОНФ. 1997.С.279.

治冷漠，難有一個政黨和政治運動具備廣泛的社會階級基礎。政黨或政治運動很難完成自己的基本職能——表達和整合不同選民階層的利益，這反過來又使社會利益難以得到保障的普通公民對政黨日益失望。可以說，俄羅斯的大部分政黨不是公眾利益的代表機制，而是一少部分能夠對政治進程產生影響的精英人物集團。決定政治形勢的不是不同政治力量的意識形態主張和社會政策取向，而是對現實權力中心的態度。政黨體制的漏洞使本已在現行政治體制中處於弱勢的俄羅斯議會不可能享有很高的威望。結果，政策往往是「領袖」意志的反映，而決策過程常常局限於部門之間和精英階層內部的權力鬥爭。這種現象不僅加重了社會的政治分歧，而且阻礙了它的民主化進程。

在經過短暫的充分出版自由後，俄羅斯大眾傳媒不是倒向國家政權，就是投入壟斷財團的懷抱。相當部分的大眾傳媒已經成為寡頭集團的傳聲筒，「黨派化」的大眾傳媒已經成為損害自由威信的因素。

在缺乏相應監督制衡機制的條件下，選舉本身並未保障真正的民主。無論是在中央還是地方，選舉的勝利往往意味着當選者將對選民承諾棄之腦後。一些學者甚至認為，「在當代俄羅斯，選舉只不過是執政階級自衛和保存權力的手段。」[1]

強力部門實際上不是服從於國家，而是服從於領袖，對領袖的忠誠、而不是對國家的忠誠成為它們活動的基本原則。這就導致了軍隊、警察和特工機關的政治化和把它們運用於政治鬥爭的可能。

第五，霸權主義、擴張主義和「救世情節」在經歷一段時間的沈寂之後死灰復燃，重新成為社會意識的主流和國家整合社會的工具。自 2008 年以來，俄羅斯接連對格魯吉亞、克里米亞、敘利亞用兵，運用「混合戰爭」手段謀求地緣政治利益，直至 2022 年全面出兵烏克蘭，引爆自第二次世界大戰結束後歐洲最大規模的地區戰爭。

---

1 *Лилия Шевцова*. Режим Бориса Ельцина. Московский центр Карнеги.1999. С.482.

莫斯科卡內基中心專家謝夫佐娃曾認為，新俄羅斯的政治系統包含着專制主義、民主原則、寡頭統治等許多從根本上相互排斥的趨勢和原則。[1] 確實，俄羅斯的政治現實呈現出政權與社會的矛盾、俄羅斯傳統與西方經驗的衝突、專制制度與憲政民主的背離。當代俄羅斯政治現實與政治取向的背離導致了俄羅斯國家的「混合性質」。

第二節　超級總統制與治理失效

由傳統社會向現代社會邁進的社會轉軌進程是近代以來的普遍現象，但具體到每個國家又具有各自不同的特點。當代俄羅斯政治進程所表現出的複雜性與矛盾性引起了國際學術界的廣泛關注與激烈爭論，眾說紛紜，莫衷一是。[2] 我們試圖在借鑒國際學術界有關轉軌進程研究成果的基礎上，結合俄羅斯的實際，對俄羅斯的社會轉軌類型進行具體和歷史的分析。

由民主程序與總統集權相結合而產生的俄羅斯政治制度在某種程度上非常類似奧多尼爾所説的「委託民主制」。這種「制度的基礎依靠這樣一種原則——誰贏得了總統選舉，誰就可以為所欲為」。[3] 在這種制度下，總統不僅是國家元首或行政首腦，還是民族的化身和國家利益的體現。一般情況下，總統在贏得大選後，都會壓制政黨或政治運動。立法與司法機關經常被視為多餘之物，它們的正當權限被視為實現總統權力的障礙。「委託民主

1 *Лилия Шевцова*. Режим Бориса Ельцина. Московский центр Карнеги.1999. С.477-502.

2 一部分學者認為，俄羅斯的轉軌進程基本上重複了南歐、拉美和中東歐國家的改革模式；而另一部分則認為俄羅斯的轉軌是一種獨特現象：對于其他轉型社會來說傳統的機制與手段（政治契約、政治多元化、上層革命）在俄羅斯的具體背景下都被賦予了其他內容，而且表面上向自由民主的過渡其實包含的是專制傳統的延續。參見：*Shevtsova L*. The Two sides of the New Russia // Journal of Democrary. 1995. №. 3. P.41-56.

3 *O'Donnell G*. Delegative Democracy // Journal of Democrary. 1994. №. 1. P.55.

制」在一定程度上反映了當代俄羅斯社會的一些特徵，但與這種制度「社會成為欣賞總統表演的被動觀眾」的根本特徵所不同，俄羅斯的權力制衡機制和社會多元化進程還不至於讓總統為所欲為。

奧多尼爾在分析拉美社會轉軌進程時還提出了「官僚專制國家」的概念。官僚專制國家的實質在於：寡頭資產階級是整個社會和政治系統的基石，其主要政治目標在於通過消除居民的「政治激進」和實現經濟的「規範化」而恢復秩序，消除曾在民主化上升階段起過積極作用的居民集團。[1] 隨着俄羅斯社會兩極分化的加劇和以七大財團為代表的金融工業集團政治作用的增強，俄羅斯目前的社會政治狀況也與這一模式相類似，但俄羅斯的歷史傳統與社會現實決定了俄羅斯的商業精英目前沒有、將來也不大可能強大到把官僚體系甚至國家首腦和強力部門置於自己的控制之下。[2]

西方其他一些學者也從不同角度對當代俄羅斯的政治體制進行了定義。林茨和斯蒂芬將其概括為「後專制主義制度」。[3] 麥克福爾將其定性為「選舉民主制」。[4] 扎卡利亞將俄羅斯政治制度稱作「非自由的民主制度」。[5] 而薩克瓦則將俄羅斯的制度定義為「專制民主制」，強調「專制與民主的混雜既是這種制度的矛盾，也是這種制度的特點」。[6]

---

1 *O' Donnell G.* Tensions in the Bureaucratic-Authoritarian State.P.292-293.

2 莫斯科卡內基中心專家謝夫佐娃認為，儘管目前俄羅斯也出現了「寡頭集團」，但實際上它們並不符合「寡頭」的真正含義。它們中的大部分並不具備獨立的權力杠杆，而是在很大程度上依賴于領袖和官僚制度的需求。俄羅斯的「寡頭集團」只是現行政治制度保護網的一個組成部分，發揮的是一種維護制度存在的輔助作用，因為在現行體制下總統依靠自己的憲法權力完全可以控制壓力集團的作用。此外，在俄羅斯傳統中，國家機器歷來比企業家的利益集團重要得多。參見：*Лилия Шевцова.* Режим Бориса Ельцина. Московский центр Карнеги.1999. С.528.

3 *LinzJ, Stepan A.* Problems of Democratic Transition: Southern Europe, South America, and Post-Communist Europe. London, 1996. P26.

4 *McFaul M.*Democracy Unfolds in Russia // Current History.1997. Vol.96. No. 612. Oct.

5 Zakaria F. The Rise of Illiberal Democracy // Foreign Affaires. 1997. Vol.76. No. 6.Nov.Dec.P.22-23.

6 *Sakwa R.* Russian Politics and Society. London, 1996; *Саква Р.* Режимная система и гражданское общество в России // Полис. 1997. No. 1. С69.

俄羅斯學者也從不同角度研究俄羅斯社會政治的轉軌進程。謝夫佐娃和克拉姆金曾把俄羅斯制度定義為「選舉君主制」，認為俄羅斯政治制度的實質在於「專制主義傳統利用民主程序的外衣取得統治的合法性」。這種建立在經全民選舉而產生的個人統治基礎上的政治體制無法保持政治系統的有效運作。這兩位學者認為，如果「政治系統可以理解為能夠自行維持自我運轉並且以嚴格和公認的遊戲規則來約束任何一個官員的機構、機制和程序的統一體的話，可以說，目前在俄羅斯根本就不存在政治系統」。儘管俄羅斯存在着總統也必須遵守的憲法，但憲法本身並不能保證政治生活的有序：首先，憲法是以武力結束政治鬥爭的產物，並沒有達成各種政治力量的一致。這迫使當權者不得不「經常而又徒勞無益地」在憲法之外尋找維繫統治的方法；其次，憲法所賦予國家元首「君王」般的權力無法在當代俄羅斯得以完全的實現。中央層次的權力集中和聯邦層次上的單一性只能以對地方的讓步和由他們自己選舉地方權力機構為代價。這種情況導致地方政權經常處於憲法範圍之外，總統缺乏相應政治資源來實現自己手中的權力。[1]

克拉姆金和謝夫佐娃還曾用「系統外制度」的概念來揭示葉利欽制度的特點，認為在社會系統之外形成的現實權力結構在俄羅斯政治生活中發揮着真正的作用並被賦予了系統化的特徵。[2]

上述學者的研究從不同角度描述了俄羅斯社會轉軌的特點，但都沒有從根本上得出有關當代俄羅斯政治制度功能和特徵的完整概念。要想搞清俄羅斯政治體制的實質，必須對其政治體制十年來的演變進行階級、歷史和辯證的分析。

首先，俄羅斯制度變遷過程同時也是階級分化和新階級產生的過程，社會階級基礎決定了新俄羅斯政權的本質屬性。新俄羅斯資產階級是在短

---

1 *Лилия Шевцова, Игорь Клямкин.* Эта всесильная бесссильная власть // Независимая газета.1998. 24-25. июня.

2 *Клямкин И., Щевцова Л.Ф.* Внесистемный режим Борьса II: некоторые особенности политического развития постсоветской России. М.: Московский центр Карнеги. 1999.

短的幾年中產生的。它不是社會生產力在市場經濟條件下自然發展的結果，而是蘇聯的權貴與官僚階層借制度變遷與國家解體之機在權力轉化為資本的過程中滋生的。

後蘇聯時期的官僚階層是現行俄羅斯政權的主要社會支持力量之一。政權更迭、時代轉換和制度變遷並沒有停止俄羅斯官僚階層的生息繁衍。從 1991 年蘇聯解體到 1995 年，俄羅斯的官僚機構增長了 1.5 倍，人數達到 125 萬人。他們不僅「人數迅速增長，而且大部分無力勝任所擔負的管理工作」。[1] 根據 1993 年 12 月 22 日公佈的第 2267 號總統令，國家官員可以享受從財政、醫療到住房等社會保障方面的優惠與補貼。自 1993 年 12 月成立後，總統事務管理局就承擔了為國家所有政治精英服務的責任，它精心照料着 1.2 萬名包括部長、議員、高級法官、審計署領導和其他國家高級公務人員在內的高級官僚。[2]

更為嚴重的是，當今的俄羅斯官僚階層憑藉手中的權力維持着自己的特殊地位，在實際上不受監督的情況下，他們已經把國家管理機關變成了自己贏利的工具。在出售國有資產的過程中官僚階層發揮了關鍵性的作用，政權與私人資本的結合已經成為俄羅斯官僚體制在轉軌時期的重點特徵，制度轉型使蘇聯官僚階層自然長入資產階級。

與此相適應，與官僚集團相勾結、借私有化之機大肆侵吞國有資產成為俄羅斯新興資產階級得以迅速發展和完成資本原始積累的重要途徑。新俄羅斯與其他國家的巨大區別在於，企業的效率與發展潛力不是取決於經營活動，而是取決於與掌握着國家資源的國家官員的特殊關係。政權與私人資本的結合使俄羅斯的政治過程變成了基於個人和集團利益的幕後交易以及他們之間的相互爭鬥。在俄羅斯出現了各種形式的「影子經濟」、「影子政治」和「影子意識形態」。它們成為官方結構與犯罪結構相互勾結往來

---

1 Независимая газета, 1997, 05, августа.

2 Известия., 1996, 23, октября.

的最佳場所，國家公職成為利潤豐厚的投機資本。

缺乏廣泛支持的權力集團尋求的是眼前利益，而不是長期政策。借私有化之機興起的「部族」競相對總統施加影響，因為他掌握着主要的政治和經濟槓桿。這些部族競相接近總統，以獲得國家財產中最誘人的部分。他們相互傾軋，以圖把其他競爭者排擠出局。他們常常把自己的利益描繪成國家利益。而葉利欽則一方面鼓勵這種傾軋以保持自己「仲裁人」的地位，另一方面又不讓任何一個集團在爭鬥中佔據絕對上鋒。在葉利欽的第一屆總統任期內，寡頭專制制度以超級總統制的形式得以定型。政治和經濟民主的發展被強大的金融寡頭集團所阻滯。

權力與財富的結合為俄羅斯的現行體制創造了階級基礎，「俄羅斯資產階級的主體——金融工業集團一開始就具有寡頭官僚資本的屬性。」[1] 可以說，當代俄羅斯的統治階級是官僚壟斷資產階級，他們的突出特點是「寡頭」性質。當權的政治家、高級官僚、金融工業巨頭、御用文人、地方首腦形成了新俄羅斯寡頭政治的骨幹，現行的俄羅斯政治制度也正是依靠新階級與統治階層的支持才得以維繫政權的。掌握最高權力的總統與寡頭集團相互利用。葉利欽給了許多有能力卻又尚未嶄露頭角的人迅速致富而且成為不可動搖的新秩序的保證人的機會。他把社會上層人物從責任與組織約束中解脱出來，而他們則對葉利欽個人和政治的缺點視而不見。他為這些人提供保護傘，而這些人則成為他的權力支柱。他們共同建立了一種權力系統，這種系統可以維持現狀，卻不能解決發展的問題。

新俄羅斯統治階級的官僚寡頭性質決定了政治制度中的專制主義傾向。以「超級總統制」為核心的當代俄羅斯政治體制是在自由民主改革的旗號下建立的是「總統的垂直領導體系」——專制性的、直接服從於國家首腦的管理體制。「自詡為自由民主代表、致力於市場經濟改革的執行權力機關實際上已拒絕把民主化的思想深入下去。葉利欽及其助手們所宣揚的『金

1　董曉陽：《俄羅斯利益集團》，當代世界出版社 1999 年版，第 19 頁。

字塔式的總統權力結構』其實意味着轉向自由專制主義。」[1]

其次，制度衰落與國家解體雙重危機的不均衡性導致了舊的權力結構、管理模式與政治文化的延續。俄羅斯的制度變遷經歷了制度衰落與國家解體雙重危機，在國家面臨全面瓦解的危局下，儘管舊的集權制度遭到了重創，但它仍作為一種防止社會全面崩潰的政治機制部分保存下來，並導致許多舊的權力結構、管理模式得以延續。「如果說其他轉軌國家的常見現象是國家的繼承性的話，在俄羅斯看到的則是制度的繼承性」。[2] 這種制度的延續性導致了當代俄羅斯政治體系外表與內容的相互脱節。在民主體制外衣的掩蓋下，真正發揮作用的是幕後關係，與此相適應，表面組織決策的嚴格性無法掩蓋實際政治進程的無序。

第三，憲法矛盾加劇了當代俄羅斯制度中的專制主義傾向。現行俄羅斯憲法存在着結構性矛盾——民主與專制因素同時並存：在明確規定「任何人不得將俄羅斯聯邦的權力據為已有」的同時，又規定總統是「俄羅斯聯邦憲法、人和公民的權利與自由的保障」，從而使其凌駕於憲法之上，不受限制；在明確規定「國家權力在立法權、執行權和司法權相分立的基礎上行使」的同時，卻又規定總統「保障國家權力機關協調地行使職能並相互協作」，從而使總統凌駕於三權之上，無法受到有效制衡。在 93 年憲法基礎上建立起來的不平衡的政治體系更容易使人聯想起單一制政權，而不是現代民主。就連曾參與現行憲法起草的著名社會活動家馬薩爾斯基也慨歎「俄羅斯總統掌握着巨大的權力，他是沙皇、總書記和總統的混合物」。[3]

---

1 *Щевцова Л*. Посткоммунистическая Россия: логика развития и перспекива. М.,1995.(Науч. Докл. // Моск-центр Карнеги; вып-6) С30.

2 薩克瓦認為，目前俄羅斯的制度系統是原蘇聯共產主義和共產黨系統的折射。無論是過去還是現在，在國家衰弱並融合于制度之中的情況下，制度是自在的，而且會阻礙獨立的國家結構的發展。制度的強大與國家的衰弱導致制度很難被取代和革新，因為每次都會產生整個社會混亂的現實或臆想的危險。參見：*Саква Р*. Режимная система и гражданское общество в России // Полис.1997. No. 1.

3 Этика успеха. 1995. Вып5. С279-280.

轉軌過程中「權威主義」倡導者的理論依據就是「政治權威」甚至一定程度上的集權可以確保政治的穩定、經濟的增長和社會的公正。但俄羅斯十年轉軌的實際進程卻表明，權威主義並沒有完成其預期的目標。在表面上擁有無限權力的同時，總統卻很難有效地行使這些權力並保證國家管理的有效性。[1] 造成管理失效的根本原因在於：

第一，人格化政治制度的形成在很大程度上抑制了功能健全的政治結構和社會體系的確立與發展，政治結構的不穩與低效導致了當代俄羅斯國家管理的無組織性。從國家管理的角度來說，當代俄羅斯的政治制度不可避免是虛弱的。這是由於當代俄羅斯政治制度的基礎是由總統及其「近臣系統」建立起來的，缺乏嚴密的結構機制基礎。俄羅斯政治體系中任何一個成分的故障都會導致沒有結構機制基礎的整個制度的動搖。如果說，現行的政治制度能夠得以維繫，那只是由於在虛弱的外部結構後面支撐着發達的幕後獨裁機制，這種機制的功能是分配資源和調解衝突。但幕後的獨裁與保障機制同時也削弱了政治體系的基礎，增加了它的貪污，使其統治合法性大打折扣，調解衝突的能力受到削弱。

第二，轉型期的結構性衝突動搖着俄羅斯的政治體系。當代俄羅斯社會是一個巨大的矛盾聚合體：總統垂直機構與聯邦主體之間的矛盾、精英統治與自由民主之間的矛盾、國家功能弱化與過於龐大的國家機器的矛盾、權威主義與政權非中央集權化之間的矛盾、國家衰弱與大國情節的矛盾。但體系面臨的最重大威脅在於扭曲的政治民主化進程與畸形的經濟自由化之間的矛盾。當代俄羅斯處於一種進退維谷的兩難境地，扭曲的政治民主化的進一步發展可能使真正市場經濟的建立與發展面臨困難，而畸形經濟

---

1 許多專家都指出了葉利欽制度的虛弱和管理失效。參見：*Щевцова Л.*Посткоммунистическая Россия: логика развития и перспекива. М.,1995.(Науч. Докл. // Моск-центр Карнеги; вып-6) C26-54；*Щевцова Л.* Политические загзаги посткоммунистической России. М.,1997.(Науч. Докл // Моск-центр Карнеги; вып-13) C63；Россия: десять вопросов о сомом важном.Под. ред.Л.Щевцовой. М.Моск-центр Карнеги. 1997.C14.,55.

自由化的持續又可能導致專制主義的復活。因為所謂的經濟自由化是昔日的國有財產在寡頭之間進行分配與再分配的過程，寡頭勢力的膨脹可能導致專制主義傾向的進一步增強。

第三，總統的影響力被與其有各種聯繫的寡頭集團所限制。總統的廣泛權力吸引着借私有化之機興起的寡頭集團競相對總統施加影響，以獲得政治經濟利益。他們相互傾軋，以圖把其他競爭者排擠出局。寡頭們接近上層政權只是為了獲得政治經濟利益，一旦擺脱了葉利欽的控制，他們就會試圖強化自己的地位並成為獨立的勢力。寡頭集團之間為分配和重新分配財產與權力而進行的鬥爭引發了俄羅斯政壇的多次危機。[1] 而葉利欽則一方面鼓勵這種競爭以保持自己「仲裁人」的地位，另一方面又不讓任何一個集團在爭鬥中佔據絕對上風。可以説，當代俄羅斯的寡頭專制制度以超級總統制的形式得以定型，經濟的復興和民主化的發展在很大程度上被強大的官僚寡頭統治所阻滯。

第四，缺乏廣泛的社會支持使「理論上總統的強大權力換來的卻是實際中的虛弱」。[2] 由於葉利欽所推行的方針得到的政治支持有限，這就使超級總統制的弱點暴露得更加突出。在 1996 年的總統選舉中，儘管有掌權、財政、大眾傳媒和西方的公開支持等各種優勢，但葉利欽贏得還是非常困難。總統及其親信不惜破壞法律，贏得國家機構和私人資本的支持。政府的工作完全圍繞着選舉進程運轉。儘管國庫空虛，但為了贏得支持，政府不惜以高利從商業銀行借款以支付工資和預算欠款。1996 年，國家內債增加 200 億美元。[3] 葉利欽把自己的勝利建立在納稅人負擔加重上面。據前財政部長利夫希茨透露，1996 — 1997 財年的秋冬，政府財政開支的主要內容

---

1 參見董曉陽：《俄羅斯利益集團》第三章《金融工業集團與政權》。

2 *Виктор Кувалкин*.Президентство в контексте российской трансформации // Политическая Россия. Московский центр Карнеги. 1998.С.29.

3 Независимая газета. 1997. 22.авг.

是償還選舉之前所借的債務，當時的支出是財政預算的 180%。[1] 1996 年總統選舉的一個重要後果就是葉利欽的制度與大金融資本的公開結合，葉利欽的第二屆任期成為「七大銀行家」的幕後政治體系。[2] 超級總統制社會政治功能的弱化使其在俄羅斯公眾中的威信一度下降（參見表圖表 6）。一些學者甚至認為，「總統制已經成為俄羅斯從蘇維埃的過去向方向不明的未來痛苦轉變的核心焦點」。[3]

圖表 6　政治機構在俄羅斯公民中的信任度 [4]

政治機構	1997 年 3 月	1997 年 6 月	1997 年 9 月
聯邦總統	16,8	20,0	19,8
聯邦政府	12,6	18,8	16,0
國家杜馬	14,1	14,1	13,2
聯邦委員會	17,1	13,9	12,5
軍隊	41,4	38,3	34,4
警察	17,0	18,9	15,0
地方行政機關	24,5	23,8	23,9
地方立法機關	20,9	15,7	14,1
教會	31,4	34,2	27,7
政黨	8,8	8,0	6,5
工會	24,4	18,9	15,7
大眾傳媒	33,5	30,7	24,6

1 Известия. 1997. 28 авг.

2 *Фадин А.*Семибанкирщина как новорусский вариант семибоярщины. // Общая газета. 1996. 14-20 нояб.

3 *Виктор Кувалкин.*Президентство в контексте российской трансформации // Политическая Россия. Московский центр Карнеги. 1998.С.15.

4 Российское общество и современный политический процесс. М.,1997. с16.

「俄羅斯政治結構中總統的突出地位是急劇轉型中的俄羅斯社會現狀的必然產物，它反映了俄羅斯社會迅速變遷過程中對秩序與權威的需求。」[1] 處於轉軌進程中的俄羅斯有一種趕超發展的緊迫感，加快國民經濟、政治體制、民族文化現代化進程的任務要求動員精神和物質資源、集中政治意志，要求有強有力的政權。但俄羅斯的「超級總統制」所體現的「權威主義」和單純的權力集中並沒有提高管理效率。這是由於政治體制的性質不僅決定着公民的自由程度，還影響着經濟與社會發展的類型。在總統共和制的面目下形成的專制寡頭體制帶來的是國有資產私有化的極端不公、嚴重的社會兩極分化、資本的寄生性和社會緊張的加劇。政治體制的渙散和系統功能的弱化導致總統的廣泛權力缺乏有效的工具，導致提高管理效率的目標無法實現。因此，尋找一種符合俄羅斯現實的分權與制衡體系，建立憲法保障以促進政治機制的良性運轉仍是俄羅斯轉軌進程面臨的重大問題。

第三節　政治體制與決策模式

在制度變遷過程中所形成的政治體制毫無疑問地影響着俄羅斯的決策模式。俄羅斯制度變遷和政治體制的複雜性要求從多角度和多側面研究政治體制對決策模式的影響。

制度理論。制度理論把政策視為依照一定法律程序運作的重要國家機構和政黨自身功能及其相互作用的結果。從這一假設出發，制度理論着重研究俄羅斯總統與議會的功能特點、法律權限及其相互關係。制度理論強

1　資中筠主編：《冷眼向洋：百年風雲啟示錄》，三聯書店 2000 年版，下卷第 208 頁。

調在首先區分總統制與議會制兩種體制的區別。一般而言，民主條件下純粹的議會制是一種相互依存的系統：最高執行權力應具有立法權力機關的多數支持，在立法機構提出不信任案應該辭職；執行權力有權解散立法機構並確定新的立法機關選舉。而民主條件下的總統制則是相互獨立的系統：立法機關和執行權力機關擁有各自的選舉委任和合法性的來源。[1] 在當代俄羅斯的超級總統制下，總統和議會擁有各自獨立的合法性來源，而權力劃分失衡和缺乏有效的制衡手段成為 90 年代上半期俄羅斯總統與議會之間激烈矛盾的一個重要原因。在這種背景下，俄羅斯的政策制訂理論上就是總統和議會在發揮各自權力職能的同時，相互鬥爭、相互妥協的結果。但在實際運行過程中，總統權力不斷坐大，而議會則越來越淪為「投票機器」或「橡皮圖章」。

部族系統理論。部族系統理論強調，俄羅斯的政策主要在由相互競爭的集團（部族）組成的「精英階層」中制訂的。「政治集團、利益集團、院外集團和部族是圍繞着對政權和政府機構的控制而進行鬥爭的關鍵組織。」[2] 當代俄羅斯的部族系統一方面是蘇聯時期已經形成的官僚集團的延續與變種。過去蘇聯的國家機器是在許多強大的部門機構或者地方院外活動集團影響下發揮功能的，這些院外集團存在並運行於國家決策結構、首先是黨和國家高層結構中。在體制變遷的過程中，昔日的壓力集團或院外集團成了完全獨立的政治主體。另一方面，部族系統也是新俄羅斯法律規範和決策程序薄弱的結果，這種法律的薄弱符合部族在侵吞國有資產中的利益。

這些「部族」的影響和自身的內部組織差別很大。它們圍繞財產與權力分配進行鬥爭，但這種鬥爭以一個部族不會凌駕於其他部族之上為限。

---

1 *Stepan A, Skach C.* Constitutional Frameworks and Democratic Consolidation. Parliamentarism versus Presidentialism // The World Politics. 1993. Vol. 46. Oct. P. 3-4.

2 *Грэхэм Т.* Новый российский режим. // Независимая газета. 23.11.1995.

這種系統的穩定性在很大程度上依賴於位於所有「部族」之上的「仲裁者」的存在與效率。這種仲裁者的作用是解決部族之間的衝突、維持部族之間的平衡並在總體上實現「精英」的利益。

這一系統的重要原則在於：部族在仲裁者不偏袒任何一個部族並能保證絕大多數部族利益的條件下授予他一定的權力。而仲裁者也必須不讓任何一個部族脫穎而出，否則他本身的作用就會下降，並成為某一部族的傀儡。在當代俄羅斯，這一仲裁者的角色自然非總統莫屬。總統掌握着調節精英活動的必要權力，負責劃分物質資源的政府也掌握着作用於精英的有力槓桿，而他們的權力來自於各種精英部族的授權。

「部族系統」有着其自身的功能特點。「從表面上看，俄羅斯的政治系統生硬而變形——既沒有有效的司法機構，也沒有公民社會，無力的立法機關更容易使人想起政治清談館，而不是立法議會。但是在表像之後，無論是在執行權力內部，但是在政府之外，卻存在着部族網絡。他們馴服了一定院外集團和政治機構的傲慢，使專制統治實際上不可能實現。葉利欽至今仍是在這種不穩定的形勢下發揮穩定作用，他周旋於各種集團之間，不讓其中的任何一個集團凌駕於其他集團之上。」[1] 在各個部族相互競爭的條件下，「總統－仲裁者」的存在無疑將起到某種穩定作用。為了防止一個部族凌駕於其他部族之上，總統一方面要在這些部族之間保持中立，另一方面又要在精英中間保持利益的多元化。但於此同時，總統在進行決策時必須受到寡頭集團的重大影響。有關民間調查顯示，在影響葉利欽進行決策的因素中，國家利益相當落後，而那些有影響、有勢力的寡頭集團和近臣們的意見卻十分有影響（參見圖表 7）。

1 *Stent A, Shevtzova L.* Russia's Elections: No Turn Back // Foreign Policy. 1996. №. 103. -Summer. P94-95.

圖表 7　影響葉利欽決策的因素[1]

因素	數值
保持個人權力	48
西方對他的影響	34
近臣的意見	33
俄羅斯大企業家、銀行家和資本家代表的意見	26
國家機關與官僚的立場	20
家庭和親屬的意見	14
個人觀點	13
政府領導和部長們的意見	12
個人情緒	11
國家利益	10
國家政治形勢	10

在總統扮演部族系統仲裁人的情況下，議會發揮着其他的功能：首先，議會成為維持政權與社會、精英與大眾平衡的一種機制。可以視為部族整體的精英階層本身基本也需要這種平衡，因為這種平衡是政治穩定的前提。精英階層需要一種在一定程度上體現社會的利益、能夠對執行權力的活動進行批評（儘管不能完全左右其政策方針）的機制；其次，議會是限制與平衡執行權力、防止專制主義復活的平衡機制。專制主義一般並不維護精英的權力平衡，而是會導致一個或幾個部族在其中佔據主導地位。因此專制主義也不符合大多數部族乃至整個部族系統的功能邏輯；第三，議會還是部族向作為仲裁人的最高執行權力施加影響的重要渠道。

儘管部族系統具有平衡專制主義的功能，但卻不能完全排除專制主義的復活。專制主義的復活有可能因仲裁人活動的中斷、他被某一部族控制、國內緊張局勢超過一定界限、部族之間無法維持利益平衡等因素而發

1　Извеития,.23.01.1998

生。對於深入理解俄羅斯政治體制的功能特點來說，「部族系統」理論很有益處。

大利益集團模式。部族系統的邏輯起點在於認為所有部族的利益都是同一的：他們為了控制經濟利益、為了影響掌握資源劃分的國家機構而相互競爭。但在當代俄羅斯的實際政治生活中，部族和集團按照經濟利益與政治意識形態的不同而相互區別。但這一點並沒有在「部族系統」理論中有所體現。

「大利益集團模式」彌補了「部族理論」的不足，它認為，精英階層通常由一方面相互競爭、另一方面又具有一定共同利益和由此產生的相同或類似的政治和意識形態觀念的集團組成。這種理論把與一定的經濟系統成分相聯繫的、包括從上層精英到平民大眾在內的俄羅斯社會整合起來，揭示了部族或利益集團行為動機的區別。

這種理論模式認為，轉軌過程中所發生的圍繞財產劃分與權力分配所進行的鬥爭在很大程度上表現為大的社會集團的衝突。一部分集團希望加快國家的政治、經濟系統轉軌進程，減少國家對經濟的調控，最大程度地實現經濟活動（包括與外部世界的經濟聯繫）的自由化。這些集團包括商業資本、迅速發展的服務業、大的礦產資源部門（首先是石油天然氣部門）、那些可以在經濟開放條件下獲得訂貨的工業生產部門、以及與上述行業相聯繫的銀行－金融系統。在政治領域，這些集團與具有自由主義傾向的政黨（首先是俄羅斯民主選擇）或大眾傳媒相呼應。在政府中，這些集團則與蓋達爾、丘拜斯、烏林松、利夫希茨等主張俄羅斯走歐洲或者大西洋文明之路的人相聯繫。

另一個對俄羅斯政治進程具有重大影響的集團是由工業或農業企業的領導人組成的「經理集團」。對於這一集團來說，與外部世界對抗的停止、國內市場的開放和國家支持的削弱將導致大部分機器生產、首先是軍工生產和許多高技術生產、消費品生產企業以及大部分農業經濟在市場條件下無法生存。沒有融入市場機制的企業和部門的經理層，首先是軍工和農業院外活動集團及與其相關的聯邦部門、中央官僚和地方精英反對政治和經濟系統的自由主義現代化，並成為專制主義的擁護者。這一集團以在上述領域中工作的人員為羣眾基礎。這一集團沒有國家的支持就無法存在。這些利益集團以被稱為「中央集權」者或公開贊成民族主義傾向的政黨和運動、以及以不同形式支持對外政策方針中的強國思想和新帝國主義思想的政治家為基礎。這些集團還包括很大一部分軍事部門領導人，他們擔心，消除與西方的對抗將使保持強大的武裝力量和戰略核武庫的必要性成為疑問。

這兩個主要社會力量集團的鬥爭焦點是經濟改革和對外政策戰略方針。前者主要把經濟自由化和財政穩定作為克服經濟危機的基礎。他們認為降低通貨膨脹率十分重要，因為這將促進集中在服務業和銀行中的資金注入具有效率和潛在效率的工業生產部門並刺激它們的發展。而財政穩定要求大量削減無效的財政預算、減少對企業的補貼、削減軍費開支。在對外政策方面，這些集團主張與當代世界的主要大國進行合作，至少是不要與它們衝突。

後一集團則主張加強國家對工業的支持、減慢市場經濟改革速度、在國家的監控下進行市場改革、拒絕對無效企業的整頓、主張在對外經濟領域實行嚴格的保護關税政策。實行一種理論上把國有資產置於集體控制下，實際上置於經理階層控制下的私有化最符合他們的利益。在對外政策領域，某種形式的「有限對抗」符合此類集團、特別是其中軍工綜合體和強硬派軍人的利益。

大利益集團模式認為，兩大利益集團之間的分歧已經超過單純經濟改革方針的範圍。它不僅決定着俄羅斯政治鬥爭的方向，而且涉及到俄羅斯現代化的性質。第一類集團希望改革的目標是走向現代化的「開放社會」、自由市場經濟並希望俄羅斯成為當代「民主世界」平等和忠實的夥伴。第二類集團主張實行專制型國家的現代化，在後蘇聯空間發揮領袖作用，並充當與西方國家對抗的老大。俄羅斯學者科瓦廖夫對此評論道：「強國思想完全不是有力和有效的國家政權的同義語。這是對國家作為超然並凌駕於社會之上的『自在之物』的亞細亞式的崇拜。在俄羅斯國家官僚結構中強國思想正日益濃厚。這種現象的產生不是由於官僚結構的強大、而是由於它的軟弱：在無力在民主監督的條件下有效工作的情況下，它只能用空想的強國來代表國家的憲法目標。」[1]

上述三種理論模式從不同側面揭示了俄羅斯政治體制與決策模式之間的關係。不過，還需要全面、綜合而客觀地對當代俄羅斯的決策模式進行科學地總結。總結俄羅斯自蘇聯解體後社會轉型的歷史，借鑒上述理論模式的合理內核，當代俄羅斯的決策模式具有以下特點：

第一，俄羅斯總統是決策機制的核心。俄羅斯憲法規定，總統是國家首腦，有權決定內外政策的基本方針，這使總統壟斷着決定國家命運的至關重要的戰略權力。總統掌握着巨大的執行權和執行命令權。他不僅是議會立法活動的積極參與者，還可以以總統令的方式進行立法活動。與其他民主國家的總統相比，俄羅斯總統還擁有一系列其他實現權力的手段，他可以運用幹部任免的權力把立法和執行權力同時置於自己的控制之下，從而導致憲法規定的立法機關、特別是執行權力機關的獨立性很成問題。這些權力甚至可以使總統超越憲法範圍，因為總統是「憲法的保障」。俄羅斯總統還利用憲法中有關權力機關權限劃分的缺陷來擴展自己的權力。比如，在長期與政府平行的同時，總統辦公廳、安全會議和其他一些總統機構實際上凌駕於政府之上發揮作用。總統還力圖擅自判定議會立法活動的合理性，以在此基礎上不簽署議會通過的法律。在杜馬 1996 和 1997 兩年通過的 500 項法律中，總統只簽署了 305 項。而在 1998 年春季杜馬通過的 150 多項法律中，總統只簽署了不到 80 項。[2] 杜馬在調節社會生活方面的立

1 Известия. 1995. 19 дек.

2 Государственная Дума. Стенограмма заседаний. Бюллетень No. 145(287). 1997.26 дак. / Селезнев Г. Весенная сессия закончилась летом. // Парламентская газета. 1998. 27 июля.

法活動的不足導致這些社會關係只能由總統令來加以調節。[1]

第二，俄羅斯議會在決策機制發揮着一定的制衡作用。無論是作為政治制度中的一個重要分支，但是作為集團和民眾利益的代表機制，議會都在決策機制中發揮着相應的制衡作用。這不僅體現在它是重要的決策主體，也體現在它是決策取得合法性的一個途徑。此外，議會還負有重要的監督職能。對政府監督職能的一個重要方向就是「質詢權」，1994 年國家杜馬的質詢有 40 次質詢，1995 年 172 次，1996 年約 600 次。在 1997 年春季 951 次質詢中，537 件質詢針對政府，167 件質詢針對總檢察院，195 件針對聯邦部門的領導。在政府對質詢的答覆中有 70% 都由總理或副總理親自簽署。[2] 但在 2012 年普京開啟第三個總統任期之後，可以明顯發現，議會的制衡作用日益式微。政權黨——統一俄羅斯黨已經牢牢控制了議會多數，而其他的「體制內反對黨」更多地成為「小罵大幫忙」的馴服工具，議會的制衡作用在實現政治運作中已經無從談起。

第三，俄羅斯的決策過程滲透着明顯的集團利益因素，利益集團在俄羅斯的決策過程中發揮着重要作用。以總統和議會作為重要支柱的政治體制是在社會轉型的宏觀體系中運行的，而俄羅斯社會轉型的重要特徵就是利益集團的膨脹。可以説現政權的階級基礎就是在轉軌過程中形成的寡頭資產階級，為了爭奪對國有資產的掠奪和維護既得的利益，寡頭集團利用院外活動、直接入閣、操縱新聞媒體、提供決策諮詢等手段對俄羅斯的決策進行影響。儘管以 2003 年「尤科斯事件」為標誌，普京打掉了一批在葉利欽執政時期呼風喚雨、肆意干政的「老寡頭」，但在普京身邊迅速成長起了一批「新寡頭」，而且他們對於俄羅斯政治、經濟權力的壟斷較之「老寡頭」有過之而無不及，對決策的影響更加強大而隱祕。

---

1 *Р.Я.Евзеров*. Парламентаризм и разделение властей в современной России // Общественные науки и современность. 1999. No. 1.

2 Президент. Парламент. Правительсто. 1997. No. 4.C.16,27. 1998. No. 2.C.21.

可以說社會體制變遷中俄羅斯形成了以總統為核心、以議會為平衡力量、受利益集團等社會因素重要影響的決策模式，而這種模式的具體運作也並非一成不變，它隨着俄羅斯政治生態的變化呈現出不同的特點。

第四節　國內政治進程與外交及安全決策

當代俄羅斯的外交與安全政策制訂是與其內部體制轉軌進程相伴隨的，在很大程度上取決於內部改革進程和政治鬥爭。正如俄羅斯外長伊萬諾夫所言，「民主的俄羅斯以完全不同於俄國歷史上所有存在形式的面貌走上了國際舞台。目前的政治制度在俄羅斯歷史上還沒有先例。從歷史的角度看，劃定外部邊界，有可信的地緣政治環境是前所未有的。從種種特徵可看出，俄羅斯是在整個國際關係體系發生深刻變化的條件下運行的新型國家。在這種情況下，新俄羅斯的對外政策既不能回到 20 世紀初革命前的模式，更不能機械地照搬前蘇聯的模式。俄羅斯堅決擯棄了前蘇聯的意識形態遺產，儘管它在法律上自稱是前蘇聯的繼承國。俄羅斯領導人在很大程度上必須重新形成並系統地整理對國家主要外交任務及其在世界上的地位等觀點」。[1] 因此考察蘇聯解體以來俄羅斯國內政治進程的發展特點是分析其外交與安全決策機制的確立、發展與演變的重要途徑是首要條件。

在體制變遷的諸多因素中，俄羅斯社會的民主化進程、後蘇聯時期精英的發展和新國家體制的確立對外交與安全決策有着至關重要的影響。

民主化進程。俄羅斯政治生活的民主化進程在一定程度上促進了外交與安全政策決策過程的民主化。儘管蘇聯解體後的俄羅斯政治體制還存在

---

1 Игорь Иванов. Новизна и приемственность в Российской внешней политике // Независимая газета. 2001. 06 июня.

着諸多缺陷，但在 2008 年俄格戰爭之前，與蘇聯時期「政治局決定一切」的模式相比，決策機制的結構功能與系統化都得到相應發展，各決策單位的功能逐漸健全，它們之間的相互制衡也在一定程度上降低了做出類似「古巴導彈危機」和「出兵阿富汗」等決策的風險。但與此同時，我們不能不看到實際情況的複雜性：

首先，俄羅斯國內政治和對外政策的民主化階段並不一致。俄羅斯積極和有效地參與國際關係多極化和民主化要求其對外政策更快地實現民主化，要實現這一點在缺乏國內民主環境的情況下是非常困難和緩慢的。但俄羅斯的政治現實表明，它與發達和穩定的民主社會還相距甚遠。

其次，對外政策的民主化不僅要求全民一致的良好內部條件，還要有使之在對外政策的決策和執行過程中得以貫徹的相應機制，而這種機制的建立是相當困難和緩慢的。當國家的民主體制本身，包括建立公民社會和新的國家體制的過程非常緩慢時，要建立民主的外交與安全政策決策系統就顯得更加困難。

第三，在轉軌階段，俄羅斯社會各種利益和各種派別的碰撞和衝突使對外政策的民主化更加困難。中產階級的難產、政黨系統的滯後和公民政治參與的低下使政黨或政治運動很難完成自己的基本職能－表達和整合各種選民階層的利益。因而決定政治形勢的不是不同政治力量的意識形態主張，而是對現實的政權中心的態度。在這種情況下，俄羅斯議會不可能享有很高的威望，作為對外政策過程參加者的作用也有限。結果導致決策機制對社會公眾是封閉的。一系列高官治國無能卻又貪圖權力，結果無論是在中央還是在地方，各種集團都在紛紛把國家權力據為已有。政策往往是「首腦」意志的反映，而決策過程常常局限於部門和集團利益的狹隘的精英階層爭奪統治權的鬥爭。這種趨勢不僅加重了社會分化，而且加重了社會的斷裂，阻礙了它的一體化和民主化的過程。

俄羅斯精英階層的發展。任何國家對外政策的制訂都會受到精英階層的一定影響。後蘇聯時期的俄羅斯精英在俄羅斯社會和國家中佔據着重要的位置，並對國家外交與安全政策的制訂發揮着重大的影響。

我們可以將俄羅斯的精英劃分為三種類型：**行政職能精英**。他們通過各種政治機構以及對這些機構的監督發揮作用（政府機構、聯邦會議和黨派組織）；**部門精英**。每一個這種類型的團體都把持着的經濟領域。這種精英團體存在於天然氣、石油、冶金、化學、食品的其他經濟部門[1]；**地方精英**。1996 年底和 1997 年初的地方選舉表明，地方精英作為一種新的力量出現在俄羅斯的政治生活中。

俄羅斯社會階級關係中發生的變化，特別是寡頭資產階級的產生對俄羅斯的社會發展產生着雙重作用：它一方面從總體上減緩了民主化的進程，但也在一定程度上促進了精英階層上層的民主化。在無法依靠廣大民眾來保障權力壟斷的情況下，各種權力精英集團和反對派不能只是相互爭鬥，還要尋求利益的切合點，由此就產生了交易和妥協的必要性。在選民分散的情況下，任何政治力量包括權力最高層都無法對現狀進行實質性的改變。在可預見的將來，任何一個單獨精英集團都無法取得決定性的優勢。在這種條件下，俄羅斯的政治體系可能形成行政、部門和區域結構的複雜綜合體，這些結構的內部組織建立在集權的基礎上，但精英之間的相互關係卻是民主形式。[2]

俄羅斯的政治力量已進入一個急劇重組的階段。政治形勢的進展與掌握着各種經濟成分和國家權力的精英集團之間的權力劃分緊密相關。國家和私人資本、中央和地方利益的劃分都對政治進程產生影響。俄羅斯目前主要的精英集團都主張市場改革和依法鞏固私有制，這會促進俄羅斯的內部穩定。可以斷言，俄羅斯精英相互關係的主要趨勢已經傾向於鞏固國內社會和國家體制。這當然會從正面影響國家的內部形勢和對外政策方針。

俄羅斯精英已經開始對對外政策的制訂施加直接的影響。在行政體系

1 С.Колчин. Нефтяной фактор в российской экономике и политике // МЭ и МО. №. 5 1996.

2 Россия в системе международных отношений ближайшего десятилелия. С17-18.

虛弱的情況下，每一個精英集團都力圖對俄羅斯的國際活動進行修正，已使其符合自己的利益。各種精英都力圖利用對外政策過程的結構鬆散來參與對外政策過程。

由於院外活動的鬆散，我們無法斷定每一個具體的精英集團在每一個具體的時間達到什麼樣的具體成果，但是我們可以確定這種活動的總的性質。當前的俄羅斯精英對外部世界的態度與蘇聯時期的官僚已大大不同。代替猜疑、封閉和敵視的是信任、開放與樂於合作。[1] 儘管仍有許多因素限制着俄羅斯精英建設性地參與對外政策過程。但俄羅斯精英，包括反對派精英也積極地投入了這方面的活動。俄羅斯的反對派也曾出現了向「文明反對派」轉化的可能。在激烈的政治鬥爭中支撐下來的俄羅斯共產黨已經向傳統的社會民主黨方向邁進。俄共的對外政策主張目前已不能視為俄羅斯官方政策的不可調和的對立物了，久加諾夫的反西方言論首先是國內政治鬥爭的需要。儘管日里諾夫斯基在對外政策過程中的表現常常導致問題複雜化，但自由民主黨與政府在關鍵性的內部政治問題上的協作避免了他們之間激烈的對抗。可以說，精英對俄羅斯對外政策過程的影響越來越符合蘇聯解體後的國內政治和國際關係現實。

新國家體制的確立。外交與安全政策的決策與執行是在國家體制內部環境中形成與運作的。儘管新俄羅斯新國家體制的內容和形式都是複雜的並仍處於變化當中。但毫無疑問，從國家管理體制的角度來說，其與前蘇聯的國家體制存在着重大的差別。取代從前的單一制、中央集權制、等級制、結構清晰、紀律嚴明的體系的是以西方民主主義憲政原則為核心的政治體系，新俄羅斯國家體制的輪廓符合西方國家的基本特點。但同時，它也有着鮮明的俄羅斯特色，無論是在憲法結構還是在政治實踐中都表現出很大程度的集權色彩。俄羅斯距離高度發達的民主還相距甚遠，其政權

---

1 *Г.Дробот.* Внешнеполитические ориентации формирующейся российской элиты. // МЭ и МО. 1996. № 9.

體制目前存在的各種缺點和不足，極大地降低了它的有效性。可以說，國家體制的轉軌現狀包括對外政策過程的現狀以與整個社會的轉軌狀況相符合的。

蘇聯解體後俄羅斯的政治現實表明，俄羅斯國家政權體系的模糊和不完善、缺乏制訂和執行重要的政治經濟決策的可靠、可信機制，法制系統與社會和國家的需求不相符合。儘管目前出現了一些積極的趨勢，但穩定的發展趨勢還很困難，取得的成果要想保持也並不容易。立法與執行權力機關之間消極的相互作用給俄羅斯國家體制及對外政策過程帶來了重大損失；政府內部缺乏一致也給俄羅斯的國家體制帶來損害。如果國內的政治基礎得不到充分的穩定，很難設想對外政策制訂保持連續性。

這種對國家體制危害極大的實踐有許多原因。其中重要一點就是新的不同精英的代表參與到了政權體系當中。圍繞着有影響力的領袖形成的代理人集團成為當權精英的現實結構成員。而在現在，無法抑止的院外活動已經成為個人－團體性質，足以證明行政系統的行動失調。代理人的非法社團帶來的不只是個人利己主義的社會化，而是整個國家的「私有化」。這正是對在形成的俄羅斯國家體制的面臨的最根本問題和最大威脅。這種國家的私有化和政權的私有化導致了國家的癱瘓和社會經濟關係的惡化，對俄羅斯國家體制的形成造成了障礙並成為最大的威脅。

談到鞏固俄羅斯國家體制的不能不涉及官僚主義問題。因為官僚體制正是現代俄羅斯國家的一個重要環節。俄羅斯的官員離文明的規範還相差很遠；俄羅斯官員的典型特點是專橫恣意和不負責任。與國家機構不完善相聯繫的是官僚倫理和專業素養欠缺。官員的升遷不是依靠政績，而是靠靠山與關係。隨着俄羅斯國家體制的逐漸成熟，俄羅斯官僚體制也將逐漸趨向文明和合理。這是俄羅斯國家發展面臨的一個重要任務，它的解決將使俄羅斯成為公正的國家，而不是私人利益與行政壟斷相互的混合物。

俄羅斯在確立新國家體制的過程中，應該強調強力政府和強力國家的重要性。這種強力國家不是野蠻粗糙的集權體制，而是結構合理、職能健全、運轉協調、管理有效的政治體制。正如俄羅斯著名政治學家阿法納西耶夫所言，俄羅斯改革的推進必須以建立強力國家為前提。而目前的情況是，蓋達爾自由主義改革方針是在弱勢國家的條件下進行的。在這一問題上，無論是改革派還是保守派都是錯誤的，他們把專制體制的瓦解等同於反國家主義。正如事實所證明的，缺乏一個強力國家不僅沒有為民主改革創造條件，反而成為民主改革得以實現的障礙。國家的民主化意味着向公民社會的轉變，而消除強力國家並不能成為這一目標實現的條件。沒有強力國家的支撐，俄羅斯的自由改革不可能實現。但是任何事物都是過猶不及，一旦對強力政府和強力國家的追求超過一定界限，它反過來就有可能衝擊自由改革進程，近年來俄羅斯政治生態的變化充分證明了這一點。

近來，俄羅斯政治精英開始強調必須建立新的俄羅斯國家體制的基本要素：全民意識、高效的政權垂直結構和有效的強力系統。普金當選總統之後已經在加強國家權力的垂直領導方面邁出了重要的步伐。「政治是經濟的集中反映」，當前俄羅斯的政治調整是 1998 年金融危機及其引發的全面社會經濟危機的結果。98 年危機沉重地打擊了金融工業集團，使他們處於困境或瀕臨破產，他們的政治地位也受到嚴重削弱。金融寡頭政治的衰敗意味着其干預政治、左右政局、影響決策的主要能力大大削弱。在此背景下出現的強化國家管理與調控的舉措體現了國家主義在俄羅斯政治生活中影響的增長。但在缺乏透明的運行機制和社會監督的情況下，國家主義的重現並未實現其預期的效果，反而導致了國家權力的進一步膨脹和新一代寡頭的強勢崛起。

因此，可以說國家作用的增強並不只會給俄羅斯帶來好處。重要的不是國家政權鞏固的本身，而是要為民主改革創造先決條件。因為在某些情況下國家主義也存在着向專制主義和獨裁統治轉變的危險。因而擬定中的軍事、行政、稅務、土地、社會和其他改革只有在國家的持續民主化的條件下才能服務於既定的目標。今天俄羅斯民主的命運已經不僅僅依賴於政權系統內部的轉變，還有賴於公民社會的發展。後蘇聯俄羅斯的經驗表明，如果沒有來自社會的壓力，國家機器所採取的決定更多的是對自己合適，而不是對公民有利。相反，強有力的社會運動會防止採取具有很大部門性質的決定，即使這種決策已經實行，也可以對其重新審議。今天俄羅斯公民社會的機制還很軟弱，但明天它會使國家更多地實施管理，它會防止矛盾的激化，會保障理性的國家政策得到有效的執行。

俄羅斯近年來的實踐證明，深刻的社會轉軌過程中常常出現政權與社會的互不理解。俄羅斯領導人承認，國家目前迫切需要政權與社會的相互理解與信任。這種信任的加強要求國家政策，無論是國內政策和對外政策都應該是對社會公開、明確並受到社會監督的。國家政權應認識到，在進行內外政策決策時，應更多地考慮社會的意見。

回顧蘇聯解體後俄羅斯 30 多年的發展歷程，可以看到，積極進展曾經為新俄羅斯國家體制的確立奠定了最初的基礎，轉型進程一度使俄羅斯具備了向全新社會過渡的可能。但新國家體制的構建並非一蹴而就的不可逆過程，近年來俄羅斯的社會轉型呈現出全面「回擺」的場景，蘇聯乃至沙俄時期的行為方式和思維方式重返當代俄羅斯的社會生活。

此時預言俄羅斯的轉型進程何時結束、結果如何還為時尚早。社會轉軌進程一方面曾經為俄羅斯在新的國家體制基礎上制訂對外政策方針提供了前提，但另一方面，目前政權體系的低效和俄羅斯國家體制向民主方向邁進所遇到的困難，也將給對外政策過程帶來不確定因素和不良影響。

無論外部因素如何重要，但與俄羅斯內部因素相比，它在俄羅斯外交與安全政策制訂過程中的影響歸根結底還是第二位的。國際環境變化的一個重要誘因就是俄羅斯的系統轉軌，也正是由於這種轉軌成為俄羅斯對外政策變化的首要因素。在可預見的將來，俄羅斯國內的狀況和發展比國際環境的變化對俄羅斯對外政策制訂的影響更大。

第三章

俄羅斯外交決策機制的結構

外交決策機制結構是指根據參與外交決策過程的國家機構之間的權限、職能劃分而產生的這些機構在外交決策機制中的相對位置及相互關係，這種結構決定了這些機構在對外政策過程中的地位與作用。這種結構主要是由憲法所確立的國家根本政治制度、對外政策部門組織法、章程或條例所規定的職能確定的。在本章中，我們將根據俄羅斯憲法和其他重要法律對對外政策各部門的功能、權限進行考察，以初步確定俄羅斯外交決策機制的靜態結構。

第一節　外交決策機制中的聯邦總統

蘇聯解體後的俄羅斯在憲政制度上經歷了界限鮮明的兩個時期，總統在外交決策機制中的地位也隨之發生了巨大變化。1992 年 4 月 21 日，第 6 次俄羅斯聯邦人民代表大會對 1978 年《俄羅斯蘇維埃聯邦社會主義共和國憲法》進行了第 7 次修改補充，從而形成《俄羅斯聯邦憲法（基本法）》。儘管這一憲法基本確認了蘇聯解體的現實，但在國家性質、政治體制等問題上仍存在着很大矛盾，其根本矛盾在於「兩個政權並存」。以總統為核心的國家執行權力機關在實際上成為最強有力的國家權力機構，但舊的國家權力體制—蘇維埃制依然保留。《基本法》規定，「俄羅斯聯邦總統是俄羅斯聯邦最高公職人員和俄羅斯聯邦執行權力領導人」，總統領導執行權力機構並負責保障個人的權利與自由，保護俄羅斯聯邦的主權、經濟和政治利益。但《基本法》同時也規定，人民代表大會是俄羅斯聯邦最高國家權力機構，有權審議和決定屬於俄羅斯聯邦管轄的任何問題。最高蘇維埃不僅是立法機構，而且還是議行合一的管理機構。[1] 而且根據這部憲法，最高蘇維埃比總統擁有更多的國際事務權力，總統及其政府領導的任務只是遵守和執行最高蘇維埃的決定。憲法矛盾必然引起激烈的政治衝突，俄羅斯「雙重政權」的局面以葉利欽「炮打白宮」並取得勝利而告結束。

1993 年 10 月事件和新憲法的通過與實施結束了俄羅斯立法與執行權力機關之間的嚴重衝突，確立了以「三權分立」為核心的政治體制。俄羅斯新憲法強調，俄羅斯聯邦的「國家權力在立法權、執行權和司法權相分立的基礎上行使。立法、執行和司法權力機關相互獨立」，「俄羅斯聯邦的國家權力由俄羅斯聯邦總統、聯邦會議（聯邦委員會和國家杜馬）、俄羅斯聯邦政府、俄羅斯聯邦法院行使」。[2] 但是，需要注意的是，93 年憲法所規定的權力機構之間的權限劃分是不平衡的，總統在國家政治結構中和外交決策中發揮着主導作用。總統所擁有的與對外政策相關的權力可以分為：

保障憲法實施權。93 年憲法規定，「俄羅斯聯邦總統是國家元首」，「是俄羅斯聯邦憲法、人和公民的權利與自由的保障。總統按俄羅斯聯邦憲法規定的程序採取措施，捍衛俄羅斯聯邦的主權、獨立與國家完整，保障國家權力機關協調地行使職能並相互協作」。[3] 這一條款實際上是將總統置於至高無上的權力中心地位。既然作為一個國家根本大法的憲法都需要由總統來保障，那麼總統就已不僅僅是由憲法所確立的政權結構的普通一員，而是超乎於憲法之上的憲法捍衛者。與此相關，總統在對外政策中也就成為

---

1 Закон РСФСР: Об изменениях и дополнениях Конституции (Основного Закона) Российской Советской Федеративной Социалистической Республики // Российская газета. 1992.22 апреля.

2 Конституция Российской Федерации.Статия 10.Статия 11.часть 1.

3 Конституция Российской Федерации.Статия 80.части 1-2.

至高無上的決策者。

立法權。俄羅斯聯邦的聯邦法律立法程序可以分為立法提案階段、聯邦會議兩院審議表決階段、聯邦總統簽署公佈階段（參見圖一）。根據這一程序，總統的立法權可以劃分為：

立法提案權。作為立法倡議主體，總統有權「向國家杜馬提出法律草案」，[1] 從而將自己的政治意志納入立法程序並有可能成為國家政策，這也是作用於政策方針制訂的有效立法槓桿。俄羅斯總統還「每年向聯邦會議提交一份論述國內形勢、國家內外政策主要方針的諮文」，[2] 聯邦會議兩院只有聽取總統諮文的權力，而沒有審議權。這無疑顯示了總統在立法權方面的優勢地位。

法律簽署公佈權。作為立法程序的關鍵環節，總統「簽署並頒佈聯邦法律」。[3] 被聯邦會議兩院通過的「聯邦法律應在 5 日內送交俄羅斯聯邦總統簽署和頒佈」，「俄羅斯聯邦總統應在 14 日內簽署聯邦法律並頒佈」。「如果俄羅斯聯邦總統在收到聯邦法律之日起的 14 日內駁回該法律，國家杜馬和聯邦委員會可根據俄羅斯聯邦憲法所規定的程序重新審議該法律」。[4] 這意味着總統不僅是立法程序的最終環節，而且有權否決其他立法主體提出的法案。儘管如果總統駁回的法案分別被國家杜馬和聯邦委員會 2/3 以上的成員不加修改地再次通過，則總統必須在 7 日內簽署並頒佈這一法律。[5] 但杜馬中的政黨分野與杜馬與聯邦委員會之間的相互制衡使這種情況在實踐當中很少出現，這更加突出地證明了總統在立法程序當中的優勢地位。

---

1 Конституция Российской Федерации.Статия 84. пункт《г》.

2 Конституция Российской Федерации.Статия 84. пункт《е》.

3 Конституция Российской Федерации.Статия 84. пункт《д》.

4 Конституция Российской Федерации.Статия 107. части 1,2,3.

5 Конституция Российской Федерации.Статия 107. часть 3.

圖表 8　俄羅斯聯邦法律立法程序[1]

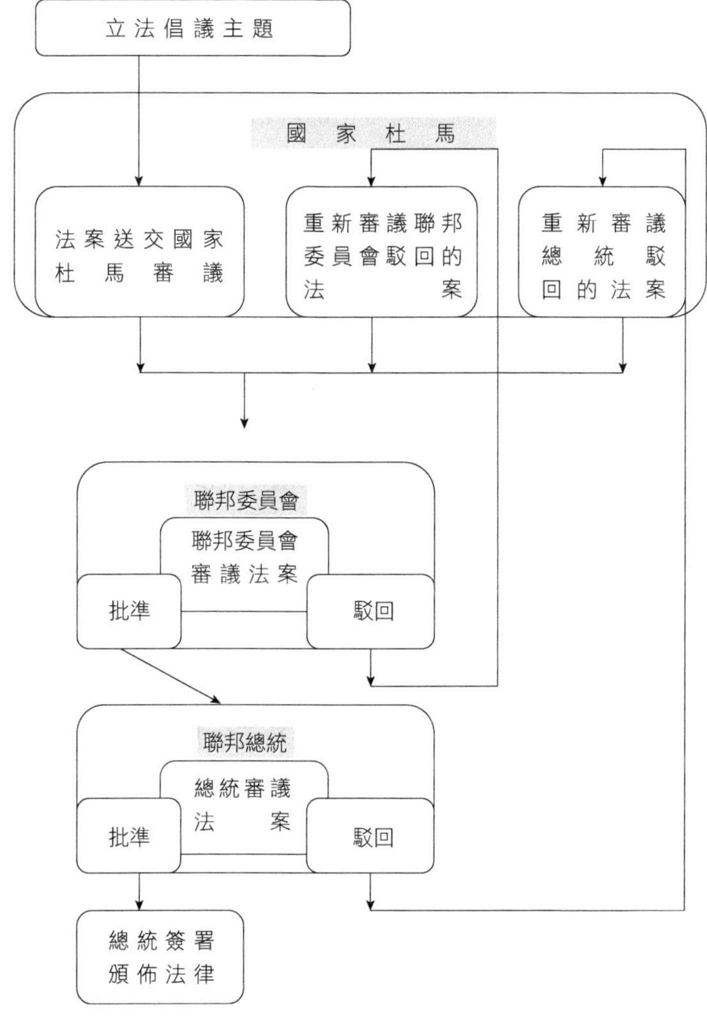

1　俄羅斯現行聯邦憲法規定，「俄羅斯聯邦總統、聯邦委員會、聯邦委員會成員、國家杜馬代表、俄羅斯聯邦政府和俄羅斯聯邦主體的立法機關享有立法動議權」。憲法同時規定，俄羅斯聯邦憲法法院、俄羅斯聯邦最高法院、俄羅斯聯邦最高仲裁法院可以就自己管轄的問題向國家杜馬提出法律草案。

發佈命令權。俄羅斯聯邦憲法規定「俄羅斯聯邦總統發佈命令和指示」，「俄羅斯聯邦全境必須都必須執行俄羅斯聯邦總統的命令和指示」。[1] 這意味着總統除了可以作為立法倡議主體通過一般立法程序提出法案外，還可以繞過其他權力機構的制約將自己的政治意志以總統命令與指示的形式直接貫徹於國家的政治生活當中。儘管憲法同時也規定了「俄羅斯總統的命令和指示不應與俄羅斯聯邦憲法和聯邦法律相牴觸」，[2] 但實際上，這條規定的約束力相當有限。這是由於：首先，要判定總統的命令與指示違反聯邦憲法或聯邦法律要經過複雜的法律程序；其次，聯邦憲法和聯邦法律不可能包羅國家政治生活的各個方面與細節，這為總統以總統命令與指示的形式進行立法留下了很大的空間；第三，在聯邦憲法和聯邦法律從未對有關問題進行規定時，總統完全可能以法律首倡的形式來進行立法。

執行權。現行憲法對於總統最為有利的規定使「總統儘管不是政府首腦，但卻擁有廣泛的最高執行權力機構的特權」。[3] 在對外政策領域，總統的執行權力包括：

決定國家對外政策基本方針權。93 年憲法明確規定，「俄羅斯聯邦總統按俄羅斯聯邦憲法和聯邦法律決定國家內外政策的基本方針」，[4]「領導俄羅斯聯邦的對外政策」，[5]「批准俄羅斯聯邦的軍事學說」。[6] 這些規定無疑將總統置於俄羅斯外交決策機制的核心地位。與 92 年憲法相比，總統不再僅僅是作為執行權力的領導執行人民代表大會和最高蘇維埃的決策，而是成為

---

1 Конституция Российской Федерации.Статия. 90. части 1,2.

2 Конституция Российской Федерации.Статия. 90. часть 3.

3 *Сахаров Н.* Соотношение полномочий между Президентом РФ и Правительством РФ: правовые нормы и практика российской государственности. // Президент—Правительство—испольнительная власть: Российская модель. Под ред. Шаблинского И. МОНФ. М., 1997. С.31

4 Конституция Российской Федерации.Статия 80.часть 3.

5 Конституция Российской Федерации.Статия 86.пункт《а》.

6 Конституция Российской Федерации.Статия 83 пункт《з》.

對外政策的核心決策主體，任何重大的對外政策方針和行動的決定都必須由總統來敲定。立法機構失去了其在外交決策方面的核心地位，而政府則在很大程度上只剩下執行總統決定的對外政策方針的權力。

對外政策具體行為權。93 年憲法規定，「俄羅斯聯邦總統作為國家元首，在國內和國際場合代表俄羅斯聯邦」，[1]「主持談判並簽署俄羅斯聯邦國際條約；簽署批准書；接受外國使節的到、離任國書」。[2] 這意味着俄羅斯聯邦總統不僅是外交決策機制的決策主體，也是對外政策過程的行為主體，他可以以國家元首的身份直接主持或參與俄羅斯聯邦的對外政策行為，並將自己的決策貫徹於實際當中。

政府、總統機構組成與幹部任免權。在這一方面，總統擁有異乎尋常的巨大權力。在政府組成方面，總統「經國家杜馬同意後任命俄羅斯聯邦政府總理」；總統可以「做出俄羅斯聯邦政府辭職的決定」；總統可以「根據俄羅斯聯邦政府總理的提議，任免俄羅斯聯邦政府副總理和聯邦部長」，[3] 可以「同聯邦會議兩院有關委員會協商後，任命和召回俄羅斯聯邦駐外國和國際組織的外交代表」。[4] 在總統機構組成方面，總統可以「組成並領導其地位由聯邦法律確定的俄羅斯聯邦安全會議」；可以「組成俄羅斯聯邦總統辦公廳」；可以「任免俄羅斯聯邦武裝力量最高統帥部」。[5] 總統所擁有的幹部任免權可以使他將自己所信任的人安排在各執行權力機構以貫徹自己的決定，「根據憲法制訂者的意思，與俄羅斯駐外和外國駐俄代表相聯繫的工作應該鞏固俄羅斯總統及支持他的政治力量的地位。對於外國駐俄羅斯的使節來說，俄羅斯總統應是人格化和具有感召力的。而總統辦公廳則是挑選和分配俄羅斯駐外使節的工具，其目的是把俄羅斯與外國領導人的聯繫

1 Конституция Российской Федерации.Статия 80.часть 4.

2 Конституция Российской Федерации.Статия 86.пукты《б》,《в》,《г》.

3 Конституция Российской Федерации.Статия 83.пункты《а》,《в》,《д》.

4 Конституция Российской Федерации.Статия 83.пункт《м》.

5 Конституция Российской Федерации.Статия 83.пункты《ж》,《и》,《л》.

置於自己的控制之下」。[1]

與幹部任免權相比，政府及總統機構組織權更為重要，它可以使總統決定外交決策機制的基本結構，而這種結構因素往往起着比幹部因素更大的作用。比如，儘管憲法中對負責國家內外安全的安全會議的規定使這一機構合法化，但其地位在憲法中並未加以明確。憲法中只説到，安全會議的地位「由聯邦法律確定」，但這一法律至今也未出現，這就使總統實際上可以按照自己的意願利用這一機構進行決策。

圖表 9　總統對外政策權限

立法權	執行權
立法提案權	國家對外政策基本方針決定權
法案簽署頒佈權	對外政策具體行為權
發佈命令權	政府、總統機構組成與幹部任免權

總統在外交決策中的核心地位不僅體現在他直接擁有的對外政策權限上，還體現在他與其他權力機關的相互關係中。在與政府的關係上，總統不僅有權根據總理的提名直接任命副總理和各部部長，還可以主持聯邦政府會議並決定解散政府。儘管總統任命總理或解散政府需要經過杜馬同意，但杜馬如果三次否決總統的決定，則杜馬面臨被總統解散的危險。總統所擁有的巨大權力使「俄羅斯聯邦總統並沒有被納入分權體制，他實際上處於三權分立體制之外，並且凌駕於三權之上。」[2]

可以説，根據現行憲法，外交決策的重心完全轉移到總統方面。總統的權力大大地擴大了：從進行談判和簽署條約到確定對外政策方針和領導對

1 *Лемуткина М.А.* Внешняя политика в деятельности представительных и исполнительных органов власти: сравнительный анализ опыта США, Великобритании, Франции и России. Диссертация к.п.н.РАГС. М., 1996.С.142.

2 Комментарий к Коституции Российской Федерации. М., 1994. С.35.

外政策。從某種程度上可以説，「制訂和實施對外政策成了總統的特權。」[1]

第二節　外交決策機制中的總統機構

總統機構是協助總統完成其憲法權限與職能的諮詢、辦事與代表機構，其主要任務是為總統提供各種活動的信息保障和決策方案。早在蘇聯解體之前，俄羅斯總統機構就開始建立并發揮功能，並成為蘇聯解體前後極劇混亂時期「整合俄羅斯國家唯一有效的工作中心」。[2] 1993 年 2 月 22 日，葉利欽簽署關於完善俄羅斯聯邦總統直屬會議諮詢性機構的第 273 號總統令，並批准了《俄羅斯聯邦總統辦公廳條例》和《俄羅斯聯邦總統辦公廳機構表》，[3] 總統機構的建立正式完成。之後，總統直屬機構幾經調整和改組，發展成為包括總統辦事機構、總統直屬會議諮詢性機構、總統全權代表、總統直屬國家機關 4 個分支體繫在內的、在俄羅斯政治生活中發揮關鍵性作用的重要機構。[4] 在這些機構中，直接與外交決策有關的是總統辦公廳（特別是列入總統辦公廳序列的總統對外政策局）和安全會議（安全會議是直接受總統領導的憲法性機構，其辦事機構—安全會議機關是總統辦公廳的獨立分支機構）。作為總統行使對外政策權力的直接工具，總統對外政策局和安全會議在外交決策機制中發揮着引人矚目的作用。

俄羅斯聯邦總統辦公廳（Администрация Президента Российской Федерации）從 1993 年 2 月正式建立伊始就成為負責總統所有日常工作的服

---

1 *КАН БОН КУ*. Формирование внешнеполитического курса РФ: истоки, процесс и основные направления. Диссертация д.п.н. ИМЭМО РАН. М., 1999. С.179.

2 *Манилов В.Л*. Безопасность в эпоху партнерства. М., 1999. С.107.

3 Российская газета. 1993. 15 марта.

4 有關俄羅斯總統直屬機構的發展情況可參閱：《俄羅斯聯邦憲政體制》第 125-141 頁。

務機構。目前的總統辦公廳包括：總統辦公室、總統禮賓局、總統新聞局、總統辦公廳主任祕書處、俄羅斯聯邦安全會議機關、總統國家法律局、總統監督局、總統領土局、總統對外政策局、總統國內政策局、總統政策規劃局、總統幹部局、總統國家嘉獎局、總統國籍問題局、總統特赦問題局、總統信息與文件保障局（下設總統辦公廳圖書館）、總統地方自治問題局、協調總統駐地方全權代表活動局、總統與公民聯繫工作局、總統與社會及文化界聯繫局、總統經濟局、總統哥薩克問題局、總統辦公廳組織局、總統事務管理局共 24 個機構。[1] 從總統辦公廳的機構設置就可以看出它不僅負責保障總統所需的信息分析資料、在聯邦和地方執行權力機關履行幹部政策，還向總統提供有關對內政策與對外政策 的建議，並在很大程度上影響着總統令的出台。

總統辦公廳主任在決策過程中發揮着不為外界所知、但卻是關鍵性的作用。作為總統的「政治保鏢」，總統辦公廳主任擁有三個重要的權力槓桿：控制文件量、制訂總統的活動日程和接觸新聞界。正是由總統辦公廳主任來決定「總統接見誰，與誰通電話，把哪些文件放到總統的辦公桌上去」，「由於控制了總統的生活，總統辦公廳主任逐漸變成了一個靜悄悄的獨裁者」。[2] 這種情況在葉利欽的第二屆任期內表現得尤為明顯。

總統對外政策局（Управление Президента Российской Федерации по внешней политике）在外交決策機制中發揮着重要作用。總統對外政策局的前身是總統對外政策委員會（Совет Президента Российской Федерации по внешней политике）。這兩個機構是俄羅斯總統為提高對外政策的效率、落實自己在確定對外政策基本方針方面的權限而成立的。總統對外政策局與總統對外政策委員會是承繼關係，這兩個機構的演變從一個側面表明了俄羅斯外交決策機制的發展過程與傾向。

---

1 http://www.gov.ru

2 *Леонид Млечин*. Евгений Примаков: История одной карьеры. М.,1999. С.308.

1995 年 12 月 26 日，葉利欽簽署總統令，成立了由他親自領導的總統對外政策委員會。總統對外政策委員會是附屬於總統的協調性機構，負責預先審議外交決策方案、協調有關對外政策的跨部門工作並向總統提供相應的政策建議。其主要任務包括：協助總統行使對外政策方面的權力，為總統提供確定對外政策方針的建議並協調其實施；向總統提供協調涉外執行權力機構工作的建議；分析和預測國際形勢、研究俄羅斯國內有關對外政策問題的公眾輿論，並向總統提供有關這方面的信息分析材料。

總統對外政策委員會的成員包括外交部長、國防部長、對外經濟聯繫部長、獨聯體合作部長、財政部長、聯邦安全局長、對外情報局長以及總統對外政策助理。由總統參加的委員會每月至少舉行一次會議，以會議記要形式形成的委員會決定具有建議性質，並提交總統最後審批。在審議對外政策的原則性問題時，委員會成員在所討論的問題上應保持意見一致和協調。[1]

1996 年 10 月 31 日，葉利欽又簽署了《關於俄羅斯聯邦總統對外政策委員會機關》的總統令。[2] 規定「對外政策委員會機關是俄聯邦總統辦公廳的獨立分支機構，具有總統管理局的地位，委員會機關負責保障對外政策委員會的活動。對外政策委員會機關領導由聯邦總統根據總統辦公廳主任的建議任免」。委員會機關的主要任務包括「與外交部協作籌備對外政策委員會的會議，起草有關對外政策的總統令和其他文件草案；監督總統命令和總統交辦的對外政策任務的執行情況；與政府機構一起參與制訂國際法律或有關對外政策問題的規範性法律文件以及締結或廢止俄羅斯聯邦國際條約；協調總統辦公廳執行的國際活動」。[3]

從職能及人員構成來看，總統對外政策委員會主要是一個諮詢協商與

---

1 Дипломатический вестник. 1996 г. No. 2.

2 Дипломатический вестник. 1996 г. No. 12.

3 Дипломатический вестник. 1996 г. No. 12.

政策協調性機構。參加委員會的部長們圍繞俄羅斯面臨的關鍵性對外政策問題進行討論與協調，並將達成的外交決策方案提交總統進行決策。

1997 年 9 月 19 日，葉利欽簽署《關於俄羅斯聯邦總統對外政策局》的總統令，決定將總統對外政策委員會和總統辦公廳獨聯體機構協調處合併組建為總統對外政策局。[1] 總統對外政策局是「總統辦公廳的獨立分支機構，其主要職能是保障俄羅斯總統實行重要的對外政策措施，向總統提供對外政策的信息保障」。

總統對外政策局的主要任務包括：（1）在自己的權限範圍內參與有關俄羅斯對外政策問題的總統令草案和總統交辦的對外政策工作問題草案的起草；（2）依照規定程序參與國際法律文件和有關締結和廢止俄羅斯聯邦國際條約的文件的起草；（3）監督有關對外政策問題的聯邦總統令和總統交辦的對外政策工作的執行情況；（4）依照規定程序向聯邦總統呈交需要簽署的到任和離任國書；（5）與外交部和其他執行權力機關就俄羅斯總統出訪和其他國家及國際組織領導人到訪的日程計劃與準備問題進行協作，就總統出訪計劃的協調及執行情況向總統提供建議；（6）依照規定程序就俄羅斯聯邦政府和執行權力機關與外國或國際組織進行談判的代表團成員組成向總統提供建議，並在自己的權限範圍內起草有關談判問題的總統指令；（7）起草在與外國軍事技術合作領域的總統決定草案，並對總統決定的執行情況進行統一監督；（8）依照規定程序向總統提供有關對外政策領域及總統權限範圍內的幹部任免問題的建議；（9）就協調由總統辦公廳主持的國際活動提供建議，向總統辦公廳的其他分支機構提供涉及總統對外政策局相關活動的諮詢；（10）分析與概括聯邦政府及聯邦權力機關呈送的有關對外政策活動的材料；（11）依照規定程序準備向大眾傳媒散發的有關聯邦總統和總統辦公廳對外政策活動的材料。

---

1 總統辦公廳獨聯體合作機構協調處是根據 1997 年 3 月 1 日的《關于俄羅斯聯邦總統辦公廳獨聯體機構協調處》的總統令建立的。

總統對外政策委員會向總統對外政策局轉變的實質在於總統外交決策權力的強化與集中。如果說總統對外政策委員會是一個會議諮詢性機構，其工作的重點主要是向總統提供有關對外政策問題的建議的話，那麼總統對外政策局則成為隸屬於總統辦公廳垂直領導的辦事機構、成為聯結最高決策層（總統）與對外政策官僚機構的中間環節、成為總統履行其廣泛的對外政策權力的最直接有效的工具。如果對總統對外政策局章程進行認真的分析，就會發現其職能幾乎囊括了總統對外政策權力的全部方面：

首先，對外政策情報的轉呈與分析。總統對外政策局負責將聯邦政府和各執行權力機構提交的對外政策情報與建議轉呈總統。正是在此過程中，總統對外政策局以自己的視角與立場對這些情報與政策建議進行過濾、分析與再加工。這就決定了總統對外政策局在很大程度上控制着總統的對外政策情報來源。

其次，總統外交決策方案的擬定。總統對外政策局不僅負責有關對外政策問題的總統令和總統交辦的對外政策工作問題的方案起草、有關國際談判的總統決策的準備、對外軍事技術合作方案的準備，而且參與有關俄羅斯聯邦國際條約文件的起草。這意味着大量的總統對外政策決定都是出自總統對外政策局之手。儘管總統有可能最終否決對外政策局擬定的政策方案，但這種情況在實際對外政策行為中不可能太多。葉利欽 1997 年 10 月在歐洲委員會斯特拉斯堡峰會上的講話就是由總統對外政策局而非外交部起草的。在這一講話中，葉利欽建議建立沒有美國參與的歐洲安全體系。而當時外交部的立場是加強俄美在歐洲安全問題上的合作。[1]

第三，總統外交決策執行情況的監督。總統對外政策局負責對總統外交決策執行情況的監督，這不僅意味着它可以監督各對外政策執行權力機構的工作，更重要的是它可以蒐集總統外交決策的反饋，並將這種反饋向總統彙報，以將其納入下一次決策循環。

1　Итоги. 1997 г. No. 43. С.16-18.

第四，對外政策機構及其他部門幹部的任免建議。總統對外政策局不僅可以向總統提出對外政策執行權力機構的幹部任免建議，還可以向總統提出俄羅斯國際談判代表團的成員組成建議。與憲法中「總理向總統提出聯邦部長任免建議」和「聯邦會議兩院相關委員會參與俄羅斯外交代表的任命」的規定相比，對外政策管理局的幹部任免建議權涉及的範圍更廣，實際影響也更大。

第五，首腦會晤的安排。在當代國際關係行為實踐中，首腦外交發揮着巨大作用，國家間關係的發展乃至重要國際問題的解決在很大程度上取決於首腦外交的進行。因此，首腦會晤的議題安排、日程設置等有着重要的意義。儘管總統對外政策局章程規定，它在安排總統出訪和外國元首到訪的具體日程中需與外交部等執行權力機構協作。但由於總統對外政策局所處的特殊位置，它在此問題上所起的作用無疑會比外交部等執行權力機構更大。比如，1997 年底葉利欽訪問日本，總統新聞祕書亞斯特任布斯基在回答記者有關「為什麼日本外務省的代表總是陪着首相橋本龍太郎，而葉利欽身邊卻沒有外交部的代表」的提問時說：「外交部、甚至整個政府都無法干預總統的計劃」。[1] 葉利欽對總統對外政策局的倚重自然在很大程度上與其個性有關，但從決策機制的結構上來看，總統對外政策局所處的重要地位使每一位總統都不能不受到它的重要影響。比如，在普京尚未正式就任總統時，蒙古便向他揮動橄欖枝，發出了訪問邀請。當時俄羅斯外交部對此並不感興趣。外交部認為蒙古並非大國，犯不着這麼着急，不妨壓一壓再說。然而，總統國際事務助理、總統對外政策局局長普里霍季科力勸普京，說俄蒙兩國的盟友關係畢竟經受了近百年考驗，如果不加重視，恐怕難以服人。普京從諫如流，於 2000 年 11 月冒着嚴寒飛抵烏蘭巴托，對蒙古進行了正式訪問。

總統對外政策局的領導成員包括局長（一般由總統辦公廳副主任兼

1 Итоги. 1997 г. No. 47. C.23.

任）、第一副局長和副局長。下設總統對外政策措施籌備處、信息分析處、與獨聯體機構協調處和與外國軍事技術合作處。可以看出，對外政策局機構設置簡單、明確、集中。這在一定程度上可以減少總統對外政策局內部的官僚爭鬥與相互扯皮，提高工作效率。

圖表 10　總統對外政策局機構設置

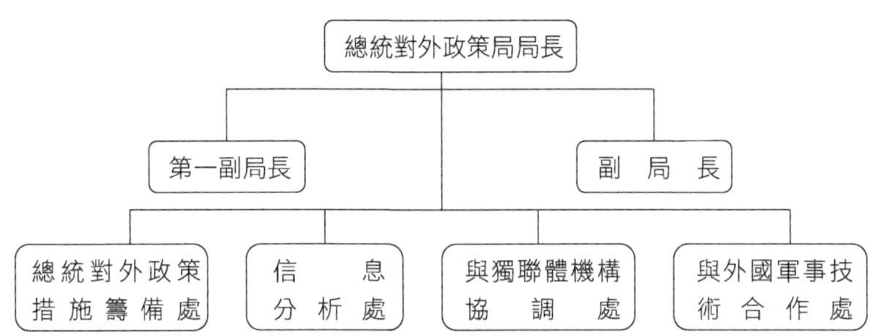

俄羅斯聯邦安全會議（Совет Безапосности Российской Федерации）是《俄羅斯聯邦憲法》和《俄羅斯聯邦安全法》明文規定成立的「負責準備俄羅斯聯邦總統有關保障個人、社會、國家的重要利益免受內外威脅的決定、在保障安全領域推行統一的國家政策」、「保障俄羅斯聯邦總統履行自己保護人和公民的權利與自由，保衛俄羅斯聯邦主權、獨立和領土完整的憲法權限的憲法性機構」。[1] 它是「在俄聯邦總統領導下發揮作用的保障國家安全的整個國家機制的核心」。[2] 自 1992 年成立以來，安全會議歷經數次改組，人員構成、職能任務以及工作程序都發生了很大的變化，其在外交決策機制中的地位與作用也相應改變。安全會議的發展演變從一個側面反映了俄羅斯外交和安全政策決策機制實際運作的前後搖擺。

1 Положение о Совете Безопасности Российской Федерации. Утверждено Указом Призидента Российской Федерации от 1999 г. 02 августа. No. 949.

2 俄安全會議副祕書馬尼洛夫：《責任範圍：俄羅斯的生活和命運》，俄新社 1995 年 1 月 23 日。

安全會議的基本任務包括：（1）確定社會和國家的致關重要利益，闡明安全主體面臨的內外威脅；（2）確定保障俄羅斯聯邦安全戰略的主要方向，組織籌備保障俄羅斯聯邦安全的聯邦總體綱要；（3）向總統提供就保障個人、社會和國家安全問題採取重要決策時所需要的建議；（4）制訂協調聯邦執行權力機關和聯邦主體權力機關在執行有關保障安全的行動過程中活動的建議，並評估這些活動的效果；（5）通過改組現有或者建立新的負責保障個人、社會和國家安全的機構，完善安全保障系統。

安全會議的基本職能是：（1）審議俄羅斯聯邦在保障個人、社會和國家安全方面的國內、外交和軍事政策問題。討論國家國防能力、軍事技術合作問題。決定國家安全、經濟安全、社會安全、國防安全、生態安全和其他安全的戰略問題。預測緊急狀態、採取預防和消除其後果的措施；（2）準備總統有關保障個人、社會和國家安全等領域的內政、外交和軍事政策以及有關保障國防能力、開展軍事技術合作、實施經濟制裁、促進信息發展、制訂保障俄羅斯聯邦獨立和國家完整的戰略和舉措等方面的決定；（3）審議有關保障個人、社會和國家安全等領域的內政、外交和軍事政策，審議有關保障國防能力、開展軍事技術合作、實施經濟制裁、促進信息發展、制訂保障俄羅斯聯邦獨立和國家完整的戰略和舉措等方面的法案，向總統提供有關這些問題的建議，並起草有關總統令草案；（4）評估安全主體面臨的內外威脅並闡明其根源，組織和協調內政、外交和軍事政策、軍事技術合作和俄羅斯聯邦信息安全戰略的制訂；（5）對聯邦執行權力機關和聯邦主體執行權力機關在實施內政、外交和軍事政策、軍事技術合作和俄羅斯聯邦信息安全戰略方面的執行情況實行監督；（6）審議建立、監督和維持保障安全的力量和手段的準備情況及其活動的問題；（7）審議和評估俄羅斯聯邦安全狀況的情報以及安全威脅的情報；（8）蒐集、分析和加工有關俄羅斯聯邦安全保障系統職能化的信息，提出完善這一系統的建議、組織制訂保障俄羅斯聯邦安全的聯邦綱要並評估其有效性；（9）組織有關安全保障問題的科研工作；（10）根據俄羅斯聯邦法律和聯邦總統的命令執行保障個人、社會和國家安全領域其他方面的任務。

安全會議主席由總統擔任，安全會議祕書由總統直接任命並直接向總統負責，安全會議的常委和委員由總統根據安全會議祕書的建議任命。目前安全會議常委包括：總統、安全會議祕書、總理、外交部長、國防部長和聯邦安全局長。安全會議委員包括：國家杜馬主席、聯邦委員會主席、總統辦公廳主任、俄羅斯武裝力量總參謀長、對外情報局長、內務部長、聯邦邊防局長、司法部長、緊急情況部長、總統聯邦通訊與信息局長、總統駐聯邦區全權代表和俄羅斯科學院院長。

安全會議祕書　負責保障安全會議的活動，領導安全會議機關。他負責「向總統彙報國家的內外安全、國防能力、軍事技術合作和發展全球信息系統問題，將有關安全會議的決定方案和有關保障其執行的方案提交總統批准；向安全會議總結和彙報有關俄羅斯聯邦安全狀況的情報分析概要；準備安全會議的工作計劃，制訂安全會議的議事日程，準備安全會議決議草案；向安全會議提供建立和撤銷安全會議跨部門委員會和科學委員會的建議，向總統提交涉及安全會議跨部門委員會職能及其成員組成的建議，協調安全會議跨部門委員會和安全會議科學委員會的工作；組織制訂俄羅斯聯邦安全戰略構想和總統向聯邦會議所做有關國家內外政策基本方針的年度國情咨文的建議；協調聯邦執行權力機構和聯邦主體執行權力機構在為安全會議的會議提供必要材料方面的工作。對安全會議決定的執行情況進行監督，監督聯邦執行權力機關保障國家安全方面的工作；向總統和安全會議提供任免聯邦安全機構領導人的建議。受總統委託向總統和安全會議彙報被提名擔任高級國家公務人員的候選人的情況；組織對聯邦執行權力機構和聯邦主體執行權力機構所做有關安全問題的決定的評估，為在安全會議的會議上審議這些決定準備理由依據與相關結論；向聯邦執行權力機構、聯邦主體執行權力機構、各種國家機構與社會組織以及公務人員查詢安全會議及其機關工作所必須的信息、文件與資料；邀請國立或非國立研究機構以及專家學者完成研究與專業工作；就安全會議所採取的有關決定做出解釋；組織完成總統和安全會議交辦的屬於保障個人、社會和國家安全方面的其他任務；組織安全會議機關就屬於安全會議職權範圍之內的問題與總統辦公廳各分支機構、聯邦委員會辦公廳、國家杜馬辦公廳、聯邦政府辦公廳、聯邦執行權力機構和聯邦主體執行權力機構領導人、職能與地方團體與組織、勞動集體與企業界代表、政黨、社會和地方聯盟的相互協作。

安全會議多年來的運行證明，安全會議祕書在外交決策機制中發揮着重要的組織與協調作用。他不僅負責安全會議的工作計劃安排、議事日程制訂、安全會議的會議籌備，而且在準備和實施國家安全領域的決策時負責與聯邦國家權力機關和聯邦主體國家權力機關相互協作。

根據規定的程序，安全會議祕書每周要與總統進行一次會晤，並向總統進行彙報。當安全會議祕書親自向總統提出決策方案建議時，會仔細地交換意見。必要時，這種會晤可以根據總統或安全會議祕書的提議在日程計劃外進行。[1] 在權力系統中所處的特殊地位使安全會議祕書可以對國家安全領域、包括對外政策的決策進程發揮直接影響。

安全會議根據其主要任務和活動方向建立常設或臨時跨部門委員會。常設跨部門委員會是安全會議的主要工作機構，為安全會議準備國家安全政策方針的建議與諮詢，協調聯邦執行權力機構和聯邦主體執行權力機構完成聯邦安全專項綱要和安全會議決定方面的工作。

安全會議跨部門委員會每季度至少舉行一次會議，必要時可以舉行非例行會議。跨部門委員會工作的信息分析與組織技術保障由聯邦執行權力機關、聯邦執行權力機關參加跨部門委員會的代表以及安全會議機關負責。安全會議常設與臨時跨部門委員會在工作中與安全會議機關相互協作。在目前的 12 個常設跨部門委員會中，國際安全跨部門委員會與獨聯體合作跨部門委員會與外交決策有着最為密切的關係。

---

1 俄羅斯武裝力量副總參謀長、原安全會議副祕書馬尼洛夫對《莫斯科新聞》記者的談話。參見：Московские новости, No. 23,1994, 5-12 июня.

圖表 11　安全會議常設跨部門委員會

憲法安全跨部門委員會

國際安全跨部門委員會

獨聯體合作跨部門委員會

軍事安全跨部門委員會

信息安全跨部門委員會

國防工業安全跨部門委員會

經濟安全跨部門委員會

生態安全跨部門委員會

邊防政策跨部門委員會

居民保健跨部門委員會

社會安全、打擊犯罪跨部門委員會

動員準備與動員跨部門委員會

俄羅斯聯邦安全會議國際安全跨部門委員會（Межведомственная комисся Совета Безопасности Российской Федерации по международной безопасности）為完成安全會議所承擔的保障俄羅斯國際安全方面的任務而成立。其主要職能是：（1）分析和預測俄羅斯面臨的國際安全形勢，為安全會議準備涉及保障俄羅斯聯邦國際安全的建議；（2）確定俄羅斯在國際安全領域的國家利益，闡明這些利益所面臨的威脅並向安全會議提出預防這些威脅的建議；（3）依照規定程序審議保障俄羅斯國際安全的聯邦專項綱要，評估其實施效果，並就此問題準備相應建議；（4）參與總統向聯邦會議所做年度國情咨文和總統有關保障俄羅斯國際安全問題報告的資料準備；（5）向安全會議提出有關在保障俄羅斯國際安全領域與其他聯邦執行權力機關和聯邦主體執行權力機關相互協作的建議；（6）分析有關國家國際安全狀況的情報，並向安全會議提出完善安全系統的建議；（7）向安全會議提供有關制訂保障俄羅斯國際安全的法律法規的建議；（8）向安全會議提出保障俄羅斯國際安全的決策建議，並向安全會議的有關會議提供信息分析材料。[1]

---

1 Положение о Межведомственной комиссии Совета Безопасности Российской Федерации по Международной безопасности. Утверждено Указом Президента Российской Федерации от 19 сентября 1997 г. No. 1037.

國際安全跨部門委員會由聯邦國家權力機構領導人或其副手組成，必要時可以吸收其他人士參加。委員會主席由總統任命，委員會設一名副主席。國際安全跨部門委員會的現任成員包括：外交部長（主席）、外交部第一副部長（副主席）、聯邦委員會國際事務委員會主席（法定成員）、國家杜馬國際事務委員會主席（法定成員）、總統辦公廳副主任、安全會議副祕書、對外情報局副局長、聯邦安全局副局長、聯邦邊防局副局長、內務部副部長、緊急情況部副部長、司法部副部長、副總參謀長、安全會議機關主任、經濟發展與貿易部第一副部長、工業科技部副部長、財政部副部長、國家海關委員會副主席、中央銀行副行長、科學院主席團成員、「俄羅斯武器公司」總經理、科學院世界經濟與國際關係研究所所長、科學院美國與加拿大研究所所長、俄羅斯戰略研究所所長。

國際安全跨部門委員會每季度至少舉行一次會議，必要時可以舉行非例行會議。委員會成員在討論所審議問題時權力平等。委員會的決定由出席會議的委員會成員的簡單多數通過、經委員會主席簽字後以會議紀要形式發佈。在不同意委員會決定的情況下，委員會成員有權提出書面保留意見，並將其附於會議紀要之後。跨部門委員會的決定由安全會議祕書批准，聯邦執行權力機構必須審議。

俄羅斯聯邦安全會議獨聯體問題跨部門委員會（Межведомственная комисся Совета Безопасности Российской Федерации по проблемам Содружества Независимых Государств）為完成安全會議承擔的在俄羅斯與獨聯體國家關係領域保障俄羅斯聯邦國家利益的任務而建立。其主要職能包括：（1）分析和預測俄羅斯與獨聯體國家關係的現狀與發展趨勢，向安全會議提供在俄羅斯與獨聯體國家關係方面保障俄羅斯國家利益的建議；（2）明確在與獨聯體國家關係領域俄羅斯國家利益所面臨的外部威脅，並向安全會議提出消除這些威脅的建議；（3）按規定程序審議發展俄羅斯聯邦與獨聯體國家關係的專項綱要，評估其效果，並準備相應建議；（4）為總統向聯邦會議所做年度國情咨文和總統有關鞏固俄羅斯與獨聯體國家關係報告提供材料準備；（5）向安全會議提供有關完善在經濟與人文領域深化一體化合作的獨聯體機構以及其他在獨聯體範圍內建立的跨國聯合體的相互協作的建議；（6）分析在獨聯體國家調解衝突與執行維和行動的信息；（7）審議有關完善獨聯體集體安全系統、發展軍事與軍事技術合作、發展在邊防領域的相互協作、預防和消除緊急狀況及其後果、與獨聯體範圍內的犯罪做鬥爭方面的建議；（8）向安全會議提供制訂有關在俄羅斯與獨聯體國家的關係中保證俄羅斯聯邦國家利益的法律文件草案的建議；（9）為安全會議的會議提供有關鞏固俄羅斯與獨聯體國家關係的決議草案或情報分析材料；（10）研究其他國家建立與發展跨國聯合體的經驗。

安全會議獨聯體跨部門委員會的現任成員包括：外交部第一副部長（委員會主席）、總統對外政策局副局長（委員會副主席）、聯邦委員會獨聯體事務委員會主席（法定成員）、國家杜馬獨聯體事務委員會主席（法定成員）、安全會議副祕書、國防部副部長、對外情報局副局長、聯邦安全局副局長、聯邦邊防局副局長、內務部副部長、聯邦政府通訊與信息局副局長、聯邦政府辦公廳司長、安全會議機關副主任、經濟發展與貿易部副部長、財政部副部長、交通部副部長、能源部副部長、教育部副部長、出版電信和大眾傳媒部副部長、國家海關委員會副主席、俄羅斯天然氣工業公司董事會成員、俄羅斯統一電力公司董事會成員、俄羅斯「石油運輸」公司董事會成員。

在安全會議跨部門委員會的演變過程中，還曾出現過「安全會議對外政策跨部門委員會」（Межведомственная Внешнеполитическая Комиссия Совета безопасности РФ）。該委員會是根據 1992 年 12 月 16 日《關於建立俄羅斯聯邦安全會議對外政策跨部門委員會》的總統令成立的。[1] 委員會成員包括外交部長、國防部長、內務部長、安全部長、司法部長、對外經濟聯繫部長、總參謀部長以及總統對外政策問題助理。該委員會的任務是協

1 Дипломатический вестник. 1993. №. 1 — 2. С7.

調對外政策領域的決策準備工作。它負責組織信息分析的跨部門協作；建立安全會議、政府與最高蘇維埃的協作機制；向總統提供有關國家安全、軍事政策和對外經濟問題的諮詢和建議。但這一委員會未能有效地開展工作，其具體的演變及其與其他對外政策協調機構的關係我們將在以後加以論述。

安全會議科學委員會（Научный Совет при Совете Безопасности Российсой Федерации）是為了加強安全會議活動的科學基礎，根據 1993 年 11 月 1 日和 1994 年 1 月 31 日的總統令成立的。其主要職能是：（1）確定安全會議所要審議的有關安全保障問題科研工作的優先方向，協調負責這些研究工作的科研單位、機關、企業和組織的活動；（2）組織對已經制訂的保障俄羅斯安全的聯邦綱要進行專家評審，並對它們的執行效果進行評估；（3）就完善評估地緣政治環境的聯邦情報系統提出建議；（4）對保障俄羅斯安全的理論與實踐進行比較分析。科學委員會成員主要包括著名學者、大型科研機構的領導人。[1] 科學委員會實際上也是一種跨部門委員會，不過它的建立不是為了解決某種單一的安全問題，而是對綜合性的安全問題進行系統的科學研究與闡述。

安全會議機關（Аппарат Совета Безопасности Российской Федерации）是總統辦公廳的獨立分支機構，負責為安全會議的工作提供組織技術與信息分析保障。

安全會議機關的主要任務是「為聯邦總統和安全會議就當前安全問題、評估面臨的內外安全威脅、闡明威脅來源提供信息與分析保障，準備分析材料和對影響安全形勢的內外條件變化的預測；保障安全會議協調制訂國家安全的總體戰略方針和專項聯邦綱要的活動，向安全會議提供有關保障

---

1 根據 1999 年 9 月 29 日的第 1317 號總統令，目前的安全會議科學委員會包括由科學院系統的研究所、國家執行權力機關下屬研究機構、軍隊所屬重要研究機構的領導以及著名學者組成的 61 名成員。

圖表 12　安全會議機關組織結構

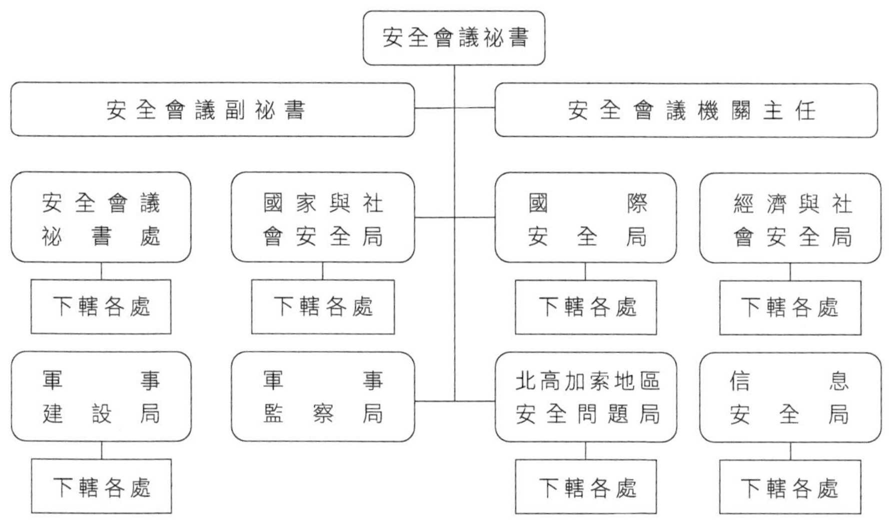

安全和聯邦執行權力機構實施保障安全的聯邦專項綱要的活動的建議；保障安全會議對於保障安全、國防能力、軍事技術合作、保衛俄羅斯聯邦主權與領土完整的力量，手段以及國家安全機構發揮職能情況的監督，保障安全會議對聯邦執行權力機構和聯邦主體執行權力機構落實安全會議決定情況的監督；對安全會議的活動提供組織與技術保障」。[1] 同一個季度只召開一次會議的跨部門委員會相比，安全會議機關承擔着更多的日常職能工作，並且在決策中發揮着經常性的作用。

安全會議的日常決策程序是：安全會議主席領導安全會議的工作，安全會議每月必須至少召開一次會議，在必要時可以舉行非例行會議。安全會議主席根據安全會議祕書的建議確定會議議程和會議審議問題的次序。安全會議常委和擁有發言權的普通委員參加對問題的討論。安全會議的決定在其會議上由其常委的簡單多數票通過，並在總統簽署後生效。安全會議的重要決定以總統令的形式發佈，普通決定以備忘錄的形式發佈。

1　Положение об аппарате Совета Безопасности Российской Федерации.

在科學委員會成立之前，決策方案準備階段的程序是：在跨部門委員會範圍內準備問題、在跨部門委員會中審議結論性文件並提交安全會議審議。科學委員會建立之後，決策方案準備階段的程序發生相應變化：在科學委員會提出問題和討論問題、向安全會議祕書報告審議結果、在跨部門委員會上進行審議、安全會議祕書將審議結果向總統彙報、安全會議機關準備決策方案、提交安全會議審議。包括背景材料、分析報告和決策方案的一系列文件送交安全會議成員，決策方案一般都根據工作程序由安全會議成員通過。

為了解決刻不容緩的問題，安全會議運用「緊急決策機制」。在這種情況下，安全會議祕書直接向總統彙報形勢分析、預測和相應的政治行動方案，總統進行最終決策後，由安全會議祕書負責貫徹執行。在克里木局勢惡化的形勢下正是採用的這種決策機制。[1]

安全會議的組成與結構顯示出它是一個功能龐大、機構複雜的官僚機器。它的影響普及國家政治經濟生活、對外政策制訂的各個領域，其活動體現在情報蒐集分析、部門立場協調、決策方案準備、採取最終決策和決策效果評估等決策過程的各個階段。安全會議不僅可以審議俄羅斯政治經濟生活的幾乎所有重大問題，而且可以通過安全會議跨部門委員會的渠道協調聯邦執行權力機關在執行保障安全領域所採取的決策過程中的活動。「安全會議可以在不干涉政府各個部門的職權和具體行動的情況下，協調它們的工作。為了完成一定的政治目標，安全會議向聯邦政府提出有關完成任務的目標、途徑、手段和期限等要求，並且監督決策的執行情況，而政府無權干預安全會議的活動範圍」。[2] 可以說，安全會議實際上已成為實現總統權力、包括對外政策權力的一種「超部門機構」。

總之，外交政策的關鍵職位之一是總統辦公廳負責人。總統辦公廳集

---

1 *Манилов В.Л.* Безопасность в эпоху партнерства. М., 1999. С.161.

2 *Манилов В.Л.* Безопасность в эпоху партнерства. М., 1999. С.164.

中了制定戰略決策的最重要部門和執行決策的一系列工具。總統外交政策助理和安全會議祕書與戰略層面有關，他們最有機會影響外交政策的形成和執行過程，是總統辦公廳最重要的人物。總統外交政策助理是僅次於總統的最有影響力的職位，負責總統的對外政策、外交和禮賓事務。總統外交政策助理在總統的政治、外交和禮賓事務方面的影響力僅次於總統辦公廳主任。在這些領域，安全會議祕書和總統外交政策助理的權力可能會重疊。在行政邏輯的指導下，總統辦公廳主任凌駕於他們之上，理論上可以協調安全會議祕書和總統助理在外交政策方面的立場。同時，正如研究人員所指出的，在現實中，這取決於「總統行政首腦的行政分量、政治意願和遠見卓識。」[1]

第三節　外交決策機制中的聯邦政府

俄羅斯聯邦政府是履行俄羅斯聯邦執行權力的聯邦國家權力機關。俄羅斯現行憲法規定，聯邦政府在對外政策方面的權力是「貫徹俄羅斯聯邦對外政策的措施」。[2] 這一規定決定了聯邦政府在外交決策機制中主要扮演一個執行者的角色。而主要對外政策部門和強力部門直接歸屬總統領導又使總理缺乏影響外交決策的重要手段，總統執行權力的擴大使聯邦政府在外交決策中處於從屬地位。同時，政府在對外政策過程中發揮着相應的輔助作用，特別是隨着經濟外交的加強，政府在外交決策中的作用可能呈現強化的趨勢。

1 *Averkov V.* Adoption of foreign policy decisions in Russia // International Processes.2012.T.10, No. 2.C.120.

2 Конституция Российской Федерации.Статия 114.часть 1. пункт《д》.

《俄羅斯聯邦政府法》對政府的對外政策權力進行了詳細規定。聯邦政府在對外政策和國際關係方面的權限包括「組織執行俄羅斯聯邦的對外政策」,「實施保障俄羅斯聯邦對外政策執行的措施；保障俄羅斯聯邦駐外國和國際組織中的代表機構；在自己的權限範圍內簽署俄羅斯聯邦國際條約，保障履行俄羅斯在國際條約中所承擔的義務，並了解上述條約其他參加國履行義務的情況；捍衛俄羅斯聯邦的地緣政治利益，保護境外的俄羅斯聯邦公民；在對外經濟活動領域、國際科技和文化合作領域進行調節與國家監督」。在與對外政策有密切聯繫的國防與國家安全領域，聯邦政府的權限是「實施必要的措施，保障國防與國家安全；組織裝備武器和軍事技術，保障俄羅斯聯邦武裝力量、其他部隊和軍事組織的物資、資源和服務；保障發展武器的國家專項綱要與計劃以及公民軍事教育培訓綱要的完成；負責軍人和其他國家安全保衛者的社會保障；採取保衛俄羅斯聯邦邊境的措施；領導民防工作」。[1] 與總統「決定國家內外政策基本方針」的巨大權力相比，憲法和政府法所規定的聯邦政府對外政策權力相當有限。在某種程度上說，聯邦政府只能執行總統的外交決策，在外交決策機制中的地位與作用同總統對外政策局和聯邦安全會議不可同日而語。

在現實政治生活中，總統對於執行權力的侵蝕使政府的外交決策作用進一步遭到削弱。1994 年 1 月 10 日，也就是 93 年憲法正式生效幾天之後，葉利欽就簽署了《關於聯邦執行權力機構結構》的第 66 號總統令。根據這一總統令，總統直接領導國防部、外交部、對外情報局、聯邦安全局、聯邦保衛總局、聯邦政府通訊與信息局、聯邦廣播電視局和國家檔案

1 Федеральнай конституционный закон о Правительстве Российской Федерации. В ред. Федерального коституционного закона от 31.12.97N3-ФКЗ.

局。[1]《俄羅斯聯邦政府法》進而明確規定，「總統根據俄羅斯聯邦憲法、俄羅斯聯邦憲法性法律和聯邦法律領導涉及國防、安全、內務、外交、預防和消除緊急狀態危害等事務的聯邦執行權力機關的活動，作為俄羅斯聯邦武裝力量最高統帥和俄羅斯聯邦安全會議主席行使其權力」，而「俄羅斯聯邦政府根據俄羅斯聯邦憲法、俄羅斯聯邦憲法性法律、聯邦法律和俄羅斯聯邦總統的命令與指示協調上述聯邦國家執行權力機構的活動」，[2]不得越權。

可以看到，在總統直屬執行權力部門中，外交部、國防部以及對外情報局等是傳統的對外政策機構，而聯邦安全局和聯邦政府通訊與信息局等也與外交決策有着非常緊密的關係。總統直屬執行權力機構的確立不僅意味着總統可以從宏觀上領導政府的工作，而且在一些關鍵性的部門掌握着全部權力。這些部門是維護政權的有力保障，也是總統在對外政策領域採取與執行決策的重要手段與工具。

俄羅斯聯邦外交部（Министерство внешних дел Российской Федерации）。外交部是一個國家對外政策執行的核心部門，並一定程度上直接或間接地外交決策過程，但它是否能夠成為外交決策機制中的核心環節，還需要根據其實際擔負的職能與在外交決策機制中的地位以及不同的情況來具體地判定。在當代俄羅斯，外交部在外交決策機制中的地位幾經

1 Указ Президента Российской Федерации от 10 января 1994 г. No. 66《О структуре федеральных органов испольнительной власти》// Собрание актов Президента и Правительства Российской Федерации, 17 января 1994 г. No. 3. Ст.190；1998年，葉利欽又以總統令的形式將更多的聯邦執行權力機關置于自己的領導之下，它們分別是：國防部、外交部、對外情報局、聯邦安全局、聯邦保衛局、緊急情況部、聯邦鐵道部隊局、總統直屬聯邦政府通訊與信息局、總統直屬國家技術委員會、總統直屬化學和生物武器條約規定問題委員會和總統專門規劃局。參見：Указ Президента Российской Федерации《О структуре федеральных органов испольнительной власти》// Российская газета. 1998.05.07.

2 Федеральнай конституционный закон о Правительстве Российской Федерации. В ред. Федерального коституционного закона от 31.12.97N3-ФКЗ.

沈浮、作用數度消長。它既是對外政策方針的重要決策參與者和對外政策活動的主要協調者，又面臨着其他對外政策部門的強有力競爭。其在外交決策機制中的地位既取決於相應的法律規定，更取決於總統對外交部的信任與倚重程度。

從偏於東歐一偶的弱小公國發展成為與美稱雄的超級大國，俄羅斯的外交史短暫而又令人瞠目，其取得的業績背後有着濃厚的外交傳統，外交決策機制也是其不可分割的一個組成部分。18 世紀初，彼得大帝設立外交局（Коллегия Иностранных Дел），沙俄的外交決策機制由此肇始並逐步發展完善。1802 年 9 月 8 日，沙皇亞歷山大一世對國家機構實行部門制管理，決定組成中央的八大部，其中包括外交部。[1] 新的外交部作為沙皇的外交工具取代了彼得大帝傳下來的外交局。但外交局的建制依然暫時保留了下來，並同時由統管新外交部的國務大臣統一領導。在這種外交機構雙元系統中，外交局實際上主要負責國外僑民和在俄外國人以及外交部的行政管理等事務。1832 年，沙皇尼古拉一世撤消了外交部中的外交局，外交部最終成為沙皇俄國對外政策的主管部門。1861 年農奴制改革後，俄國政府的管理體制也發生相應的變化。1861 年成立了由沙皇主持的旨在協調各部門關係的大臣會議（Совет министров）。哥爾恰科夫擔任外交大臣後，根據 1868 年成立外交部的命令，對外交部進行了機構調整。成立了大臣主持的部委會、部長辦公廳、三個業務和地區司（亞洲司，國內關係司，幹部及管理司）、部屬聖彼得堡中央檔案館和莫斯科中央檔案館。1868 年，國務大臣哥爾恰科夫主持起草的外交部成立章程，規定了外交部的四項主要任務：(1) 負責與外國的政治關係；在國外保護俄國貿易，保護俄國的利益；為俄

---

1 История внешней политики России. Первая половина XIX век (От войны России против Наполеона до Парижского мира 1856 г.) Отв. Ред. Орлов. М. : Международные Отношения. 1995. С.13.

國僑民及其國外事業申請法律保護；協助外國人在俄國實現其法律要求。[1]

到末代沙皇尼古拉二世時期，沙俄建立起了一套以沙皇為核心，國家最高政權機關（國務會議—Государственный совет、大臣會議—Комитет министров、中央參政院—Правительствущий Сенат）、中央涉外機關（外交部、陸軍部、海軍部、財政部、內務部）以及邊境省份的外交部代表等參與的外交決策體系。在這一體系中，主要決策權力掌握在沙皇手中。沙皇決定國家對外政策的方針路線；掌握着對外宣佈戰爭、和平以及簽訂和批准對外條約的最終決定權。此外，沙皇掌握着日常的對外交涉的領導權，通過國家要害部門尤其是外交部的每日的報告以及駐外使領、軍事等機構的函件電報等了解國家對外活動運作情況，並通過批示反映沙皇的意見。對外交涉的一些重要日常事務，也須由沙皇介入：如批示給駐外大使的指令；決定外交部的機構問題。駐外外交、領事、軍事、財政部門代表的任免須由沙皇決定，包括大使、司局長、駐外公使及武官等。

俄羅斯外交部自 19 世紀初成立以來，經過尼古拉一世和亞歷山大二世時期進行過某些微小調整，直到帝國結束沒有很大的變化。外交部在沙皇的直接領導下，擁有廣泛的執行權力。在特殊緊急的情況下，外交部有權根據情況自行決定，並對沙皇個人負責。外交大臣可以向沙皇直接報告。根據外交大臣的每周報告，沙皇決定俄國對外政策的主要問題。按法律規定，外交部的一切重要決定都要經過沙皇的批准。而實際上，沙皇很少推翻外交大臣提交的重要文件。因而，儘管在沙皇專制的體制中，外交大臣在對外決策中的作用也很重要。

沙俄外交部的工作原則如同其他大多數國家外交一樣，實行嚴格的長官負責制，下級嚴格服從上司。外交部的決策方式與專制君主制度相匹配，外交大臣一長制。一般情況下，外交大臣與二三個心腹一起祕密決

1　История внешней политики России. От конца 19 века до начала 20 века. Первая половина XIX века. Отв. Ред. А. Игнатьев. М. : Международные Отношения. 1997. С.67.

策。他們形成外交部意見後，上呈沙皇或提交其他部門商討。

20 世紀以來，俄羅斯外交在其發展過程中曾三度出現困難的轉折。十月革命曾使俄國的外交傳統一度中斷，外交機構被徹底破壞，後來用幾年時間才逐步建立起蘇聯的外交機構。斯大林時期的大清洗又沈重打擊了外交機構，毀掉了整整一代蘇聯外交官。蘇聯解體後，俄羅斯外交部又再次遭遇挫折，大量的外交官流失。[1] 然而，俄羅斯長期的大國外交傳統和良好的外交人才培養使俄羅斯「外交機構在戲劇性的 20 世紀仍然保持了職業化水準，符合國家在國際政治中的作用和地位」,「當今俄羅斯外交機構的建立客觀上走的是將前蘇聯的遺產、舊俄羅斯的外交傳統和當今全新的立場（受國家和世界根本性的民主變化的影響）進行複雜合成的道路。」[2]

1995 年 3 月 14 日，葉利欽總統簽署第 271 號總統令，批准《俄羅斯聯邦外交部章程》。章程明確規定,「俄羅斯聯邦外交部是在俄羅斯聯邦與外國和國際組織關係領域行使國家管理職能的聯邦執行權力機構」，外交部「根據俄羅斯聯邦憲法和聯邦法律賦予總統的權限直接由總統領導」。外交部的主要任務包括：「制訂俄羅斯聯邦對外政策的總體戰略並向總統提供相應建議；貫徹俄羅斯聯邦對外政策方針；協調俄羅斯聯邦主體的國際聯繫；保證保衛俄羅斯聯邦的主權、安全、領土完整以及在國際事務中其他利益的外交手段；保護俄羅斯公民和法人在境外的權利與利益；保證俄羅斯聯邦在與外國關係以及與國際組織交往中的外交與領事關係；為在俄羅斯聯邦與外國及國際組織的關係中執行統一的對外政策路線，協調其他聯邦執

1 蘇聯解體前，蘇聯外交部工作人員為 4000 人，當時的俄羅斯社會主義共和國聯邦外交部有 240 人。蘇聯解體後，葉利欽命令俄羅斯外交部接管聯盟外交部，並核定俄羅斯外交部的編制為 3200 人。根據這一要求，俄羅斯外交部駐外機構人員裁　了 30%。參見《俄羅斯外交部門配備了熟練幹部，但一些部門仍藏有前政權的擁護者—俄羅斯外交部副部長庫納澤的訪談錄》。俄羅斯《獨立報》1992 年 6 月 5 日。

2 Игорь Иванов. Новизна и приемственность в Российской внешней политике // Независимая газета. 2001. 06 июня.

行權力機關的活動，並監督它們的工作」。[1]

此外，外交部還應完成下列任務：「在對雙邊與多邊關係以及宏觀國際問題進行系統分析的基礎上，按規定程序制訂並向總統和政府提供有關俄羅斯聯邦與外國和國際組織關係的建議；起草俄羅斯聯邦國際條約草案、就締結、履行、中止和廢除條約提出建議並按程序呈送總統或聯邦政府審議；主持與外國和國際組織的談判；對俄羅斯聯邦國際條約的執行情況進行全面監督，參與提出有關根據俄羅斯的國際法義務制訂俄羅斯聯邦法律的建議；參與制訂有關保障俄羅斯公民的權力與自由、保障俄羅斯的國防與安全、保障軍轉民工作以及擴大俄羅斯聯邦與外國和國際組織的貿易經濟與財政聯繫、科技、文化與其他交流的政策和具體的行動措施；落實俄羅斯作為聯合國安理會常任理事國、全歐進程和其他地區機制參加者而為保障國際和平、全球與地區安全所做努力的外交手段；保障俄羅斯聯邦參與聯合國、獨聯體和其他國際組織、會議、論壇的活動，促進提供俄羅斯作為國際社會成員在解決全球和地區國際問題上的作用的提高」。[2]

可以看到，外交部所擁有的對外政策職能主要包括：（1）對外政策執行職能。作為在與外國和國際組織關係領域行使國家管理職能的聯邦執行權力機構，俄羅斯外交部貫徹俄羅斯的對外政策方針、維繫與外國和國際組織的外交與領事關係、主持國際談判。（2）對外政策方針諮詢建議職能。外交部可以就俄羅斯對外政策總體戰略、俄羅斯的對外關係以及宏觀國際形勢等問題向俄羅斯聯邦總統或政府提出建議。（3）對外政策活動協調職能。為了執行統一的對外政策路線，外交部不僅負責協調其他聯邦執行權力機

1 Положение о Министерстве иностранных дел Российской Федерации. Утверждено Указом Президента Российской Федерации от 14 марта 1995 г. No. 271. // Собрание законодательства Российской Федерации, 20 марта 1995 г. No. 12. С.1033.

2 Положение о Министерстве иностранных дел Российской Федерации. Утверждено Указом Президента Российской Федерации от 14 марта 1995 г. No. 271. // Собрание законодательства Российской Федерации, 20 марта 1995 г. No. 12. С.1033.

關的活動並監督它們的工作，還負責協調俄羅斯聯邦主體的國際聯繫。

在《俄羅斯聯邦外交部章程中》，外交部所承擔的外交決策權力相對有限。在某種意義上說，外交部仍只是一個對外政策職能的執行單位。與總統對外政策局和聯邦安全會議相比，外交部在外交決策機制中的地位較低。

俄羅斯聯邦外交部由外交部長領導。外交部長由總統根據總理的建議任命，外交部副部長也由總統根據總理的建議任免。外交部長是總統確定、形成和實施對外政策的一個主要顧問，是安全會議成員。外交部長有權「領導外交部的工作，確定其分支機構的章程以及部屬機構的條例；發佈命令和指示，就外交部本部機關、駐外機構、外交部駐俄羅斯境內代表機構和部屬組織的工作問題下達指示；依照規定程序提出任免俄羅斯聯邦駐外國大使或國際組織代表的建議，提出任免俄羅斯聯邦國家或政府代表團領導的建議；代表俄羅斯聯邦參加兩邊與多邊會談，受聯邦總統、聯邦政府委託簽署俄羅斯聯邦的國際條約；依據俄羅斯聯邦法律行使其他職能」。[1]

外交部內的決策程序是：在外交部內組建由部長擔任主席、副部長和外交部系統領導成員組成的**部務委員會**。部務委員會審議外交部工作最重要的問題並採取相關決定。部務委員會的決定以決議的形式由其成員的簡單多數票通過，通常以外交部長命令形式生效。目前俄羅斯外交部部務委員會有 23 名成員。在外交部長與部委委員會成員發生意見分歧時，外交部長可以在將出現的分歧依規定程序向聯邦總統或聯邦政府報告的同時，使決議生效。對決議有特殊意見的部務委員會成員，可以將意見向總統或政府彙報。在外交部還設立**專家諮詢委員會**，其任務是制訂經過科學論證的有關俄羅斯聯邦對外政策問題的建議。

---

1 Положение о Министерстве иностранноых дел Российской Федерации. Утверждено Указом Президента Российской Федерации от 14 марта 1995 г. No. 271. // Собрание законодательства Российской Федерации, 20 марта 1995 г. No. 12. C.1033.

圖表 13　俄羅斯聯邦外交部組織結構示圖[1]

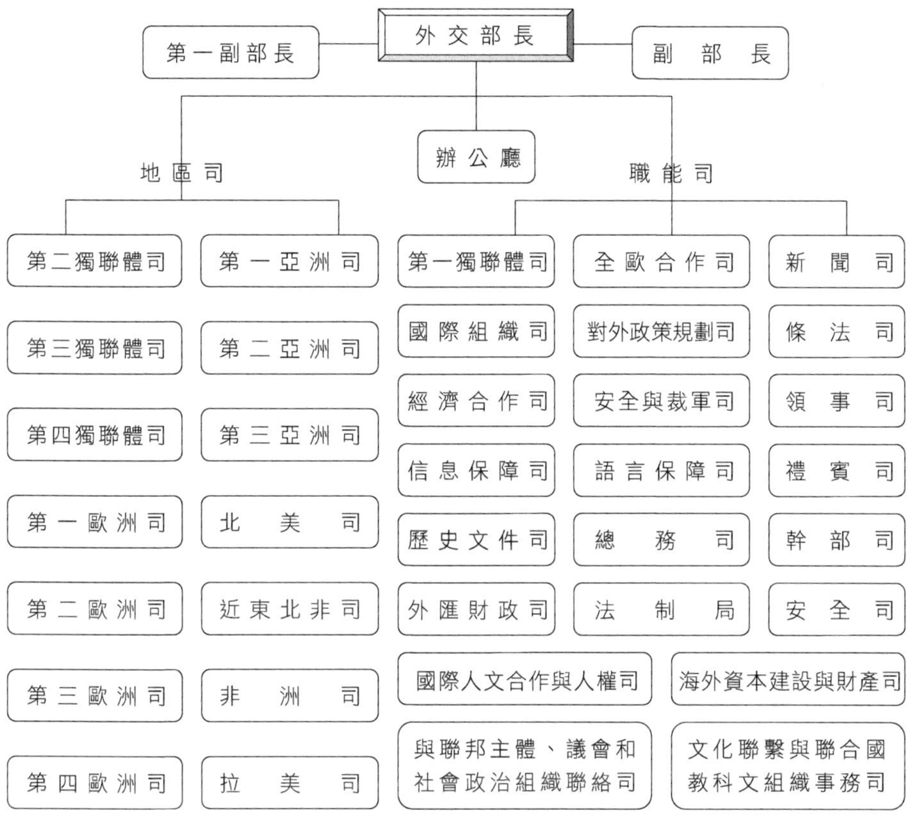

1 在外交部地區司中，第二獨聯體司主管白俄羅斯、摩爾多瓦和烏克蘭；第三獨聯體司主管中亞五國（哈薩克斯坦、烏茲別克斯坦、吉爾吉斯斯坦、土庫曼斯坦和塔吉克斯坦）；第四獨聯體司主管外高加索三國（阿塞拜疆、亞美尼亞、格魯吉亞）；第一歐洲司主管比利時、梵蒂岡、意大利、西班牙、盧森堡、馬耳他、摩納哥、荷蘭、葡萄牙和法國；第二歐洲司主管英國、丹麥、愛爾蘭、冰島、拉脫維亞、立陶宛、愛沙尼亞、挪威、芬蘭和瑞典；第三歐洲司主管阿爾巴尼亞、保加利亞、波黑、希臘、塞浦路斯、馬其頓、羅馬尼亞、斯洛文尼亞、南斯拉夫、土耳其和克羅地亞；第四歐洲司主管奧地利、匈牙利、列支敦士登、波蘭、斯洛伐克、德國、捷克和瑞士；近東和北非司主管阿爾及利亞、巴林、埃及、以色列、約旦、伊拉克、也門、卡塔爾、科威特、黎巴嫩、利比亞、毛里塔尼亞、摩洛哥、阿聯酋、阿曼、巴勒斯坦、沙特；第一亞洲司主管中國、朝鮮、蒙古、韓國；第二亞洲司主管澳大利亞、文萊、越南、印度尼西亞、柬埔寨、老撾、馬來西亞、緬甸、新西蘭、新加坡、泰國、菲律賓和日本；第三亞洲司主管阿富汗、孟加拉國、印度、伊朗、馬爾代夫、尼泊爾、巴基斯坦和斯里蘭卡。在職能司中，第一獨聯體司主管獨聯體整體合作問題。

為了完成複雜的對外政策任務，俄羅斯外交部建立了龐大的機構。截至到 2000 年初，俄羅斯外交部本部包括 35 個司、3 個管理局和 1 個獨立處。依其任務可以劃分為地區司和職能司。15 個地區司依地區分佈處理俄羅斯與各地區國家的關係問題。這些地區司包括：4 個歐洲司、3 個亞洲司、4 個獨聯體國家司、北美司、拉美司、非洲司以及近東和北非司。職能司包括：幹部司、領事司、禮賓司、新聞司、信息保障司、國際組織司、經濟合作司、文化交流司、全歐合作司、安全司、翻譯司、條法司、與聯邦主體、議會和社會政治組織聯繫司以及行政司等。根據 1996 年 1 月 15 日的第 717 號總統令，外交部本部機關編制為 3200 人。截至 1998 年中，外交部本部實際工作人員為 3170 人，其中外交人員 1774 人，行政技術人員 1396 人。

目前俄羅斯外交部有 233 個駐外機構。其中包括 140 個大使館，10 個駐國際組織常設代表處，駐德國大使館分館（駐柏林），駐巴勒斯坦民族自治機構代表處、駐梵蒂岡代表處，75 個總領館和 4 個領事館。1995 年 1 月 27 日的第 77 號總統令規定俄羅斯外交部駐外人員編制為 8480 人。截至 1998 年中，俄羅斯外交部駐外機構人員總數為 8227 人，其中外交官 2966 人，行政技術人員 5261 人。

近年來，俄羅斯外交部青年幹部迅速成長。1993 年外交部只招收 57 名青年幹部，之後幾年迅速增長，1994 年為 81 人，1995 年為 89 人，1996 年為 113 人，1997 年則達到 136 人。這些青年幹部主要是俄羅斯著名學府－莫斯科國際關係學院、莫斯科大學、莫斯科大學亞非學院、莫斯科國立語言大學和莫斯科國立人文大學的畢業生。

儘管外交部在國家整個外交決策機制中的地位相對較低，但其在具體的外交事務活動中發揮着重要的協調作用。根據 1996 年 3 月 12 日的第 375 號總統令，外交部是聯邦執行權力機關系統中對外關係領域的「首腦機關」，負責在對外活動中維持統一的對外政策路線。[1] 據此，外交部負責協調聯邦執行權力機關和聯邦主體對外政策活動。這些機關必須向外交部彙報它們正在進行的國際活動和聯繫，包括官方往來、協商、會談、簽署協議等。這些機關所簽署的國際條約包括所有部門間協定在報請總統和政府審批之前也必須徵得外交部的同意。如果這些文件沒有徵得外交部的同意，總統辦公廳和政府則不得接受。俄羅斯聯邦主體與外國地方簽署的協議也必須報請外交部審批。

根據這一總統令，俄羅斯聯邦駐外大使負責協調駐在國的其他俄羅斯聯邦代表機構，包括商務處、俄羅斯聯邦主體駐其他國家的地方級代表處的活動。這些機構向大使彙報自己的活動。

俄羅斯聯邦國防部（Министерство обороны Российской Федерации）是在國防領域推行國家政策和實行國家管理，協調聯邦部委、其他聯邦執行權力機構和聯邦主體執行權力機構在國防領域活動的聯邦國家執行權力機構。「俄羅斯聯邦總統領導國防部的工作。俄羅斯聯邦政府根據俄羅斯聯邦憲法、聯邦憲法性法律、聯邦法律和聯邦總統的命令與指示協調國防部的活動」。[2]

國防部涉及對外政策的基本任務和職能可以劃分為：（1）對外政策與安全政策建議權。國防部「制訂和實施以武力保衛俄羅斯聯邦完整和不受侵略的政策；參與提出有關制訂國家軍事政策和組織其實施以及有關俄羅斯聯邦軍事學說的建議，為總統準備向聯邦會議所做年度國情咨文中有關軍

---

1 Указ Президента Российской Федерации.《Координирующая роль Министерства иностранных дел РФ в проведении единой внешнеполитической линии РФ》// Дипломатический вестник. 1996. №. 4.

2 Положение о Министерстве Обороны Российской Федерации. Уеверждено Указом Президента Российской Федерации от 11 ноября 1998 г. №. 1357.

事問題的建議；領導制訂武裝力量建設構想，為國防目的協調制訂其他部隊、軍事組織與機構建設和發展的構想；總結貫徹有關國防問題的聯邦憲法性法律、聯邦法律和其他法律法規的經驗，提出完善有關國防問題的聯邦憲法性法律、聯邦法律、總統命令與指示以及政府決定的建議，並依照規定程序向有關部門提出這些建議；參與制訂長期的國家國防綱要和年度國防工作計劃，制訂武器和軍工綜合體發展聯邦國家綱要，提出制訂國家軍事訂貨的建議。（2）軍事政策協調權。國防部負責「協調其他聯邦部委、其他聯邦執行權力機關以及聯邦主體執行權力機構在國防方面的活動。（3）軍事外交參與執行權。國防部「參與有關軍事問題的國際合作、與外國軍事機構開展合作、依照規定程序與獨聯體國家和其他國家的相應部門簽署協議；參與同外國和國際組織開展的軍事與軍事技術合作；參與有關安全問題、削減（限制）武器和武裝力量以及其他軍事問題的談判；在俄羅斯武裝力量中組織履行以及在自己的職權範圍內履行俄羅斯聯邦國際條約，參與監督這些條約的其他參加國對條約的執行情況。（4）軍事情報蒐集權。國防部為了俄羅斯聯邦的國防與安全利益開展情報活動，並將這些情報呈送國家領導與有關部門。

國防部長直接歸總統領導。在聯邦憲法、聯邦憲法性法律、聯邦法律和總統令規定的歸政府負責的問題上，國防部長也歸聯邦政府總理領導。國防部長有權「依規定程序將有關國防問題的聯邦憲法性法律和聯邦法律草案提交總統和政府審議，向總統和政府提出有關實施國家國防政策問題的建議」；有權「將武裝力量建設與發展構想與計劃、武裝力量使用計劃和武裝力量動員計劃等提交俄羅斯聯邦總統批准」；有權「在國防領域組織與聯邦國家權力機構、聯邦主體國家權力機構和地方自治機構的協作」。[1]

俄羅斯國防部內設立由國防部長擔任主席的部務委員會，國防部第一

---

1 Положение о Министерстве Обороны Российской Федерации. Уевержлено Указом Президента Российской Федерации от 11 ноября 1998 г. No. 1357.

副部長、副部長、武裝力量各軍種司令按職務自然進入部務委員會。部務委員會的其他成員由總統根據國防部長的建議任命。國防部部務委員會負責審議國防部管轄範圍內的重要問題。部務委員會的決定由部務委員會成員的簡單多數票通過。在國防部長與部務委員會成員產生分歧的情況下，國防部長在將自己的決定實施的同時將所產生的分歧向俄羅斯聯邦總統彙報。部務委員會成員有權將自己的意見向總統彙報。在必要時可以召開國防部部務委員會與聯邦部委或其他聯邦執行權力機構部務委員會的聯席會議。聯席會議的決定由會議紀要的形式發佈或由國防部長和其他部委及聯邦執行權力機構領導的共同命令的形式得以落實。

國防部下設**俄羅斯聯邦武裝力量總參謀部**（Генеральный Штаб Вооруженных Сил Российской Федерации）。總參謀部是對俄羅斯聯邦武裝力量進行戰時領導的中央機構和日常領導的主要機構。總參謀部由總參謀長領導，總參謀長由國防部長領導，同時自然擔任國防部第一副部長。總參謀部與對外政策和安全政策有關的主要職能包括：「制訂涉及國家戰爭準備，俄羅斯聯邦軍事學説，俄羅斯武裝力量結構、編成、編制、布署及任務等主要問題的建議；制訂武裝力量建設計劃，協調制訂武裝力量、其他部隊、軍事機構與單位的建設與發展計劃；組織武裝力量與其他部隊、軍事機構與組織在國際領域的相互協作，參與完成國際安全領域的任務；為了俄羅斯聯邦的國防和安全利益進行情報工作；參與有關軍事問題的國際合作。[1]

勿庸置疑，軍隊領導人積極參與了對外政策，特別是國家安全政策的制訂。國防部在保障國家安全，特別是建立新的地區和全球安全體系、軍事改革、軍轉民、生產和出口武器方面與對外政策有着直接的聯繫。

對外情報機構。俄羅斯的對外情報機構龐大而又複雜，它主要由對蘇

---

1 Положение о Генеральном штабе Вооруженных Сил Российской Федерации. Утверждено Указом Президента Российской Федерации от 11 ноября 1998 г. No. 1357.

聯時期的克格勃進行改組後的機構組成，[1] 既包括對外情報局獨立的機構，也包括設在其他部和部門中的對外情報機構。

《俄羅斯聯邦對外情報法》規定，「屬於聯邦執行權力機關的俄羅斯聯邦對外情報機構的建立、改組和撤銷決定，應由俄羅斯聯邦總統根據有關的聯邦執行權力機關領導人的報告做出。俄羅斯聯邦對外情報機構的章程應得到俄羅斯聯邦總統的批准」。《對外情報法》還規定，「俄羅斯聯邦對外情報機構由俄羅斯聯邦總統負責總的領導」，總統有權「確定情報活動的任務；控制和協調俄羅斯聯邦對外情報機構的活動；在聯邦法律規定的權限內就同俄羅斯聯邦對外情報有關的問題，包括俄羅斯聯對外情報機構同外國情報和反情報機構簽訂部門間合作協議的問題做出決定；任命俄羅斯聯邦對外情報機構的領導人」。這些規定實際上將俄羅斯對外情報機構的工作完全置於總統的領導之下。

俄羅斯聯邦對外情報局（Служба внешней разведки Российской Федерации）是俄羅斯對外情報系統的主體機構，它「是保衛個人、社會和國家的安全不受外來威脅侵害、保衛俄羅斯聯邦安全的力量的組成部分」。其主要職能是為聯邦總統、聯邦會議和政府做好情報保障工作，向他們提供政治、經濟、軍事戰略、科技和環境方面的情報以利於他們決策；創造俄聯邦實施國家安全政策的有利環境；促進國家經濟發展、技術進步，維護俄聯邦軍事技術安全。對外情報局獲取的情報呈報給俄羅斯聯邦總統、議會、政府和由總統確定的權力部門和執法機構，以及有關企業、機關和組織。

對外情報局的情報工作包括獲取和分析外國、境外組織和個人涉及俄羅斯重要利益的現實和潛在威脅、行動、計劃和意圖的情報，協助國家完成保衛俄羅斯聯邦安全的其他行動。根據法律，情報活動由對外情報局機關在政治、經濟、科技、生態以及保衛俄羅斯境外的機關的安全和涉及國家機密的人士出國

1 蘇聯解體後，原克格勃機構幾經改組，最終形成以聯邦安全局、對外情報局、聯邦政府通訊與信息局、聯邦邊防局、國家檔案局和總統安全局為主幹的框架結構。

出差的安全等領域展開。對外情報局的具體活動由局長領導，局長由總統任命。對外情報局的組織結構根據 1995 年 12 月《對外情報法》的有關規定確定，主要包括偵察行動部門、分析部門和各職能分支部門（參見圖表 14）。

蘇聯解體後，隨着國際形勢和國內政治進程的變化，對外情報局的活動方針與任務也相應發生了變化。目前俄羅斯對外情報局的工作主要在政治、經濟、國防、科技和生態五個方面展開。政治情報工作的主要任務是獲取世界主要國家、特別是與俄羅斯有關國家的預警性情報，保衛國家利益；跟蹤可能對俄國家利益帶來威脅的「熱點地區」危機局勢的發展；獲取一些國家研製可能對俄羅斯和獨聯體國家構成威脅的新型武器、特別是核武器的情報；通過自己的渠道對實施俄羅斯的對外政策施加積極影響。經濟領域對外情報活動的主要任務是保衛俄羅斯的經濟利益，獲取經貿對

圖表 14　對外情報局機構設置

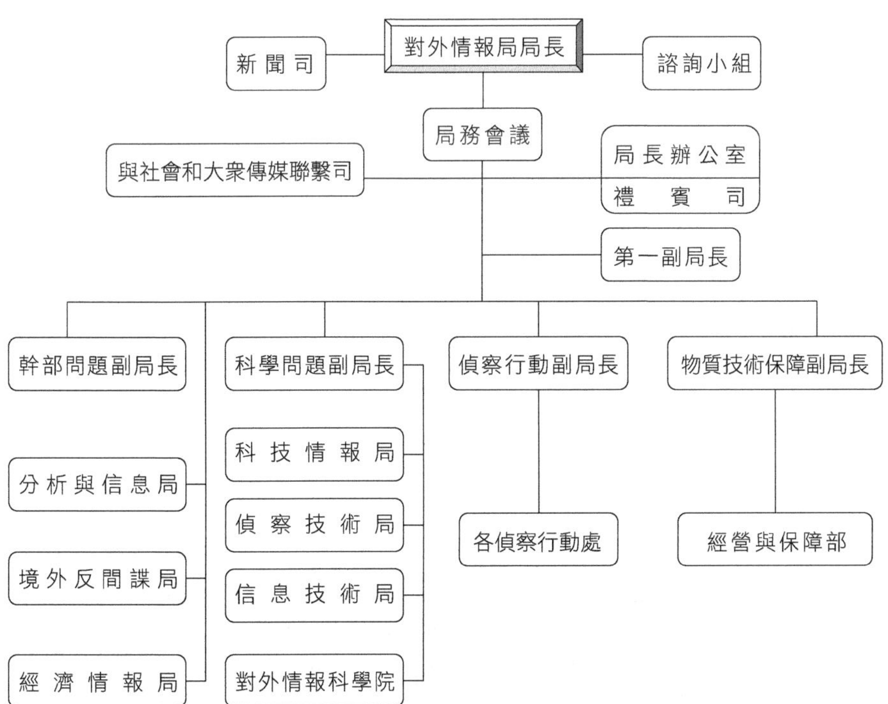

象可靠性、涉及俄羅斯利益的國際經濟和財政組織活動的祕密情報，保衛國家經濟安全。科技領域情報活動的主要任務是獲取最新科技成果、特別是有助於加強俄羅斯國防能力的軍事技術。

聯邦安全局（Федеральная служба безопасности）的對外情報活動包括：偵察、預防和打擊外國特工機關與個人可能對俄羅斯聯邦安全造成損害的偵察或其他活動；在自己的職權範圍內蒐集、整理、分析和通報有關俄羅斯聯邦所面臨威脅的情報；向俄羅斯聯邦總統、俄羅斯聯邦政府以及受它們委託的聯邦國家權力機關和聯邦主體國家權力機關彙報俄羅斯聯邦安全所面臨的威脅；參與制訂並實施保障俄羅斯聯邦安全的國家綱要；在自己權限範圍內依程序簽訂俄羅斯聯邦國際條約；依規定程序將有關完善俄羅斯聯邦安全保障的法律草案或建議提交總統和政府審議。[1]

圖表 15　俄羅斯聯邦安全局機構設置[2]

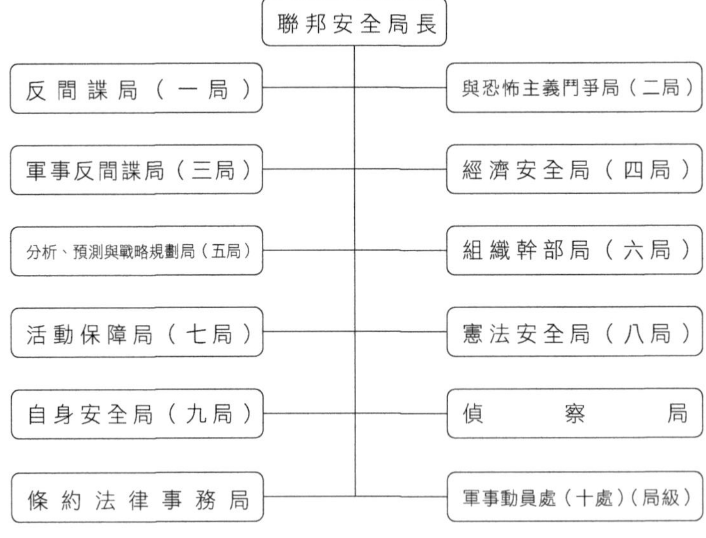

1 Положение о Федеральной службе безопасности Российской Федерации. Утверждено Указом Президента Российской Федерации от 6 июля 1998 г., No. 806.

2 Положение о Федеральной службе безопасности Российской Федерации.(с изменениями от 26 августа, 5 октября 1998 г.)

軍隊系統的對外情報機構是總參謀部下設的**情報總局**（Главное разведывательное управление），它組織武裝力量的所有軍事情報工作，負責向軍事領導和國家最高領導蒐集並提供政治、經濟、軍事和技術情報。

俄羅斯聯邦總統下屬**聯邦政府通訊和信息局**是負責政府通訊與信息的聯邦機構，其任務是保障國家通訊的信息安全。同時，它下屬的對外情報機構負責利用電訊技術與手段在密碼通訊、保密通訊和其他專業通訊領域進行政治、經濟、軍事和科學技術領域的對外情報工作。根據 1993 年 2 月 19 日總統簽署的《聯邦政府通訊與信息機構法》，它還負責向俄羅斯高層國家權力機關提供有別於其他渠道的可靠和獨立的專門情報（對外情報活動資料，在特別時期、戰爭狀態和緊急狀態下維持國家經濟管理的信息，戰爭或緊急動員狀態下的經濟情報，社會經濟監測信息），向這些機構提供在安全、國防、經濟、科技、國際關係、生態和動員準備方面採取決策時所必需的情報。[1]

聯邦邊防局 (Федеральная пограничкая служба) 是負責在保衛國家邊界、海洋領土、大陸架和俄羅斯聯邦專屬經濟區方面實施國家邊境政策的聯邦執行權力機構。它下屬的對外情報機構負責蒐集和整理有關在保衛國家陸地邊界、俄羅斯聯邦經濟特區和俄羅斯聯邦大陸架領域俄羅斯面臨的威脅的情報。聯邦邊防局由聯邦部長級的局長領導，他同時也是聯邦邊防軍的司令。聯邦邊防局局長由總統任命。聯邦邊防局副局長由總統根據聯邦邊防局局長的建議任命。[2]

這些直接與對外政策有關的執行權力部門直屬總統領導使聯邦政府在對外政策過程中的作用大大被削弱。但不能由此就認為政府在外交決策中無足輕重了，俄羅斯聯邦政府在對外政策中的一個獨特作用就是經濟外交

---

1 Закон Российской Федерации《О федеральных органах правительственной связи и информации》// Российская газета. 1993. 28 февраля.

2 Положение о Федеральной пограничной службе Российской Федерации. Утверждено Указом Президента Российской Федерации от 2 марта 1995 г. No. 232 // Собрание законодательства Российской Федерации, 6 марта 1995 г. No. 10. С.863.

的開展。《俄羅斯聯邦政府法》明確規定，聯邦政府在預算、財政、金融、貨幣政策領域的一項重要權限就是「管理俄羅斯聯邦國家內外債務、領導俄羅斯聯邦與外國關係中的外匯和金融活動」。在經濟全球化迅猛發展、俄羅斯日益融入世界經濟一體化進程的當代，經濟因素在俄羅斯外交決策中所起的作用必將日益增強。儘管一些傳統對外政策部門直接掌握在總統手中，但財政部、經濟發展與合作部等非傳統對外政策部門也將越來越多地參與到外交決策進程當中，俄羅斯聯邦政府在經濟外交中所擁有的地位無疑將使其在外交決策中的作用呈上升趨勢。

此外，聯邦政府還以其他手段還影響着外交決策。首先，聯邦政府依照憲法及政府法的規定，擁有一系列只歸其所有的執行權力。比如，政府負責制訂並向國家杜馬提出年度聯邦預算，[1] 而所有國家政策、包括對外政策的實施都在很大程度上取決於具體的預算撥款份額；其次，聯邦政府也擁有參與立法權。聯邦政府不僅可以向國家杜馬提出自己的法律草案、可以按照國家杜馬議事程序的規定對國家杜馬正在審議的法案提出修正案，還可以對聯邦會議兩院審議的聯邦法律和聯邦法律草案提出正式意見書。此外，有關包括「改變國家財政義務」（包括外債）的法律草案，只有在聯邦政府做出結論後才能提交。[2] 政府所擁有的立法權可以使其在一定程度上對國家的對外政策立法進程產生相應的影響；第三，憲法賦予了聯邦政府總理向總統提交聯邦執行權力機關組成的建議，這意味着「有關建立、改組或撤銷執行權力機構問題的權力直接屬於政府」，[3] 從而也意味着政府可以對外交決策結構中的執行權力機關組成產生相應的影響。一個例子就是基

---

1 Конституция Российской Федерации.Статия 114, часть 1, пункт《a》.

2 Конституция Российской Федерации.Статия 104, часть 3.

3 *Николой Сахоров*. Соотношение полномочий между Президентом РФ и Правительством РФ: правовые нормы и практика российской государственности. Президент—Правительство—испольнительная власть: Российская модель. Под. ред. И. Шаблинского. -М., 1997. С.34.

里延科在組閣時取消了聯邦政府結構中獨聯體合作部的設置。

第四節　外交決策機制中的立法機構

立法機關在大多數現代國家都是賦予國家對外政策活動合法性的一個重要來源，也是外交決策機制的重要組成部分。在當代俄羅斯，儘管其立法機構在對外政策領域的權限相對有限，但無論是根據憲法、還是在實踐活動中，俄羅斯的立法機構按都在外交決策機制中承擔着獨特的功能、發揮着一定作用。

俄羅斯的立法機構——聯邦會議是由國家杜馬和聯邦委員會組成的兩院制代表與立法機關。在現行的憲政體制中，俄羅斯聯邦會議主要通過下列途徑對外交決策施加影響。

第一，與對外政策有關的立法權。聯邦憲法規定，「聯邦法律由國家杜馬通過」。[1] 由於聯邦法律中不僅包括與戰爭與和平以及批准或廢除俄羅斯聯邦國際條約有關的法律，還包括一系列調節國家對外政策行為的聯邦法律，因而「正是這一規定賦予了國家杜馬對國家對外政策方針發揮實際影響的可能」。[2] 近年來，國家杜馬審議通過了一系列對外政策領域的基礎性法律。在這些法律中，既有調節國家對外政策行為的聯邦法律，[3] 也包括一系

---

1 Конституция Российской Федерации.Статия 105.части 1.

2 *Лукин В.П.* Парламент в формировании внешнеполитического курса России // Выступление в Российской Академии Государственной Службы при Президенту.1999 г. 28 сентября.

3 如《俄羅斯聯邦國際條約法》《俄羅斯聯邦主體國際和對外經濟聯繫協調法》《俄羅斯聯邦與外國軍事技術合作法》《俄羅斯聯邦欠外國、外國法人和國際組織債務法》《俄羅斯聯邦針對境外僑民的國家政策》《俄羅斯聯邦向維持與恢復國際安全行動輸送軍事人員和民事工作人員程序法》等。

列俄羅斯聯邦簽署的國際條約。[1]

調節國家對外政策行為的聯邦法律的重要性在於，它在相關領域確定了俄羅斯對外政策行為的目標、實施原則與行為方式。在由憲政體制確定的總體外交決策機制的大框架下，具體調節一些專門領域的對外政策行為。比如，《俄羅斯聯邦國際條約法》就規定了俄羅斯聯邦締結、批准和廢除國際條約活動的具體細節以及與此相關的各個權力機關之間相互協調的明確機制。[2]《俄羅斯聯邦主體國際與對外經濟聯繫協調法》確定了聯邦主體在進行國際和對外經濟聯繫方面的權力、聯邦國家權力機構與聯邦主體在進行國際和對外經濟聯繫方面的協作、聯邦主體國際和對外經濟聯繫活動的協調機制等內容。[3]

國際條約的批准對俄羅斯的對外政策具有重要影響。俄羅斯憲法規定，「公認的國際法原則和準則以及俄羅斯聯邦簽署的國際條約是俄羅斯聯邦法律體系的組成部分。如果俄羅斯聯邦簽署的國際條約規定的規則與俄羅斯聯邦法律規定的規則有不同之處，則以國際條約中的規則為准」。[4] 也就是說，這一條規定了國際條約優先於俄羅斯聯邦法律的原則，只要國際條約被批准，它就成為俄羅斯聯邦法律體系的組成部分，並毫無疑問地對俄

---

1 截至 1999 年 9 月，俄羅斯國家杜馬共批准了 230 多項國際條約。比如，批准了《禁止研製、生產、儲存和使用以及銷毀化學武器公約》《聯合國海洋法公約》《消除強制勞動公約》；批准了與中華人民共和國的 4 個重要條約，其中包括《中俄邊界西段走向條約》《加強邊界地區軍事信任條約》等；通過了關于俄羅斯聯邦加入歐洲委員會章程的聯邦法律。批准了俄羅斯加入歐洲委員會的 4 個基本性公約：《保護人權與基本自由公約》《禁止刑訊逼供、非人道和侮辱人格刑罰公約》《保護少數民族羅馬公約》和《地方自治歐洲憲章》。批准了《黑海經濟合作組織章程》。批准了《俄羅斯和白俄羅斯聯盟條約》以及《俄羅斯聯邦與烏克蘭友好、合作和夥伴關係條約》等。

2 Федеральнай закон《О международных договорах Российской Федерации》// Действующее международное право. М.: Издательство Московского назависимого института международного права, 1996. Т.1.С.409-428.

3 Федеральный закон《О координации международных и внешнеэкономических связей субъектов Российской Федерации》// Российская газета. 1999. 16 января.

4 Конституция Российской Федерации.Статия 15.части 4.

羅斯的對外政策方針發揮重要影響。正是從這一點上說，杜馬在國際條約批准過程中的權力對俄羅斯的外交決策有着很大的影響。

根據俄羅斯國家杜馬章程，有關俄羅斯聯邦國際條約的初步審議程序是：（1）杜馬理事會（Совет Государственной Думы）[1] 根據總統或聯邦政府提交的國際條約指定相應的杜馬委員會進行審議，並將相應的聯邦法律草案發送國家杜馬國際事務委員會（Комитет Государственной Думы по международным делам）和（或）獨聯體事務委員會（Комитет Государственной Думы по делам Содружества Независимых Государств）以及與該問題相關的委員會。（2）國家杜馬的責任委員會、國際事務委員會、獨聯體事務委員會、以及其他相關委員會對國際條約的文本及相關材料進行評估。根據國家杜馬的決定，責任委員會可以召開有關國際條約批准、廢止或中止的議會聽證會。（3）杜馬辦公廳條法局受杜馬理事會或責任委員會的委託，就提交批准、廢止或中止的國際條約是否符合俄羅斯憲法及俄羅斯的國際義務進行司法評估。（4）在參考討論結果、發言意見和議會聽證會的基礎上，杜馬責任委員會做出結論並就國際條約的批准、廢止或中止問題起草聯邦法律草案。責任委員會徵得國際事務委員會和（或）獨聯體委員會委員會及相應委員會的同意，可以建議杜馬理事會在最適當的時候將國際條約提交大會表決，也就是進入正式審議通過程序（三讀階段）。在法案的正式審議階段，杜馬責任委員會發揮着重要的作用。在一讀中，杜馬大會要審議責任委員會報告，而杜馬責任委員會則要負責概括和研究來自各方對於一讀通過的法律草案的修正案，並在此基礎上提出附有其贊

1　Совет Государственной Думы 可直譯為國家杜馬蘇維埃、國家杜馬委員會、國家杜馬會議。《俄羅斯聯邦憲政制度》的作者將其譯為國家杜馬委員會。但本書作者根據其實際地位和作用，為顯示其與國家杜馬大會和杜馬常設及臨時委員會的區別，將其譯為「杜馬理事會」。杜馬理事會根據杜馬議會黨團和議員團代表制原則建立，其組成人員包括杜馬主席、各議會黨團和議員團的領導人。其主要任務是事先協調國家杜馬中各議會黨團和議員團的立場，為國家杜馬的活動準備組織方面的決議。

成和反對的修正案圖表的法律草案。

二讀的主要內容是對經國家杜馬責任委員會修改補充的法律草案逐條逐章地進行審議，而在審議過程中要首先聽取杜馬責任委員會法律草案審議總結報告。二讀草案通過後，國家杜馬責任委員會在杜馬機關條法局的協助下，對法律草案文件再次進行修改補充。

而三讀的主要內容就是對杜馬責任委員會加工整理後的較完善的法律草案進行表決。根據杜馬有關委員會的結論，杜馬有權以附加宣言、聲明或補充説明的形式批准國際條約，也可以否決條約或將有關表決無限延期。在對某一條約是否符合俄羅斯憲法產生懷疑時，杜馬有權提交憲法法院審定，並在得到答覆之前不審議有關批准該條約的法律文件。[1]

從杜馬審議法案的程序來看，杜馬責任委員會在其中發揮着重要的作用。具體到對外政策領域，杜馬的主要責任委員會就是國際事務委員會和獨聯體事務委員會，截至 1999 年 9 月，國家杜馬共批准了 230 多項國際條約，「其中有 126 項是通過國際事務委員會的途徑批准的」。[2] 對對外政策問題具有很大影響的還包括國家杜馬安全委員會（Комитет ГД по безопасности）、杜馬國防委員會（Комитет ГД по обороне）和杜馬地緣政治委員會（Комиссия ГД по геополитике）。由於所有法案在提交杜馬大會之前，都事先在相應委員會進行討論，而在杜馬大會上，每個代表手中已經有了一致的決定方案，因而，在法案的大會實際審議過程中，往往形成這樣一種情況：「或者問題的討論只是流於形式，或者沒有討論就對問題

1 Регламент Государственной Думы Федерального Собрания парламента Российской Федерации. Раздел 5. глава 26.части 197, 198.

2 *Лукин В.П.* Парламент в формировании внешнеполитического курса России // Выступление в Российской Академии государственной службы при президенту.1999 г. 28 сентября.

圖表 16　杜馬法案審議流程圖

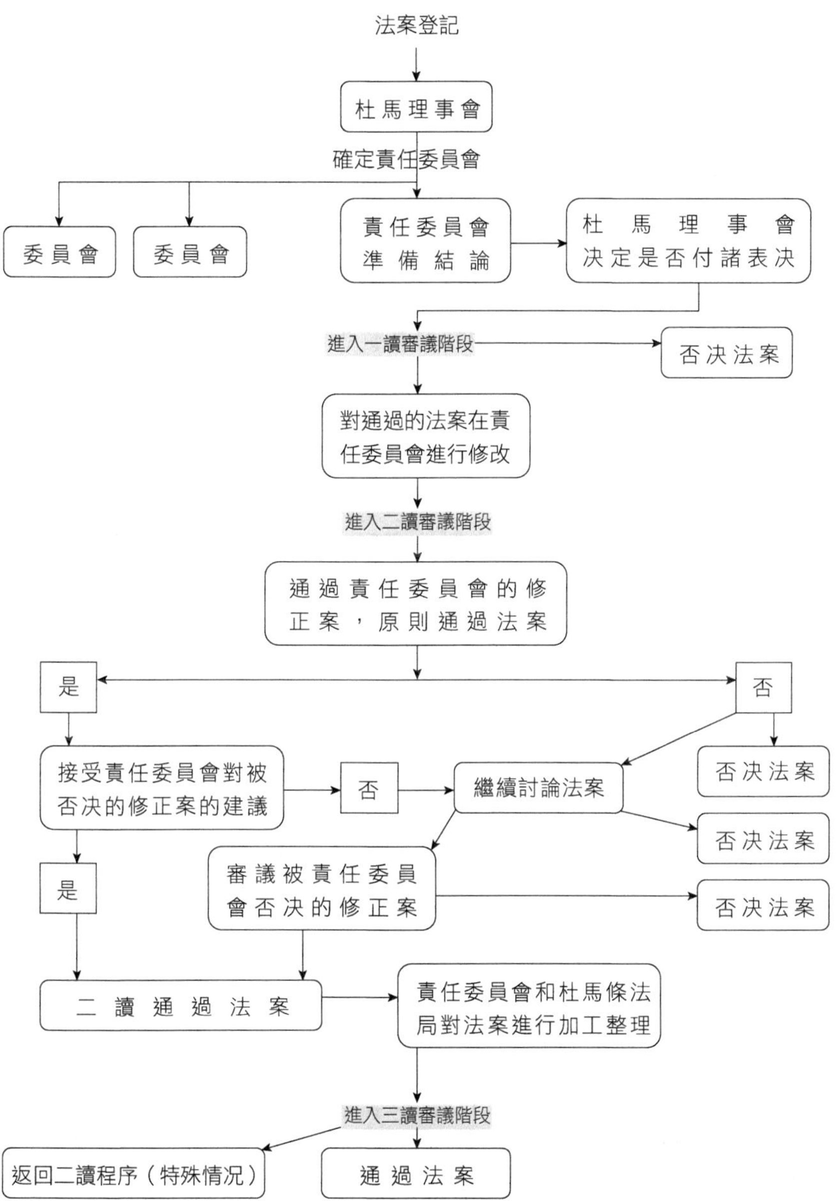

付諸表決」。[1] 這更從一個側面反映了杜馬國際事務委員會、獨聯體事務委員會等在對外政策法案審議過程中的重要性，它們的結論性意見在很大程度上決定着杜馬有關對外政策問題的表決結果。

俄羅斯國家杜馬的章程和運作機制還需要不斷完善。目前杜馬存在的一個主要問題就是杜馬的雙重結構。一方面，法案的起草、討論和審議等工作基本都歸委員會管轄，另一方面，杜馬活動的所有重要問題又需要由杜馬理事會決定。在杜馬理事會中，只有杜馬主席和各議會黨團領導人有表決權，而委員會主席只有發言權。結果，那些由杜馬最具影響的黨團的成員擔任領導的委員會就有可能輕易地採取必要的決定，而不必顧及其他委員會的態度。結果，杜馬各委員會之間的相互協作就很成問題。根據杜馬章程，法案的具體審議程序由主要委員會決定，它可以決定採納誰的建議、那些批改意見可以進行表決，而那些可以置之不理。有時審議期限定得使其他委員會沒有實際可能來對法案形成正式的意見。因為在討論法案時黨團主席有優先發言權，而相應委員會處於次要地位，因而主要委員會也就沒有積極性去與其他相應委員會相互協作。[2] 而對杜馬工作這些特點與問題的了解使院外集團可以最有效地展開活動。

根據現行憲法，聯邦委員會負責審議由國家杜馬通過的有關批准或廢除俄羅斯聯邦國際條約問題的聯邦法律。[3] 其審議通過程序與其他聯邦法律審議程序相同，在聯邦委員會審議這些對外政策法案的過程中，聯邦委員會中的國際事務委員會和獨聯體事務委員會也發揮着關鍵性的作用，它們的態度在很大程度上影響着到聯邦委員會的表決結果。

---

1 *Л.Аксенова,Л.Гусев,Т.Полякова*. Государственная Дума: анализ голосования по внешнеполитическим вопросам. Выпуск второй. // Исследование ЦМИ No. 12. М.:МГИМО,1998. С.14.

2 Лоббизм в России: этапы большого пути. М.: Экспартный институт РСПП, Фонд развития парламентаризма в России, 1995.01.20.

3 Конституция Российской Федерации.Статия 106.пункт《г》.

對於締結條約的雙方來説，條約批准的期限與順序具有重要意義。任何一方延遲或威脅延遲條約的批准都會對雙邊或多邊關係產生重要影響，因而條約批准程序就成為與國際條約的另一方的「博弈」，因此有時外交部並不急於加快條約在議會中的批准，並不急於「攤牌」。但在這種情況下需要立法與執行權力機關之間充分的信息溝通以及良好的相互協作。

第二，外交代表任命協商權。聯邦憲法規定，「俄羅斯聯邦總統同聯邦會議兩院有關委員會協商後，任命和召回俄羅斯聯邦駐外國和國際組織的外交代表」[1]。國家杜馬和聯邦委員會的章程也都規定，兩院各自的國際事務委員會、獨聯體事務委員會以及其他相應委員會參與總統任命或召回俄羅斯聯邦駐外國及國際組織代表的協商。[2] 兩院的責任委員會在各自的會議上進行充分討論後將自己的結論呈交總統。自從兩院章程實施以來，還沒有發生過繞過議會任命或撤換外交代表的事件。

在 1994 — 1999 年期間，國家杜馬國際事務委員會共審議了 171 位要召回的外交代表和 200 位要任命的外交代表。在審議任免俄羅斯聯邦外交代表時，聯邦會議兩院的相關委員會並不總是同意總統的提議。比如國家杜馬國際事務委員會就沒有同意葉利欽任命丘拜斯和潘斯科夫為俄羅斯聯邦駐國際貨幣基金組織執委和副執委的建議，對丘爾金的任命也經過了長時間的反覆討論。

第三，聯邦委員會的「海外用兵」批准權。憲法規定，聯邦委員會「決定能否在俄羅斯聯邦境外動用俄羅斯聯邦武裝力量的問題」。[3] 聯邦委員會章程規定，在境外使用俄羅斯武裝力量的問題由聯邦委員會根據俄羅斯聯邦總統、聯邦政府甚至個人的倡議進行審議，但對該問題的審議只有在獲

---

1 Конституция Российской Федерации.Статия 105.пунк《м》.

2 Регламент Государственной Дамы Федерального Собрания парламента Российской Федерации. Раздел 5. глава 28. часть 210；Регламент Совета Федерации Федерального Собрания парламента Российской Федерации.

3 Конституция Российской Федерации.Статия 102.части 1. Пункты《б》,《г》.

得總統結論的情況下才能進行。「海外用兵」的具體審議程序是：（1）聯邦委員會主席將總統有關「海外用兵」的申請迅速發送給聯邦委員會的安全與國防委員會（責任委員會）、國際事務委員會和獨聯體事務委員會。（2）聯邦委員會安全與國防委員會、國際事務委員會和獨聯體事務委員會舉行會議審議，會議可邀請總統代表、聯邦安全會議、國防部、外交部、聯邦安全局和對外情報局的代表出席。聯邦委員會安全與國防委員會、國際事務委員會和獨聯體事務委員會的結論應在不晚於自總統的申請送達委員會三天之內的時間內做出，委員會的結論由委員會代表半數以上通過。（3）聯邦委員會應在不晚於自總統申請送達聯邦委員會的五天內召集有關審議在海外用兵的會議。聯邦委員會邀請總統、總理、國防部長、總參謀長、外交部長、聯邦安全局長和對外情報局長出席會議。審議海外用兵的聯邦委員會會議一般祕密舉行。關於在俄羅斯聯邦境外使用俄羅斯武裝力量的決定經聯邦委員會半數以上代表同意通過，並以聯邦委員會正式決議發佈。聯邦委員會的決議在其通過兩天內送交俄羅斯聯邦總統。在第一屆聯邦會議期間，聯邦委員會三次運用了這一權力，批准了俄羅斯軍隊參加波黑、格魯吉亞和安哥拉的維和行動。1999 年，聯邦委員會又批准了俄羅斯軍隊在科索沃的維和行動。

在實際當中，總統與聯邦委員會就海外派兵問題的相互協調也經歷了一個很長的協調過程。在很長一個時期內，「俄羅斯議員們在俄羅斯針對境外或國內衝突政策的問題上，更多的關心的是黨派和集團的利益，關心的是與當局的權力鬥爭，而不是如何實現俄羅斯人民的意志。最高蘇維埃在阿布哈茲、第聶伯河沿岸地區衝突中與執行權力的相左立場，聯邦會議在車臣衝突中的消極態度，兩者在俄軍調解塔吉克斯坦內戰中的冷漠在很大程度上促使國家領導人可以隨意調動武裝力量並且不受指責。」[1]

---

1 Как делается политика в США и в России: Логика принятия решений об изпользовании американских и российских воруженных сил в региональных кафликтах XX конца века. Ред. Джереми Азраэл, Эмиль Паин, Аркадий Попов. RAND Center for Russian and Eurasian Studies; Центр этнополитических и региональных исследований. Вашанктон—Москва., 1996.

第四、議會外交權。俄羅斯議會參與對外政策過程的一個重要表現就是擴大與加強它的國際聯繫。聯邦會議兩院章程規定，杜馬國家和聯邦委員會可以進行國際議會交往，這種議會外交的開展對國家的對外政策方針的制訂與執行發揮着日益重要的作用。「俄羅斯議會的國際活動已經成為俄羅斯對外政策的重要組成部分」。[1]

國家杜馬章程規定，國家杜馬可以與其他國家議會或國際議會組織簽署跨議會合作協議。國家杜馬每年通過與其他國家議會的國際聯繫計劃。該計劃方案由杜馬國際事務委員會和獨聯體事務委員會會同其他相關委員會在參考杜馬各委員會、杜馬議會黨團和議員團意見、聽取跨議會小組和杜馬辦公廳國際聯繫局建議的基礎上制訂。根據上述計劃，國家杜馬理事會參照議會黨團、議員團、杜馬各委員會以及杜馬主席的意見決定國家杜馬出訪代表團的人員組成、正副團長和祕書以及國家杜馬與其他國家議會雙邊合作跨議會委員會的俄方成員組成以及權限範圍。[2]

國家杜馬的國際聯繫在兩個基本的方向上發展：（1）參與國際議會組織的活動。俄羅斯杜馬代表積極參與國際議會聯盟、歐洲議會、歐洲委員會議會大會、歐安組織跨議會大會、黑海經濟合作組織議會大會、亞太地區議會大會、東盟跨議會組織等國際與地區跨議會組織的活動。（2）擴大和鞏固與外國議會的雙邊交往。國家杜馬與英國國會、德國聯邦議院、瑞士議會、美國國會都有合作計劃。俄法跨議會委員會和俄美「杜馬－眾議院」工作組也開展合作。國家杜馬的正式代表團多次訪問過印度和中國，顯示了發展雙邊關係的巨大潛力。[3]

---

1 *Лихачев В.Н.*Совет Федерации в международных делах // Международная жизнь.1998. No. 4.

2 Регламент Государственной Дамы Федерального Собрания парламента Российской Федерации. Раздел 5. глава 28.часть 210

3 *Селезнев Г.Н.* Роль Государственной Думы в решении вопросов внешней политики российской фодерации // Дипломатический ежегодник 99. Дипломатическая академия МИД России. М., 2000.

在杜馬的國際聯繫中，負責跨議會聯繫的「跨議會議員團」(Межпарламентская группа-МПГ）發揮着重要的作用。這一組織的主要職能是組織其成員參與按照國際議會聯盟方針舉行的各種活動、與國際和地區議會組織合作、參與跨國議會聯盟的工作、協助履行俄羅斯與其他國家簽訂的各項合作協定、保持與外國駐俄使館的定期聯繫、籌劃和協助發展與其他國家議會聯繫的活動。目前，國家杜馬在跨議會議員團的範圍內建立了近 90 個負責與外國議會聯繫的議員小組，在擴大與發展杜馬的國際聯繫方面發揮了很大作用。

《俄羅斯聯邦委員會章程》也規定，聯邦委員會「根據每年通過的跨議會合作計劃開展與外國議會和國際議會組織的合作」。目前，聯邦委員會已與 73 個國家的議會建立了固定聯繫，合作方式從派代表團互訪到簽訂合作協定。聯邦委員會參與 17 個國際和地區議會組織的工作，特別是參加歐洲委員會議會大會和歐洲地方和地區政權大會 (Конгресс местных и региональных властей Европы) 的工作。[1]

俄羅斯議會的跨議會國際交往通過說明俄羅斯議會在俄羅斯對外政策、重大的國際問題的立場，進一步闡明了俄羅斯對外政策方針。在跨議會交往中，杜馬代表和聯邦委員會成員就建立平衡的歐洲安全模式和世界新秩序、限制戰略武器和常規武器條約的批准、俄羅斯加入歐洲委員會、北約東擴、解決南斯拉夫危機、打擊有組織犯罪和恐怖主義、保護生態安全、保護生物資源與其他國家的同行進行了廣泛的討論與磋商，在一定程度上加強了相互理解。可以說，聯邦會議「已經成為俄羅斯外交的一個重要場所和渠道」。[2]

加強與獨聯體一體化組織中議會合作機構的聯繫是俄羅斯聯邦會議兩院的重要國際活動。杜馬章程規定，「國家杜馬審議獨聯體國家跨議會大會

1 *Лихачев В.Н.* Совет Федерации в международных делах // Международная жизнь.1998. No. 4.

2 *Селезнев Г.Н.* Роль Государственной Думы в решении вопросов внешней политики российской фодерации // Дипломатический ежегодник 99. Дипломатическая академия МИД России. М., 2000.

建議的法律方案，並就它們的實施採取決定」。聯邦委員會也負責審議由聯邦委員會獨聯體事務委員會和其他委員會準備的有關規範俄白聯盟議會大會法律文件和更新由獨聯體跨議會大會或俄、白、哈、吉、塔跨議會委員會通過的法律草案的建議。根據對這些建議的審議結果，聯邦委員會可以委託聯邦委員會的相應職能委員會準備聯邦委員會作為立法倡議主體有權提出的法案。獨聯體國家跨議會大會、俄白哈吉四國跨議會委員會、俄白聯盟議會大會以及俄羅斯與吉爾吉斯共同體議會大會的工作對於加強獨聯體的一體化具有一定意義。由聯邦委員會主辦的聖彼得堡經濟論壇已經成為獨聯體國家政府和議會首腦、俄羅斯聯邦主體的領導人、實業界、工會和社會團體代表討論俄羅斯和獨聯體國家參與世界經濟一體化進程和加強獨聯體經濟一體化進程等問題的固定常設機構。可以說，俄羅斯聯邦會議兩院在以議會交往手段促進獨聯體一體化合作方面發揮着重要作用。

第五，對外政策聲明權。聯邦憲法規定，「國家杜馬就俄羅斯憲法規定由其管轄的問題通過決議」。[1]《國家杜馬章程》也規定，「國家杜馬通過表達杜馬對俄羅斯聯邦總體及部分對外政策問題以及總體國際關係問題的立場的決議或聲明」。[2] 杜馬有關對外政策的決議或聲明草案的提交可以來自立法倡議的權力主體。涉及對外政策問題的杜馬決議或聲明草案事先由國家杜馬國際事務委員會和（或）國家杜馬獨聯體事務委員會、必要時會同其他相應的委員會審議，之後提交杜馬大會批准。

杜馬有關對外政策的決議和聲明沒有法律效力，對執行權力機關不具約束力。但這些文件可以表達杜馬在對外政策問題上的立場，使執行權力機關領導人、選民和國際社會了解俄羅斯議會的立場。在實際當中，杜馬經常運用有關現實國際問題的聲明、宣言、決議等手段作為對對外政策過

---

1 Конституция Российской Федерации.Статия 103.части 2.

2 Регламент Государственной Дамы Федерального Собрания парламента Российской Федерации. Раздел 5. глава 25.часть187.пункт 1.

程施加影響的槓桿，這些問題基本上都是尖銳的和有爭議的國際問題，包括北約東擴、巴爾幹局勢、獨聯體合作及聯合國安理會運用制裁等等。[1] 這些聲明不僅提出杜馬對有關國際問題與對外政策問題的立場與看法，還向執行權力機關提出具體的建議和意見。儘管議會這種行為方式對國家對外政策活動的影響不具有直接性質，但如果巧妙運用，還是可以對俄羅斯對外政策甚至外國的立場施加影響。

第六，對總統的制約權。憲法規定，「俄羅斯聯邦總統按俄羅斯聯邦憲法和聯邦法律決定國家內外政策的基本方針」，[2]「俄羅斯聯邦總統的命令和指示不應與俄羅斯聯邦憲法和聯邦法律相牴觸」。[3] 這兩項規定使總統在進行外交決策時必須考慮既有的聯邦法律體系。此外，國家杜馬有權對俄羅斯聯邦總統提出犯有叛國罪或其他重罪的指控，聯邦委員會有權按照法定程序做出是否彈劾總統的決議。儘管在實踐當中，對總統的彈賅極其困難，但聯邦會議的這種權力無疑會對總統的決策行為產生一定的影響。

第七，對聯邦政府和聯邦執行權力機關的監督權。這種監督權首先體現在**財政監督權**。根據憲法規定，俄羅斯聯邦政府「制訂並向國家杜馬提出聯邦預算並保障其執行；向國家杜馬報告聯邦預算執行情況」。[4] 因而，杜馬在審議聯邦預算時，是否批准有關國防開支、外交部、總統辦公廳以及其他與對外政策相關部門的經費開支無疑可以對對外政策產生相應影響。此外，聯邦會議還組成俄羅斯聯邦審計院（Счетная палата Российской Федерации），對聯邦預算執行情況和國內外債務及其使用情況等進行監

1 *Селезнев Г.* Подавляющее большество парламента поддерживает освобождающийся от флера романтических отношений с Западом курс достоинства и национальных интересов России // Международная жизнь. 1997. No. 4.

2 Конституция Российской Федерации.Статия 80.части 3.

3 Конституция Российской Федерации.Статия 90.части 3.

4 Конституция Российской Федерации.Статия 114.части1.пункт《а》.

督。[1] 比如，國家杜馬經常委託審計院對政府各部門獲得的外國貸款的使用情況進行檢查，並堅持政府獲得的所有外國貸款總和不得超過杜馬每年審議確定的《俄羅斯聯邦國家外債計劃》的限額。1995 年 7 月 5 日，國家杜馬委託審計署調查由於簽訂維修俄羅斯駐斯特拉斯堡總領事館的合同而給國家帶來 900 萬美元財政損失一案。在派赴法國的審計小組中就包括杜馬國際事務委員會成員 Λ. 彼得羅夫斯基；[2] 其次體現在**議會聽證權**。憲法規定，聯邦委員會和國家杜馬有權「對自己所管轄的問題舉行議會聽證會」。[3] 聯邦委員會的議會聽證會可根據各常設委員會和臨時委員會、聯邦委員會主席、10 名以上聯邦委員會代表的動議舉行。國家杜馬聽證會可以根據杜馬理事會、各常設和臨時委員會、議會黨團和議員團的動議舉行。聯邦會議兩院的常設和臨時委員會可以單獨舉行議會聽證會，兩院的常設委員會和臨時委員會也可以聯合舉行議會聽證會。議會聽證會可以邀請執行權力機構官員、科研機構代表以及社會各界人士參加，聽證會所通過的建議送交政府、相關部委和組織。比如，國家杜馬國際事務委員會曾舉辦了「俄印關係」、「俄中關係」、「俄羅斯與東南歐國家關係」、「俄羅斯與伊朗關係及其對中亞和外高加索地區的影響」、「俄羅斯參加國際刑事法院的合理性」、「裏海和俄羅斯聯邦的國家利益」等一系列議會聽證會。可以説舉行議會聽證會是聯邦會議作用於外交決策的一個重要手段。第三體現在**議會的質詢權**。按照《俄羅斯聯邦聯邦會議聯邦委員會成員和國家杜馬代表地位法》的規定，聯邦會議兩院代表有權在聯邦委員會或國家杜馬會議上，以書面形式向俄羅斯聯邦政府、各聯邦執行權力機關領導人提出質詢。被質詢的國家公務人員應在收到質詢之日起的 15 日內，或按照相應規定的其他期限，以口頭或書面的形式給予答覆。國家杜馬代表還有權在本院會議上，向俄

1　俄羅斯聯邦審計院是常設的財政監督機關，隸屬于俄羅斯聯邦聯邦會議。國家杜馬任免審計院主席及其半數審計員，聯邦委員會任免審計院副主席及其半數審計員。

2　Бюллетень заседания Государственной Думы. 1995 г. 5 июля.

3　Конституция Российской Федерации.Статия 101.части 3.

羅斯聯邦政府的任何成員提出問題。該政府成員必須到會做出解釋或給予書面答覆。[1] 近年來，聯邦會議兩院、特別是國家杜馬對外交政策部門的領導人提出質詢的事件也屢有發生。

第五節　外交決策機制的靜態結構

綜合對參與外交決策過程的俄羅斯執行與立法權力機構的功能與權限的分析，我們可以認為，當代俄羅斯外交決策機制是一個以總統高度集權和對參與對外政策過程的執行權力機構的直接領導為根本特徵、各對外政策部門之間的水平聯繫相對較弱、立法機構只擁有有限制衡權的單向垂直結構。

圖表 17　俄羅斯外交決策機制靜態結構圖

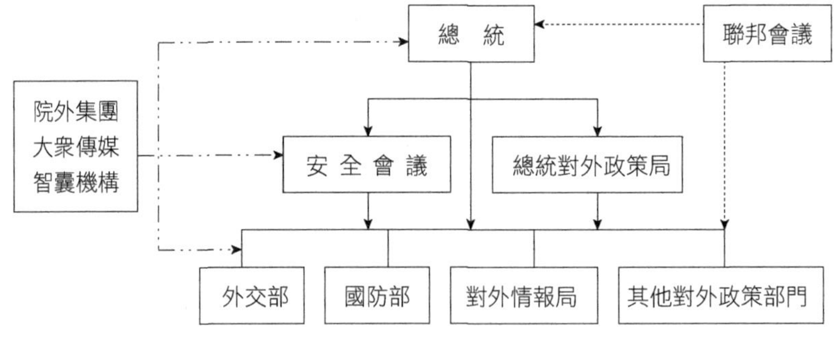

1 Закон РФ《О статусе депутата Совета Федерации и статусе депутата Государственной Думы Федерального Собрания Российской Федерации》// Российская газета, 21 февраля 1994.

這一結構中，總統掌握着根本性的決策權力，處於決策「金字塔」的頂端。對外政策方針的制訂、對外政策活動的進行以至外交代表的任免都要經過總統的同意與首肯。這就使對外政策的決策在非常大的程度上取決於首腦的性格特徵，也就是說俄羅斯的外交決策機制帶有明顯的「人治」色彩，總統的態度往往決定具體的對外政策問題甚至戰略性對外政策問題的方向。比如，葉利欽有時採取的決策往往與政治精英們的意見相矛盾，最典型的例子就是葉利欽在 1993 年 8 月底在華沙所做的「俄羅斯不反對波蘭成為北約成員」的講話。這種對外政策的「人格化」傾向給國家的政策帶有許多不穩定因素。蓋達爾在自己的回憶錄中就說：「葉利欽典型的俄羅斯性格並不總是對國家事務有利。他常常在需要冷靜、需要研究所有材料、需要慎重決策時操之過急。這常常給俄羅斯的國家利益帶來損失。了解葉利欽這一弱點的外國領導人，特別是原蘇聯國家領導人，常常利用這一點來獲取單方面的利益，並使俄羅斯做出讓步。這種情況經常發生在與獨聯體國家的談判過程中。」[1]

對外政策方針總路線——也就是總統的對外政策路線的形成以他的思想觀念為背景。在表現出強國主義的時候，總統同時也表現出了在北約東擴問題和與車臣問題有關的內外政策的組織者的勇氣和責任。他決定部長們應該決定的問題，在指揮外交部長和國防部長時，葉利欽總是捍衛自己的權力、堅持自己的觀點。也正是這種獨斷的風格給對外政策帶來許多附加的影響因素。這種情況的重要後果就是逃避責任，因為決策的正確與否與職務的升遷沒有直接的關係。

總統決策權力的高度集中可能引起矛盾的雙向後果，而具體的後果則取決於首腦本人的特點：如果總統性格果敢、雷厲風行並且善於協調參與外交決策的立法與執行權力部門之間的相互關係，那麼，這種決策機構在一定時期可能是高效的，可以顯示出很高的可控性。但當代國際社會的紛

1 *Гайдар Е.* Дни поражений и победы // Итоги. 1996 г. 5 ноября.С.24.

繁複雜與決策任務的異常繁重使任何一位總統都不可能完全將決策權力牢牢控制在自己手中。這種權力的集中乍看起來似乎可以使總統牢牢掌握外交政策的制訂與執行。但在實際當中，必須會產生這樣一些問題：總統能否有效地行使其手中的權力？總統的高度集中的權力能否克服對外政策官僚機構之間的相互摩擦？決策權力的高度集中是否意味着可以進行合理有效的政策制訂？所制訂的政策能否得到完全的執行？對於決策的反饋能否快速而又準確地到達最高決策者那裏，並進而將第一輪決策的修正納入第二輪決策過程？因此這種高度集權的決策體制的可能結果是：官僚機構之間的相互爭鬥與推卸責任、立法機關不停抱怨與無休止的指責常常會使最高決策者為平息矛盾而力圖左右逢源，結果導致對外政策常常前後不一、相互矛盾。

毫無疑問，總統的決策權力最終還要藉助於具體的「決策中心機構」來實現。在某種意義上說，這種決策中心機構明確的職能、適當的權限以及與最高決策者和具體的對外政策官僚部門之間的相互關係決定着外交決策機制的運轉效率。在當代俄羅斯的外交決策機制中，扮演這種「決策中心」角色的無疑是聯邦安全會議和總統對外政策局。

從幾經變化而最終形成的安全會議框架與職能來看，它無疑被視為一個「戰略決策中心」。這個機構複雜、功能龐大的機構不僅承擔着情報匯總分析、決策方案準備的任務，還負責官僚機構之間的立場協調以及決策執行情況的監督。在安全會議中，國際安全跨部門委員會以及獨聯體合作跨部門委員會在外交決策中起着協調各官僚部門立場的重要作用。在這兩個常設跨部門委員會中，既集中了與對外政策有關的各執行權力部門的首腦、也包括了聯邦會議兩院相關責任委員會的主席，因而這兩個跨部門委員會成為有關各方溝通信息、闡述立場、相互協調的一個重要場所。但是跨部門委員會的設立並不意味着就可以解決各官僚部門之間的分歧，在就某些問題存在嚴重分歧的情況下，跨部門委員會也可能成為各官僚機構相互爭吵不休的「清談館」。況且「安全」概念的模糊使安全會議往往成為解決緊迫問題的「消防隊」，不可能將全部精力放在對外政策問題上。

在這種情況下，總統必須有一個更值得依賴、可以直接協助總統履行其外交決策權力的工具。在當代俄羅斯，總統對外政策局無疑扮演着這一角色。清晰明確的任務安排、精幹簡潔的機構設置以及與總統關係的密切性使總統對外政策局在外交決策機制中發揮着無法替代的巨大作用。儘管它可能沒有像安全會議一樣引人注目，但它對總統外交決策的影響不可小視。

外交部、國防部以及各種對外情報部門在當前的外交決策機制中不僅發揮着對外情報蒐集、決策方案準備的作用，而且這些部門的部長都是安全會議的成員甚至常委，可以直接參與對外政策問題的決策。這些對外政策部門參與決策基本有兩條途徑：一條是將自己的政策建議提交安全會議或總統對外政策局，後者在綜合各對外政策部門提供的備選方案基礎上加工形成最終決策方案；另一條是直接將政策建議提交總統進行決策。外交部等對外政策部門在外交決策機制中的地位與作用一方面取決於各種法律所規定的職能與權限，另一方面則取決於總統對於這些機構的信任與倚重程度。

總統所擁有外交決策的巨大權力需要一系列官僚機構的協助才能得以實現。蘇聯解體以來，這一套官僚機構逐漸建立、完善，並成為外交決策機制中不可或缺的重要鏈條。在這一過程中，由各種因素導致的對外政策官僚部門之間功能劃分的模糊、各官僚部門之間為爭奪對外政策主導權所進行的爭鬥、葉利欽在各官僚部門之間的左右搖擺以及厚此薄彼曾使俄羅斯長期未能形成一個穩定和高效的外交決策機制。由此而引發的對外政策方針及具體行動的前後矛盾與顧此失彼也給俄羅斯的國家利益造成了相當的損害。但總結蘇聯解體以來俄羅斯所經歷的道路，還是可以說，其外交決策官僚機構的功能劃分逐漸由模糊走向明晰、各對外政策官僚部門之間的關係逐漸由激烈衝突趨向相互協調、外交決策機制的結構逐漸從混亂走向有序。一個功能劃分相對合理、結構運行較為有效的外交決策機制逐漸確立形成。

與總統的巨大權力相比，國家杜馬和聯邦委員會的外交決策權是有限的，其對對外政策過程的參與也是間接的。可以說，對外政策基本方針和戰略的制訂基本上沒有議會有效地的參與，因為這一權力完全屬於總統和執行權力機關。但是，我們也不能因此而忽視聯邦會議在對外政策領域的影響。一方面，國家杜馬和聯邦委員會還有相應的對外政策權限來影響外交決策，另一方面，代表俄羅斯公民所有階層的國家杜馬和聯邦委員會反映了社會公眾的情緒，不能不對總統和政府採取的外交決策產生影響。

利益集團、智庫和大眾傳媒等社會性因素在當代俄羅斯的外交決策中也發揮着重要的作用，其在外交決策機制中的地位與作用我們將在第四章中加以闡述。

在體制變遷的宏觀背景中，俄羅斯外交決策機制的建立與發展也處於一個不斷變化的「過渡」時期。儘管俄羅斯外交決策機制的宏觀結構已經大體成形，但其內部的具體結構與功能還需要不斷完善。

第四章

俄羅斯外交決策機制中的社會因素

當代俄羅斯社會處於深刻的社會轉型過程當中，政治、經濟生活的巨大變化不僅使俄羅斯外交決策機制所處的整體社會環境與昔日相比迥然不同，而且處於轉型過程中的許多社會性因素也以各種方式參與到外交決策機制當中，並在當代俄羅斯對外政策過程中發揮着重要作用。普京總統於2000年6月28日批准的《俄羅斯聯邦對外政策構想》明確闡明，「在起草履行國家對外政策方針的決議時，聯邦執行權力機關視必要性同俄羅斯非政府組織開展協作。較廣泛地吸收非政府組織參加國家對外政策活動，符合確保公民社會最大限度地支持國家對外政策的任務，能夠對有效落實這一政策做出貢獻」。[1] 這足以表明社會性因素在俄羅斯外交決策中正發揮着日益重要的作用。

在本章中，我們將對一些深刻影響着外交決策的社會因素進行分析，力圖提示出這些因素在外交決策機制中的功能、作用以及它們對外交決策的影響。

第一節　利益集團、院外活動與對外政策

利益集團與院外活動在俄羅斯轉軌進程中的作用。利益分配是一切政治生活的核心內容，集團利益可以被視為所有政治過程的根源。利益集團

1 Концепция внешней политики Российской Федерации. Утверждена Президентом Российской Федерации В.В. Путиным. 28 июня 2000 г.

是人類社會生活的自然現象，也是現代國家政治系統中的重要要素，利益集團的活動促進了人的社會化。利益集團承擔起其應有的社會職能、通過正常的途徑維護集團成員的利益，是一個社會維持健康有序的政治經濟生活的重要條件。在一元化國家中，強大的國家官僚機器常常壓制着正常的利益集團活動，但這並不意味着強大的國家官僚機器就完全可以實現社會利益的公平分配。這就使利益集團以畸形的形式存在於國家政治經濟生活當中，以畸形的方式實現着其利益分配的功能。俄羅斯社會轉軌進程使利益集團由「幕後」走向「台前」，它們積極地通過影響國家決策、包括對外政策來實現自身的利益。但體制變遷所帶來的經濟體制與政治機制的紊亂又常常使利益集團的活動與整體社會利益相背離，利益分配不均也常常使「弱勢」集團由於缺乏相應的政治經濟資源而無法保障自己的利益。因此對於俄羅斯來説，如何通過法制手段規範利益集團的活動、如何在國家機器與利益集團之間建立有效的相互協作機制、如何使集團利益與國家利益經過較短時期的「磨合」而達成相互平衡是關係到轉軌進程是否順利的重要問題，也是關係到能否建立一個有效的外交決策機制、在制度變遷的宏觀背景中有效維護國家利益的重要問題。

無論是西方政治學界、還是俄羅斯政治學界，對於利益集團至今也沒有形成統一概念。

一些美國學者認為，「利益集團是指一個組織或一些組織的聯合體，它們企圖對政府各系統和各級政府機構的公共政策施加影響，其中包括國會、法院、行政當局、各行政機構或州和地方政府。」[1] 這些學者進而認為，利益集團與政黨之間存在着幾個方面的差別：(1) 政黨在政府面臨的每個問題上都必須有自己的政策，利益集團則只是在他們關心的特殊問題上有一項或幾項政策；(2) 政黨與選舉有關，而利益集團只是偶爾試圖影響選舉，

1 羅傑．希爾斯曼等：《防務與外交決策中的政治—概念模式與官僚政治》。商務印書館 2000 年中文版，第 320 頁。

主要是同立法、行政決定、司法裁決以及法律和政策決定的執行發生關係；（3）如果一個政黨在選舉中失利，它就轉為反對黨而對執政黨及其政策進行攻擊。如果一個利益集團在立法鬥爭中失利，它則會試圖轉而影響行政機構對立法的執行。

在俄羅斯，一個較為普遍地被認同的概念是「利益集團是人們為了保護自己的利益而結成的對其他集團或國家施加影響的具有正式或非正式結構的自願聯合體。但與政黨等政治共同體不同，利益集團不謀求掌握政權、成為正式權力結構的一部分」。[1]

利益集團在社會生活中發揮着重要的功能：（1）對於集團成員來說，利益集團可以積累和傳播知識、抵禦外部競爭、調解內部衝突、提供服務諮詢、形成職業道德倫理；（2）對於政治系統來說，利益集團可以聚合個人利益、選擇利益領域和確定優先方向，在總體利益和團體利益之間進行平衡，並在一定程度上承擔社會管理職能；（3）對於轉軌社會來說，利益集團具有特別的意義。轉軌國家一般面臨着實現民主化和建立市場機制雙重任務，這些複雜的任務本應由國家來完成。但在體制變遷過程中，國家機構本身也在不斷地變化，甚至一些國家機構本身在新的政治權力結構中的地位就沒有確定。體制轉軌導致利益的再分配，國家社會管理能力的「弱化」導致「社會真空」，國家所掌握的政治資源不足導致決策失序與難以執行。在利益再分配和權力真空的背景下，利益集團必然成為政治進程的一個重要主體，並在體制轉軌過程中承擔起一部分管理改革進程的責任。利益集團在轉軌社會中的出現及發揮功能是必然的，但其作用卻是雙向的。利益集團一方面可以承擔一部分國家社會管理職能，從而在國家弱化的背景下減少形勢激化和社會動盪。另一方面它又積極地參與到轉軌進程中的利益再分配中，甚至「要求國家為利益集團服務，試圖改變國家為全體公民服

1 *Зотов С.В.* Лоббизм как институт политического представительства интересов в современной России. Диссертация к.п.н. М.: РАГС. 1997.

務的職能」。利益集團在轉軌進程中的作用是複雜的課題，這也不是本項研究工作的主要任務。但作者想要強調的是，利益集團是多元化社會中必然存在的政治主體，其負面作用的起因不在於它對集團利益的追求，而在於利益集團與國家是否在社會轉軌過程中真正做到了職能劃分清晰，在於國家是否能夠有效地調節利益集團的活動。

當代俄羅斯社會生活的一個突出現象就是利益集團的活躍及其政治影響的擴大，利益集團及其院外活動成為俄羅斯政治系統不可分割的一個重要內容，並添補了其一系列職能。在當代俄羅斯社會，利益代表系統還存在一系列的不足。選區選出的代表首先維護的是選區的利益。而俄羅斯的政黨體系尚不完善，政黨體制的不成熟導致其不能包容整個社會，也不可能成為利益表達和聚集的有效機制，這使功能利益的表達非常困難。在這種情況下，利益集團和院外活動就成為可以更充分和更有效地把居民的利益納入政治管理過程的政治機制。從這一角度上說，利益集團的發展是俄羅斯社會轉軌進程中的一種正常現象。

但當代俄羅斯利益集團的出現決不是社會全面轉軌在政治領域引發的全新現象，當代俄羅斯利益集團的活躍既有蘇聯時期的痕跡，也有着社會轉軌的背景。

儘管在蘇聯時期「黨與國家一體，充分發揮着控制和分配利益的功能」，「各種不同利益都在國家的強制規範下，在表現形式上呈現出趨同和劃一」，[1] 但在「利益一致」的帷幕背後，仍然存在着利益分歧、仍然存在着利益分配、仍然存在着隱蔽的利益集團。蘇聯社會中的利益集團

1　董曉陽：《俄羅斯利益集團》。當代世界出版社 1999 年版。第 1、7 頁。

問題早已引起西方學者的關注，近年來也成為俄羅斯學者的討論熱點。[1] 大多數學者認為，蘇聯時期的利益集團其實只有一種——制度利益集團（институциональная группа интересов）。其根本特點在於：它不是公民的自願組織，而是承擔着經濟、軍事、行政以及其他社會經濟和政治職能的國家部門與機構。在完成相應社會職能的同時，這些部門的領導和成員也在捍衛自己的團體利益。在前蘇聯這類利益集團包括軍工綜合體、農工綜合體等經濟團體，一些政府部門以及地方精英。制度利益集團的一個重要特徵在於其「不平衡」性。最具影響力的利益集團自然是那些掌管黨和國家戰略重要方向的集團，比如軍工綜合體以及其他一些重工業部門藉助黨的「總路線」來不斷鞏固自己的勢力，不僅影響不斷增長，還導致經濟發展的日益失衡。

與這些經濟利益集團相比，在蘇聯佔主導地位的利益集團還是官僚團體，它建立在黨和國家高層與制度利益集團的緊密聯繫上，其重要特點在於最有影響的利益集團與國家權力的相互依賴。[2] 它們之間的「相互作用是一個獨特的社會政治進程，代表壟斷功能利益的組織與國家機構就社會政治問題建立政治關係，以取得權力與利益的共同實現」。[3] 在這種政治關係中，「數量有限的、具有強制性、等級制和功能分工特點的利益集團在國家面前壟斷着社會生活相應領域的權利，而國家則負責挑選利益集團的領

1 有關蘇聯時期利益集團的著述很多，參見：Interest Groups in Soviet Politics. Princeton, 1971; *J. Hough and M. Fainsod*. How the Soviet Union is Government. Cambridge, 1979; Pluralism in the Soviet Union. London, 1983; *J. Kornai*. The Soviet System // The Political Economy of Communism. Princeton.1992; Лоббизм в России: этапы большого пути. М., 1995; *В.А.Лепехин*. Лоббизм. М.,1995; *Перегудов С.П., Лапина Н.Ю., Семененко И.С.* Группы интересов и российское государство. М., 1999.

2 Business Interest Groups in the Political Systems of the USSR and Russia // European Public Institute Occasional Papers. 1994, No. 3; *S.Peregudov, I.Semenenko*. Lobbying Business Interest in Russia // Democratization.1996. No. 2.

3 *A.Cawson*. Corporatism and Political Theory. Oxford, 1986.P.38.

導、決定其成員的組成和形成他們的要求」。[1] 蘇聯時期利益集團對決策施加影響的方式是建立在官僚團體之中的，也就是説，在獲得某種命令或計劃的同時，相應的利益集團自然也就成為政治高層認可的決策的執行者。這就導致在國家的經濟與政治生活中院外活動的不斷增長，其發展的必然邏輯就成為：經濟計劃管理系統越弱，院外活動就越強大而且有效。結果，20 世紀 80 年代末、90 年代初蘇聯計劃經濟的結束使集團利益完全擺脱了束縛，利益集團作為政治關係的一種獨立成分發展起來，並向政治過程和政治體系的全權參與者的角色轉變。

俄羅斯社會的全面轉軌為利益集團的發展提供了新的條件，促使利益集團活動得以加強的因素包括：(1) 民主化進程的擴展。利益集團活動的一個重要條件是公民社會的存在，它可以保障公民的個人自由、允許多黨制的存在、利益多元化以及捍衛利益的途徑與渠道的多元化。俄羅斯政治和經濟領域的一系列積極變化表明在俄羅斯存在着公民社會的一些基本因素。但公民社會的許多機制薄弱和殘缺不全使其無力對抗俄羅斯「強大國家」傳統。結果，在決策過程中執行權力機關高高在上，不受議會的監督。而議會本身的決策過程也脱離於社會，缺乏社會政治監督。在公民社會發展不充分的條件下，祕密的院外集團活動方式就成為利益表達的最佳選擇。(2) 俄羅斯不僅在經濟、而且在政治領域中形成了市場關係。[2] 當政治活動具有了自己的價值和價格時，在與國家機關和公民相互作用的過程中運用市場機制的誘惑就非常大。在政治活動的供求關係中，利益集團及其院外活動成為不可或缺的組成部分，這是由於它具有自身的特點：立足於活動主體的、經常表現為物質財富的現實利益。也就是説，院外活動的另一前提條件是市場經濟；(3) 當代俄羅斯權力結構的多元化促進了利益集

1 *Ph.Schmitter*. Still Century of Corporatism? // Review of Politics, 1974, No. 1, P.93-94.

2 *Сильвестров С.Н.* Политика как бизнес // Российский экономический журнал. 1995. No. 2. c.83-94.

團的發展與院外活動的活躍。俄羅斯政治生活中議會、多黨制和非中央集權化等機制與趨勢的出現促進了決策機構的多元化，使各種利益集團通過不同的渠道影響國家決策進程、捍衛自己利益的可能性增強，客觀上促進了利益集團和院外活動的擴展；（4）當代俄羅斯的法制體系還存在諸多矛盾與不足。法律規範的薄弱從另一個方面助長了利益集團活動的活躍，而這種活動常常都在法律之外實現。

利益集團的根本職能在於捍衛和擴展集團利益，其主要途徑是對國家機關施加影響，這種活動通常被稱為「院外活動」。但至今對院外活動還沒有一個明確、統一的概念。20 世紀初，院外活動被理解為「用金錢在議會走廊中獲取支持」。[1]20 世紀中期，西方政治學家經常把院外活動視為國家與公民社會相互作用的過程，英國政治學家費奈爾把院外活動定義為「那些不同於政黨、不想直接參與國家政權的組織為了實現自己的利益而對國家權力機關施加影響的任何活動」。[2] 在當代西方政治學研究中，院外活動已不是一個專門的研究課題，而成為與利益集團和利益代表問題相關的廣泛研究的一部分。

蘇聯與俄羅斯對院外活動的理解也經歷了一個很大的變化。蘇聯時期，把院外活動定義為「大壟斷集團為了維護自己的利益而在美國立法機關中設立的、對立法機構和國家官員施加直接影響（甚至收買）的代理系統」。[3] 在俄羅斯《關於調節聯邦權力機關中的院外活動》的法案中，院外活動被定義為「法人或自然人為了對聯邦國家權力機關行使憲法或聯邦法律所賦予的權限所施加影響的活動」。[4] 俄羅斯學者也從各種角度對院外活動進

1 Политология: Энциклопедический словарь. Общ.ред.и сост.: Ю.И.Аверьянов. М., 1993.с.159.

2 Finer, Samuel E. Anonymous Empire: A Stady of The Libby in Great Britain, London, 1958. p.12.

3 Большая Советская Энциклопедия. М.,1973. Т.14, с.589.

4 Стенограмма о проекте федерального закона《О регулировании лоббистской деятельности в федеральных органах государственной власти》: Парламентские слушения Комитета Государственной Думы по делам общественных объединений и религиозных организаций от 17 декабря 1996 г.

行了定義，一種意見認為，「院外活動是利益集團在國家權力機構中填補由議員行使的選區利益代表體系不足的專門功能代表系統」。[1] 第二種意見認為，「院外活動是表面權力向真正權力的轉換過程」。[2] 第三種意見則認為，「院外活動是各種公民集團通過對國家機構的立法和行政活動施加有組織影響以實現自己利益的活動」。[3]

實際上，對院外活動的理解主要存在兩個標準。第一個標準以利益代表類型來對院外活動進行界定。現代西方政治學認為，民主國家存在着兩種基本的利益代表類型：選舉代表系統和功能代表系統。在選舉代表系統中，每一個公民都通過參加選舉體現自己的利益；而在功能代表系統中，個人利益聚合為集團利益並且與權力機關產生直接聯繫。在這種標準下，院外活動可以被定義為「利益集團或代表它們的組織對國家權力機關施加影響以促使其通過或取消涉及這些集團利益的決策的活動」。第二個標準以利益代表的活動方式來定義院外活動。在這裏，利益代表系統不再劃分為功能利益代表類型和選舉利益代表類型，而是劃分為正式利益代表類型和非正式利益代表類型。從這一標準出發，整個利益代表的政治過程被視為通過正式的和非正式的渠道進行利益代表的過程，而院外活動可以被視為「政治權力過程中的一種非正式、非官方的利益代表機制」。

利益集團院外活動的效果取決於內外兩方面的因素。內部因素主要包括利益集團所掌握的政治資源、經濟實力、成員數量和組織狀況、信息資源、院外活動人士的專業素養和經驗。在內部因素中，利益集團與政治精英的關係以及這種關係的緊密程度和持久性具有重要意義。外部因素主要包括社會政治形勢的變化、對院外活動的法律規定、是否存在着強大的競

---

1 *Зяблюк Н.Г.* Практика лоббитской деятельности в США. М.:ИСК РАН, 1994.

2 *Лепехин В.* Лоббизм. М.,1995.

3 Лоббизм в России: этапы большого пути. Доклад Эксепертного института Российского Союза промышленников и предпринимателей и Фонда развития парламентаризма в России. М.,1995.

爭集團等。

在當代俄羅斯，國家權力結構內部的相互關係在某種程度上也具有院外活動性質。一些俄羅斯學者認為，「執行權力機關正是目前最活躍和最強大的杜馬院外活動集團」。[1] 國家公務人員經常超越正常的工作界限，利用自己的職位，直接為自己或不屬於他們職能範圍的小集團的利益進行院外活動。「在參與政府的決策過程時，各個政府部門經常如同院外活動者一樣向自己的夥伴施加壓力」。[2] 從這一角度說，在當代俄羅斯，本應完成公眾利益的國家機構逐漸地也發生了變化，越來越傾向於在自己的活動中捍衛小集團的利益。

利益集團的劃分與院外活動的方式。理解院外活動的重要之處在於明確其主體、客體、活動形式與方法。

一些俄羅斯政治學家根據利益類型原則將俄羅斯利益集團劃分為：部門集團、地區集團和人際代理聯繫集團。[3] 這些集團被視為俄羅斯政治進程的主要行為者，而且組織嚴密的部門利益集團在其中佔據重要的位置。這些部門利益集團主要包括：軍工綜合體利益集團、強力部門利益集團、燃料能源綜合體利益集團、原料生產利益集團和農工綜合體利益集團。

另一些俄羅斯政治學家以精英原則來劃分利益集團，他們認為，政治精英是佔統治地位的社會集團，他們手中掌握着參與政治決策的巨大權力資源。[4] 而俄羅斯強大的利益集團一般都具備以下特徵：圍繞重量級政治人

---

1 Стенограмма о проекте федерального закона《О регулировании лоббистской деятельности в федеральных органах государственной власти》: Парламентские слушения Комитета Государственной Думы по делам общественных объединений и религиозных организаций от 17 декабря 1996 г.

2 *Шибикина Н.А.* Трансформация механизма принятия политических решений в процессе демократизации российского общества. Дисс.к.п.н. -М.:РАГС.,1996.

3 *Лепехин В.* Лоббизм, М.:Фонд IQ ,1995; Лоббизм в России: этапы большого пути, М: Экспертный институт РСПП, 1995.

4 *Шаран П.* Элитизм // Политология вчера и сегодня. Вып.3. М.: АОН при ЦК КПСС, 1991,с.98.

物或與重要財政、商業和工業組織形成；掌握或操縱着大眾傳媒；掌握着一定的武裝力量。在葉利欽執政時期，俄羅斯政治學家曾以精英原則將政治集團劃分為：以切爾諾梅爾金為首的石油天然氣集團，其基礎是俄羅斯天然氣工業公司及其他一些石油公司；以盧日科夫為首的莫斯科集團，擁有莫斯科巨大的金融和工業潛力；科爾扎科夫－巴爾蘇科夫－索斯科維茨集團，其基礎是一些軍工綜合體企業和貴重金屬及戰略金屬部門；保留着許多蘇聯時期農工綜合體結構的農業集團；圍繞在當時的總統辦公廳主任費拉托夫和第一副總理丘拜斯周圍的西方派，他們的權力支柱是國有資產管理委員會和與國際金融組織的關係。[1]

第三類俄羅斯政治學家以制度功能原則將俄羅斯利益集團劃分為：政治觀點利益集團、社會利益集團、經濟利益集團和地區利益集團。這種原則的好處在於有助於確定穩定的集團、它們的組成與性質，同時可以確定利益集團與國家機構之間建立的系統聯繫的實質，並藉此確定院外活動在政治系統中的地位與作用。制度功能方法可以克服「部族－寡頭」類型定義的不足，以統一的標準對利益集團進行分析。[2]

院外活動的客體 主要取決於政治系統類型和國家的管理實踐。在當代俄羅斯，儘管存在表面上的分權機制，但主要的權力還是集中在執行權力機關手中，因此執行權力機關成為院外活動的主要對象，就連聯邦總統在決策時也不能擺脱院外活動的影響，從總統所掌握的巨大權力來説，正是總統及其總統機構可能成為院外活動的核心對象。據專家 1994 年 9 月的評估，總統及其機構（主要是總統辦公廳）的政治影響力高達 88%、聯邦政府為 73%、而作為立法機構的聯邦委員會和國家杜馬的政治影響力分別

---

1 *Грэхэм Томас*. Новый российский режим // Независимая газета, 1995 г. 23. ноября; *Ольшанский Д*. О группах влияния и некоторых《влияющих》в российской политике // Бизнес и политика, 1995. No. 1.с.2-7.

2 *С.Перегудов, И.Семененко*. Лоббизм в политической системе России. МЭ и МО, 1996 г. No. 9.

是 65% 和 66%。[1] 總統、政府和議會之間的權力對比決定了俄羅斯利益集團在議會中的活動只是冰山一角，院外活動的主要對象是總統機構和執行權力機關。導致執行權力機關成為院外活動主要對象的原因不僅在於其權限廣泛，還在於議會工作的自身弱點。一些院外活動人士公開表示，議會的決策過程讓人不可理解，「問題的決定經常處於幾個委員會的夾縫中間，委員會之間的工作不相協調，杜馬代表不可捉摸」。[2]

總統擁有的廣泛而很少受到制衡的權力以及他下屬的龐大總統機構為院外活動提供了廣闊的活動場所。在總統機構中，總統助理的職能與作用很大，總統第一助理伊柳申在 1995 年的政治人物排行榜上就名列前茅，他們與總統的親密關係使他們成為影響決策的重要人物。總統辦公廳主任也擁有很大權限，他不僅領導辦公廳機構，而且還監督總統駐聯邦主體代表，這使其成為最有影響的政治人物之一。

聯邦執行權力機關也是院外活動的主要對象。政府中的每位重要人士：從總理、副總理到負責信息分析和決策方案準備的專家對院外活動人士來說都非常重要。利益集團最渴望的是把自己的代表安插進政府或者把政府中的重量級人物吸收進自己的集團，這可以為利益集團帶來直接的好處。眾所周知，切爾諾梅爾金是燃料能源綜合體的利益代表，他剛剛上任，就決定向燃料能源綜合體企業發放 2000 億盧布的優惠貸款。之後不久，政府又減免了石油天然氣綜合體的企業稅務和進口稅。[3]

隨着聯邦會議政治作用的逐漸增強，它也越來越成為院外活動的重要對象。俄羅斯的兩院制議會使利益集團對聯邦委員會和國家杜馬中的院外活動各有側重。聯邦委員會組成方式的地區性原則和組織結構的相對穩定

---

1 *Яковлев И.* Законодательная власть в России: соотношение сил и распределение интересов Власть // Социальная наука и современность. 1994, No. 12,с.8-13.

2 Система представительства российского бизнеса: формы коллективного взаимодействия. М.:Центр политических технологий, 1997, с.63.

3 *Володин Л.* Газпром-средоточие всего // Власть. 1993. No. 2.

使其成為地區利益集團進行院外活動的重點。儘管根據聯邦憲法聯邦委員會並不具備全部立法責任，但它的否決權和對法案的修訂權使院外活動集團在對國家杜馬作用無效時，把許多活動集中於聯邦委員會身上；而國家杜馬作為立法活動的主要主體更受到各種利益集團的注目，國家杜馬中的院外活動有着與其立法程序相關聯的自身特點，院外活動在國家杜馬中的主要注意力放在委員會的法案討論階段。

院外活動的方式　可以簡單地分為間接方式和直接方式。間接方式的主要特點是院外集團在活動過程中需要公眾參與。間接方式包括：(1) 藉助大眾傳媒形成對該利益集團的立場有利的輿論；(2) 發動其所代表的集團的成員向議員或國家官員寫信、打電話、發表選民聲明，以形成一種院外集團所期待的決策受廣泛支持的印象；表達對國家官員行為的不滿、威脅在以後的選舉中不再支持他們或他們的政黨；組織集會和示威；進行政治罷工和抗議行動。直接方式包括：參與議會聽證會和政府的法案籌備；向議會和政府提供專家建議與信息諮詢；與議員或國家公務人員建立私人聯繫，尋找代理人；向官員、議員或政黨提供財政支持（從合法資助選舉到非法賄賂和買通）；威脅或迫使。

一般情況下，直接方式或間接方式在院外活動都會綜合使用，而且以直接方式為主。因為要求公眾參與的間接方法需要花費大量的資金、時間和人力。此外，公眾參與一般需以社會衝突為誘因，但任何衝突都具有不穩定的性質，衝突的任何一方都不會輕易取得預期效果。而在當代俄羅斯，公民社會機制和利益代表系統的不完善使間接方式的運用更加困難。

正如第三章所述，俄羅斯國家杜馬的法案準備工作基本都是在專業委員會中進行的，杜馬大會通過大多數法案時大多都是依據委員會的專業性意見，一般不會對法案進行重大改動。因此杜馬專業委員會成為院外活動最為積極的一個場所。院外活動對杜馬進行影響的一個重要手段就是參加議會聽證會和專業委員會組織的聽證會。院外活動者在聽證會上的發言不僅可以贏得相當部分議員的信任，更重要的是可以使委員會成員注意他們提出的意見與建議，並將其納入法案。[1] 在院外活動集團看來，委員會具有明確的職能劃分：委員會主席負責將法案向議會領導和議會大會進行介紹、「明星議員」的意見具有重要意義、專業議員對法案十分負責、委員會其他成員一般對法案不感興趣、委員會辦公室負責組織與信息保障。針對委員會活動的具體環節，院外活動集團都會選擇不同的作用方式。

比如，院外活動者非常重視與杜馬專業委員會辦公室的接觸，這是由於議員們對辦事機構的依賴性所決定的：（1）議員們事務纏身，不可能單純只關注一個問題領域；（2）作為經常需要被改選的人物，他們把更多的精力放在選舉之上；[2]（3）社會生活的複雜化、決策問題範圍的擴大以及對決策人專業要求的提高導致高層政治人物只是在表面上批准某項決定，很可能這項決策產的意義還他本人也不清楚。這意味着，政治領域的實際決定權在很大程度上轉到了執行人的手中。[3] 杜馬統計表明，近 60% 的法案在委員會中都是由專門的辦公機構起草的。

議會院外活動者最重要的一項工作就是參與法案起草工作，但這種機會並不是每一個院外活動集團都可以獲得，這需要與負責法案起草的委員會主席或議員具有密切的關係。參與法案起草工作最重要的是其早期階段，這時存在着多種可供選擇的方案，院外活動者可以更有效地參與最終方案的確定。

有關法案制訂的院外活動機制直接取決於立法過程。熟知立法過程的院外活動人士在國家杜馬審議法案時有下列可能促使法案通過：（1）如果法案可能需要在幾個委員會審議，院外活動集團就會試圖說服國家杜馬理事會將這一法案發送到對其持積極態度的委員會；或者法案確實已發送到幾個委員會，那麼就爭取使與自己有良好關係的委員會參與其中。（2）為法案

---

1 *Зяблюк Н.Г.* Практика лоббиситской деятельности в США. М., 1994. С.22-23.

2 *Ренней О.* Государственная служба : Общие проблемы и зарубежный опыт. М.: РАГС, 1994,с.25.

3 *Бурлацкий Ф, Галкин А.* Социологическая политика. М.,1974, с.156.

的審議確定最合適的時間。責任委員會可以決定法案提交杜馬大會審議的期限，這種決定常常會影響表決結果，因為責任委員會確定的時間有可能使其他委員會根本形不成正式意見；(3) 儘量將支持自己立場的杜馬代表、國家權力機關官員和各界專家納入委員會為進行法案準備而建立的工作組中；(4) 在必要的時候説服責任委員會將法案發送到政府組織或科研機構，以取得他們有利於自己立場的結論；(5) 對國家杜馬辦公廳條法局施加影響，以獲得有利於自己的評價；(6) 盡力促使杜馬理事會將法案提交杜馬大會進行一讀審議；(7) 在準備將法案提交二讀的過程中，院外活動集團對法案的修改進行影響；(8) 在責任委員會修改法案文本的會議上對委員會主席、成員以及委員會的諮詢專家施加影響。在這一過程中，那些以資深專家身份出現的院外活動人士完全可能改變態度模糊的議員的觀點；(9) 在法案二讀過程中保證對責任委員會的意見表示支持，在二讀時通過修改的法案實際上也就意味着它得到了杜馬的基本認可；(10) 在準備將法案提交三讀的準備過程中，避免對有利於自己的法案做出原則性的修改；(11) 促使杜馬理事會儘快進行法案三讀以使其最終成為法律，在三讀過程中力爭不對其進行改動或發回重議。

向政府或議會提供專家諮詢是當代俄羅斯院外活動的又一重要內容。儘管議會和政府有着強大的信息情報分析與調研系統，[1] 但它們仍需要了解社會的立場與意見。這使專家諮詢成為採取決策和準備法案必不可缺少的因素，從而也成為院外活動者的強有力武器。從議會和國家機關的角度看，來自院外集團的信息應符合下列要求：準確性、客觀性、資料性和

1 俄羅斯聯邦政府所屬的分析與調研系統包括：俄羅斯聯邦政府信息和社會技術中心 (Центр информационных и социальных технологий при Правительсове РФ—ЦИСТ)、俄羅斯聯邦政府經濟行情中心 (Центр экономической конъюктуры при Правительсове РФ)、經濟改革工作中心 (Рабочий центр экономических реформ—РЦЭР)；聯邦會議所屬的分析與調研系統包括：議會中心 (Парламентский центр)、聯邦委員會分析中心 (Аналитический центр Совета Федерации)。

價值性。但這種要求對於院外集團來說無疑是過於天真的。對院外集團來說，信息是院外活動的工具，他們利用信息只是為了自己的利益，因此信息不可能總是完整和客觀的。解決這種理想與現實的矛盾的唯一辦法就是允許各種利益集團的代表發表意見，而政治家的任務是比較和選擇最可信的信息。

提供物質支持是當代俄羅斯院外活動的又一重要手段。在當代俄羅斯，缺乏法制文化和對官員收入的監督機制等因素使收買議員或官員成為經常性的現象。這一手段又包括許多具體內容：（1）直接收買投票。1995年，一些院外集團以1500美金的價格收買議員的選票，兩次否決了葉利欽對主張對商業銀行實行嚴格限制政策的巴拉莫諾夫擔任中央銀行行長的提名[1]；（2）安排卸任後的工作。那些曾為院外集團效力的官員或議員在卸任後可得到很好的安置。比如，前燃料能源部長沙夫拉尼克在卸任後領導了秋明石油公司，這是因為他在擔任部長期間，把西西伯利亞的幾個石油公司併入了秋明石油集團公司[2]；（3）提供競選資金。資助選舉活動的利益集團必然向其資助者索取回報，杜馬議員的回報的方式是在就涉及支持其選舉的人士和組織的利益的法案時做出有利於他們的投票。而總統選舉的勝利者可以將其資助者直接安排成為政府高官。

外交決策中的利益集團「今天，如果只研究俄羅斯公司的影響是不能了解俄羅斯對外政策的。但是，不研究這些公司的影響，就根本不可能了解俄羅斯的對外政策」。[3]確實，體制變遷使俄羅斯的外交決策機制發生了很大變化，如果說蘇聯對外政策的決策權壟斷在黨和國家高層的手裏，那麼在

---

1 Радио России, програма《от первого лица》, 1995.11.06. 15:25. Беседа с депутатом Государственной Думы Владимиром Бойко.

2 Бабицкий Ф. Куда уходят министры // Российские вести. No. 182, 1996.09.26.

3 俄羅斯政策分析中心專家弗拉基米爾・奧爾洛夫的談話。轉引自克里斯琴・卡里爾：《究竟是誰在左右俄羅斯的對外政策——那就是俄羅斯的銀行以及大石油和天然氣公司》。《美國新聞與世界報道》1998年2月16日。

當代俄羅斯，利益集團則獲得了現實的可能對外交決策施加儘管間接、但卻是巨大的影響。近年來在俄羅斯外交政策部門與利益集團之間圍繞着裏海石油「世紀合同」、對外軍售等問題表現出的分歧與矛盾引起了許多人的擔心，國家杜馬副主席盧金曾慨歎俄羅斯存在着幾種對外政策：外交部的政策、國防部的政策、原子能部的政策以及天然氣工業公司的政策和盧克伊爾石油公司的政策。

儘管目前俄羅斯利益集團在對外政策中的活動在一定程度上加劇了制度的不穩定性和官僚機構轉軌的複雜化，也曾在一定時期導致了對外政策政出多門和前後矛盾。但筆者認為，利益集團在俄羅斯外交決策中的作用並不總是消極的，在維護集團利益的同時，利益集團之間以及利益集團與國家官僚機構之間有關對外政策問題的磨合甚至爭論從總體上可以促進社會各個集團對外政策利益的表達，可以促進現實而非虛幻的「國家利益」的形成。在俄羅斯處於體制轉軌、外交決策機制尚未最終確立與完善的背景下，關鍵性的問題不是盲目地限制利益集團在外交決策中的作用，而是如何在國家機構與利益集團之間建立起一種有效的協作機制，從而在外交決策中實現國家利益與集團利益的有效平衡。

考察蘇聯解體後俄羅斯的對外政策進程，可以發現，在外交決策中佔主導地位的利益集團明顯地發生了由政治觀點利益集團向經濟利益集團的讓渡。如果説，俄羅斯獨立之初的「親西方外交」基本上是由以「西方派」為主導的政治觀點利益集團主導的話，那麼，向「全方位外交」的過渡以及獨聯體政策、俄中關係的變化背後則都滲透着經濟利益集團的巨大影響。由社會經濟利益分配和商業利益驅動而導致的經濟利益集團在外交決策中影響的擴大再次證明了經濟基礎的決定性作用，也再次證明國家利益不是抽象的，它蘊含着各種集團利益。從某種意義上説，一個國家的對外政策是其內部利益集團相互作用、相互磨合的結果，而在這些利益的磨合過程中，經濟利益發揮着決定性的作用。

作為一項有關俄羅斯外交決策機制的研究，筆者無意詳細地分析與描繪每一個利益集團的對外政策利益和它們在對外政策中的影響，而是試圖從宏觀上提出並回答幾個理論性的問題：什麼標準決定着利益集團可以有效地參與外交決策？那些因素決定着利益集團在外交決策中作用的性質？利益集團主要通過什麼方式來影響外交決策？

在俄羅斯眾多的利益集團中，並不是每一個利益集團都有意並且可以參與到外交決策當中。參與外交決策的利益集團必須具備幾個條件：（1）該集團擁有巨大的海外利益，國家對外政策方針乃至具體對外政策活動的變化都會對其利益造成巨大的影響，因而該集團必須對國家的對外政策保持高度的關注；（2）該集團必須擁有足夠的經濟實力和政治影響力。集團的興衰不僅關係到其集團成員的利益，而且也關係到國家經濟命脈乃至國家安全，因而該集團的發展走向必然會引起國家的高度重視；（3）該集團必須在國家權力結構中找到強有力的代理人，從而可以在決策過程中有效地表達自己的利益。從這幾個標準出發，目前對俄羅斯外交決策發揮影響的利益集團主要包括石油、天然氣、原子能、軍工和武器出口部門以及一些金融集團。從未來趨勢來，隨着俄羅斯經濟形勢的漸趨好轉和產業結構調整與優化，機械製造、電子產業等也有可能躋身於對對外政策施加影響的利益集團行列。

對俄羅斯對外政策能夠產生重要影響的一個利益集團就是俄羅斯天然氣工業總公司（PAO Газпром）。[1] 俄羅斯天然氣工業總公司之所以能夠成為對外交決策施加重要影響的利益集團，是由於其充分具備了上述三個條件。首先，天然氣工業總公司有着巨大的海外利益。1990 年代末，該公司向 19 個西歐和中歐國家出口天然氣，1999 年天然氣的出口量超過 1260 億

---

1 俄羅斯天然氣工業總公司有職工 32 萬人，國家股占 40%，管理全國主要大氣田 120 多個（天然氣儲量 35 萬億立方米），控制全俄天然氣儲量的 71%，天然氣產量的 93.5%，負責全部天然氣運輸（全國統一供氣系統）、出口和國外業務發展。參見《世界主要產油國系列資料：獨聯體地區》，中國石油天然氣總公司信息研究所 1995 年出版，第 2 頁。

立方米。[1] 在俄烏全面戰爭爆發之前，俄羅斯在歐洲天然氣市場的份額約為40%，可以説出口是俄羅斯天然氣工業總公司收入的基礎。[2] 龐大的海外資產和市場份額使天然氣工業總公司高度關注着俄羅斯與歐洲國家的關係，關注着國家對外政策的變化；其次，天然氣工業總公司在俄羅斯國家經濟生活中佔據着重要的位置。俄羅斯天然氣工業總公司控制着全世界 25 — 40% 的天然氣儲量，壟斷着俄羅斯 95% 的天然氣開採和幾乎全部的天然氣輸送管線，[3] 其財政資產 1996 年底達 1050 億美元，在世界巨型能源集團中排名第二。[4] 天然氣出口是俄羅斯國家外匯收入的重要來源。因此天然氣工業總公司在海外的利益得失不僅關係到公司本身，而且直接關係到國家的經濟命脈，不能不引起國家的高度重視；第三，天然氣工業總公司在政府中有着強有力的靠山。切爾諾梅爾金、基里延科等均與天然氣工業公司有着密切的聯繫。

與此形成鮮明對照的是農工綜合體等主要滿足國內市場需要的行業。一般來講，這些利益集團沒有特別具體的對外政策利益，它們通常關心的只是保護關税政策，因為與進口商品相比，它們的產品沒有競爭力。在這些企業中流行的「保護本國商品生產者」的口號本身並沒有直接的對外政策內涵。與國家的對外政策相比，它們更關心國內的資源分配。

有關利益集團對對外政策影響的性質，許多俄羅斯學者認為，軍工綜合體強調「俄羅斯的利益天生與西方國家、特別是美國的利益相對立」，主張俄羅斯應實行積極強硬的對外政策。而以石油天然氣綜合體為典型代

---

1 Роль Газпрома в формировании энергической стратегии России // Международная жизнь. 2000. No. 3.

2 Финансово-промышленные конгломераты и государство: Доклад Центра политических технологий по заказу Фонда Эберта. М., 1997.

3 *Яков Паппэ*. Нефтяная и газовая дипломатия России // Pro et Contra. 1997. Том 2.

4 *Жизнин С.З*. Формирование энергитической дипломатии России // Дипломатический вестник.1999. No. 9.

表的出口外向型企業則不希望與西方對抗，主張與世界建立良性的合作。[1] 筆者不同意這種武斷而又片面的評價，筆者認為，利益集團在對外政策中的作用性質首先取決於其利益需求，正是它的利益需求決定了它的政策取向。而且在實際當中，利益集團的利益需求往往不是單一、同質的，而是多維、多向度的。因此，只有通過具體地分析利益集團的對外政策利益需求，才能得出其對外交決策作用的性質的結論。

以俄羅斯天然氣工業總公司為例。其對外政策需求可以歸納為：(1) 保持並擴張俄羅斯在國際天然氣市場的市場份額，減少來自其他國家天然氣產業集團的競爭；(2) 保障將俄羅斯與外部世界相聯繫的油氣管道的暢通與安全，並力求以最低的價格輸送它們的產品；(3) 保障與世界重要的財團與跨國公司的良好關係，以獲得必要的資金與技術。這些利益需求是天然氣工業總公司影響外交決策的根本出發點決定了天然氣工業總公司的宏觀對外政策取向：

首先，保持俄羅斯在西方的良好形象，不給西方實行禁運、凍結資產、在簽署合作協議時設置障礙的口實。如果俄羅斯能夠與西方保持正常的關係，挪威和近東的競爭對手就無法排擠天然氣工業總公司在歐洲的市場份額或有效地遏制它的市場增長。[2] 但如果西歐與俄羅斯的關係急劇惡化，西歐國家也不得不削減從俄羅斯的天然氣進口，一方面對俄羅斯表示懲罰，另一方面保障自身的能源安全。在這種情況下俄羅斯天然氣工業總公司的競爭對手就會乘勢搶佔其市場份額。

其次，與烏克蘭、摩爾多瓦、白俄羅斯以及波羅的海國家保持良好關

---

1 參見：Современные международные отношения. Под ред. *А.В.Торкунов*. М., 2000；*Федоров Ю.Е.* Экономические группы интересов и внешняя политика России // Международная жизнь. 1998. № 8.

2 比如，在 2010 年前意大利的天然氣供應狀况是：從俄羅斯進口 45%、從阿爾及利亞進口 35%、從荷蘭和挪威進口 10%、自己生產 10%。如果不遇到與俄羅斯關係急劇惡化的情況，意大利決不會貿然大幅度削　從俄羅斯的天然氣進口。

係。這是由於俄羅斯天然氣工業總公司在這些國家擁有基礎設施、輸送管道、加工企業和銷售網絡。與這些國家保持良好關係一方面可以促使這些國家保障通往歐洲的天然氣管線的暢通與合理價格、保障公司在這些國家的現有利益，另一方面還可以保障天然氣工業總公司將這些國家的輸氣管線和其他天然氣企業納入自己的財產或實行其他形式的控制。在此背景下，天然氣工業總公司對推動俄羅斯與這些國家關係的改善發揮了很大作用，鋪設從亞馬爾經白俄羅斯到西歐的天然氣管道這一大型項目成為俄羅斯天然氣工業公司和切爾諾梅爾金支持俄白一體化思想的重要因素。

第三、對土庫曼斯坦等中亞國家誘壓並舉。土庫曼斯坦、哈薩克斯坦和烏茲別克斯坦等中亞國家的天然氣儲量十分豐富，是 21 世紀世界天然氣市場的潛在輸出國。而天然氣工業總公司在這些國家的利益需要十分複雜，一方面，天然氣工業公司希望這些中亞國家的天然氣出口繼續利用俄羅斯的輸氣管線，並希望積極地參與這些國家的天然氣田開發；[1] 另一方面天然氣工業公司又不願看到在世界、特別是歐洲天然氣市場出現新的競爭對手。利益需求的複雜化導致其在這一地區政策取向的複雜化。作為折衷方案，天然氣工業公司與土庫曼斯坦簽訂了合作鋪設通向巴基斯坦的天然氣管道的協議。其目的在於一箭雙雕：在防止土庫曼斯坦成為天然氣工業公司在歐洲市場競爭對手的同時，將土庫曼斯坦的天然氣引向亞洲市場，並為天然氣工業公司今後打入亞洲市場搭橋鋪路。

利益集團的對外政策取向取決於其利益需求的另一個典型例證是俄羅斯對伊拉克的政策。俄羅斯石油公司的一個重要利益需求是防止在世界市場出現新的競爭對手，以避免石油價格下跌。而如果聯合國解除對伊拉克的禁運的話，伊拉克每年湧入國際石油市場的 1 — 1.3 億噸石油無疑將引起俄羅斯石油公司所不願看到的後果。俄羅斯所執行的支持伊拉克的政策是很大程度上是由俄羅斯石油財團的利益所決定的，俄羅斯對伊拉克政策充

1 *Яков Паппэ*. Нефтяная и газовая дипломатия России // Pro et Contra. 1997. Том 2.

分體現了國家利益與集團利益相融合的複雜性，也體現了俄羅斯外交很高的藝術性。

眾所周知，自 1997 年伊拉克武器核查危機以來，俄羅斯對伊拉克政策進行了明顯調整，開始表示有意支持解除對伊拉克的制裁。但如果認為這只是俄羅斯官方重返中東政策和俄羅斯石油公司開發伊拉克石油的單純利益驅動的結果是片面的。俄羅斯對伊拉克政策有着重返中東、推遲伊拉克石油重返國際市場和在將來開發伊拉克石油的多重考慮。其對伊政策可謂機關算盡：首先，支持取消對伊拉克的制裁只是俄羅斯取得伊拉克好感、為重返中東創造條件的煙幕。在此政策背後，俄羅斯更關注的是不讓伊拉克石油重返國際市場。因為俄羅斯石油財團和俄羅斯外交部清楚，只要薩達姆政權存在一天，美英肯定不會放鬆對伊拉克的制裁，世界石油市場自然也就不會出現大量伊拉克石油湧入的危險。在伊拉克石油的開採成本比俄羅斯石油的開採成本低幾倍的情況下，維持對伊拉克的制裁對俄羅斯石油公司來説就更加重要。其次，俄羅斯已經未雨綢繆，為日後取消對伊制裁做好準備。1997 年，盧克石油公司、俄羅斯石油公司、俄羅斯對外石油公司、俄羅斯對外石油天然氣建築公司以及俄羅斯機械進出口公司等已經聯手與伊拉克簽署開發伊拉克西庫爾納油田、投資額達 37 億美元的協議。一旦國際社會解除對伊制裁，俄羅斯公司兩個月內就可以將所需設備運抵伊拉克。

利益集團對國家外交決策施加影響的效果在很大程度上取決於集團利益與國家戰略利益的適應程度。但需要強調的是，這種適應不是單向的，而是相互的。這是由於國家戰略利益本身不是先驗的、抽象的，而是歷史的、具體的，在很大程度上國家戰略利益也就是各種集團利益相互作用、相互綜合的結果。在某些時候，利益集團對經濟利益的敏感程度要比對外政策官僚部門抽象的地緣政治空談更加符合實際、更加符合國家的長遠利益。一個突出的例證就是俄羅斯在裏海石油開發問題上的政策變化。在裏海油氣開發成為國際熱點問題之初，俄羅斯外交部的立場是：裏海油氣開發首先應解決裏海法律地位問題；在此問題未解決之前，任何國家與公司在裏海進行油氣勘探與開發都是非法的；對於私自參加裏海油氣開發的俄羅斯公司，俄羅斯外交部不保護其利益。為了阻止裏海油氣開發，俄羅斯還利用納卡衝突和導演軍事政變等手段阻止阿塞拜疆開發裏海油氣資源的設想。但俄羅斯的政策並沒有延緩裏海油氣資源的開發進程，在本國政府的積極支持下，西方特別是美國的巨型石油公司加緊進軍裏海，從勘探開發油氣資源到規劃鋪設油氣管線多管齊下，多方開發裏海油氣資源已是大勢所趨。以盧克集團為首的俄羅斯石油企業敏鋭地認識到裏海能源的廣闊開發前景和巨大市場紅利[1]，但與俄羅斯官方的消極立場截然相反，盧克集團從一開始就認識到在多家跨國公司挺進裏海的形勢下，必須積極地參與裏海開發才能分得應得的一份「蛋糕」。因此盧克集團不顧外交部的禁令，積極投身於裏海國際開發熱潮之中。1994 年 9 月 20 日，盧克等 11 家國際石油集團公司簽署了投資總額達 74—80 億美元、開發期達 30 年的裏海石油開發協議，並於 1995 年正式與這些國際石油公司組建第一國際開發財團，盧克佔據 10% 的股份。1995 年 11 月 10 日，盧克再次與其他國際石油財團

1　從 1992 年開始，俄羅斯仿效殼牌公司、英國石油公司等西方公司的模式，籌建俄羅斯 12 個大型石油公司。1992 年 11 月 17 日，葉利欽總統簽發《關於石油工業、煉油工業、石油產品銷售業的國家企業、生產聯合公司、生產科研聯合公司私有化和改造為股份公司的命令》，要求先建立 6 家大的石油公司，即俄羅斯石油公司 (Роснефть)、魯克依爾石油股份公司 (Лукойл)、尤科斯石油股份公司 (Юкос)、蘇爾古特石油天然氣股份公司 (Сургутнефтьгаз)、石油運輸股份公司 (Транснефть) 以及石油產品運輸股份公司 (Транснефтьпродукт)。俄羅斯石油公司的職責是管理國家用于擴大勘探和發展油氣工業的資金、管理大多數石油股份公司中國家控制的股份、促進各生產聯合公司實現股份制、協助企業改組。此外它還行使一些燃料動力部的職能，如執行國家的財政任務、頒發許可證、監督向國家提供石油、組織開發某些勘探工作以及根據政府間協議代表國家管理燃料的分配和運輸等；魯克依爾石油股份公司、尤科斯石油股份公司和蘇爾古特石油天然氣股份公司（簡稱「三大公司」）實行一體化經營，其業務範圍包括從井口到加油站的各環節工作，但這「三大公司」不受俄羅斯石油公司管理，它們擁有全俄 40% 以上的石油產量。其中魯克依爾石油股份公司是根據總統令于 1993 年 4 月成立的，它是俄羅斯最大的石油公司，擁有 3 個大的石油和天然氣生產企業和兩座煉油廠。1993 年該公司原油產量為 4080 萬噸，占全俄產量的 15%，其煉油產品占全俄生產總量的 7% 左右。

組建開髮卡拉巴赫石油的第二國際開發財團，並佔據 32.5% 的股份。

在積極投身裏海石油開發熱潮的同時，盧克公司也竭力展開院外活動，以圖改變國家政策、獲得官方支持。其院外活動主要通過三個途徑來實現：（1）爭取政府主管部門——燃料能源部的支持。其實在裏海資源開發問題上，俄羅斯政府內部也有着不同的意見，外交部和國防部起初持強硬路線，他們從地緣政治的角度出發，力圖將外高加索地區的原蘇聯國家置於俄羅斯的軍事政治控制之下，防止在那裏出現任何新的地緣政治對手、特別是西方和土耳其的勢力。[1] 而俄羅斯燃料能源部則支持俄羅斯公司參與裏海開發。不僅如此，燃料能源部首先在 1993 年秋與阿塞拜疆國家石油公司簽署了有關開發裏海石油、在輸油管線和石油天然氣設備方面進行合作的協議。[2] 因此燃料能源部與盧克等石油集團有着共同的利益與政策取向。盧克集團與其他巨型石油跨國公司簽署組建裏海開發第二國際財團時，俄羅斯燃料能源部長親自出席簽字儀式，並表示對此項目非常滿意。（2）爭取總理切爾諾梅爾金的支持。切爾諾梅爾金是盧克集團在政府中的最大支持者，儘管他無權獨自決定國家的對外政策，但卻可以利用協調對外政策部門工作的權力對盧克的海外利益給予最大支持。比如，儘管 1994 年 7 月葉利欽總統根據外交部的建議簽署了試圖統一俄羅斯所有部門立場的《關於保證俄羅斯在裏海的利益》的第 396 號密令，提出如果阿塞拜疆與其他國家開發裏海石油的合同實施，俄羅斯可對阿塞拜疆實行經濟制裁。但切爾諾梅爾金並沒有簽署具體落實總統令的經濟制裁草案。[3]

盧克積極的院外活動取得了明顯的效果。俄羅斯外交部在裏海能源開發問題上的立場也逐漸發生了變化。1995 年 12 月，也就是在盧克與其他國際石油巨頭簽署成立阿塞拜疆裏海石油開發第二國際財團的協議一個多月

1 *Юрий Федоров*. Каспийская политика России: к консенсусу элит // Pro et Contra. 1997. Том 2.

2 Независимая газета. 1995. 21. октября.

3 董曉陽：《俄羅斯利益集團》，第 83 頁。

後，當時的俄羅斯外交部副部長車爾尼雪夫表示，「俄羅斯原則上不反對吸收第三國的自然人和法人參與裏海自然資源開發，條件是裏海沿岸國家應就此達成一致」。[1]1996 年秋，俄羅斯外交部又宣佈承認裏海沿岸國家享有對 45 海里範圍內裏海自然資源的法權。[2] 不僅如此，俄羅斯對外高加索、特別是阿塞拜疆的政策也發生了令人矚目的變化。在 1997 年秋阿塞拜疆總統阿利耶夫訪問莫斯科時，俄方明確表示承擔不破壞阿塞拜疆制度穩定的義務，雙方簽署的《俄阿友好與合作條約》也明確規定，「雙方承認不支持分離主義運動，禁止和消除在本國建立其活動旨在反對另一方獨立和領土完整的組織和集團」。[3] 之後，在八國首腦丹佛會議上，葉利欽又與克林頓和希拉克簽署俄美法關於納卡衝突的共同聲明，表明俄羅斯改變了用軍事手段向阿塞拜疆施壓的政策。

可以說，在裏海能源開發問題上，俄羅斯利益集團對經濟利益的追求較之對外政策部門的地緣政治空想更加敏感、更加切合實際。經濟利益驅動利益集團對國家外交決策施加影響，並最終導致國家對外政策的改變，促進了集團利益與國家利益的協調。事實表明，「在裏海能源開發問題上，總統、總理最終支持的是盧克石油公司、而不是外交部的立場」。[4] 盧克公司的頭面人物對自己公司在國家對外政策中的獨特作用也深感自豪，表示「石油集團超越了俄羅斯絕大多數政治家的立場，在全新的政策高度發揮獨特作用，主導着新的政策體系的構建。俄羅斯過去與現在，從中期和長遠考慮都對保持在阿塞拜疆的存在感興趣，這主要靠盧克石油集團的努力來實現。盧克儘管不是國家政策的制訂者，但它因而也就沒有了國家機構所受

---

1 Дипломатический вестник. 1995. №. 12. С.55.

2 *G.Mamedov*. Russia, the West and the Caspian Sea Issue: Cooperation versus Confrontation. Outline of the Address of the Deputy Minister of the Foreign Affairs of Russia. 16 December 1996. Geneva. p.4.

3 Независимая газета. 1997. 09 июля.

4 *Яков Паппэ*. Нефтяная и газовая дипломатия России // Pro et Contra. 1997. Том 2.

的那些限制」。[1]

利益集團影響外交決策的方式。集團利益是利益集團對國家外交決策施加影響的最根本動機，為此目的利益集團可以通過不同的方式對國家外交決策施加影響。在俄羅斯仍處於制度變遷的背景下，利益集團對外交決策施加影響還沒有納入「文明的院外活動」的軌道，其對對外政策影響的效果與性質也有重大差別。總結利益集團影響外交決策中的活動方式，可以使我們更清楚地了解俄羅斯外交決策機制的實際運作。利益集團影響對外政策的方式可以歸納為：

首先，利益集團代表直接進入國家權力體系，利用手中權力在外交決策中為利益集團謀取利益。運用這種辦法最為成功的還是燃料能源綜合體。長期擔任政府總理的切爾諾梅爾金就是俄羅斯天然氣工業總公司的奠基人和第一任總裁，曾擔任政府辦公廳主任的弗拉基米爾・巴比切夫（Владимир Бабичев）和弗拉基米爾・科瓦索夫（Владимир Квасов）也都曾在天然氣工業總公司任職。

新興的金融工業集團也力圖將自己的代表安插進國家權力機構以謀求自身利益。比如「奧克西姆」銀行總裁波塔寧在擔任政府第一副總理期間，「為國家經濟所做的事要大大少於為自己的銀行集團所做的事」。[2] 在對外政策領域的一個重要例子就是 1997 年秋天奧克西姆銀行在白俄羅斯金融市場勢力的擴展。儘管當時由於白俄羅斯拘留俄羅斯電視台記者而導致俄白關係惡化，但波塔寧還是於 1997 年 9 月訪問了明斯克，並會見了包括盧卡申科總統在內的白俄羅斯政界和銀行界要人。波塔寧之所以這樣做，是由於白俄羅斯處於中、西歐與波羅的海中樞，在白俄羅斯發展業務將給奧克西姆銀行帶來巨大的利益。俄羅斯研究者認為，奧克西姆銀行的立場和作用

---

1 *А.Василенко.* Российские нефтяные компании и политика в переходный период. М. 1997.С. 226-227.

2 俄羅斯國家儲備銀行總裁列別捷夫的談話。參見：Общая газета. 1997. 24-30 апр.

「將對俄白關係的發展產生直接的影響」。[1] 這種直接影響對外政策的方式儘管十分有效，但在實際當中不可能經常性地運用，這是由於一方面利益集團的代表直接進入國家權力結構的機會畢竟有限，不可能每一個利益集團的代表都可能進入國家權力結構；另一方面是由於直接進入國家權力結構的利益集團代表在外交決策結構中也必須考慮與其他對外政策部門的關係。

其次，謀求參與國家對外政策方針的確立，力爭將集團利益上升為國家利益、將集團政策轉化為國家政策。可以説將集團利益上升為國家利益是利益集團的最高目標、將集團政策轉化為國家政策是利益集團維護其對外政策利益的最佳手段。儘管在實際當中集團政策不可能完全轉化為國家政策，但在國家對外政策方針形成的過程中施加最大的影響無疑是利益集團最常用的手段。近年來，隨着俄羅斯國家安全戰略構想的出台，俄羅斯各個領域的安全戰略構想，如《俄羅斯經濟安全戰略》《俄羅斯信息安全戰略》《俄羅斯能源戰略》等也相繼出台。[2] 這些戰略構想規定了俄羅斯在相應的對外政策領域的戰略利益、政策目標和方針舉措，這些戰略構想一經出台，就意味着其成為中長期的國家政策，具有相當的穩定性。因而擁有重大海外利益的利益集團紛紛涉足，力圖影響這些戰略構想的制訂。比如，1993 — 1997 年俄羅斯醞釀制訂《國家能源戰略》，主持文件制訂的是當時的能源部長沙夫拉尼克、羅季奧諾夫及副部長布舒科夫，俄羅斯外交部對外政策合作司等對外政策部門也參與其中。此外，俄羅斯天然氣工業公司、盧克集團等利益集團也通過各種途徑參與文件制訂，力圖使自己的利益反映在國家政策文件當中。[3] 他們的活動取得了明顯的效果，文件的起草小組不僅吸收了這些大公司的代表，而且對外政策部門的官員也明顯地注意

---

1 *Кобринская И.Я.* Внутренние факторы внешней политики посткоммунистической России // Политическая Россия. Московский центр Карнеги.1999. С.279.

2 歷經 4 年多起草的《俄羅斯能源戰略》于 2000 年 11 月 23 日由聯邦政府批准。

3 Петр Родионов. Газпром в формировании энертегической стратегии России // Международная жизнь. 2000. No. 3.

地這些公司的利益。比如參與「能源戰略構想」起草的俄羅斯外交部經濟合作司顧問就明確表示，「俄羅斯石油公司和天然氣工業公司形成了自身集團利益和對外戰略。比如，俄羅斯天然氣工業公司在近鄰地區的利益是保證俄羅斯天然氣向歐洲市場的自由過境運輸；及時收回天然氣欠款；取得能源基礎設施項目。天然氣工業公司開始形成了自己在巴爾幹、歐盟、東中歐、裏海地區、波斯灣和遠東地區的戰略利益。隨着其對外經濟擴張的擴大，在一系列地區和國家對其進行外交保障的需要也提高了。這決定了對外政策的確定必須首先考慮這些集團的對外經濟利益」。[1] 實際上，該構想所提出的俄羅斯能源安全戰略與天然氣工業總公司等利益集團的海外利益與政策取向也驚人地相似。

為了加強對國家對外政策方針制訂的參與和影響，利益集團還努力將自己的代表安插進決策機構當中。比如在俄羅斯國家安全會議的重要機構跨部門委員會中就有一些重要利益集團的代表：「俄羅斯武器公司」總裁是安全會議國際安全跨部門委員會成員；俄羅斯天然氣工業公司理事會成員、俄羅斯統一電力公司理事會成員、俄羅斯石油運輸公司理事會成員則參與到安全會議獨聯體事務跨部門委員會當中。

第三，在國家權力機構中尋找代理人，在外交決策的各個環節展開院外活動。調查顯示，從總統機構到政府，從政黨到議會都受到利益集團的強有力影響。1997 年進行的一項專家調查顯示出軍工綜合體和燃料能源綜合體的院外支持者的分佈情況。軍工綜合體的重要院外支持者包括國防工業部長巴克、國防部長羅季奧諾夫、軍工綜合體的地方領導人（包括涅姆佐夫）、俄共主席久加諾夫、安全會議祕書科科申、國防會議祕書巴圖林和杜馬代表羅赫林；燃料能源綜合體的重要院外支持者包括總統切爾諾梅爾金、燃料能源部長羅季奧諾夫和別利亞耶夫。按黨派統計的結果是，俄共

---

1 *Жизнин С.З.* Формирование энергитической дипломатии России // Дипломатический вестник. 1999. №. 9, 10.

積極支持軍工綜合體和農工綜合體；而「我們的家園俄羅斯」則支持燃料能源原料產業。[1] 切爾諾梅爾金在失去總理職位而當選國家杜馬代表後，仍然積極支持燃料能源綜合體並為其進行積極的院外活動。他在杜馬中組建了「俄羅斯能源」議員聯合（депутатское объединение《Энергия России》）並親任主席，通過推動修改稅法、出台《國家支持中小油氣開採企業法》等活動維護燃料能源綜合體的利益。[2]

由於外交決策的核心權力集中於總統及其機構，因而總統機構乃至總統本人就成為利益集團進行院外活動的最重要目標。在俄羅斯民意調查機構進行的有關院外活動人士的調查中，總統辦公廳主任或重要成員經常名列前茅。比如總統辦公廳主任沃洛申名列 2000 年 11 月「俄羅斯最佳院外活動人士排行榜」「頭面人物組」榜首，而總統辦公廳副主任蘇里科夫則名列「專業人士組」第一名。[3] 直接與外交決策有關的總統機構和人士自然成為利益集團進行院外活動的重點。比如，總統對外政策局的與外國軍事技術合作處以及安全會議的國防工業安全跨部門委員會無疑是軍工綜合體進行院外活動的最主要對象。而在葉利欽時期，長期擔任其軍事技術合作助理的鮑里斯．庫濟科則是軍工綜合體的重要利益代表和活動對象，因為如果「沒有他的參與，任何涉及軍工企業的文件草案都很難被總統認可，與國外簽署的合同都難以通過和執行」。[4]

第四，對外交決策提供專家諮詢或施加輿論壓力。利益集團在當代俄羅斯國家政治經濟生活中影響的擴大使對外政策部門開始在外交戰略層次和具體外交決策層次重視它們的利益與政策取向，而當代對外政策問題的

---

1 參見：*Кобринская И.Я.* Внутренние факторы внешней политики посткоммунистической России // Политическая Россия. Московский центр Карнеги.1999. С.280.

2 *Виктор Черномырдин.* Необходимо исходить из вероятности изменений в конъюнктуре мирового нефтяного рынка // Международная жизнь. 2001. № 1.

3 Независимая газета, 27 декабря 2000 г.

4 ВПК осмысливает свои интересы // Pro et Contra. 1997. Том 2.

廣泛性和專業性也要求對外政策官僚部門必須傾聽專業化集團的意見。在此背景下，利益集團十分重視利用提供專家諮詢、舉辦學術會議、參與議會聽證等手段表達自己的利益所在與政策取向。比如有俄羅斯天然氣工業總公司、盧克石油公司等大型能源集團加盟的「莫斯科國際石油俱樂部」與俄羅斯外交部、燃料能源部等從 1999 年開始已經連續兩年召開「俄羅斯能源會議」。與會的不僅有俄羅斯和世界油氣集團的代表，還有俄羅斯外交部長、能源部長與美國總統助理等政界要人，「會議已經成為國際政界、油氣界和財政界代表的定期會晤。他們決定着共同合同的重要方向」。每次會議的發言都會在俄羅斯外交部主辦的《國際生活》雜誌全文發表。正如莫斯科國際石油俱樂部執行副總裁巴基洛夫所説，俄羅斯油氣界的精英們「通過《國際生活》雜誌公開、坦率地表達財界與國家權力機關的相互關係和採取新的經濟舉措的立場」。這種形式「實際上為更廣泛的國際能源合作、為在俄羅斯創造良好的投資環境、為發展新的大型合作項目、為國家杜馬通過相應的稅收立法確定了範圍」。[1] 可以説，天然氣工業總公司等利益集團通過這些會議可以對對外政策部門的相關決策產生重要影響。

為了對國家決策施加影響，俄羅斯利益集團建立了各種類型的協會、聯合會及其他社團組織，僅在石油天然氣行業就建立了名目繁多的此類組織，諸如石油天然氣工業家聯盟、石油加工企業家聯盟、石油開採與加工企業聯合會、燃料能源部石油出口者聯盟、燃料能源部燃料能源綜合體信息與合作協會、聯邦委員會石油產地聯合會。儘管還不能證實它們已經能夠對國家的對外政策施加有力的影響並成為有效的政策主體，但無疑它們在對對外政策的專家諮詢等方面還是可以起相當的作用。值得注意的是，這些組織還通過與外國夥伴建立合作關係從而對國家之間的雙邊及至多邊關係產生影響。比如，俄羅斯與美國的一些巨型石油公司共同建立了「俄

1 Тогрул Багиров. Этапное собрание международных политических, нефтегазовых и финансовых кругов // Междунароная жизнь. 2001. № 1.

美石油俱樂部」，並在此基礎上於 1995 年在莫斯科成立了莫斯科國際石油俱樂部。[1] 而參加俄美石油俱樂部的俄美兩國石油公司可以通過對俄美政府間經濟與技術合作委員會施加影響，使兩國在薩哈林一號和二號石油開發項目上增強協作。

第五，通過開展直接外交造成既成事實以對國家外交決策施加影響。當代國際關係發展的一個突出特點是跨國公司在國際關係中作用的增強，以至於許多學者將跨國公司也視為國際關係的重要主體。在當代俄羅斯，隨着國家對對外經濟技術合作的放鬆、隨着俄羅斯參與世界經濟一體化程度的提高以及俄羅斯重要跨國公司海外利益的凸現，俄羅斯重要財團通過開展直接外交以維護自身海外利益的現象日益增多。比如，俄羅斯天然氣工業總公司總裁維亞希廖夫可以直接打電話給白俄羅斯總統盧卡申科商討有關事宜。也可以與土庫曼斯坦總統尼亞佐夫直接會談商討兩國天然氣合作。利益集團在對外政策中的重要作用令一些國家不敢小視，甚至必須直接與其打交道。比如儘管「俄羅斯外交部認為南斯拉夫的塞爾維亞人是盟友，一般說來要維護他們的利益，但俄羅斯天然氣公司卻對塞爾維亞人施加壓力，揚言如果他們不償付天然氣欠款就將切斷對他們的天然氣供應。而貝爾格萊德政府不是向外交部求情，而是派了一個代表團直接去見俄羅斯天然氣公司的老闆維亞希列夫和總理切爾諾梅爾金，表明它知道真正的權力所在」。[2]

俄羅斯利益集團經常性的對外政策活動也使國家外交決策層開始習慣並重視來自他們的壓力。葉利欽總統的發言人亞斯特任布斯基曾明確表示，「政府想找到一種真正的新方針，不僅在外貿方面有利於國家，而且還有利於商行、公司和銀行。每次總統出訪之前，只要是有支持某個特定項

---

1 *Перегудов С.П., Лапина Н.Ю., Семененко И.С.* Группы интересов и российское государство. М., 1999. С.278.

2 克里斯琴．卡里爾：《究竟是誰在左右俄羅斯的對外政策—那就是俄羅斯的銀行以及大石油和天然氣公司》。《美國新聞與世界報道》1998 年 2 月 16 日。

目的機會，我們肯定會那麼做。」[1]因此，盧克石油集團總裁阿列克佩羅夫和天然氣工業總公司總裁維亞希列夫經常陪同總統進行重要的出國訪問。

普京當政之後，特別強調外交應為國家經濟振興與發展服務，突出外交的經濟內涵。普京曾特別指出，「切實的國家利益，其中包括經濟利益，應當成為俄羅斯外交家的法則，不懂得實際利益的外交官不具備外交官資格」。從經濟外交的基點出發，俄羅斯外交決策層更加重視現實的經濟利益，普京每次出訪，都把經濟問題作為會談的重要內容。同過去相比，2000年是俄同外國簽訂經濟合作協議最多的一年。

2000 年上半年，天然氣成了普京外交政策中的重要組成部分。在他繁忙的出訪日程中，拓展「天然氣外交」具有重要地位。2000 年 4 月，普京訪問白俄羅斯和烏克蘭，白俄羅斯是俄羅斯天然氣到達西歐市場的中轉站，而烏克蘭同俄羅斯的關係近年來因巨額的天然氣債務問題而變得惡化。5 月，普京出訪了烏茲別克斯坦和天然氣生產國土庫曼斯坦。在土庫曼斯坦，他同總統尼亞佐夫簽署了一項從該國大量購買天然氣的初步協議，以便使年購買量在今後幾年中達到 500 億立方米。如果這項協議實施的話，俄羅斯就可以通過其境內的一條新管線將土庫曼斯坦的天然氣出口到土耳其，並從中獲利。當月，普京還訪問了意大利。意大利所需的三分之一的天然氣都是從俄羅斯購買的，而且它的一些大公司正在鋪設俄羅斯可能會用來將土庫曼斯坦的天然氣輸往土耳其的管線。因而在意大利的訪問日程中，天然氣是一項重要的會談內容。6 月，普京又訪問了德國，它是俄羅斯最大和最重要的天然氣消費客戶。在那裏，除了其他官員外，普京還會晤了天然氣工業方面的官員。

2000 年 7 月，普京對中國進行了國事訪問。除簽署《中華人民共和國和俄羅斯聯邦北京宣言》和《中華人民共和國主席和俄羅斯聯邦總統關於反

1　克里斯琴·卡里爾：《究竟是誰在左右俄羅斯的對外政策—那就是俄羅斯的銀行以及大石油和天然氣公司》。《美國新聞與世界報道》1998 年 2 月 16 日。

導問題的聯合聲明》外，中俄雙方還簽署了《中俄能源合作分委會中方石油天然氣工作組和俄方石油天然氣工作組關於同意韓國政府指定的公司參加俄羅斯聯邦伊爾庫茨克州科維克金凝析氣田管道供氣項目可行性研究工作的諒解備忘錄》《中國石油天然氣集團公司和俄羅斯聯邦能源部、管道運輸公司、尤科斯石油公司關於準備中俄原油管道項目可行性研究協議的諒解備忘錄》和《中國聯合石油有限責任公司與俄羅斯尤科斯石油公司關於三十萬噸西西伯利亞輕質原油的購銷合同》等項經濟合作協議。據俄羅斯貿易部的聲明說，俄羅斯正在進行同中國進行兩個重要的能源合作項目。其一是每年向中國輸出100億立方米的天然氣，再通過中國向韓國輸出100億立方米。第二個項目旨在每年從不同的氣田另外再向中國輸出300億立方米的天然氣。這兩個項目的實施將使俄羅斯對獨聯體以外國家的天然氣出口增加40%，達到1570億立方米。2001年2月維亞希列夫又陪同普京訪問奧地利，並商討了天然氣工業公司向奧地利輸送天然氣的問題。

天然氣工業公司在俄羅斯對外政策中的重要地位已倍受關注。倫敦皇家國際問題研究所的分析家約翰森．斯特恩說：「（俄羅斯）目前的天然氣貿易是如此之大，對其外匯收入是如此重要，以至於它已成為該國外貿和外交政策議事日程中的重要組成部分。」他還說：「既然一家公司為了一筆生意需要自己的總統出面同別國政府接洽，可見這筆生意的政治性有多麼強。」莫斯科復興資本銀行負責研究工作的傑米．亨德森說：「毫無疑問，天然氣是俄羅斯對外政策中的重要組成部分。」[1]

隨着俄羅斯對外政策中經濟色彩的日益增強，經濟利益集團在外交決策中的地位也會不斷攀升。2001年5月，俄羅斯外長伊萬諾夫表示，「國家經濟和公民社會的需要正日益成為俄羅斯對外政策活動的出發點。這就需要從心理上改變俄羅斯外交官的工作。我們要努力地為使我國融入國際社會、吸引外國投資和掃除俄羅斯商品進入其他國家市場的障礙創造良好條

1 《普京將對中國采取天然氣外交》。路透社莫斯科2000年7月17日英文電。

件。在這方面，我們應同地區領導人和本國的實業家密切協作。」[1]這表明，俄羅斯外交決策層已經充分認識到經濟利益在對外政策中的重要地位，也希望在制訂和落實對外政策的過程中加強與實業界的溝通與合作。

第二節　對外政策智庫與外交決策

一個國家對外政策的效果不僅取決於它的自然條件、經濟潛力、軍事力量與政治意志，還在很大程度上取決於它的智力資源。特別是在當今信息社會國際關係日趨複雜、國家對外政策任務日趨繁重的情況下，能否迅速地獲取對外政策信息、充分地擴展對外戰略思維、準確地做出國際情勢判斷、及時地提出可行的決策方案已經成為影響一個國家對外政策成敗的重要因素。而這些任務的完成在很大程度上取決於一個國家對外政策智庫的水平與潛力，取決於智庫對於外交決策的影響深度與作用模式。

20 世紀 90 年代以來，儘管俄羅斯遭受了國家解體與體制變遷的雙重打擊、失去了與美爭雄的超級大國地位，但俄羅斯仍然保持了世人不可小視的世界大國地位。這固然與俄羅斯橫跨歐亞的地緣優勢、霸氣猶存的軍事力量、潛力巨大的經濟基礎有關，但我們也不能忽視俄羅斯所擁有的雄厚智力資源——對外政策智庫。正是這些智庫在國家處於戰略危局的形勢下為外交決策出謀劃策、未雨綢繆，在新俄羅斯的外交決策中發揮了令人矚目的作用。但遺憾的是，這些研究國際關係與對外政策的智庫本身卻沒有得到充分的研究，無論是在俄羅斯、中國還是西方，筆者都還尚未發現任何專門論着。對該問題的研究自然有着特定的難度，不僅需要對諸多智庫

1　Игорь Иванов. Россия в мировой политике // Международная жизнь. 2001. № 5.

本身有着深入的了解，而且要對其與外交決策的關係有着準確的把握，這對於一個外國研究者來説尤顯困難。但鑒於智庫在外交決策中的重要作用和筆者所掌握的材料，筆者仍有意對此問題進行一些初步探討，重點對俄羅斯對外政策智庫的演變、分類、功能及其對外交決策影響的方式做一宏觀的描述與分析。

對外政策智庫的演變、分類與活動。俄羅斯對外政策智庫的起源首先應從蘇聯時期算起。二次世界大戰之後，隨着蘇聯國際地位的提高和對外利益的擴展，其對國際問題及對外政策問題的智力需求也不斷擴大，與國際問題相關的研究機構紛紛設立。特別是在赫魯曉夫和勃列日涅夫時期，隨着蘇美爭霸勢頭的日益顯現，蘇聯對外政策智庫的培育與發展也進入了一個高峰時期。蘇聯時期的重要對外政策智庫一般有兩個歸屬，一部分屬於蘇共中央及各對外政策機構（克格勃、外交部等），另一部分則主要屬於蘇聯科學院系統。[1] 不可否認，蘇聯的對外政策智庫在國際戰略研究、西方國家對外政策分析等領域取得了不小的成就，為蘇聯取得超級大國的地位做出了巨大的貢獻。但是，由於意識形態方面過於嚴格的控制、垂直領導體制的壓制以及外交決策機制的日益僵化，對外政策智庫也日益沾染上官僚習氣，因循守舊、惟命是從和思想僵化日益壓制了對外政策智庫的思想活力與創造精神。為國家外交決策提供戰略思維與行動方案的崇高使命變成為狹小的高層「決策圈」的命令與旨意尋找依據和提供註腳。其結果不僅導致蘇聯後期外交決策的頻頻失誤，還在「新思維」的大潮中引發了智庫一定時期內的幼稚狂熱和思想混亂。

蘇聯解體後，原蘇共中央下屬的分析中心的形式與地位都發生了巨大變化。原蘇共中央社會科學院演變成為今天的俄羅斯總統國家行政學院

1　實際上，克格勃既有自己下屬的分析中心，也在一定程度上控制著科學院系統的研究機構。比如蘇聯科學院世界經濟與國際關係研究所的軍事研究室和社會學研究所的特情室就接受科學院和克格勃的雙重領導。參見：*Максим Мейер*. Аналитические центры в системе Российской демократии. http://www.russ.ru/antolog/predely/1/iz_knigi.htm

（1991 — 1994 年曾為俄羅斯政府行政學院）；蘇共中央社會科學研究所在 1991 — 1992 年成為戈爾巴喬夫的總統分析中心，後又演變成為今天的俄羅斯聯邦政府財政科學院；而原蘇共中央馬列主義研究所則成為獨立的俄羅斯社會和民族問題研究所。除原來受克格勃管轄的蘇聯科學院社會學研究所特情室的大部分工作人員轉到了俄羅斯科學院社會政治研究所和在對外情報局下設立對外情報科學院外，克格勃所屬研究機構的演變情況大多不為外界所知。在蘇共中央智庫向新的官僚部門智庫的演變過程中，人才的大量流失和官僚習氣的保留兩個現象引人注目。

在蘇聯時期的智庫演變的同時，直接隸屬於總統以及各對外政策官僚部門的對外政策智庫或在繼承傳統衣缽的基礎上改頭換面、或在新的基礎上建立起來。在這些智庫中，最引人注目的是俄羅斯戰略研究所。

俄羅斯戰略研究所（Российский институт стратегических иследований）根據 1992 年 2 月 29 日的俄羅斯聯邦總統令成立，是「在保障國家安全和國家戰略利益方面負責向俄羅斯聯邦國家權力上層機關提供情報分析保障的國家科研機構」。[1] 儘管戰略所的隸屬關係未做明確規定，但實際上它直接服務於安全會議與總統辦公廳。

俄羅斯戰略研究所有「俄羅斯的蘭德公司」之稱。它在學術機構、外交部、強力部門的專家和政治領導人的參與下對國家安全的戰略問題進行形勢分析，主要研究有關國家安全保障的宏觀問題、俄羅斯與其他國家相互關係問題、全球或地區軍事政治和經濟進程問題，還負責對相應國家和地區危機局勢進行分析與預測。其重要研究方向是保障俄羅斯在世界各地區的國家安全與戰略利益、獨聯體的政治形勢 、俄羅斯改革進程、建立歐洲集體安全體系、俄羅斯與北約及歐盟的關係前景、裁軍和全球戰略穩定、不擴散大規模殺傷性武器、維和行動等問題。戰略所在為俄羅斯有關國家

---

1 Международные исследования в России и СНГ: справочник. отв.ред. Богатуров А.Д, Кортунов А.В. М.: МОНФ.,1999.С.62.

安全的基本文件提供分析與獨立的專家評估方面積累了大量經驗。戰略所負責的一個長期項目是「俄羅斯的經濟戰略」，其重點是制訂俄羅斯經濟安全的總體戰略及有關重要問題、分析糧食安全和能源安全的相應問題並提供相應建議。戰略所的研究成果以科研報告、專家評估等形式提供給總統辦公廳、安全會議、聯邦政府辦公廳、執行權力部委、聯邦委員會以及國家杜馬的相應委員會。

俄羅斯戰略研究所除利用各種公開資料與官方出版物進行研究外，還可以利用執行權力機構的情報資料、俄羅斯和世界著名通訊社的電訊。它還可以利用總統辦公廳圖書館、俄羅斯社會科學情報所、全俄科學技術情報所的電子信息系統。

俄羅斯戰略研究所的國際交流廣泛，其學術夥伴包括北大西洋理事會、美國眾議院、北約組織祕書處、大西洋委員會、倫敦國際戰略研究所、奧地利國際和平研究所、法國國際研究所、中國現代國際關係研究所和中國社科院東歐中亞研究所等。儘管戰略所成立的時間不長，但「其在外交決策系統中的地位及其所從事問題的重要性使其成為俄羅斯重要的對外政策智庫之一。」[1]

科學院系統的對外政策智庫的實際改革開始於 90 年代初，在國家全額財政投入已經無法保障的情況下，各研究所開始對管理模式、機構設置和研究方向進行改革，重要的一步是建立或關注於專題研究、或進行跨學科研究的研究中心與聯合體。比如，原來重點研究西方國家的世界經濟與國際關係研究所成立了一些獨立或半獨立的研究機構：國家安全與戰略研究所、日本與亞太研究中心、社會經濟與社會政治比較研究中心等。而美國與加拿大研究所則在一些研究室的基礎上成立了俄羅斯科學基金會。1992 — 1993 年科學院自上而下地進行了院所調整，將很多研究處室變成獨立（包括財政獨立）的研究中心，廢除了由領導計劃和規定研究項目與主

---

1 Справочник по аналитическим центрам. http://www.russ.ru/antolog/predely/1/econen.htm.

題的工作模式。這些改革迅速改變了智庫及其工作人員的物質狀況，很多研究人員可以不同程度地獲得社會資助和各種基金會的幫助。科學院對外政策智庫的改革不僅使其基本上保留了人才儲備，而且可以在新的組織結構和工作原則上進行工作。

目前俄羅斯科學院系統的對外政策智庫主要包括：世界經濟與國際關係研究所、世界經濟與政治研究所、美國加拿大研究所、歐洲研究所、遠東研究所、非洲近東研究所、東方學研究所、斯拉夫研究所、社會政治研究所、民族與人類學研究所、社會科學信息研究所、世界歷史研究所和俄羅斯歷史研究所等。其中最具代表性的是世界經濟與國際關係研究所和美國加拿大研究所。

世界經濟與國際關係研究所(Институт мировой экономики и международных отношений РАН) 成立於 1956 年。該所下設國際政治室、戰略分析室、裁軍問題室、國際經濟關係室、北美研究中心、歐洲一體化與西歐大國研究中心、亞太研究中心、俄羅斯與第三世界比較研究中心、社會經濟比較與社會政治比較研究中心、現代市場經濟理論室、轉軌經濟研究中心、科技進步與管理研究中心、工業與投資政策研究室、海洋與生態政策研究室、經濟發展成效研究室、農業經濟研究中心、市場結構與經濟發展研究室、經濟與政治問題現狀分析室。

世界經濟與國際關係研究所的主要研究方向包括：現代國際關係系統、俄羅斯國家安全、國際安全與穩定、軍事政治問題、裁軍問題、國際組織、國際法問題、世界經濟、世界文明進程、區域比較研究、俄羅斯與第三世界、國際海洋與生態研究、俄羅斯武裝力量改革與軍事經濟優化、世界社會經濟和科技發展預測、經濟發展與市場行情研究、社會世界與社會政治比較研究、轉軌經濟與現代市場經濟理論、投資與工業政策等。

世界經濟與國際關係研究所是俄羅斯科學院「世界發展道路與俄羅斯復興」基礎研究項目的主要組織者，並承擔了一些重要課題的研究：俄羅斯國家利益與俄羅斯對外政策構想形成的主要因素研究；俄羅斯國家安全、軍事改革與裁軍進程研究；原蘇聯國家外交、軍事與對外經濟政策研究；俄羅斯與第三世界合作問題研究；俄羅斯市場經濟轉軌利用西方經驗研究。該所是科學院世界經濟與國際關係分部基礎研究項目「21 世紀國際系統中的俄羅斯」的重要參與者，承擔的課題包括：國際關係多極化系統的構建與俄羅斯的地位與作用；俄羅斯國家利益與對外政策的決策與執行；世界經濟與政治中的亞太地區；世界經濟與政治一體化特點；國際勞動分工與俄羅斯參與世界經濟一體化；轉軌時期經濟問題的解決途徑。該所還是「21 世紀國際進程中的俄羅斯與中國」項目的主持單位，是「美國與國際社會」、「21 世紀的俄羅斯與歐洲」、「21 世紀世界經濟與社會政治進程中的第三世界」、「現代文明中的社會發展與社會政治體制」等項目的重要參與者。

世界經濟與國際關係研究所除公開發表研究成果外，還向總統機構、政府部門、聯邦會議兩院相關委員會提供研究報告與決策諮詢。

美國與加拿大研究所 (Институт США и Санады РАН) 成立於 1968 年。目前該所下設：美國對外政策研究室（俄美關係現實問題組、美國歐亞政策組、國際研究中心）、內部經濟研究室（能源組與經濟資料庫、美國經濟中的國家調節研究組、美加農業經濟組）、對外經濟研究室（美國對外經濟政策組、聯邦體制中的經濟問題組、現實經濟方案組）、內政研究室（內政和社會組、俄美關係中的內部政治因素組）、軍事政策研究室（軍事技術與軍事經濟組、裁軍與地區軍事政策組、管理問題中心）、加拿大研究室（加拿大內政組、加拿大經濟組）、以及信息中心（計算機技術中心）等。自 80 年代末以來，美加所在立足北美研究的同時，致力於國際關係的宏觀分析研究。目前其主要研究方向包括美國、俄羅斯和其他國家的經濟趨勢，國際關係的軍事政治問題以及美俄及獨聯體國家的政治進程和政治體系問題。

美加所是擁有高素質科研隊伍、在政界與學術界擁有廣泛聯繫的智庫。其研究人員向總統辦公廳、安全會議、聯邦會議兩院、外交部、國防部和其他國家機構提供研究分析材料與決策諮詢。

自 1994 年以來，美加所以有償服務的形式向俄羅斯聯邦安全會議提供了 30 多份研究報告，其主要項目包括：(1) 俄羅斯對外軍事技術合作政策。1994 年的報告《俄羅斯的軍事技術合作與政策》分析了世界軍火市場的發展趨勢並提出了優化俄羅斯軍事技術合作政策的途徑。1995 年的《關於提高對外軍事技術合作效率的報告》提出了完善俄羅斯的武器出口監管與決策體系的建議；(2) 俄羅斯與北約關係。在此項目範圍內，完成了《俄羅斯對北約「和平夥伴關係計劃」的政策基礎》(1994 年)、《北約當代戰略與俄羅斯國家安全》(1996 年) 等研究報告，分析了北約的性質、進程及政策走向，提出了俄羅斯對北約政策方針的有關建議；(3) 俄美關係現實問題。在此項目範圍內，完成了《為保障俄羅斯國家安全，消除俄美現實與潛在矛盾的基本原則、途徑與手段》(1995 年)、《俄羅斯的戰略核力量與 CHB－2 條約》《美國在反導防禦領域加強活動的可能措施》(1995 年)、《俄美關係：成果與前景》(1996 年)、《美國大選中的對俄政策問題》(1996 年)、《俄美在鞏固核不擴散體制領域的合作》(1996 年) 等；(4) 俄羅斯國家安全中的經濟因素。在此項目範圍內，完成了《國際關係中軍事經濟因素的演變及其對俄羅斯國家安全的影響》(1996 年)、《世紀之交的俄羅斯經濟發展與世界趨勢》(1996 年)、《俄羅斯經濟安全中的對外貿易因素》(1996 年)、《世界經驗與俄羅斯對外經濟戰略》(1996 年) 等。這些報告分析了經濟因素對俄羅斯國家安全的影響、評估了俄美等國及世界經濟發展的趨勢、分析了俄羅斯經濟戰略、預測了獨聯體經濟一體化及俄羅斯參與國際勞動分工的前景；(5) 國家安全決策領域的世界經驗。在該項目中重點研究了美國國家安全委員會的活動，美國及其他西方國家確定和批准國家財政預算、特別是軍事預算的過程，美國在軍事建設、教育與科學領域的國家財政政策。

近年來在科學院系統的對外政策智庫中發生的一個引人注目的現象就是一些院所之間以及與商業團體和大眾傳媒協作的基礎上組建新的對外政策智庫。這些機構儘管規模不大，但它們憑藉綜合性的資源優勢以及與政界、學術界和大眾傳媒的廣泛聯繫，在外交決策中發揮着不小的作用。一個突出的例子就是國家安全與戰略研究所。

國家安全與戰略研究所（Институт нацианальной безопасности и стратегических исследований）是在 1991 年由世界經濟與國際關係研究所聯合科學院固體物理研究所、科學院國際地震預測理論與地球物理研究所、莫斯科國際關係學院以及其他社會和商業機構創立的獨立科研機構。表面上，該所是科學院的預算內單位，實際上其資金主要來自於有償研究與諮詢以及科學院基礎研究基金的資助。該所的主要研究方向是俄羅斯對外戰略；俄羅斯與原蘇聯國家關係；俄羅斯國家安全構想的政治、軍事、經濟與科技因素；「臨界危機」決策與危機決策；軍控與裁軍；地區與全球戰略穩定；俄羅斯軍事學說與戰略制訂等問題。該所常設研究人員只有 5 人，其他研究人員根據具體的項目聘請。

該所主要持自由派觀點，其所長布拉加沃林（同時也是科學院世界經濟與國際關係研究所副所長）與蓋達爾私交甚厚，是「俄羅斯民主選擇」的重要領導成員。該所專家曾受委託制訂「俄羅斯民主選擇」政治綱領中的對外政策部分。1991 — 1992 年該所與蓋達爾政府就制訂俄羅斯國家安全戰略的綜合構想進行過合作。90 年代中期，該所應俄羅斯政府及相關部委的要求完成了一系列諮詢任務，比如：應外交部要求對俄美關係前景進行評估；應俄羅斯武裝力量總參謀部的要求對國際環境及其對俄羅斯地緣政治利益的影響進行了分析；為安全會議提供了一系列專家諮詢。該所與俄羅斯外交部與國防部保持着穩定的聯繫，這「使其可以對俄羅斯安全政策的決策施加影響」。[1]

近十年來俄羅斯國際關係學界一個全新的現象是對外政策獨立智庫的廣泛出現與迅速發展，其中最具影響的是外交與國防政策委員會。

外交與國防政策委員會（Совет по внешней и оборонной политике）成

1　Справочник по аналитическим центрам. http://www.russ.ru/antolog/predely/1/econen.htm.

立於 1992 年 2 月，是由著名政治家、企業家、國家公務人員、強力部門與軍工綜合體代表、大眾傳媒人士與學術界專家組成的非政府聯合體。[1] 委員會的宗旨是「促進俄羅斯國家發展戰略構想、外交與國防政策的制訂與實施」。[2] 主要活動方向是：（1）制訂和評估俄羅斯聯邦對外政策與國防政策的戰略構想，研究涉及國家利益、外交與國防政策的優先方向以及國防與安全的問題；（2）促進俄羅斯在對外政策、國防政策、軍事改革等領域形成內行而又客觀的決策機制與風格；（3）提供有關俄羅斯與外部世界、特別是與獨聯體國家進行切實合作的建議；（4）支持與外交和國防政策問題有關的高質量研究和創新性思想，研究和傳播與軍轉民、武裝力量和安全機構建設與改革以及形成對強力部門的公民監督等問題有關的國際經驗；（5）拓寬社會更廣泛了解國家對外政策與國防政策的信息渠道；（6）促進和發展外交與國防政策委員會成員與國內和國外相關組織的學術與商務聯繫；（7）在政界、軍界、實業界、學術界和新聞界知名人士之間發展各種形式的合作。其主要活動方式是成員之間的定期或不定期非正式會面；舉辦學術會議、研討會；組織開展項目研究；交流信息、進行院外活動。

從 1992 年開始，外交與國防政策委員會進行了一系列重要項目的研究。（1）「俄羅斯戰略」項目。在該項目範圍內起草並發表了一系列有關俄羅斯國家利益、國家安全和國家發展戰略的重要研究報告。《俄羅斯戰略》、[3]《俄羅斯戰略－2》、[4]《俄羅斯戰略－3》、[5]《俄羅斯戰略：總統的議事日程－2000》[6]、《冷戰後的俄美戰略利益：新的議事日程》和《恢復聯盟

---

1 Независимая газета, 1992, 19 сентября.

2 http://www.svop.ru

3 Независимая газета, 1992, 19 августа.

4 Независимая газета, 1994, 27 мая.

5 Независимая газета, 1998, 18-19 июня.

6 http://www.svop.ru

嗎？後蘇聯空間的未來》[1]等不僅在社會各界引起廣泛反響，而且引起國家最高決策層的高度重視。在近年來俄羅斯發表的官方文件以及實際的政策調整當中，都不難發現這些　研究報告所提建議的痕跡。特別是1992年的《俄羅斯戰略》第一次在俄羅斯國內提出統一的 經濟、外交與國防戰略構想，僅此一點，就使外交與國防政策委員會「成為俄羅斯非政府分析中心中公認的權威之一」[2]；(2)「俄羅斯與北約」項目。在此項目範圍內，進行了對俄羅斯與北約合作前景以及實施「和平夥伴關係計劃」等問題的評估與諮詢，與外交部共同舉辦了一系列有關俄羅斯與北約關係的討論會。該項目的結項報告《俄羅斯與北約：外交與國防政策委員會提綱》分析了北約擴大的後果和建立新的歐洲安全體系的前景。[3]此外，外交與國防政策委員會還主持了「俄羅斯與外部世界」、「俄羅斯軍事改革」、「俄羅斯祕密核城市」、「俄羅斯國家安全與烏克蘭」等許多項目的研究。

外交與國防政策委員會與總統辦公廳、外交部、國防部、原子能部、國家杜馬國際事務委員會、國家杜馬國防委員會等執行與立法權力機構以及科學院系統的對外政策智庫、特別是歐洲所與世界經濟與國際關係研究所開展積極的協作。而聯邦與地方執行與立法權力機構、社會政治組織、俄羅斯國內外的研究機構以及商業機構則經常要求外交與國防政策委員會提供研究報告與政策諮詢。

---

1 Независимая газета. 1996. 23 мая.

2 Справочник по аналитическим центрам. http://www.russ.ru/antolog/predely/1/econen.htm.

3 Независимая газета. 1995. 21 июня.

外交與國防政策委員會成員均是俄羅斯社會的各界精英，[1] 其組成的廣泛性與權威性使其在俄羅斯國內享有很高的聲譽，在外交決策中發揮着不可忽視的作用。這些社會精英「希望達成政治妥協的願望以及未來在俄羅斯不同政治階層中形成對外政策共識的可能性，成為建立一個有效的外交決策機制的重要條件」。[2]

近年來，一些世界著名的國際問題研究機構，如卡內基國際和平基金會、東西方研究所、美國傳統基金會等也紛紛在俄羅斯設立代表處或研究中心。其中活動最為活躍、影響最大的就是莫斯科卡內基中心。

莫斯科卡內基中心（Московский центр Карнеги）設立於 1993 年 10 月。其宗旨是「促進俄羅斯等原蘇聯國家乃至世界其他國家學者與政治家的智力合作；從事有關俄羅斯內政、經濟、國際關係等廣泛問題的獨立性專家分析；為討論俄羅斯、歐亞發展以及國際安全的迫切問題提供自由論壇」。[3]

莫斯科卡內基中心目前主要從事原蘇聯國家的轉軌經濟、俄羅斯內政與政治體制、俄美關係、核不擴散、移民問題等項目的研究。出版有關俄

1 截至 1999 年 10 月底，外交與國防政策委員會共有 116 名成員，大多都是俄羅斯政界、軍界、財界、學術界、新聞界的精英人物。其中包括：前政府總理普里馬科夫；前政府總理斯捷帕申；總統國際事務助理、總統辦公廳副主任、總統對外政策局局長普里霍季科；國家杜馬國際事務委員會主席盧金；國家杜馬國防委員會副主席阿爾巴托夫；國家杜馬預算委員會主席朱可夫；外交部副部長卡拉辛；俄羅斯武裝力量第一副總參謀長馬尼洛夫；俄羅斯國防部第一副部長米哈伊洛夫；俄羅斯空軍副司令科里申；前總統國家安全顧問、安全會議祕書巴圖林；前國防部副部長、前安全會議祕書科科申；俄羅斯工業與企業家聯盟主席沃爾斯基；俄羅斯銀行家協會主席葉戈羅夫；總理助理沃洛佐夫；聯合國副祕書長沃龍佐夫；俄羅斯戰略研究所所長科若金；科學院世界經濟與國際關係研究所副所長鄧金；科學院歐洲所副所長卡拉加諾夫；俄羅斯總統辦公廳主任顧問科爾圖諾夫；莫斯科國際關係學院院長圖爾庫諾夫；俄羅斯駐聯合國大使拉夫羅夫；國家杜馬代表、「我們的家園－俄羅斯」議會黨團主席雷日科夫；聯邦委員會主席顧問留里科夫；俄白聯盟安全委員會主席薩米洛夫；《獨立報》主編特列季亞科夫；獨立電視台台長基謝廖夫；楚瓦什共和國總統費多羅夫；總統辦公廳第一副主任沙布杜拉蘇洛夫；總理顧問、俄羅斯統一和諧黨主席沙赫賴；俄羅斯獨立工會主席什馬科夫等。

2 Russian Foreign Policy Since 1990. Edited by *Peter Shearman*. Boulder: Westview Press 1995.p.45.

3 http://www.carnegie.ru

羅斯外交與內政問題的《Pro et Contra》，有關核武器、生化武器以及軍事改革問題的《核擴散》以及《蘇聯的核遺產》《俄羅斯政治簡報》等刊物。該中心每年還出版幾十部專著、論文集。此外，莫斯科卡內基中心還經常舉辦各種形式的學術會議、研討會和講座。這些活動吸引着俄羅斯政界、軍界、財界、外交界、學術界的精英參加並就俄羅斯內政外交的重要問題交換意見。儘管表面上該中心與俄外交決策機構沒有直接聯繫，但作為俄羅斯政界與外交界精英人物聚會與交流的一個重要場所，卡內基中心無疑對俄外交決策發揮着相應的幕後影響。

對外政策智庫的功能。對外政策智庫是一個國家對外政策思想的發生器和外交決策的育種機。特別是對於處於深刻轉軌進程中的俄羅斯來說，其對外政策智庫不僅為外交決策提供信息保障與決策方案，而且還承擔着許多其他功能。

首先，尋求新的國家思想、拓展對外政策戰略思維。蘇聯解體後國際關係體系的巨大變化和俄羅斯國內深刻的社會轉軌進程不僅使對外政策本身面臨巨大挑戰，也使對外政策思想陷入深刻的危機。如何評價冷戰後國際關係體系的實質及其發展趨勢？如何判別俄羅斯在新的國際關係體系中的地位與作用？如何確定俄羅斯的國家利益和對外政策的優先方向？這些問題對於轉型時期的俄羅斯來說具有深刻的理論與現實意義，可以說「俄羅斯對外政策思想的發展、俄羅斯在世界進程中地位與作用的確定是俄羅斯走出危機的重要條件」。[1] 這些問題的解答，不僅有賴於國家外交決策與執行機構的實際努力，更有賴於對外政策智庫的理性思考。自蘇聯解體以來，

1 *Шаклеина Т.А.* Российская внешнеполитическая мысль: в поисках национальной стратегии // Внешняя Политика и Безопасность Современной России: 1991—1998. М.: МОНФ, 1999. Том 2. С.332.

俄羅斯對外政策智庫對上述問題進行了深入的思考和激烈的討論。[1] 比如目前在俄羅斯對外政策方針中佔據指導地位的多極化思想就是俄羅斯對外政策智囊們提出來的。早在 1992 年底，俄羅斯科學院美國加拿大研究所所長羅戈夫就針對「美國霸權時代」來臨的觀點提出反對意見，他認為國際關係的常態是多極化世界，而霸權時代只是暫時現象。[2] 之後，莫斯科國際關係學院教授巴加圖洛夫（Богатуров А.Д.）等提出，當代國際關係體系的實質是以美國為主導的多極化世界，俄羅斯對外政策的任務不僅是要在變化的國際體系中確定符合自身標準與利益的地位與作用，還要努力使新的國際結構更少美國的單極統治並呈現更多的多極化趨勢。[3] 進而，俄羅斯著名政治學家科爾圖諾夫提出，儘管俄羅斯面臨着巨大困難，但它仍然擁有恢復國際地位的巨大潛力。俄羅斯不應成為一個與美國爭霸的超級大國，而應成為在五個世界強國中佔據平等地位的強國。[4] 對外政策智庫對於國家思想與對外戰略的理性思考與激烈爭論為俄羅斯國家尋求在新的國際關係體系中的位置與作用、確定自己對外政策的優先方向提供了豐厚的思想養料與理論基礎。

其次，促進精英之間的對外政策共識。「精英是民族思想的發生器、是外來思想的傳播者，是領袖與公眾之間的重要中介。在新國家特性與民族自我確立的階段、在各種對外政策構想激烈碰撞的時期，俄羅斯精英的對

1 俄羅斯政界與學術界有關對外政策思想的爭論與演變已經成為俄羅斯學者關注的重要問題，並且已取得相應的研究成果，參見：*Шаклеина Т.А.* Российская внешнеполитическая мысль: в поисках национальнай стратегии—дискуссии в политико-академических кругах по актуальным вопросам внешней политики России. М.:МОНФ. 1997.

2 *Рогов С.М.* Россия и США в многополярном мире // США—экономика, политика, идеология. 1992. No. 10.С.3-14.

3 *Богатуров А.Д.*Плюралистическая однополярность и интересы России // Свободная мысль. 1996. No. 2.

4 *Кортунов С.В.* Россия: Национальная идентичность на рубеже веков. М.: МОНФ, 1997.

外政策意識尤其重要，它是培育新俄羅斯對外政策幼苗的土壤」。[1] 而對外政策智庫正是俄羅斯對外政策精英的聚集地、是俄羅斯各界精英就對外政策問題交換意見、進行爭論並進而達成共識的重要場所。在這方面，近年來湧現的獨立對外政策智庫，如外交與國防政策委員會、對外政策協會、莫斯科社會科學基金會等似乎比官僚機構中的智庫和科學院系統的智庫發揮的影響更大。這些機構的人員組成與運作方式更容易激發精英們活躍思想、進行爭論並進而達成共識。近年來精英們對於對外政策的爭論加深了對於「國際國內環境變化、對於決定俄羅斯國際活動的標準的理解」。[2]

第三，為國家外交決策提供諮詢與決策方案。為國家外交決策提供諮詢與決策方案是對外政策智庫的基本功能，這些諮詢與決策方案有的關係到國家的長遠利益與戰略方針，有的則只具有個案性質。對外政策智庫的諮詢與提供決策方案的效果取決於內外諸多因素：(1) 該智庫的人才資源與綜合素質是否可以使其及時地發現國際形勢的變化、是否能對其做出迅速反應與準確判斷；(2) 該智庫與外交決策機構的關係性質與緊密程度是否允許其所做諮詢及決策方案受到足夠的重視；(3) 決策機制的整體環境與氛圍是否允許對外政策智庫對與對外政策有關的問題做出獨立而理性的思考與研判。

第四，發揮對外交決策的專業監督職能，形成專家壓力。對外政策智庫在國家外交決策中不只是一個被動的服務工具，同時也擔負着相應的專業監督職能。對外政策智囊的專業知識與職業素養可以在一定程度上彌補與糾正官僚機構的工作漏洞與思維定式。特別是在當代俄羅斯外交決策缺乏有效、正規的監督機制條件下，智庫可以利用自己的專業知識、幕後關

---

1 Этап за глобальным. Либеральный национализм во внешней политике России. Под ред. *А.Б.Богатурова*. М.: РНФ, 1994. С.29.

2 *Шаклеина Т.А.* Российская внешнеполитическая мысль: в поисках национальной стратегии // Внешняя Политика и Безопасность Современной России: 1991—1998. М.: МОНФ, 1999. Том 2. С.321.

係以及大眾傳媒等對外交決策發揮相應的監督職能。90 年代初，當科濟列夫主義主導俄羅斯對外政策時，一些對外政策智囊已經敏銳地發現單純的「親西方政策」絕不符合俄羅斯的利益，並且對科濟列夫及外交部的立場進行批評。著名的安全問題專家阿爾巴托夫尖銳地提出，俄羅斯對外政策危機的一個重要原因就是「對外政策既沒有建立在與議會的系統性合作基礎上，也沒有建立在與選民、政黨、社會組織以及大眾傳媒的緊密合作的基礎上。外交部的活動雜亂無章、屢屢碰壁的一個重要原因就是它缺乏對有關重要政治問題進行獨立分析的興趣，喪失了與學術界的緊密聯繫。國家舊的利益與立場協調系統失效、而新的協調系統尚未建立。能夠及時而內行地提出國家對外政策優先方向並將其提供給決策機構的智庫之間平衡的協作機制還沒有建立」。[1] 從 1994 年開始，俄羅斯對外政策智庫更加現實地思考國家的對外政策方針，並且更積極地作用於國家外交決策，而外交決策機構也開始重視智庫的建議與批評。可以說，對外政策智庫的專業性監督促進了俄羅斯對外政策向現實主義的過渡與調整。

第五，為利益集團提供專家諮詢和進行院外活動。隨着俄羅斯利益集團作為獨立利益主體的出現以及俄羅斯對外政策智囊系統結構與行為方式的變化，雙方產生了相互的利益需求。海外利益的日益顯現不僅促使利益集團需要就國際貿易、國際法、國際關係等專業性問題向對外政策智庫進行專家諮詢，還使它們需要通過對外政策智庫來影響國家的外交決策，從而保護和擴張自己的海外利益。而對外政策智庫不僅需要利益集團的財政與物質支持，而且也需要藉助利益集團的勢力擴展自己的影響。在當代俄羅斯，大多數「獨立」對外政策智庫都與利益集團有着密切的聯繫，甚至它們的存在本身就有賴於財團的財政支持。比如外交與國防政策委員會的章

---

1 *Шаклеина Т.А.* Российская внешнеполитическая мысль: в поисках национальной стратегии // Внешняя Политика и Безопасность Современной России: 1991—1998. М.: МОНФ, 1999. Том 2. С.321.

程中就明確宣佈「委員會活動的財政保障依靠私人和非政府組織的贊助」，而在委員會的成員中不乏俄羅斯大財團的代表。[1] 在外交與國防政策委員會的重要報告《俄羅斯戰略：總統的議事日程－2000》中，《俄羅斯的能源政策與石油天然氣綜合體的發展》是重要一章，就發展石油天然氣綜合體的內外政策問題提出了許多建議。[2] 除獨立對外政策智庫外，科學院系統的對外政策智庫也越來越多地與利益集團加強了合作。

對外政策智庫與利益集團相互接近對國家外交決策的影響不可一概而論，它不僅取決於集團利益與國家利益的融合程度，也取決於智庫與利益集團的關係性質及其作用於國家外交決策的方式。但有一點可以肯定的是，目前還沒有、將來也不大可能有一批對外政策智庫操縱於利益集團手中並單純為其利益服務。這是由於利益集團對智庫的要求在於其專家諮詢的準確性和院外活動的有效性，而不在乎其歸屬；而智庫在從利益集團獲得財政支持的同時，也要為自己的生存與發展而考慮政策諮詢的科學性與院外活動的獨立性。

對外政策智庫對外交決策的影響方式。作為社會精英的聚集地和對外政策思想的發生器，對外政策智庫存在的意義就是影響國家外交決策。伴隨着俄羅斯政治關係中的一系列變化，對外政策智庫影響國家外交決策的渠道與方式也多樣化了。

首先，出任國家權力機構官員或議會代表，直接將智庫的思想作用於國家決策。對外政策智庫聚集着從事國際問題與對外政策問題的優秀人才，「對外政策智囊與國家官員之間的相互更替與輪換不僅是為國家決策帶來新思想的重要因素，也是從與對外政策有關的各界精英那裏獲取支持的

1　其中包括烏拉爾汽車廠總經理、俄羅斯石化工業集團總裁、「尼科姆銀行」總裁、「尤科斯」石油公司信息分析中心主任、「莫斯科巴黎銀行」總裁等。

2　Стратегия для России: повестка для президента-2000. М.:СВОП.http://www.svop.ru

重要途徑」。[1] 儘管俄羅斯的對外政策智囊與國家官員相互更替的現象還不象在美國那樣廣泛與經常，但實際當中確實已經出現了這種趨勢，而且對國家外交決策產生了重要的影響。一個突出的例證就是普里馬科夫出任外交部長和總理期間俄羅斯對外政策的變化。普里馬科夫於 1970 — 1978 年擔任蘇聯科學院世界經濟與國際關係研究所副所長、1978 — 1985 年擔任蘇聯科學院東方學研究所所長、1985 — 1989 年又重回世界經濟與國際關係研究所擔任所長。儘管自 1991 年 9 月— 11 月擔任克格勃第一副主席兼第一總局局長，蘇聯解體後又長期擔任俄羅斯對外情報局局長，但他仍與對外政策智庫保持着緊密的聯繫。除與世界經濟與國際關係研究所和東方學研究所的舊有關係外，普里馬科夫更加積極地參與了外交與國防政策委員會的活動。這些對外政策智庫的中派思想與觀點無疑通過普里馬科夫對外交決策產生了重要的影響。

格奧爾基 · 阿爾巴托夫（Арбатов Георгий Аркадьевич）儘管自 1994 年 7 月起連續三屆當選杜馬代表並擔任杜馬國防委員會副主席，但這位自 1976 年起就供職於科學院世界經濟與國際關係研究所的學術世家之子並沒有放棄自己在研究所的職位，目前仍然擔任世界經濟與國際關係研究所「地緣政治與軍事預測中心」主任。難以想像，他在杜馬的對外政策問題表決或法案起草中不滲透其「預測中心」的觀點。

俄羅斯外交決策層佔有一席之地的許多要人也都有着在對外政策智庫工作的經歷與背景。曾擔任俄羅斯駐美國大使和國家杜馬國際事務委員會主席、現任國家杜馬副主席的弗拉基米爾 · 盧金曾長期在美國加拿大所工作；原國防部第一副部長、原國防會議祕書、原安全會議祕書安德烈 · 科科申曾長期在美國加拿大研究所工作並曾擔任該所副所長。在從安全會議祕書位置上卸任後，他又重回科學院擔任副院長。

---

1 *Роберт Э. Хантер.* Роль аналитических центров в формировании внешней и оборонной политики // США—политики, экономика, идеология. 2000. № 11.

但不能不看到，目前俄羅斯對外政策智囊與決策機構官員之間的交流與更替存在的重要缺陷是單向流動，也就是説絕大多數智囊在成為政府官員之後很難再回到對外政策智庫，他們中的大部分都日益演變成官僚。

其次，為國家決策提供建議與諮詢。對外政策智庫為國家外交決策提供建議與諮詢的方式基本可以分為兩種：（1）正式方式。在正式方式中又可以分為兩種途徑。第一種途徑是智庫直接參與機制性的決策過程，將自己的政策建議提供給外交決策部門。比如科學院世界經濟與國際關係研究所所長馬爾多諾夫（Мартынов В.А.）、美國加拿大研究所所長羅戈夫（Рогов С.М.）以及俄羅斯戰略研究所所長科若金（Кожокин Е.М.）都是安全會議國際安全跨部門委員會成員。而安全會議科學委員會的成員更是幾乎囊括了所有重要對外政策智庫的領導人。[1] 第二種途徑是對外政策智囊人物直接擔任決策人的對外政策顧問，這種方式往往更加直接地影響外交決策。比如對外政策協會副會長、外交與國防政策委員會成員科爾圖諾夫（Кортунов С.В.）1994 — 1996 年擔任總統國家安全助理的顧問，之後又於 1996 — 1998 年擔任國防會議機關副主任，如今如又成為總統辦公廳主任顧問。他直接參與了 1996 年總統致聯邦會議國情咨文的起草、參與了 1996 年莫斯科「八國首腦核安全會議」的籌備工作，並因此而受到總統的嘉獎。（2）院外活動。院外活動也是對外政策智庫、特別是那些近年來湧現出的「獨立」智庫影響外交決策的重要手段。外交與國防政策委員會的章程就明確寫明院外活動是其重要的活動方式。[2] 一般而言，對外政策智庫運用院外活動方式對

1　參加安全會議科學委員會的主要對外政策智囊機構領導人包括：俄羅斯戰略研究所所長、科學院世界經濟與國際關係研究所所長、科學院美國和加拿大研究所所長、科學院歐洲研究所副所長、科學院世界經濟與政治研究所所長、科學院遠東研究所所長、科學院斯拉夫與巴爾幹研究所所長、科學院社會政治研究所所長、俄羅斯軍事科學院院長、俄羅斯對外情報科學院院長、戰略發展中心主任、俄軍總參謀部軍事戰略研究中心第一副主任、莫斯科國際關係學院院長、俄羅斯外交學院院長、莫斯科大學亞非學院院長等。

2　http://www.svop.ru

決策施加影響往往發生在兩種情況下：首先可能是智庫的立場與觀點與國家的現行對外政策相左，通過正式的具有官僚性質的途徑施加影響的方法難以奏效。其次是對外政策智庫可能作為某種利益集團的代理人，為它們的利益而從事院外活動。

第三，通過大眾傳媒影響公眾輿論，從而對外交決策形成社會壓力。在俄羅斯社會轉軌的過程中，對外政策智囊與大眾傳媒的相互藉助已經成為一種潮流。對外政策智庫或智囊人物力圖通過大眾傳媒宣傳自己的觀點與立場，而大眾傳媒則希望藉助智庫的智力資源提高自己的專業水平與社會影響。在《獨立報》主持評選的「俄羅斯前 100 位智囊人物」2000 年 12 月排行榜中，對外政策智囊人物佔據着顯要位置。其中，科學院歐洲研究所副所長、外交與國防政策委員會會長卡拉加諾夫名列第 7 位；美國加拿大研究所所長羅戈夫名列第 11 位；世界經濟與國際關係研究所地緣政治與軍事預測中心主任阿爾巴托夫名列第 12 位；俄羅斯戰略研究所所長科若金名列第 24 位；莫斯科卡內基中心高級研究員特列寧名列第 55 位；外交政策協會副會長謝爾蓋·科爾圖諾夫名列第 57 位。[1] 這些智囊人物經常利用大眾傳媒評説國際事態與國家對外政策、宣傳自己的立場與觀點。這些著名的智囊人物經常成為在俄羅斯具有廣泛的國家電視台「明鏡」節目和獨立電視台「總結」節目以及其他專欄的座上客。而他們的大名更是經常見諸於《獨立報》《消息報》等著名大報的報端。比如在俄羅斯社會科學界享有盛譽的「俄羅斯社會科學基金會」會長安德烈·科爾圖諾夫就定期接受俄羅斯和世界知名大眾傳媒，如 ABC、NBS、CBS、CNN、BBC、ITN、NTB 等的採訪，對國家內政外交進行評論。這些對外政策智囊人物通過大眾傳媒發表的意見，往往對外交決策形成社會壓力。在 1993 年，正是科爾圖諾夫等人在報紙上的文章引發了對「科濟列夫主義」的全面抨擊，促進了俄羅斯對外政策方針的調整。

---

1 Ведущие эксперты России в декабре // Независимая газета—Сценарии.2001. 17 января.

對外政策智囊與大眾傳媒相互影響對外政策的模式在冷戰後俄美關係由親熱到冷淡的演變過程中也體現得十分明顯。正如美國對外關係委員會副主席葆拉．多布里揚斯基所說，「影響俄羅斯外交政策的其他重要因素是精英的意見，他們是埋頭關注於國際政治的一小部分人士」，「這些精英分子看來顯示出不斷增加的反西方反美情感。即使對俄羅斯媒體一次尋常的觀察，也會顯示出一個非常令人不安的現象：無論他們是親共的還是親政府的，俄羅斯評論員都對美國的目標和政策持敵視態度。他們習以為常地抱怨現存國際體制的單極特徵，引證美國霸權主義的罪惡，思考建立分支力量中心如由俄、法、德、中等國家組成反美同盟的必要性。[1]

俄羅斯外交決策層對對外政策智庫在外交決策中的作用和給予了高度評價。俄羅斯外長伊萬諾夫 2001 年 5 月曾表示，「要特別提到我們的國際問題專家和政治學家在制訂俄羅斯對外政策構想方面所起到的重要作用。我們和外交部對他們做出的智力貢獻表示感謝，希望今後繼續密切協作。我相信，在世界形勢急劇變化的情況下，外交官同學者的合作不是要削弱，而是要加強」。[2]

第三節　大眾傳媒與對外政策

80 年代末以來俄羅斯大眾傳媒的演變是俄羅斯體制變遷進程的一個縮影。從起始階段新聞出版自由制度的「狂飆激進」到近年來媒體大多為財團所控而再度失去新聞自由，俄羅斯大眾傳媒的現實狀況真切地反映了俄羅

---

1 葆拉．多布里揚斯基：《俄羅斯的外交政策：是福還是禍？》//《國外社會科學文摘》2000 年第 9 期。

2 *Игорь Иванов*. Россия в мировой политике. // Международная жизнь. 2001. No. 5.

斯體制變遷的矛盾性與複雜性。至到今天為止，俄羅斯的大眾傳媒仍處於一個分化組合、調節盤整的不穩定時期，大眾傳媒的法律地位、組建方式以及運行規則都尚未最終確定。但無論如何，俄羅斯大眾傳媒的法律地位與社會功能較之蘇聯時期已經是天壤之別。它已不再是一種政治力量的「傳聲筒」，而是成為政治鬥爭的手段和院外活動的重要武器。

蘇聯解體之初，俄羅斯大眾媒體曾一度全部處於自由化狀態。這種自由化是兩方面的，一方面大眾傳媒擺脱了昔日嚴格受制於蘇共的限制，可以充分自由地發表自己的觀點；另一方面大眾傳媒也失去了過去的國家財政支持，進入了一個完全靠市場競爭而生存的「弱肉強食」階段。然而，隨着私有化過程的不斷發展，大眾傳媒很快也落入各種社會集團爭奪的漩渦。執政後不久，以葉利欽為首的當權集團重新認識到大眾傳媒在政治統治中的重要作用，因而加強了對媒體的控制，力圖使其成為政權的政治工具和同共產主義反對派激烈衝突時對社會輿論施加影響的工具。在 1996 年的大選中，葉利欽充分利用了媒體的輿論作用而取得了總統選舉勝利。

與此同時，隨着俄羅斯社會財富的兩極分化日益加劇，少數暴富起來的新俄羅斯人掌握了雄厚的資本並開始染指大眾傳媒業，一方面搶佔媒體市場，另一方面力圖利用輿論影響政府決策。經過幾番分化組織之後，俄羅斯媒體大部分被部分財閥所把持，形成了資本－權力－媒體的結合。比如，別列佐夫斯基曾一度控制了俄羅斯《獨立報》《新報》《星火》雜誌等媒體；石油天然氣公司掌握了《勞動報》；盧克石油公司總裁阿列克佩羅夫掌握了“TV-6” 40% 的股份和《消息報》40% 的股份；聯合進出口銀行總裁弗里得曼購買了覆蓋俄羅斯 220 座城市的「電視台網」公司的控股權；大橋傳媒公司總裁古辛斯基不僅掌握着「獨立電視台」、「莫斯科回聲」電台、《總結》雜誌等輿論工具。各聯邦主體領導人也都把當地的媒體控制在自己的手裏。媒體名副其實地成為資本和權力的「政治工具」。

這種情況在 1999 年杜馬選舉中尤為明顯。根據歐洲大眾傳媒學院 1999 年 11 月和 12 月的調查資料顯示，在 1999 年議會選舉中起決定作用的是由大資本和當局控制的公共電視台（OPT）和國家電視台（PTP）。選舉期間定期收看電視節目的人中有 87% 的觀眾每天收看 OPT 的節目，83% 的人每天收看 PTP 的節目。而這兩個電視台對普里馬科夫領導的「祖國—全俄羅斯」運動持否定態度，而對支持普京的「團結」聯盟則大加稱讚，每天把三分之一的競選節目時間給了「團結」聯盟，而「祖國—全俄羅斯」運動得到的時間連對方的一半都沒有。臨近選舉時，「團結」聯盟已成為「普京的政黨」。這樣一來，它在選民中的支持率就更高了。

在 2000 年總統選舉中，大眾傳媒仍然發揮着政治工具的作用。眾所周知，普京剛被葉利欽圈定為「接班人」時，既無知名度，也無威信可言。雖然在議會選舉前兩個月組建起來的「團結」運動將忠於克里姆林宮的地方領導人聯合在一起，為普京的當選保駕護航，但當時以莫斯科市市長盧日科夫為首的反對派聯盟「祖國」運動已經擁有了強大的勢力，並且同「全俄羅斯」運動聯手，推舉當時在各界人士中最有威信的前總理普里馬科夫為總統候選人，使普里馬科夫成為普京的強有力的競選對手。為了保證普京能夠順利當選，克里姆林宮以及支持當局的一些大財閥利用自己掌握的所有輿論工具，一方面宣傳普里馬科夫「年齡偏大、仍是過去行政官僚體制的『產物』、同共產黨人接近」等競選弱項。另一方面則利用車臣匪幫入侵達吉斯坦和在一些大城市製造恐怖事件，大力宣傳國家權威和社會秩序的重要性，頌揚普京（當時是政府總理）在維護社會穩定方面所發揮的不可替代作用，極力表現普京的年富力強、辦事果斷、雷厲風行的作風。比如，電視裏播放的普京親自駕駛飛機到車臣視察的鏡頭給選民留下深刻的印象，選民們更多地看中了普京的個人魅力、充沛精力和堅強意志。有關的調查結果表明，半數以上的選民（53%）對普京的了解主要是通過媒體。可以說，媒體以其獨特的滲透性和快速性影響着選民。根據全俄社會輿論調查中心的統計材料，1999 年 9 月，普京在民意測驗中落後於所有的總統候選人。然而，到 10 月份時普京在選民中的威信已經超過了普里馬科夫，並遙遙領先於其他競爭對手。另外，媒體以其傳播的廣泛性深刻地引導着邊遠地區選民的心理。根據 2000 年總統選舉結果的統計，在北方和遠東地區，電視和廣播等媒體宣傳對選民傾向的引導作用是最為明顯的。毫無疑問，大眾傳媒在當代俄羅斯政治生活中發揮着不可替代的重要作用。

在信息化社會，「社會輿論的作用越來越大。媒體在很大程度上，甚至在決定性程度上能夠左右精英集團的情緒。社會輿論對外交政策的壓力越來越大。」[1] 在當代俄羅斯的外交決策過程中，大眾傳媒也發揮着獨特的作用與影響。鑒於俄羅斯大眾傳媒本身的不穩定狀態，要想非常準確地確定大眾傳媒在外交決策中的作用是非常困難的。筆者只想依據近年來俄羅斯對外政策演變和大眾傳媒的相互關係，對大眾傳媒在外交決策中的宏觀功能做一初步的探討。

首先，大眾傳媒是俄羅斯各種政治力量和利益集團表達對外政策主張、對外交決策施加影響的重要渠道。與蘇聯時期大眾傳媒完全由黨和國家控制並成為官方的宣傳喉舌不同，當代俄羅斯大眾傳媒的歸屬已呈三足鼎立之勢並代表着不同的聲音。官方控制的《俄羅斯報》《俄羅斯消息報》、俄羅斯國家電視台等傳遞着有關對外政策官方信息、宣傳着國家的對外政策路線；一些政黨控制的媒體依據自己的政治立場與觀點對官方政策或大加讚揚、或婉轉批評或大肆攻訐；金融財團控制的大眾傳媒以集團利益為主軸，為外交決策提供有利於集團利益的行動方案。

目前俄羅斯大眾傳媒界的「三足鼎立」是重心傾向於金融財團的不平衡三角，是否掌握有影響的大眾傳媒已經成為影響利益集團地位與利益獲取的重要因素。在俄羅斯通常不是編輯部，而是大金融財團和公司擁有大眾傳媒的控股權，這就導致院外集團的主要組織者同時也是大眾傳媒的實際擁有者。儘管許多傳媒的創辦人是編輯部或出版商並聲稱自己是獨立的，但它們的實際擁有者仍是實業機構，也正是他們對編輯部進行資助並以此推行自己的編輯方針。這種私人資本進入大眾傳媒的例子很多。最著名的

---

1 Стратегия для России: повестка для президента-2000. М.:СВОП.

就是《消息報》與擁有其 41% 股份的「盧克」公司的衝突，其結果是《消息報》編輯部被迫向「盧克」公司讓步，並依照公司的意思修正了自己的政治立場。大財團壟斷大眾傳媒的最大危險是，大多數社會組織喪失了通過傳媒表達自己的意見以向國家機構施加影響的可能。大眾傳媒也日益依靠金融工業集團使其在一定程度上成為其掌握者「對外政策」的代言人，大眾傳媒對對外政策的獨立影響日益減少。[1]

儘管國家實際擁有的傳媒數量和影響不及金融財團，但國家仍擁有調節大眾傳媒活動的有力的法律手段。近來圍繞着古辛斯基的「橋媒體集團」的一系列事件已經説明在大眾傳媒與國家關係中，國家仍處於優勢地位。

其次，大眾傳媒傳達並促使形成有關各種對外政策問題的社會意見，影響在具體的對外政策問題上社會政治力量的劃分。在當代社會，大眾傳媒不僅是信息的重要來源，還是影響公眾輿論與民眾意識的重要工具。大眾傳媒對政治生活所具有的重要影響使其具有「第四政權」之稱。在當代俄羅斯新的國家思想確立的過程中，大眾傳媒還影響着對外政策思想的形成。正是大眾傳媒引導了有關俄羅斯在世界新秩序中的地位與作用、新俄羅斯的國家思想等問題的討論。這些討論影響和加劇了俄羅斯政治力量以西方派、歐亞派和強國派為分野的分化組合，並在爭論中形成了以多極化與強國思想為主線的俄羅斯對外政策思想。在這一過程中，大眾傳媒與對外政策智庫的結合產生的合力成尤為明顯。除各種有關國際關係和對外政策的專業性媒體外，《獨立報》《消息報》《總結》周刊等有影響的大眾傳媒不僅影響着專業人士和精英之間的對外政策討論，更影響着廣大民眾的情緒與思潮。

第三，向外交決策層通報社會各種政治力量有關對外政策問題的立場意見以及政治力量有關對外政策問題的分化組合情況，促使決策層據此進

1　*Кобринская И.Я.* Внутренние факторы внешней политики посткоммунистической России // Политическая Россия. Московский центр Карнеги.1999.С.285.

行相關決策。對外政策是在社會各種政治力量和集團相互競爭與相互妥協的過程中形成的。無論是從外交決策順利執行的角度來講，還是從維護國內的政治體制來講，決策層必須考慮不同政治力量的對外政策立場和有關對外政策問題的力量配置，而大眾傳媒正是決策層了解這些情況的重要渠道。在當代俄羅斯，無論是總統辦公機構還是對外政策部門機構都設有與大眾傳媒保持接觸與聯繫的部門，它們的任務不僅是向大眾傳媒傳遞有關國家對外政策的相關信息，還要從大眾傳媒那裏了解有關對外政策的公眾輿論與政治力量組合。

第四，大眾傳媒是外交決策的重要信息來源。儘管國家決策機構都有自身的信息渠道和情報來源，但是大眾傳媒具有官僚政策部門和對外政策智庫所不具備的信息優勢。大眾傳媒的對外政策信息不僅可以使決策層從除官僚機關之外的渠道獲取有關正在發生的事態的信息，而且信息來源渠道的多樣化和相關材料的獨立性使決策層可以擺脱單純的「機關信息」的束縛，這對制訂現實的政策是有益的。

第五，大眾傳媒在外交決策與執行過程中還承擔着社會監督機制的功能。儘管大眾傳媒界內有着不同的政治分野和利益差異，但大眾傳媒作為一個整體從客觀上保障着各種政治力量與集團對於國家對外政策的監督與其自身對外政策利益的表達，有利於促進平衡的、現實的對外政策的制訂與實行。同時，大眾傳媒還是外交決策系統反饋環中的重要組成部分。正是在很大程度上通過大眾傳媒，先期決策的效果才反饋到決策層那裏，對對外政策的修正與調整產生影響。

需要注意的是，大眾傳媒在外交決策與執行過程中的作用的在許多情況下不是獨立實現的，而是在與政治系統的其他因素與機制共同發揮作用的情況下完成的。

第五章

俄羅斯外交決策機制中的地方因素

「70 年代以來，次國家政府（一國內部僅在部分國土上行使管轄權的政府）在對外事務中的參與不斷加強，並對一國對外政策的運作帶來了複雜的影響。在一國內部，次國家政府日益介入一國對外政策的決策過程；在一國外部，次國家政府開展廣泛的國際活動。」[1] 在俄羅斯這個新興的聯邦制國家，其對外政策的決策過程也滲透着重要的地方性因素。根據俄羅斯聯邦憲法，「俄羅斯聯邦的對外政策和國際聯繫」屬於聯邦權力，「但這不意味着，地區不參與俄羅斯國際合作基本方針的制訂與實施。實際上，地區通過自己在聯邦委員會的代表現實地影響着對外政策過程。地方領導人經常作為俄羅斯代表團的領導人出訪外國、根據聯邦政府的委託簽署重要文件、陪同俄羅斯聯邦總統進行國事訪問。」[2] 在本節中，我們將對俄羅斯聯邦體制、聯邦中央與聯邦主體對外政策權力的劃分、俄羅斯聯邦主體的國際與對外經濟聯繫及其調節進行分析。

第一節　俄羅斯的聯邦體制

聯邦制國家通常是指由若干個成員國組成的統一聯盟國家，作為一種區域政治組織形式的聯邦體制，主要「通過其存在和權威都受到憲法保障

1 陳志敏：《次國家政府與對外事務》，長征出版社 2001 年版，第 1 頁。

2 *Э.Кузьмин*. Российский центр, регионы и внешний мир // Международная жизнь. 1998. No. 11-12.

的中央政府與地方政府之間的分權而將統一性和地區多樣性同等納入一個單一的政治體制之中」。[1] 這種組織形式的特點是，權力至少在兩級政府中進行分配，統一性和地區多樣性同時存在。具體來説，聯邦制是一種立法權由中央立法機構和組成該聯邦的各地方主體分享的立憲政體。其中，公民因不同的目的服從兩個不同的法律機構，聯邦各組成單位通常設有與聯邦一級的行政、司法機構相對應的行政、以司法機構，其權力配置由憲法加以規定。

1993 年俄羅斯聯邦憲法規定，「俄羅斯聯邦是共和制民主聯邦法制國家」。「93 年憲法」還確定了俄羅斯聯邦制度的原則、結構形式、聯邦中央與各主體的政治法律關係，明確劃分了聯邦中央與各主體的管轄對象和職權，形成了具有俄羅斯民族國家特點的聯邦制度。

目前世界上共有約 30 個聯邦制國家，其中多數是按照地區特徵建立的。而俄羅斯聯邦則是按照民族—地區特徵建立的，這也決定了俄羅斯聯邦組成的多樣性和混合型的突出特點，也就是説俄羅斯聯邦不是由若干個清一色的成員國（聯邦主體）組成的。目前俄羅斯聯邦共由 89 個聯邦主體構成，它們可以劃分為俄羅斯聯邦組成中國家（共和國）、區域性國家組織（邊疆區、州、聯邦直轄市）和民族國家組織（自治州、自治專區）三種類型。[2] 共和國是組成俄羅斯聯邦的民族—國家。它們在俄羅斯聯邦的職權範圍之外，享有立法、執行、司法等全部國家權力。俄羅斯聯邦共有 21 個共和國，在這些共和國內聚居着與共和國同名的主體民族，這些民族在經濟發展、文化和生活習俗方面具有鮮明的特點。邊疆區、州、聯邦直轄市是組成俄羅斯聯邦的區域性國家組織。俄羅斯聯邦共有 6 個邊疆區，這些邊疆區一般離中央地區較遠、面積比州大、人口稀少；49 個州，州的特點是一

1 ［英］戴維．米勒、韋農．波格丹諾編：《布萊克維爾政治學百科全書》，中國政法大學出版社 1992 年中文版，第 254 頁。

2 劉向文、宋雅芳：《俄羅斯聯邦憲政制度》，法律出版社 1999 年版，第 65 頁。

般位於中央地區或離中央地區較近、面積比邊疆區小、通常以中心城市命名；2 個聯邦直轄市，是莫斯科市和聖彼得堡市，基於俄羅斯歷史的特點，這兩個城市在俄聯邦的政治經濟文化生活中發揮着重要而特殊的作用。自治州和自治專區是俄羅斯聯邦組成中的民族國家組織。目前俄羅斯聯邦有 1 個自治州和 10 個自治專區。自治州是具有特殊民族成分和生活方式的聯邦主體，面積小、人口少。自治專區原是俄極北地區、西伯利亞和遠東地區的小民族的民族區域自治形式，現在也是平等的聯邦主體。自治州和自治專區的區別在於自治州是俄羅斯聯邦的直接組成部分，而自治專區是通過邊疆區或州成為俄羅斯聯邦的組成部分。[1]

俄羅斯聯邦是一個主權國家，其主要表現在：（1）主權屬於俄羅斯聯邦，俄羅斯聯邦主權適用於其全部領土。（2）俄羅斯聯邦作為統一的聯邦國家，具有俄羅斯聯邦憲法和統一的聯邦法律體系。俄羅斯聯邦憲法具有最高的法律效力和直接的作用，適用於俄羅斯聯邦全境，在俄羅斯聯邦通過的法律及其他法規不得與俄羅斯聯邦憲法相牴觸。（3）俄羅斯聯邦具有統一的國家權力機關體系。俄羅斯總統是俄羅斯聯邦的國家元首，代表俄羅斯聯邦，捍衞俄羅斯聯邦的主權、獨立和完整。聯邦議會為聯邦代表和立法機關，它由聯邦委員會（上院）和國家杜馬（下院）兩院組成。俄聯邦政府行使聯邦的執行權力。俄羅斯聯邦設有憲法法院、聯邦最高法院和聯邦最高仲裁法院，由俄羅斯總檢察長領導檢察機關係統。（4）在俄羅斯聯邦建立統一的經濟空間，實行統一的貨幣和信貸體系。（5）俄羅斯聯邦作為主權國家，是國際關係主體，奉行統一的對外政策，發展同世界各國

---

1 1990 年 12 月 15 日通過的 1978 年俄羅斯聯邦憲法的修改補充法曾授權自治專區可以自主決定是否通過邊疆區或州成為聯邦的組成部分，楚科奇自治專區運用這一權力直接加入俄羅斯聯邦。現行的 1993 年俄羅斯聯邦憲法取消了這一授權，並規定「加入邊疆區或州的自治專區與其所有的邊疆區或州之間的關係，由聯邦法律、自治專區和相應邊疆區或州的國家權力機關之間簽署的條約調整。1997 年俄羅斯已頒布《邊疆區或州組成中的自治專區與相應邊疆區或州之間的關係法》。參見劉向文、宋雅芳：《俄羅斯聯邦憲政制度》。法律出版社 1999 年版，第 81 頁。

的關係。在對外政策活動中，俄羅斯聯邦有權簽署國際條約和協定，有權參加國際組織、集體安全體系、地區性國家聯盟和國家間聯盟。在國際關係中，俄羅斯聯邦不僅代表和捍衛整個聯邦的利益，而且代表和捍衛俄羅斯聯邦每個聯邦主體的利益；(6) 實行統一的國籍。俄羅斯聯邦的每個公民都擁有統一的聯邦國籍。同時，俄羅斯聯邦組成中的共和國也有自己的國籍，共和國的公民同時也是俄羅斯聯邦公民。喪失俄羅斯聯邦國籍同時也意味着終止共和國的國籍。

按照俄羅斯聯邦憲法規定，聯邦各主體一律平等。它們在與聯邦國家權力機關的相互關係上具有平等的權利，不存在任何具有優越性的主體。根據俄羅斯聯邦憲法制度基礎以及國家代表和執行權力機關總的組織原則，各主體建立自己的代表、執行和司法權力機關，在自己管轄的範圍內頒佈法律和法規。它們有權參加解決聯邦管轄的問題，選舉代表組成聯邦委員會和國家杜馬。由於組成俄羅斯聯邦的各主體的類型不同，聯邦各主體在法律地位和管轄權上也存在一定的差別。

可以說，俄羅斯新型聯邦制度是按照各主體平等、聯邦中央與各主體分權的原則建立的。它力圖既避免走向聯邦中央高度集權的體制，又有效地防止分裂主義危險。俄羅斯聯邦制度的形成和發展既積累了許多嶄新的經驗、豐富了聯邦主義理論，同時也存在着許多需要解決的問題、暴露出俄羅斯現行聯邦制度存在的一些缺陷。這些問題均已引起國內外學者的廣泛重視，一些學者已經進入了較為深入的研究。[1] 作為一項關於俄羅斯外交決策機制的研究，筆者無意對俄羅斯聯邦制度的優劣成敗做過多的評述，而是力圖對聯邦制度對於外交決策機制的影響、聯邦主體在對外政策中的作

---

1 國內有關俄羅斯聯邦制度的可以參見劉向文、宋雅芳所著《俄羅斯聯邦憲政制度》，葉自成所著《俄羅斯政府與政治》，海運、李靜傑主編的《葉利欽時代的俄羅斯：政治卷》。俄羅斯研究聯邦制的著作可謂汗牛充棟，主要請參見：Смирнягин Л. Российский федерализм: Парадолсы, противоречия, предрассудки. М., 1998；Николай Петров. Федерализм по-российски // Pro et Contra. Том 5, Зима 2000. 等

用以及聯邦中央調節聯邦主體國際與對外經濟聯繫的一些做法進行具體的探討與分析。

第二節　俄羅斯聯邦中央與聯邦主體的權力劃分

俄羅斯聯邦中央與各主體之間在管轄對象和職權範圍上實行分權原則。俄羅斯聯邦憲法、聯邦條約、聯邦中央與某些聯邦主體簽署的相互關係條約對此作了明確規定。它們列舉了聯邦中央專屬管轄的職權，聯邦中央與各主體共同管轄的職權。除此之外，各主體在自己管轄範圍內擁有一切全部權力。

劃歸俄羅斯聯邦中央專屬管轄的是最重要的國家生活問題，可以劃分為解決跨聯邦主體事務的職權，與國家對外及國防職能相關的部分職權，國家建設方面的職權以及經濟、社會文化發展方面的職權。具體包括聯邦憲法和聯邦法律的制訂修改與監督實施，聯邦體制與聯邦領土，對外政策和國際聯繫，防務與安全，財政稅收，貨幣金融政策，聯邦國家權力機關的建立與相關活動，司法制度等。

屬於聯邦中央與各主體共同管轄的對象和職權主要包括：保證共和國的憲法與法律，邊疆區、州、聯邦直轄市、自治州和民族自治專區的章程、法律以及其他法規符合俄羅斯聯邦憲法和聯邦法律；捍衛公民和少數民族的權利，保證法制與秩序，法律調整和司法制度；經濟、社會和文化建設問題；協調俄聯邦主體的國際交往和對外經濟聯繫，履行俄羅斯聯邦簽署的國際條約。

構成聯邦主體專屬職權的主要是各主體的國家建設和地方性事務。各主體在建立地方國家權力機關體系、規定組織活動程序、決定行政區域制度、保證地方自治、制定和執行社會經濟發展綱要上具有廣泛的自主權利。根據協議聯邦政府可以把自己的部分職權轉交給聯邦主體執行權力機關執行，反之，聯邦主體也可以把自己的部分職權轉交給聯邦政府來執行。

現行俄羅斯聯邦對聯邦中央與聯邦主體在對外政策方面的權力進行了明確的劃分。俄羅斯聯邦憲法規定，「俄羅斯聯邦的對外政策和國際聯繫，俄羅斯聯邦的國際條約；戰爭與和平問題；俄羅斯聯邦的對外經濟聯繫；防務與安全；俄羅斯聯邦的國家邊界、領海、領空、特別經濟區和大陸架的地位的確立與保衛」等事務屬於俄羅斯聯邦的專有權力。[1] 憲法同時規定，「直轄市俄羅斯聯邦主體的國際交往與對外經濟聯繫，履行俄羅斯聯邦簽署的國際條約」是俄羅斯聯邦和俄羅斯聯邦各主體共同管轄的權力。[2]

第三節　俄羅斯聯邦主體的國際與對外經濟聯繫

有的學者認為，「在聯邦制國家，全國（聯邦）政府掌握着外交事務中重大事件的最終控制權。外交與武裝力量的任務反映的是聯邦國家而不是成員單位的偏好、利益和目標……聯邦政府在對外關係方面的排他性控制成為聯邦制的一個重要特徵。」[3] 筆者不能認同這種簡單的判斷。筆者認為，在當今世界，一個國家的次國家政府，無論是作為國家對外政策的參與者、執行者還是國家利益的推動者，在國家的對外政策過程中都發揮着不可忽視的作用。具體到聯邦制國家，可以説構成聯邦國家的組成單位（聯邦主體）在國家對外政策中發揮着日益明顯的作用。

聯邦主體在聯邦制國家對外政策中作用的增強，既源於聯邦中央與聯

---

1 Конституция Российской Федерации.Статия 71..часть 10, 11, 12, 13.

2 Конституция Российской Федерации.Статия 72..часть 1.пункт 14.

3 王麗萍：《聯邦制與世界秩序》。北京大學出版社 2000 年版，第 21 頁。

邦主體之間的權力劃分，也源於地方層面的驅動性因素，如：(1) 地方國際利益的分化。次國家政府的國際利益不斷衍生並且具有不同的特殊性，中央政府難以全面顧及。這促使次國家政府在努力影響中央外交的同時，也在發展自己的國際戰略，以實現本地特殊的國際利益和目標。(2) 地方行動主義的出現。70 年代以來，地方公眾、社會團體和次國家政府要求在國際問題上採取行動的願望出現了增強的趨勢。(3) 地方國際行為能力的增強。次國家政府手中所掌握的財政資源、組織資源、人力資源和信息資源的提高使次國家政府有能力加強自己的國際行為。[1]

「如果說聯邦主體與外國的聯繫在第二次世界大戰之前被視為分離主義的話，那麼現在則被視為積極的因素、特別是經濟方面的積極因素。」[2] 近年來，俄羅斯聯邦主體國際與對外經濟聯繫取得了長足的進展，為促進俄聯邦主體與其他國家行政區之間的相互協作、借鑒外國地方的經驗以解決社會經濟和發展問題、通過地區間合作深化與充實國家間關係發揮了積極的作用。「如果俄羅斯聯邦主體的國際與對外經濟活動是在憲法範圍內進行的話，那麼聯邦主體對外聯繫的擴大不僅符合地方和俄羅斯國家的利益，而且有助於國際穩定。俄羅斯聯邦主體的國際聯繫越來越經常地被作為補充性渠道來發展與其他國家的合作以解決那些由於某種原因在國際層次不好解決的問題。」[3]

與獨聯體國家的跨地區合作在俄羅斯聯邦主體的國際與對外經濟聯繫中佔有重要位置，「這種聯繫不僅可以積極促進獨聯體國家中的俄語居民發展與鄰近的俄羅斯地方的文化信息交流、生產經營與企業合作，還有助於

1 參見陳志敏：《次國家政府與對外事務》。長征出版社 2001 年版，第 52-63 頁。

2 *Э.Кузьмин*. Российский центр, регионы и внешний мир // Международная жизнь. 1998. No. 11-12.

3 *В.Матвиенко*. Центр и регионы во внешней политики России. Международная жизнь. 1996. No. 8.

在後蘇聯空間發展建立在新基礎上的合作關係。」[1] 俄羅斯聯邦委員會致 1998 年 3 月 13 日召開的獨聯體國家首腦會議的信也強調，獨聯體範圍內的跨地區合作可以積極地促進獨聯體的一體化進程，符合獨聯體各國的共同利益。1997 年 5 月 31 日簽署的《俄烏友好、合作與夥伴關係條約》第 14 條明確規定，俄烏雙方有義務「為兩國地區之間發展貿易和其他形式的經濟關係與合作創造良好的條件」。截至 1998 年底，俄羅斯聯邦主體已與烏克蘭各個地區簽署了 154 項合作協議。俄羅斯與白俄羅斯的跨地區合作隨着俄白共同體和俄白聯盟的建立得到了新的發展，兩國地區間已簽署 73 項合作協議，囊括了兩國許多重要企業的跨國金融工業集團的建立成為兩國地區間合作的獨特形式。俄羅斯聯邦主體與哈薩克斯坦的地方政府也簽署了近 100 項合作協議，與獨聯體其他國家簽署了近 150 項協議。為使獨聯體國家的地區間合作具有更可靠的組織保障，目前正在醞釀在獨聯體範圍內建立地區和沿邊聯繫協調委員會。

俄羅斯聯邦主體與法國地方的跨地區合作得到了長足發展，這是由於法國建立了有中央政府財政支持的地方分權合作機制，而且法國還具有與歐洲其他國家進行地區合作的豐富經驗。兩國許多對友好城市的建立和其他形式的地方間合作在兩國貿易與投資合作中發揮着不可替代的重要作用。

俄羅斯與德國的跨地區合作發展令人矚目。德國的北威斯特伐里亞、巴伐利亞、巴登－維爾登堡和下薩克森等州對發展與俄羅斯聯邦主體的合作特別有興趣，莫斯科和柏林之間的城市友好關係發展迅速，梅克倫堡－前波米拉尼亞州計劃與加里寧格勒州、列寧格勒州和聖彼得堡市發展合作關係。俄羅斯的斯維爾德洛夫斯克州、薩拉托夫州、韃靼斯坦共和國以及阿爾泰邊疆區與德國東部地區關係發展迅速。目前，俄羅斯已與德國建立起近 70 對姐妹城市。

1　*Э.Кузьмин*. Российский центр, регионы и внешний мир // Международная жизнь. 1998. No. 11-12.

在亞太地區，烏拉爾山以東的俄羅斯聯邦主體與日本、美國和東盟地區國家的地方建立了廣泛聯繫。對外經濟活動的開展促進了濱海邊疆區的經濟發展，其建立的外資和合資企業總數僅次於莫斯科市、聖彼得堡市和加里寧格勒州。

近年來，俄羅斯聯邦主體與中國省市之間的聯繫明顯增多。1997 年 11 月簽署的《俄羅斯聯邦主體與中國省、自治區和直轄市合作原則協議》成為中俄地區間合作的巨大動力。同時應該承認，中俄之間的地區合作還遠遠落後於兩個國家間的合作水平，為克服阻礙雙方地區合作的障礙，中俄兩國確定了 10 對地方經貿合作夥伴。

俄羅斯聯邦主體還積極發展與聯合國各種專門機構的合作。在聯合國開發計劃署的財政資助下，在薩哈共和國落實了一系列促進北方原住民社會經濟發展的項目、在下諾夫哥羅德州開展了改善生態環境的可持續發展項目、在巴什基爾共和國進行了大型軍工企業烏法發動機聯合體的軍轉民改造。在聯合國教科文組織的幫助下，莫斯科市、聖彼得堡市和普什科夫州等地積極組織了普希金誕辰 200 周年的紀念活動，科米共和國參與了教科文組織主辦的「世界文化」系列活動。

俄羅斯與歐洲國家的跨地區合作也在一些區域合作組織的框架下開展起來。歐盟、歐洲復興與開發銀行等歐洲國際機構在俄羅斯的代表機構為促進俄羅斯與歐洲的跨地區合作創造了許多有利條件，《俄羅斯與歐盟夥伴和合作協定》的生效使俄羅斯與歐盟的跨地區合作又進入了一個新的階段，這一協定有一章專門規定，雙方將努力促進地區間的合作。

俄羅斯與歐洲委員會之間的跨地區合作也取得了積極進展。在歐洲委員會共同協議的框架下，歐洲委員會和俄羅斯 1998 年在奧倫堡和摩爾曼斯克舉行了兩次研討會，討論了在俄羅斯外交學院專門為俄羅斯聯邦主體外事幹部開設培訓班和出版教材的事宜。此外，俄羅斯代表還積極參與「歐洲地方和地區政權大會」的活動。

俄羅斯西北地區的摩爾曼斯克州、阿爾漢格爾斯克州、卡雷利阿共和國、涅涅茨自治區積極參與到由「巴倫支－歐洲北極地區委員會」(Совет Баренцева-Евроарктического региона）和「巴倫支海國家委員會」(Совет государств Балтийского моря) 等機構組織的國際地區間合作。目前，巴倫支－歐洲北極地區委員會的參加國把主要精力放在擴大經濟合作、解決生態問題和建設沿邊基礎設施特別是交通設施問題上來。俄羅斯提出在巴倫支－歐洲北極地區委員會合作框架內建設從挪威希爾克內斯到俄摩爾曼斯克的鐵路、實現北德文斯克造船廠軍轉民、發展俄羅斯巴倫支海沿岸地區電訊設施現代化項目，引起其他國家的廣泛興趣。俄羅斯外交部及俄羅斯駐芬蘭、挪威、瑞典和丹麥的使領館做了大量工作，力圖藉助巴倫支－歐洲北極地區委員會用於發展地區間合作的財政資金恢復俄羅斯西北地區的經濟潛力，落實軍民計劃、擴展地方的對外貿易潛力，引入外國資金。加里寧格勒、諾夫哥羅德、列寧格勒州和聖彼得堡市參與到波羅的海國家委員會的工作中。合作的重點放在在採取環保措施的前提下鞏固該地區的工業基礎、發展交通與能源項目。

「沿邊合作」的迅速發展是當代國際關係的一個重要特點，它有助於鞏固和發展歷史形成的跨國聯繫、緩和並靈活解決在國家間關係層面上一時還無法解決的問題。近年來，俄羅斯聯邦主體的國際與對外經濟聯繫的發展促進了俄羅斯與其他國家睦鄰地帶的建立。1998 年 6 月 3 日，俄羅斯外交部「聯邦主體國際與對外經濟聯繫諮詢委員會」指出，俄羅斯聯邦及其聯邦主體與外國的沿邊合作日益成為與周邊國家在經濟、文化、人文和其他領域建立協作關係的重要因素，將使俄羅斯周邊出現一個「睦鄰地帶」，符合俄羅斯的長遠利益。

獨聯體範圍內的沿邊合作具有重要意義，它可以促進獨聯體一體化進程，深化和擴大相互聯繫。1998 年 2 月簽署的《2007 年前俄羅斯與烏克蘭長期經濟合作計劃》的一個重要內容就是跨地區合作、包括兩國沿邊地區的合作，這將為這些地區的社會經濟復興創造良好的條件。

歐洲國家的沿邊合作以 1980 年 5 月 21 日在馬德里簽署、1987 年 12 月

22 日生效的《歐洲地方政權沿邊合作框架協議》為基礎，主要在歐洲委員會框架內展開。俄羅斯加入歐洲委員會在很大程度上促進了它與歐洲國家沿邊合作的發展。俄羅斯與北方鄰國挪威的貿易關係自古有之。目前，俄羅斯摩爾曼斯克州與挪威的海德馬克郡醞釀實現「摩爾曼斯克走廊」計劃，其目的是擴大沿邊交往、在工業和生態領域吸引投資、在社會領域發展持續合作。俄阿爾漢格爾斯克州和卡累利阿共和國與挪威北部地區的合作也已經開始，雙方就共同開發北極海上商業通道進行了科學調研。

聖彼得堡市已經推出一項名為「彼得堡－俄羅斯的歐洲大門」的計劃，其重要的內容之一就是發展聖彼得堡與歐盟和波羅的海沿岸 12 個國家的聯繫。這項計劃得到了許多歐洲國家和組織在財政、交通、貿易、文化、建設、環保、社會領域和勞動力資源等方面的支持。1997 年聖彼得堡還與赫爾辛基、斯德哥爾摩、塔林、里加共同制訂了「波羅的海景色」合作計劃，在維護波羅的海生態環境方面加強合作。

1992 年俄羅斯與芬蘭簽署《俄芬沿邊地區合作政府間協議》。在此範圍內，建立了促進卡雷利阿共和國和聖彼得堡市與芬蘭地方政府發展合作的俄羅斯－芬蘭工作組。加里寧格勒州和聖彼得堡市的代表被俄羅斯外交部吸收進入《俄羅斯政府與波蘭政府關於加里寧格勒州與波蘭東北省份合作協議》和《俄羅斯政府與波蘭政府關於聖彼得堡市與波蘭地區合作協議》的起草和和簽署工作中。

為促進沿邊地區合作，俄羅斯已制定了一系列調節沿邊合作的法律。1995 年 10 月 13 日通過的《俄聯邦國家調節對外貿易活動法》規定沿邊貿易屬於對外貿易的一個分支，應遵守整個對外貿易的規則。1993 年 4 月 1 日通過的《俄羅斯聯邦國界法》和 1995 年 8 月 12 日的《俄羅斯聯邦地方自治組織總原則》規定了調節沿邊合作的相應措施。邊界地區聯邦主體的章程也包括了它們國際和對外經濟聯繫的內容。1994 年 10 月 2 日簽署的《俄羅斯與波蘭跨界合作條約》規定了聖彼得堡和加里寧格勒與波蘭東北部地區和沿海省份合作的內容。俄羅斯與烏克蘭和哈薩克斯坦也簽署了類似的沿邊合作協定。

俄羅斯外交部非常重視俄羅斯聯邦主體沿邊合作的發展與協調，在這一領域也積累了不少的經驗。但同時，與沿邊合作有關的一些關鍵性問題還沒有得到根本解決，俄羅斯尚未制訂全國性的沿邊地區合作方案。在遵守俄羅斯國際義務的前提下完善沿邊地區的基礎設施、建立調節和刺激沿邊合作的有效機制、促進沿邊地區經濟特區的發展、與周邊國家關係妥善解決邊界問題並確立相關制度、在簽證制度和接受外國人道主義和技術援助等方面簡化手續等問題已成為促進沿邊合作需要迫切解決的問題。

俄羅斯地域廣袤、發展失衡的國情決定了聯邦主體國際與對外經濟聯繫發展的不平衡性，各聯邦主體參與國際與對外經濟活動的水平存在很大差別。在對外貿易方面，俄羅斯出口總額的 60% 集中在巴什基爾共和國、克拉斯諾雅爾斯克邊疆區、哈巴羅夫斯克邊疆區、沃洛格達州、伊爾庫茨克州、克麥羅沃州、薩馬拉州、斯維爾德洛夫斯克州、秋明州和車里亞賓斯克州等 10 個地區。75% 以上的出口產品和 40% 以上的進口產品集中於 20 個主要的聯邦主體。在吸引外國投資方面，外資主要集中在以莫斯科為首的中央地區、原料產地、大的汽車製造中心以及與外國接壤的地區。1997 年，外國投資的地區分佈為：中央地區 69.4%，其中莫斯科 67.4%；伏爾加河沿岸地區 8%，其中薩馬拉州 0.8%；西西伯利亞 7.8%，其中秋明州 1.9%；西北地區 3.5%，其中聖彼得堡 1.6%；遠東 2%，其中馬加丹州 0.6%。在與外國夥伴簽署的經濟合同中，佔據領先地位的是巴什基爾共和國、薩哈共和國、莫斯科州、加里寧格勒州、秋明州、弗拉基米爾州、諾夫哥羅德州和莫斯科市及聖彼得堡市，另外有 45 個聯邦主體簽署的合同不超過 10 個，還有 9 個聯邦主體地區根本就沒有簽署過對外經濟合作合同。[1] 這種地區國際與對外經濟聯繫發展不平衡的狀況也是俄需要解決的重要問題之一，它不

1　*Э.Кузьмин*. Российский центр, регионы и внешний мир // Международная жизнь. 1998. №. 11-12.

僅需要對各聯邦主體的國際活動進行調節，還需要建立全面的聯邦主體利益協調機制。

俄羅斯聯邦主體的國際與對外經濟在發揮正面積極作用的同時，也存在着一些消極影響，許多共和國超越俄羅斯憲法的規定，侵蝕聯邦中央的權限。它們宣稱自己有權決定和實行「共和國的對外政策」，就戰爭與和平問題採取決定，確定自己領土的無核地位等等。有時候，一些聯邦主體拒不執行俄羅斯聯邦承擔的國際條約義務、違反俄羅斯在一些重要國際問題上的原則立場、違反俄羅斯與聯合國及其有關機構的協議、破壞禮賓規定和與外國夥伴簽署協定的程序。濱海邊疆區行政長官納茲德拉堅科曾堅決抵制中俄東段勘界和劃界工作；韃靼斯坦曾反對俄羅斯與白俄羅斯結盟，要挾重新考慮其給中央簽署的劃分權力條約；莫斯科市則反對俄羅斯與烏克蘭條約，聲稱烏克蘭黑海港口城市塞瓦斯托波爾永遠是俄羅斯的領土。這一切行動都給俄羅斯的國際威望帶來損害。

第四節　對聯邦主體國際與對外經濟聯繫的調節

儘管憲法對聯邦中央與聯邦主體之間對外政策方面的權限進行了大體劃分，但在很長一段時間內，聯邦主體對外交往的權限和協調仍缺乏統一的法律基礎，聯邦法律對各主體開展國際和對外經濟聯繫的職權範圍沒有明確統一的規定，各聯邦主體的對外政策活動主要依靠聯邦中央與聯邦主體的權力劃分條約確定。比如，1994 年 2 月 15 日聯邦中央與韃靼斯坦共和國簽署《俄羅斯聯邦國家權力機關與韃靼斯坦國家權力機關之間關於劃分管轄對象和相互授權的條約》，規定韃靼斯坦共和國有權與外國建立關係和簽署協議。1995 年 5 月 18 日，葉利欽總統簽署《關於加里寧格勒州社會經濟發展的命令》，授權加里寧格勒州可以與外國的部和主管部門簽署協議。

由於在聯邦主體國際與對外經濟聯繫的協調問題上缺乏統一的法律規範，所以在很長一段時間內，聯邦主體的國際與對外經濟聯繫處於無法可依的狀況，導致聯邦主體的國際與對外經濟聯繫十分混亂。

直到 1998 年 12 月 2 日，國家杜馬才通過《俄羅斯聯邦主體國際與對外經濟聯繫協調法》。[1]1999 年 1 月 4 日，葉利欽總統簽署這一法律，1 月 16 日，該法正式生效。[2] 這一法律根據俄羅斯聯邦憲法第 72 條，規定了協調俄羅斯聯邦主體國際與對外經濟聯繫的總體程序，為俄羅斯聯邦主體在建立和發展國際和對外經濟聯繫時保障相關權力和合法利益提供了法律保障。

該法規定，俄羅斯聯邦主體在俄羅斯聯邦憲法、聯邦法律以及俄羅斯聯邦國家權力機關與聯邦主體國家權力之間簽署的條約賦予的權限範圍內有權與其他聯邦制國家的聯邦主體和外國行政區域單位確立國際和對外經濟聯繫、有權參與國際組織的活動。俄羅斯聯邦主體經聯邦政府同意可以與外國國家權力機構建立聯繫。

聯邦主體國家權力機關在憲法、聯邦法律和聯邦主體法律賦予的權限範圍內，可以與外國夥伴進行談判並簽署有關進行國際和對外經濟聯繫的協定。但這種協定不得違反俄羅斯聯邦憲法、國際法公認的原則與準則、俄羅斯聯邦的國際條約、聯邦法律以及聯邦國家權力機關與聯邦主體國家權力機關簽署的分權條約，也不得損害其他聯邦主體的合法利益。

聯邦主體國家權力機關應預先向相應的聯邦執行權力機關通報準備簽署的有關國際與對外經濟聯繫的協定。聯邦主體國家權力機關可以決定簽署協定的程序。聯邦主體國家權力機關必須在簽署相關協定的一個月前將協定文本呈送俄羅斯聯邦外交部（必要時呈送其他聯邦執行權力機關）審批。外交部和其他聯邦權力機關收到呈送的協定文本後，一般應在不超過

1　此處所指的「聯邦主體的國際與對外經濟聯繫」是指經貿、科技、生態、人文、文化和其他活動。

2　О координации международных и внешнеэкономических связей субъектов Российской Федерации // Российская газета. 1999. 16 января.

20 天的期限內向聯邦主體國家權力機關通報審批結果。在雙方就協定文本產生分歧時，可以根據相應的聯邦法律啟動協調程序。

聯邦主體簽訂的有關國際與對外經濟聯繫的協定必須根據聯邦政府確定的程序進程登記。協定內容應進行公佈，公佈的程序由聯邦主體的法律法規確定。

聯邦主體簽訂的國際與對外經濟聯繫協定無論形式如何，在名稱與內容上都不能視為國際條約。

俄羅斯聯邦國家權力機構對聯邦主體簽訂的國際與對外經濟聯繫協定不承擔責任，但經聯邦政府同意而與外國國家權力機構簽訂的協定或俄羅斯聯邦政府給予擔保的協定除外。

俄羅斯聯邦國家權力機關在聯邦主體發展國際與對外經濟聯繫、準備和組織談判、制訂協定文本、執行協定以及保障俄羅斯聯邦主體在外國的權利和合法利益時提供相應的法律和專家諮詢幫助。

俄羅斯聯邦主體為履行簽署的國際與對外經濟聯繫協定，經外交部同意有權在聯邦境外開設自己的代表機構。聯邦主體經外交部同意可以在自己的行政區域內准許其他聯邦制國家聯邦主體或外國行政區域機構開設代表機構。但此類代表機構不具備外交代表的地位，不履行領事與外交職能，其工作人員不得享有外交特權與豁免。

對俄羅斯聯邦主體國際與對外經濟聯繫的協調按照俄羅斯總統根據聯邦政府的建議所確定的程序，由聯邦執行權力機關進行。負責協調任務的聯邦執行權力機關有權從聯邦主體國家機構機關處獲得有關實施國際與對外經濟聯繫的措施的信息，有權向聯邦主體國家權力機關提供建議與意見。

在聯邦國家權力機關與聯邦主體國家權力機關之間以及聯邦主體國家權力機關之間就有關國際與對外經濟聯繫的協定產生分歧時，可以啟動俄羅斯聯邦憲法和聯邦法律所確定的協調程序。如果聯邦主體簽訂的有關國際與對外經濟聯繫的協定違背了俄羅斯憲法、聯邦法律、公認的國際法原則與準則，損害了其他聯邦主體的合法利益或違背了《俄羅斯聯邦主體國際與對外經濟聯繫協調法》所確定的有關程序，可以對其提起司法訴訟，在法院做出裁定之前可以停止其執行。[1]

除長期缺乏有關聯邦主體的國際與對外經濟聯繫的法律之外，協調聯邦主體國際與對外經濟聯邦的聯邦執行權力機關很長時期也未能確定，針對聯邦主體國際與對外經濟聯繫的協調機制長期未能形成。《俄聯邦國家調節對外貿易活動法》規定由政府任命的一個聯邦機關來協調聯邦主體的對外經濟活動，而總統關於加里寧格勒州的命令又要求州與聯邦各主管部門協調。1996 年 3 月 12 日，葉利欽簽署第 375 號總統令《俄羅斯外交部在推行統一的俄羅斯聯邦對外政策方針中的協調作用》，賦予外交部在推行統一的俄羅斯聯邦對外政策方面的協調職能。之後，外交部在協調聯邦主體國際與對外經濟聯繫中的主體地位才得以確立。

葉利欽時期，外交部對聯邦主體國際與對外經濟聯繫活動的調節主要在三個層面上進行。在外交部內建立「俄羅斯聯邦主體國際與對外經濟聯繫諮詢委員會（Консультативный совет субъетов Российской Федерации по международным и внешнеэкономическим связям при МИД России），外交部在各聯邦主體派駐外交部代表，俄羅斯駐外大使負責協調聯邦主體駐外代表機構的活動。

外交部「俄羅斯聯邦主體國際與對外經濟聯繫諮詢委員會」的主要功能是在聯邦層次上協調聯邦主體的國際與對外經濟聯繫，討論有關俄羅斯與其他國家進行地方合作的問題。比如 2001 年 3 月 30 日，該委員會召開第 12 次會議，討論了發展俄白聯盟跨地區合作的問題。參加會議的聯邦中央官員有俄羅斯外交部長伊萬諾夫，副部長洛修科夫，總統辦公廳、政府辦公廳、聯邦會議和各政府部委的代表，地方代表有斯摩棱斯克州州長、聖彼得堡副市長、莫斯科市執委會副主席、雅羅斯拉夫爾州副州長等地方官員。

---

1 О координации международных и внешнеэкономических связей субъектов Российской Федерации // Российская газета. 1999. 16 января.

外交部駐聯邦主體代表從 1997 年開始設立，其主要職能是協調聯邦中央與聯邦主體兩個權力層次在國際領域的活動、監督聯邦主體對俄羅斯國際條約的執行情況，同時還擔負着向聯邦主體提供外事諮詢並協助聯邦主體代表進行外事訪問的籌備工作等職能。目前，俄羅斯外交部在阿爾漢格爾斯克州、阿爾泰邊疆區、猶太自治州、濱海邊疆區、沃羅涅日州、斯維爾德洛夫斯克州和彼爾姆州（同設在葉卡婕林堡）、烏德穆爾特共和國、馬里埃爾共和國和楚瓦什共和國（同設在約什卡爾奧拉）、加里寧格勒州、克拉斯諾達爾邊疆區、克拉斯諾雅爾斯克邊疆區、阿迪格共和國、達吉斯坦共和國、摩爾曼斯克州、下諾夫哥羅德州、鄂木斯克州、卡累利阿共和國、普什科夫州、薩馬拉州、聖彼得堡市－列寧格勒州－諾夫哥羅德州（同設在聖彼得堡）、科米共和國、巴什基爾共和國、布里亞特共和國、哈巴羅夫斯克邊疆區－阿穆爾州－堪察加州（同設在哈巴羅夫斯克）、赤塔州－阿加布里亞特自治專區（同設在赤塔）、薩哈林州等地設立了外交部駐聯邦主體代表。外交部駐聯邦主體代表在在加強外交部與聯邦主體的溝通、協調聯邦主體的國際與對外經濟聯繫、完善聯邦中央與聯邦主體在國際聯繫中的相互協作方面發揮着重要作用。

目前，俄羅斯的一些聯邦主體在境外開設了自己的代表處以加強對外經濟文化交流（截至 1998 年底，已有 11 個聯邦主權在境外開設了代表機構），它們的工作主要由俄羅斯聯邦駐外大使負責協調。

普京上台後，開始加強國家權力垂直領導體系，設立了七個聯邦區並派駐總統全權代表。從此，外交部與總統聯邦區全權代表之間的協作又成為協調聯邦主體國際與對外經濟聯繫的重要層面。2001 年 3 月 29 日，俄羅斯外交部長伊萬諾夫與七位總統聯邦區全權代表會晤，討論了落實《俄羅斯聯邦主體國際與對外經濟聯繫協調法》和俄羅斯外交部幫助地方進入國際市場問題。與會者共同強調，「俄羅斯聯邦主體的國際聯繫是俄羅斯聯邦國際活動的重要組成部分，它們的發展水平和程度要求尋找調節聯邦主體國際與對外經濟的新途徑，而設立總統聯邦區全權代表為此提供了新的可能。」與會者認為，必須加強外交部與總統聯邦區全權代表之間的經常性溝通，以使雙方在聯邦和地方上協作的形式與方法達成相互理解。在此次會議上還討論了外交部駐聯邦主體代表的地位和作用，認為外交部代表在協調聯邦主體的國際與對外經濟聯繫時應加強與總統聯邦區全權代表的協作。[1]

近年來，俄羅斯外交部把協調地方的對外關係活動視為一項重要工作，俄羅斯外交部積極與地方展開協作，這些工作主要在以下方面展開：確定俄羅斯聯邦主體對外政策利益的統一標準，在制訂俄羅斯聯邦對外政策構想和實施俄羅斯聯邦具體的外交行動時考慮俄羅斯聯邦主體的利益；保障聯邦權力機關和聯邦主體權力機關在履行俄羅斯聯邦簽署的國際條約和協定方面相互配合，保證使聯邦主體的國際和對外經濟聯繫嚴格控制在俄羅斯統一的對外政策方針軌道上；參與同時牽涉幾個聯邦主體利益的國際合作項目和計劃的協調；分析和借鑒其他國家發展地方對外合作的經驗，向俄羅斯聯邦主體介紹這些經驗，幫助聯邦主體在實踐中借鑒這些經驗；向俄羅斯聯邦主體通報聯邦中央採取的重大國際行動和對外政策信息；組織和召集有關地區層次的國際和對外經濟聯繫研討會；協調聯邦主體和地方自治機關在歐洲委員會「歐洲地方和地區政權大會」代表的活動；幫助聯邦主體培訓外事幹部；幫助聯邦主體與外國夥伴在經濟、文化和科技領域建立直接的合作關係。[2]

外交部非常注重完善協調機制，提高工作效能，切實解決地方面臨的問題。可以說，以外交部為主體的聯邦主體國際與對外經濟聯繫協調機制在促進聯邦主體對外經濟文化合作、保障俄羅斯統一的對外政策路線執行以及通過地區合作發展對外關係方面發揮了積極作用。

---

1 Сообщения МИД РФ. О встрече Министра иностранных дел России И.С.Иванова с полномочными предстасителями Президента Российской Федерации в федеральных округах. 2001.30 марта.

2 *В.Матвиенко*. Центр и регионы во внешней политики России // Международная жизнь. 1996. No. 8.

俄羅斯的聯邦制尚不成熟，俄羅斯聯邦主體的國際與對外經濟聯繫的發展也處於探索階段。儘管聯邦主體的國際與對外經濟聯繫的發展及調節還存在許多不足之處，但我們不能不看到，聯邦主體對外聯繫的積極發展證明了建立在內部政治變遷基礎上的俄羅斯外交決策和執行機制的重大變化，證明了地方的對外政策利益的存在和它們國際政治作用的增強。今後，在聯邦中央權力體系中建立能夠有效考慮地方對外利益、有效與地方政治領導和機構進行協調並將他們的意見納入具體的對外政策措施的決策與執行機制、在地方層次上建立能夠考慮聯邦主體之間國際利益協調和對外政策行動磋商的機制是俄羅斯外交決策機制完善和發展的重要課題。

第六章

俄羅斯外交決策機制的運作

俄羅斯外交決策機制是在國內政治經濟變遷的歷史背景下形成與發展的。與建立法制國家的長期性和艱巨性以及蘇聯解體後國內政局動盪的宏觀背景相吻合，俄羅斯外交決策機制的動態運作也呈現出一定的過渡性、矛盾性與不穩定性，外交決策機制的運作規則、決策程序等也都經歷了不斷的調整與完善。本章擬對蘇聯解體後俄羅斯外交決策機制的實際運作進行考察，試圖分析俄羅斯外交決策的具體程序、歸納俄羅斯外交決策的基本模式、探討俄外交決策機制運作的特點和規律，並對其發展趨勢進行一些預測。

第一節　俄羅斯外交決策模式分析

作為一個儘管衰微、但在國際事務中仍舉足輕重的大國，俄羅斯對外政策的演變仍關係到世界局勢的變化乃至國際格局的發展，因而對俄羅斯對外政策的研究仍是各國學者的興趣所在。但是迄今為止，中國、西方、乃至俄羅斯本國學者對於俄羅斯對外政策研究的關注焦點仍主要集中於對外政策系統的輸入面和輸出面，也就是說注重分析國際環境、國內體制變遷等因素對俄羅斯對外政策的影響以及俄羅斯對外政策的走向，而對於俄外交決策過程的研究卻寥寥無幾。

決策過程在任何國家都被視為最高國家機密，不輕易為外界所知，因而資料的獲取十分困難，且其準確度和全面性都有相當大的局限。既使是決策人物，也往往只從自己所處的位置觀察與分析問題，「不識廬山真面目」。但正因如此，研究者才更希望能夠打開決策的黑箱，一窺重要政策的制訂過程。因為了解一個國家的決策過程不但有助於了解該國的對外政策走向，更能清楚地發現其外交決策機制如何運作、政策如何出台、哪些決策者對政策具有較大的決策權、哪些因素導致了是此非彼的政策選擇。

一般而言，外交決策過程可以劃分為六個階段：決策方案準備；執行權力高層協調各部門立場；執行權力決策層進行最終決策；立法機關批准決策；執行部門實施所採取的決策；決策執行情況評估與反饋。當然上述程序只是一個完全標準的決策流程，在實際當中，並非所有決策過程都要經過其中的每一環節。有的不需要立法機構批准，有的沒有來源於對外政策部門的建議而由決策者直接做出，有的沒有進行必要的跨部門協調，有的則根本沒有進入實施階段。

就俄羅斯外交決策機制運行的具體實踐來看，影響其決策模式選擇的重要因素是政策議題。政策議題就是決策所需要處理的問題，不同政策議題及其本身的重要性、緊迫性及議題範圍的不同都會影響決策程序。決策程序的不同導致參與決策的成員及機構的差異，並非所有高層決策者或決策機構都參與所有決策。而不同的決策程序及成員機構便影響着對形勢的判斷及政策的制訂。

依據政策議題的緊迫性，決策可分為日常決策和危機決策。兩種決策的目標即或一致，但是決策環境、決策方法和決策程序都有很大的不同。依筆者看來，對外政策的日常決策程序是指外交決策機制各單元在接受來自決策環境普通壓力的條件下，按照法定的權限分配、工作職能及標準程序進行外交決策的過程，依照職能分工與權限配置的不同，各決策單元在決策過程中扮演着不同的角色。

根據議題重要性的不同，當代俄羅斯的對外政策日常決策可以分為「戰略性決策模式」和「事務性決策模式」兩種。

戰略性決策模式 是指有關國家安全戰略、國家對外政策方針等具有戰略性、全局性政策議題的決策過程。由於政策議題涉及國家的根本利益、對外政策的總體目標和實現途徑，因而需要廣泛的情報蒐集、縝密的信息分析、周全的方案醞釀、適當的立場協調、明確大膽的最終決策、有效的政策執行監督和及時的信息反饋。戰略決策的重要性、全局性和宏觀性決定了參與決策的官僚部門和社會性因素的廣泛性，它們依據本身的功能在戰略決策中發揮着不同的作用。這種決策模式的流程可見圖表 18。

在戰略性決策模式中，總統發揮着核心作用。一般而言，他既是政策議題的首倡者，同時也是政策方案的最終決策者。總統可能在親信智囊、官僚機構的建議或者在院外集團、公眾輿論的影響下形成某種政策原始構想；也可能根據自己對國際環境、國家戰略目標等問題的判斷與設想提出政策概念、原則，交給次一級的決策領導層討論，形成較具體的基本政策後，再送交總統決策。然後再經過正式的渠道下達指示，交由各對外政策部門執行。一般而言，總統提出的原始構想和政策框架只是最基本的概念、原則，也可能有一些具體的看法。這種粗線條的政策概念和原則設想，需要由安全會議、總統對外政策局、外交部等部門進行進一步的系統化和理論化。

圖表 18　戰略性決策模式示意圖

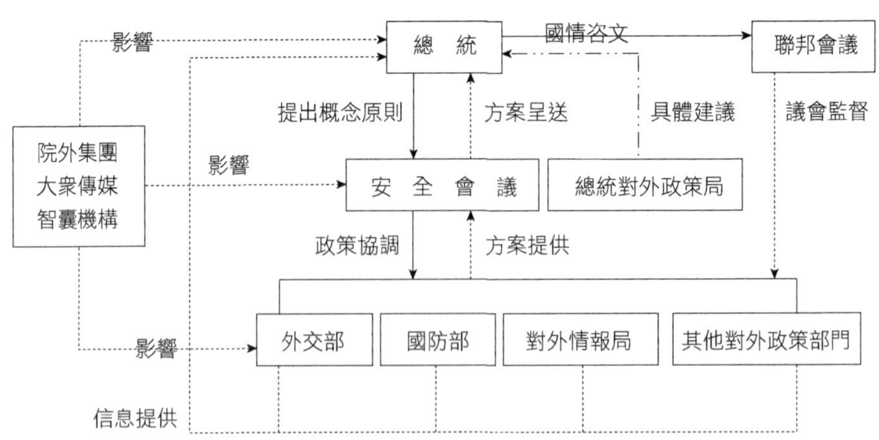

在戰略性決策模式中，總統所處的核心地位使其個人認知成為影響政策制訂的最主要因素之一，國家的核心利益、總體目標和戰略手段等在很大程度上取決於總統的考慮。正如葉利欽所說，「我是一台用以做出決定的機器。但是，這台機器還要思考，還要感悟，還要從各種相互關係中認識世界。這應當是一台活的機器，否則它就一錢不值。」[1]「理性選擇模式」較適用於解釋戰略性決策模式中總統這一層次的政策制訂，總統根據自己的經驗與判斷確定國家利益和政策目標，並據此形成對外政策的總體方針原則。

安全會議在戰略性決策模式中發揮着關鍵性作用。它的作用可以具體體現在以下幾個方面：首先，它是聯接最高決策者和具體對外政策官僚部門的中樞性機構。總統有關國家安全戰略和對外政策方針的指示基本上要經由安全會議向具體對外政官僚部門傳達。而外交部、國防部和對外情報局等部門提供的決策方案又要在安全會議及其下屬機構中加以討論並呈送總統；其次，安全會議是協調各對外政策官僚部門意見與立場的重要場所。安全會議的機構設置表明它為協調官僚部門的意見與立場進行了多種安排。安全會議的常設跨部門委員會是安全會議的主要工作機構，為安全會議準備保障個人、社會和國家安全的國家政策方針的建議與諮詢，協助協調聯邦執行權力機構和聯邦主體執行權力機構完成聯邦安全專項綱要和安全會議決定方面的工作。而與外交決策有密切關係的國際安全跨部門委員會和獨聯體委員會的成員包括了各對外政策官僚機構的領導，他們之間的共同工作在決策方案準備階段就可以在一定程度上減少各部門之間的意見分歧與矛盾。安全會議科學委員會是對國家安全構想和各種專項綱要進行科學研究和專家評估的重要機構，其成員不僅包括學術界的知名人士，還包括各官僚機構下屬對外政策智庫的領導。他們之間的討論與磋商可以減輕官僚部門在對外政策問題上的理論分歧。安全會議的正式成員既包括國家的

---

1 Борис Ельцин. Президентский марафон: размышления, воспоминания, впечатления. М., 2000. С.180.

最高決策者，也包括各官僚部門的領導。它是在最後決策階段協調各方立場的重要機制；第三，安全會議本身就是就國家安全戰略和對外政策方針採取決策的決策機構。有關國家安全戰略和對外政策方針的戰略性決策基本上都是在安全會議的會議上加以討論並採取決定；第四，安全會議還負責對聯邦執行權力機關和聯邦主體執行權力機關對國家安全戰略和對外政策方針的執行情況進行監督。

在戰略性決策模式中，總統對外政策局不承擔具體的機制性角色，但這並不意味着它的作用無足輕重。與總統的密切關係以及向總統提供具體參考意見的功能使它有可能影響總統的立場觀點和決策取向。

外交部、國防部、對外情報局等對外政策官僚部門在戰略性決策模式中處於基層位置，它們的主要任務是提供情報分析、準備決策方案。在這些部門中，外交部所佔的地位更重要一些。外交部長是安全會議常委，對安全會議的決定擁有表決權，同時他還擔任安全會議國際安全跨部門委員會主席。外交部第一副部長擔任安全會議獨聯體跨部門委員會主席。他們對協調各部門有關對外政策的立場發揮着一定的作用。

聯邦會議在戰略性決策模式中發揮的作用相對有限。從聯邦委員會和國家杜馬所擁有的對外政策權力來看，它們缺乏對對外政策戰略性決策施加有效影響的手段。首先，根據憲法所賦予的權限而領導國家對外政策的總統無需就對外政策問題向聯邦會議負責。總統無需就國家安全戰略和對外政策方針的制訂取得聯邦會議的同意，他所要做的只是在每年致聯邦會議的國情咨文中向聯邦委員會成員和國家杜馬代表「通報」國家的對外政策方針，而代表們只有「傾聽」的權力；其次，儘管聯邦會議擁有對聯邦執行權力機關的議會監督權，但對於不納入聯邦執行權力機構而在對外政策戰略決策中發揮關鍵性作用的安全會議卻缺乏任何作用手段；第三，聯邦會議兩院缺乏有效參與對外政策戰略性決策的途徑與手段。儘管國家杜馬主席和聯邦委員會主席都是安全會議成員，但他們不是安全會議常委，只擁有發言權；儘管聯邦會議兩院的國際事務委員會、獨聯體事務委員會等專業委員會的主席是安全會議國際安全跨部門委員會和獨聯體事務跨部門委員會的法定成員，但這兩個跨部門委員會本身只承擔決策諮詢和決策方案準備的功能，無法影響最終決策。不能否認，總統及聯邦執行權力機構與聯邦會議的相互關係所形成的國內政治局勢等因素對總統的決策也會形成環境性的壓力，但這種影響畢竟是間接的。

利益集團、大眾傳媒、智庫等社會性因素在戰略性決策中的作用往往是摻雜在一起的，也就是說，這三種因素之間往往相互借重，共同作用於總統、安全會議和具體的對外政策官僚部門三個決策層面。但由於戰略性決策涉及國家對外政策全局性問題，而上述三種社會性因素又都有自己的利益範圍和興趣焦點，因而它們不可能對戰略性決策施加全面影響。

俄羅斯國家安全構想制訂－戰略性決策模式的個案分析

俄羅斯聯邦國家安全構想是確定俄羅斯在保障俄羅斯國家安全方面任務、目的、方針與手段的國家性政治文件。在國家安全構想的基礎上，聯邦執行權力機構各部委、國家和社會組織都會制訂或修正自己的工作構想基礎甚至是涉及自己在保障國家安全方面的規範性法律文件，比如俄羅斯聯邦軍事學說和對外政策構想。[1] 因而安全構想的制訂對於保障俄羅斯的國家安全和對外政策方針的確定具有重要戰略意義。

《俄羅斯聯邦國家安全構想》的制訂經歷了一個長期的過程，它的決策過程是典型的戰略性決策模式。早在蘇聯解體之前，一些政治力量就提出在加盟共和國享有獨立與充分主權的基礎上重塑國家結構。在葉利欽的授意下，從 1990 年夏天開始，俄羅斯社會主義聯邦共和國開始醞釀制訂自己的《俄羅斯社會主義聯邦共和國安全系統構想》，但當時的政治現實未能使葉利欽就這一問題採取任何決定。在「8．19 事件」和別洛韋日協定後，這

1 Иванов С.Б.О новой редакции Концепции национальной безопасности Российской Федерации. *Лекция, прочитанная в МГИМО (У) МИД России 14 марта 2000 года.*

一工作組的工作也停止了。[1]

隨着新俄羅斯以蘇聯繼承國的身份登上國際舞台，制訂真正意義上的俄羅斯聯邦國家安全構想的問題重新進入葉利欽政權的工作日程。1992 年夏，安全會議祕書斯科科夫在安全會議的第一次會議上就提出了制訂「俄羅斯安全新構想」的問題，並通過了在此之前已經起草的草案，但這一方案從未公佈，之後也不了了之。1993 年夏，新任安全會議祕書沙波什尼科夫公佈了安全構想基本方針，並宣佈其進入實施階段，但 1993 年的「10 月事件」使這一構想也如泥牛入海。1993 年底至 1994 年初，為了對制訂國家安全構想的工作提供科學保障，葉利欽下令在安全會議範圍內成立安全會議科學委員會。安全會議科學委員會盡了極大努力，集中了各學術智庫、官僚部門的智庫和社會政治組織的專家進行研究，積累了有關制訂國家安全構想的原則與方法方面的大量資料，舉辦了一系列學術討論會，並於 1995 年出版了有關制訂國家安全構想的理論與方法問題的論文集《全球安全問題》。[2] 然而，真正意義上的國家安全構想仍沒有制訂。一個重要原因是在科學委員會呈報的材料中政治觀點和具體方法都存在差異。因而在 1995 年 10 月，當時的總統國家安全助理巴圖林表示，由於在一些原則性問題上缺乏全社會的共識，國家安全構想未必能在近期內出台，下一步的工作要在 96 年總統選舉之後進行。巴圖林的講話表明，葉利欽在制訂俄羅斯國家安全構想時，希望形成一個既可以為各政黨和社會政治力量接受、又要體現個人政治意志、確實能發揮保障國家安全功能的政治性文件。從 1992 年到 1995

1 1990 年之前，以蘇聯科學院院士 Ю.А. Рыжов 為首，由許多學者、人民代表和社會活動家組成的大型專家組已經就制訂《蘇聯國家安全構想》進行了大量工作。這一專家組提出了一份以「全人類價值高于一切」為主導思想的草案方案。（參見 Ю.А. Рыжов. 《Сверх всего-безопасность личности // Международная жизнь. 1990. No. 9. C.21-28.）這一方案帶有很大的政治浪漫主義成份和太多的泛人道主義色彩。未能經得起時間的考驗，這一構想隨著蘇聯的解體而烟消雲散。

2 Проблемы глобальной безопасности: Материалы семинаров в рамках научно-исследовательской и информационной программы (ноябрь 1994-февраль 1995 гг.). М.: ИНИОН РАН, 1995.

年，俄羅斯國家安全戰略構想的制訂只是在原地踏步。[1] 造成這種局面的原因除國內政治鬥爭的因素外，更為重要的是葉利欽還沒有對新環境中的俄羅斯國家利益及其保障形成明確概念。

但隨着對獨立後國內外政策的反思和調整，葉利欽形成了「建設強大國家、恢復大國地位」的政策方針。這一施政綱領在 1994 — 1996 年的年度國情咨文中漸趨明確。1996 年 6 月，葉利欽向聯邦會議提出《總統國家安全諮文》。與此同時，葉利欽「提出了制訂國家安全構想的任務。」[2]1997 年 5 月 9 日，俄羅斯聯邦安全會議批准國家安全構想。1997 年 12 月，葉利欽以總統令的形式公佈《俄羅斯聯邦國家安全構想》。

在構想的制訂過程中，安全會議發揮了重要的協調作用，各對外政策官僚機構提供了大量的諮詢性信息，對外政策智庫的專家們也參與其中。俄羅斯安全會議新聞處曾表示，「俄聯邦國家安全構想是受總統委託，由俄羅斯安全會議機關在 1996 年擬定的。參與起草文件草案的有多數聯邦部和主管權力機構的專家，以及國家主要科研機構的學者。」[3]

1997 年的《俄羅斯聯邦國家安全構想》頒佈後不久，俄羅斯所面臨的國內和國際形勢就發生了重大變化：金融危機使俄羅斯經濟更趨惡化、車臣分立主義和恐怖主義活動重新抬頭使俄國內安全遭遇更大挑戰、科索沃戰爭使俄與西方的關係更趨複雜、國際軍控形勢的變化使國際戰略穩定面臨威脅。在新的安全形勢下，受葉利欽總統的委託，時任安全會議祕書的普京負責對 97 年版《國家安全構想》進行修改和補充。[4] 普京就任總理後，這一工作繼續進行。1999 年 10 月 5 日，安全會議通過修改補充後的《俄羅

---

1 Николайчук И.А. Концепция национальной безопасности России: хождение по кругу // Научный отчет. М.: РИСИ, 1995. Декабрь.

2 Иван Рыбкин.《О Концепции национальной безопасности России》. Независимая газета. 1997. 29. апреля.

3 《俄羅斯安全會議批准國家安全構想》。俄通社－塔斯社莫斯科 1997 年 5 月 7 日電。

4 Иванов С.Б.　О новой редакции Концепции национальной безопасности Российской Федерации. *Лекция, прочитанная в МГИМО (У) МИД России 14 марта 2000 года.*

斯聯邦國家安全構想》。2000 年 1 月 10 日，代總統普京以總統令形式頒佈新修訂的國家安全構想。

「事務性決策模式」是有關對外政策事務性工作的決策程序。一般而言，這種決策議題不涉及對外戰略方針等戰略性和全局性問題，而是多為事務性問題，有的是由上級組織交辦的政策、方案，有些是負責執行對外政策的機構所面臨的實際問題。因而其決策程序一般由外交部、國防部、對外情報局等對外政策官僚機構把議題提到決策流程，依照金字塔式的決策體系逐級將政策方案向上呈送，通過制度化的決策過程討論政策議題；或者是將低層官僚機構之間的爭議交由上層決策機構協調與仲裁。最終的決策者依議題的重要性和官僚部門之間的爭議程度而定，不一定到達最高決策人總統那裏。由於這種決策程序是通過科層化的官僚組織逐級審議決策，在其中既存在着各官僚機構在自己權限範圍內處理事務性問題的「組織惰性」，又存在各官僚部門因處理跨部門議題而出現的相互磨擦，因而這種模式也可以稱為「官僚組織決策模式」。其決策流程可見圖表 19。

在事務性決策模式中，對外政策官僚部門擁有一定的決策權，它們可以決定在權限之內的事務性議題而無需報請上級決策部門批准，如一般性

圖表 19　事務性決策模式示意圖

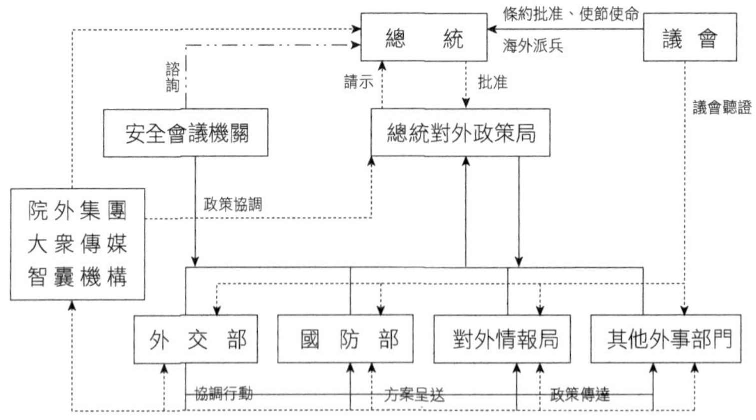

的雙邊關係問題、文化交流與合作問題在外交部等部級層次上既可以決定。根據 1996 年 3 月 12 日第 375 號總統令的規定，外交部在推行統一的俄羅斯對外政策路線中發揮協調作用，外交部是「聯邦執行權力機關系統與外國聯繫方面的首腦機關」。[1] 該總統令授權外交部協調聯邦執行權力機構的對外政策活動和聯邦主體的國際聯繫。聯邦執行權力機關和聯邦主體必須向外交部通報它們進行的國際活動與聯繫，包括官方訪問、協商、談判、簽署文件與協議。各聯邦執行權力機構在向總統和政府提出簽署國際條約的建議之前，必須徵得外交部的同意。如果沒有外交部的同意，總統辦公廳和政府對這些文件不予審議。根據這一總統令，俄羅斯駐外大使協調駐在國其他俄羅斯聯邦代表機構的活動。1997 年 6 月 14 日的第 582 號總統令和 1997 年 3 月 14 日的第 300 號政府令又進一步細化並鞏固了外交部在俄羅斯對外政策活動中的協調作用。但認真考察這些規定就可以發現，外交部的協調作用更多地體現在對外政策的執行階段，在決策階段的影響不大。而且外交部的協調與監督作用並不是貫徹始終的，其具體的作用取決於總統對其的重視與授權程度、取決於它與其他對外政官僚部門的相互關係、同時也取決於外交部長本人的威望與行為方式。

在事務性決策模式中，安全會議的常設機構－安全會議機關發揮着重要的跨部門協調作用。安全會議機關在保障國家安全利益協調部委、包括強力部門的活動方面的作用更為明顯。正是在安全會議機關、外交部和其他一些部門和共同倡議下，被拖延了一年半之久的建立俄羅斯履行禁止化學武器公約的國家機構才得以建立，準備俄羅斯在反導彈防禦和第三階段削減戰略武器條約問題立場的工作才得以進行。根據安全會議機關的建議，1999 年 3 月成立了一系列跨部門工作小組，分析獨聯體國家的衝突局

1　Указ Президента Российской Федерации, “Координирующая роль Министерства иностранных дел РФ в проведении единой внешнеполитической линии РФ”. Дипломатический вестник. 1996. No. 4.

勢並向國家領導提供調解獨聯體地區衝突的建議。從 1999 年 3 月開始，對外軍事技術合作問題也成為安全會議機關工作的重要內容，它負責召開跨部門會議並準備有關決策方案。

自總統對外政策局設立之後，它無疑成為事務性決策的重要環節。總統對外政策局不僅負責分析和處理外交部等部門呈送的對外政策方案、起草有關對外事務性決定的總統令，還負責監督總統外交決策執行情況。從其功能上看，正是在這一層面協調各對外政策官僚部門之間的意見分歧，並就有關問題準備最終的決策方案。

聯邦會議兩院在事務性決策模式中發揮着比在戰略性決策模式中更為明顯的作用。在其權限範圍之內，如在條約批准、海外派兵、使節任命等問題上可以發揮實質性的影響。

事務性決策模式的層級性和相對鬆散為院外集團、智庫和大眾傳媒等社會性因素影響外交決策提供了更多的可能性，而政策議題的相對簡單與集中也使它們的影響可以取得更大的成效。

葉利欽取消訪日－事務性決策模式的個案分析

1992 年 9 月 13 — 16 日，葉利欽準備訪問日本，訪問的主題是爭取日本經濟援助、擴大兩國經貿合作、探討解決北方四島問題的途徑與方法。雙方為這次訪問進行了大量前期準備工作。俄羅斯政府第一副總理波爾托拉寧、總統辦公廳主任彼得羅夫、總統國務祕書布爾布利斯等俄羅斯高官先後訪日，為葉的訪問進行前期準備。葉利欽曾回憶道：「最高蘇維埃整整一個籌備委員會和總統直屬的委員會也在着手準備。他們展開了競賽，看誰能更精細地想出解決千島羣島領土問題的方案」，「算上各種有細微差別的方案和建議，俄羅斯總共有 14 個方案」。[1] 9 月 1 日，日本外相渡邊美智雄訪問莫斯科，兩國外長就計劃在最高級會晤時簽署的俄日協定與文件的

1 鮑里斯 · 葉利欽：《總統筆記》，東方出版社 1995 年中文版，第 170 頁。

起草情況交換了意見，並商定迅速結束有關文件的起草工作。雙方還重申雙方都有意在法制和公正的基礎上使千島羣島和經濟援助等問題得到大家都能接受的解決。9 月 6 日，葉利欽在接受日本廣播協會採訪時說，訪日將如期進行。[1] 但是，9 月 9 日夜，葉利欽打電話給日本首相宮澤，告知推遲原定從 13 日起對日本的訪問。為什麼葉利欽的態度發生了如此大的轉折，俄羅斯方面如何做出了這種決定？

其實在俄羅斯國內，關於葉利欽是否應該訪日和如何解決千島羣島的問題存在着激烈的爭論，各方都提出了自己的意見和方案。外交部長科濟列夫認為，總統應遵守自己的承諾如期訪日，並按照 1956 年蘇日聯合宣言的精神逐步將千島羣島歸還日本，不應把日本作為第二次世界大戰的一個「戰敗」國來對待；石油和燃料部部長切爾諾梅爾金認為，包括日本向俄羅斯石油和天然氣業提供 15 億美元貸款和開發薩哈林大陸架油田的計劃協議「還沒有準備好」，總統的訪問在經濟合作領域不會獲得預期效果；俄羅斯聯邦保衞總局第一副局長拉特尼科夫表示，東京的政治氣氛和活動環境有許多不利因素，要求總統改期訪日；俄羅斯聯邦總統安全局發表聲明，認為總統出訪沒有足夠的安全保障；俄太平洋艦隊司令說交出南千島羣島將對俄安全產生消極後果；薩哈林州長多次呼籲葉利欽推遲訪日。

7 月 28 日，俄聯邦最高蘇維埃就俄日關係和千島羣島問題舉行祕密聽證會，大多數與會者反對將南千島羣島歸還日本。反對派議會黨團「俄羅斯統一」認為，修改遠東的戰後邊界是非法的和不公正的。[2]

9 月 8 日，19 名俄羅斯日本問題專家在《蘇維埃俄羅斯報》發表致葉利欽的公開信，認為，「無論是從歷史、法律，還是從政治和經濟角度看，對

1　此時，俄方「與禮賓、安全服務部門以及外交部工作人員協調一致的日程表已編排就緒，為訪問打前站的先行小組已飛抵東京，吉爾車、技術設備、通訊工具也運到了目的地」，可以說訪問已經準備妥當。參見鮑里斯．葉利欽：《總統筆記》，東方出版社 1995 年中文版，第 171 頁。

2　ИТАР-ТАСС. 1992. 07 августа.

日本對南千島羣島要求的任何遷就都是錯誤的。」參與葉利欽訪日籌備工作的科學院遠東研究所學者尤里·斯托利亞羅夫認為，由於根本不可能解決與日本存在的持續已久的領土爭端，因此應該取消此行。[1]

俄羅斯民意測驗和研究中心進行的民意測驗結果表明，在接受詢問的1656 人中，60% 反對將南千島羣島歸還日本，只有 7% 的人贊成歸還。[2]

9 月 9 日，俄聯邦安全會議舉行會議，一致建議葉利欽總統推遲訪日。葉利欽在吸取了政府有關部門、最高蘇維埃和安全會議的意見後，最終做出了推遲訪問的決定。

危機決策。危機是由重大威脅、意外情況和有限的決策時間三種要素構成的一種特殊局勢。危機決策就是決策者在面臨意外的重大威脅情勢下，在相當有限的時間裏所做出的重大決策和反應。在危機時期，事件的突發性、時間的緊迫性和問題的重要性使外交決策機制的環節與分支大大簡化，直接負責決策的決策層大大縮小。時間的緊迫性不允許按常規對得到的情報進行周密的分析和方案準備，情報分析和方案醞釀僅僅局限於人數有限和充分可靠的「決策圈」中。

危機決策的一個重要特徵就是決策者個人主觀因素的提高，而在決策過程、政策內容和政策執行的手段與途徑方面主觀因素的提高也成為危機決策與日常決策的一個重要區別。但危機決策和日常決策也並非絕對的相互排斥，日常決策中可能有一小部分重大關鍵性的問題必須以危機處理的方式先行解決，而危機決策中也有輕重緩急之分。如果局勢發生變化，原來屬於日常決策的事情可能逐漸轉化、升級為危機決策，但是當緊張情況緩解，危機決策也可能轉為日常決策。

危機決策雖然也有其制度性的一面，但強大的時間壓力、眾多的未知變量以及高度的保密性質常常使最高決策者不可能完全按照制度化的程序

---

1 Советская Россия. 1992. 08 сентября.

2 Интерфакс. 1992. 08 сентября.

來進行決策，他往往會根據危機的性質和種類按照自己的判斷選擇參與危機決策的人物與機構。當代俄羅斯的危機決策也有着制度化和非制度化的兩面。其一般模式可見圖表 20。

危機決策模式的層次非常簡單，總統既是整個決策過程的直接參與人，也是最終決策者。在制度性危機決策中，安全會議常委構成一個「決策圈」，情報分析、方案醞釀和方案確定都在這一決策圈子裏完成。總統可能徵詢對外政策助理（一般都是總統對外政策局長）的意見，也可能不徵詢其意見而直接進行決策。在非制度性危機決策中，總統有可能繞過制度化的安全會議常委，將其他人物或部門吸收其決策程序，並根據自己的判斷做出決策。

在危機決策模式中，聯邦會議很難進入決策過程，而大眾傳媒、院外集團等社會性因素也較難影響決策。

俄軍搶佔普里什蒂納機場－危機決策的個案分析

1999 年的科索沃戰爭對俄羅斯在巴爾幹的利益和國際安全局勢構成了嚴重挑戰。儘管俄羅斯進行了積極的外交斡旋，但其利益與立場一直未引起北約的足夠重視。早已對外交部和總統特使在同西方談判時立場軟弱心存不滿的俄羅斯軍界決定採取行動。俄羅斯武裝力量總參謀部的 20 多名高級將領聯名起草了一個解決科索沃問題的計劃，其中心是「迅速果斷地採取行動」。

圖表 20　危機決策模式示意圖

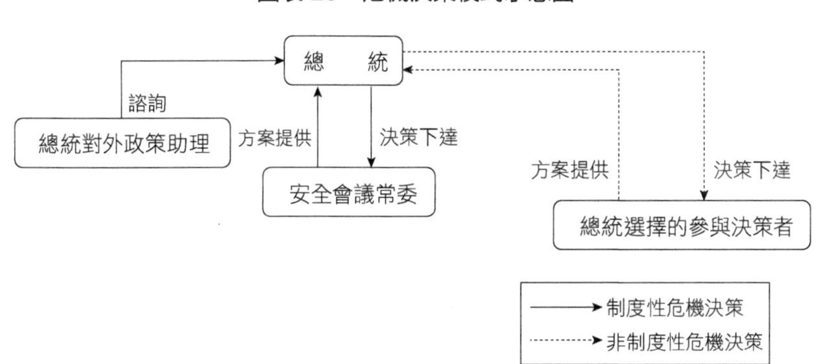

俄羅斯國防部駐北約代表扎瓦爾津提出利用俄羅斯駐波黑維和部隊搶佔科索沃戰略要地的設想，總參謀部進而研究了用伊爾—76 運輸機將幾千名俄羅斯空降兵從普斯科夫、梁讚和伊萬諾沃運抵科索沃的後續方案。總參謀部將這一方案直接呈報總統。但事態的嚴重性使葉利欽沒有馬上給予答覆。

6 月 2 日，俄羅斯總統特使切爾諾梅爾金同歐盟科索沃問題調解人、芬蘭總統阿赫蒂薩里和美國副國務卿塔爾博特就政治解決科索沃問題的方案達成一致。3 日，南聯盟塞爾維亞議會舉行特別會議，決定接受和平協議。隨後，南聯盟總統米洛舍維奇也表示接受這一協議。在戰爭即將結束、大國在巴爾幹的利益劃分和未來影響將在很大程度上取決於其在科索沃維和行動中的地位之時，葉利欽決定「展示一下俄軍的勇猛，在打鬥過後再揮舞一下拳頭」，讓俄羅斯「來完成結束性的動作」。[1]6 月 4 日夜，葉利欽做出決定，同意俄軍派遣空降部隊佔領普里什蒂納機場的計劃。但具體行動時間沒有最後確定。

6 月 8 日北約與南聯盟簽署撤軍協議，但俄美軍事專家就科索沃維和問題的談判一直沒有結果，其焦點主要是如何確定俄羅斯軍隊的作用和區劃問題。俄堅持建立自己獨立管轄的區域和指揮機構，而北約則不同意在五個區域外建立另一個獨立維和區。6 月 10 日，聯合國安理會通過科索沃和平決議案後，以美國為首的北約組織部隊口口聲聲表示 12 日晚間以前不會把維和部隊開進南聯盟，而實際上已經開始行動。

面對北約軍隊提前進入南斯拉夫、俄羅斯在巴爾幹維和行動中將處於被動地位的危機局勢。6 月 11 日上午 11 時，俄軍總參謀長克瓦什寧直接打電話給總統葉利欽，請求實施預定計劃。葉利欽批准實施這一計劃，並稱讚這是一個「正確而有力的步驟」。[2] 此後，克瓦什寧才向國防部長謝爾蓋

1 Борис Ельцин. Президентский марафон: размышления, воспоминания, впечатления. М., 2000. С.293.

2 針對俄軍搶占普里什蒂納機場事件，安全會議祕書普京于 1999 年 6 月 15 日向媒體表示，「最高統帥對計劃和批准的一切，如對局勢發展的戰略計劃了如指掌。」

耶夫報告了這一行動計劃。6 月 11 日 23 點 30 分，由大約 200 人組成的俄羅斯空降兵部隊分乘 15 輛裝甲車、30 多輛卡車從俄羅斯維和部隊常駐地點（距波黑圖茲拉市不遠）向南斯拉夫邊界進發。6 月 12 日 4 點 30 分，俄羅斯空降兵搶佔了普里什蒂納的斯拉蒂納空軍基地。

俄軍進入科索沃一個小時後，俄羅斯外長伊萬諾夫在美國有線新聞網電視節目中發表聲明，稱這是一個「不幸的錯誤」，並表示俄軍將會奉命撤出科索沃。但俄總統辦公廳 12 日則宣佈，俄軍是奉總統葉利欽的命令進入科索沃的。從此事前後發展可以看出，葉利欽沒有將此事告訴外交部，也沒有透露給俄羅斯巴爾幹特使切爾諾梅爾金。參與決策的可能只有總統葉利欽、總參謀長克瓦什寧、安全會議祕書普京、總統辦公廳主任沃洛申和總統對外政策局局長普里霍季科幾人。

6 月 14 日，葉利欽總統責成總理斯捷帕申就科索沃問題召開專門會議。會上提請各部門領導人注意同俄羅斯外交部協調自己的工作，以完成有關調解巴爾幹危機的任務。這意味着葉利欽已經希望「將軍們見好就收，以免進一步擅自妄為導致難以預見的後果」。[1] 這標誌着危機決策進而轉變成為日常決策，將按照制度化的程序處理。6 月 22 日，葉利欽致信聯邦委員會，建議俄羅斯軍隊參與在科索沃的國際維和行動。

第二節　俄羅斯外交決策機制評價

對於當代俄羅斯外交決策機制的有着各種各樣的評價。美國蘭德公司的研究報告認為，「蘇聯解體後，俄羅斯的外交安全決策與國家安全政策在

1　Коммерсант. 1999 г. 15. июня.

總體上還處於變遷的過程中。舊的蘇維埃式的、政治局和中央委員會佔統治地位的中央集權制決策系統已經被廢除了，但新的有效的安全政策決策系統還沒有得以確立。」[1] 曾任列根政府國家安全委員會歐洲和蘇聯事務小組主任、現任美國對外關係委員會副主席和華盛頓中心主任的葆拉・多布里揚斯基則認為，當代俄羅斯「處理外交政策的整個制度安排存在着缺點。在過去，共產黨是核心角色，軍隊、克格勃、外交部和產業管理者代表着核心利益集團，而利益集團則通過他們自己的渠道及與各重要派別庇護者結盟和聯合的辦法提出他們各自的對外政策議程。目前的情況是混亂的而且比蘇聯時期不確定得多。共產黨不再掌權，沒有任何一個機構能夠扮演對外政策的主要角色。軍隊、情報部門和外交部有着不同的對外政策議程，都存在着影響對外政策的機會。這種情況在媒體、老式產業管理者和新式的後共產主義寡頭中也同樣存在。這個問題是政策協調和發展中的問題。在表面上，基於俄羅斯政府強烈的『執行』本質，正是總統、總理和外長應該能夠實施深思熟慮、協調一致的對外政策。雖然這至少在普里馬科夫擔任外長和總理的某些時期確實如此，但目前俄羅斯政府這樣做與其說是規則還不如說是例外。」[2]

上述評價都有其合理之處。但筆者不想對當代俄羅斯外交決策機制進行類似的籠統評論，而是力圖在前面具體分析俄外交決策機制各個環節的章節的基礎上，對其總體運作進行一些總的評價。

在當代俄羅斯，總統所擁有的廣泛對外政策權力使其在對外政策過程中處於至高無上的地位，可以對對外政策過程的每一階段發揮決定性的影響。他不僅可以就各種對外政策問題的情報蒐集、分析調研、決策方案準備等向對外政策部門下達指令，可以對杜馬和聯邦委員會有關對外政策問

1 Foreign and Security Policy Decisionmaking Under Yeltdsin. F.Stephen Larrabee and Theodore W.Karasik. National Desearch Research Institute, Washington, 1997. PVIII.

2 葆拉・多布里揚斯基：《俄羅斯的外交政策：是福還是禍？》//《國外社會科學文摘》2000 年第 9 期。

題的審議施加影響，可以對外交決策的執行情況進行監督，更重要的是就所有重大對外政策問題進行最終決策。正是從這一意義上講，「俄羅斯的對外政策是總統的對外政策」。

總統在外交決策過程中所處的核心地位使俄羅斯外交決策機制的運作帶有鮮明的總統個性色彩，在葉利欽時代，這些特點突出表現為：

首先，葉利欽個人的複雜性與矛盾性導致了外交決策機制及其產物—對外政策的複雜性與矛盾性。作為一個促使社會主義蘇聯解體的風雲人物，葉利欽的世界觀是複雜的：他既崇尚西方的價值觀念，又無法擺脱俄羅斯濃厚的文化傳統；作為一個衰微大國的領袖，他的管理風格是矛盾的：他既想建立現代化的法制國家，又無法割捨長期的集權主義傾向和家長制管理作風。正如其本人所說：「事實表明，遠非所有的民主機制在俄羅斯都能立即被接受，成為習尚。社會對民主價值的適應過程比 90 年代初所感受的情況更艱難、更痛苦。」[1] 這種複雜性與矛盾性的一個重要後果就是在當代俄羅斯既建立起了依法運作的決策機制框　架，又盛行着長官意志、唯上是從的決策風格，而當這一決策機制的核心—總統因各種原因放鬆對決策體系的控制時，決策機制的運轉往往失靈甚至陷入混亂。加之，與由法律規範所 確定的決策框架相比，葉利欽更加看重幕後關係，這就導致幕後的權力因素往往取代正常的機制運轉，現代決策所必需的科學化、規範化與民主化原則在很大程度上受到了衝擊。

其次，葉利欽在激烈的國內政治鬥爭中所慣用的「左右平衡」手法也經常性地運用於外交決策機制的運作當中，這導致各對外政策部門在決策過程中的地位與作用經常取決於國內政治形勢的變化以及與總統關係的親疏。為了體現本機構的重要性並獲取更多資源，各對外政策部門在決策過程當中展開激烈的爭奪。這種惡性競爭已經不僅僅是有關國家利益和戰略

1　Борис Ельцин. Президентский марафон: размышления, воспоминания, впечатления. М., 2000. С.155.

目標的意見分歧，而是成為國內政治鬥爭的附屬物，往往造成對外政策政出多門、相互矛盾，缺乏一致性與連貫性。比如在與俄羅斯安全利益密切相關的北約東擴問題上，外交部、國防部以及安全會議都有不同、乃至相互對立的主張。當俄羅斯軍方表示北約東擴威脅俄羅斯的安全、俄羅斯將在歐洲領土上重新佈置戰術核武器之時，兩任安全會議祕書列別德和雷布金卻都聲稱俄羅斯希望加入北約。[1] 如此尖銳對立的政策主張顯露出俄羅斯面對北約東擴的現實缺乏明確的戰略對策，而造成這種局面的重要原因之一就是安全會議、外交部與國防部都力圖在安全事務和外交決策中發揮主導作用。

第三，葉利欽的獨特性格以及他擁有的巨大決策權力使其決策帶有很大的不確定性。葉利欽既是一個「剛毅、堅定、強硬的政治家」，又對「童年養成的觀念和行為準則束手無策」；既可以傾聽別人的意見，又不被別人的意見所左右；既獨斷專行，又往往因「順口說出的一個詞，或者報刊上的一句話而完全改變思維過程」；[2] 他不喜歡循規蹈矩，「不喜歡事先連結果都知道並計劃好的措施」。[3] 他喜歡標新立異、出人意料。這種行為方式所造成的後果是雙向的，一方面它可以在某種程度上擺脫對外決策部門提供的決策方案的矛盾之處，提高決策的效率；另一方面則有可能增加決策的風險，或者導致草率的決策而無法執行。這樣的例證不勝枚舉。葉利欽在 1993 年 10 月訪問波蘭時表示，東歐國家加入擴大中的北約不違反俄羅斯的利益，俄羅斯無意進行干涉。而返回莫斯科不久，葉利欽卻又改變了立場，表示俄羅斯不能允許北約擴大。如此迅速的「路標轉換」不僅使西方

---

1 俄羅斯輿論認為，雷布金發表這個聲明「不是自發的，這個主張在總統下屬主管對外政策的機構中仔細研究過。外交部參加研究的程度有多大則不得而知，但可以肯定地說外交部對雷布金的言論不會感到特別高興。」參見 Независимая газета, 1996г. 1 ноября.

2 鮑里斯．葉利欽：《總統筆記》。東方出版社 1995 年中文版，第 157 頁。

3 鮑里斯．葉利欽：《總統筆記》。東方出版社 1995 年中文版，第 168 頁。

及東歐國家認識到俄羅斯的外交決策十分混亂，更使國內的對外政策部門無所適從。1997 年 12 月，葉利欽在訪問瑞典時宣佈，俄羅斯將在 1999 年 1 月 1 日單方面裁減在俄羅斯西北部的陸軍和海軍人數 40% 以上，但這種承諾最終也不了了之。「儘管葉利欽以即席發表非正式講話著稱，而這些講話並不是能隨後變成國家政策」，[1] 但其對國家對外政策部門造成的思想混亂和在國際關係中形成的負面影響是不容忽視的。

對外政策機制的有效性取決於兩個因素：系統的可控性和存在足夠的反饋。系統的可控性意味着各子系統的功能明確、關係順暢，可以迅速貫徹最高決策者的命令、按照其規定的期限與方式完成預定任務的能力。反饋意味着可以保障有多樣與足夠的信息流向最高決策者，以使決策者可以及時獲取有關事態發展、所採取方針的效果、在必要時採取修正措施甚至完全改變方針的及時而完全的情報。只有建立一個結構合理、運行穩定的對外政策機制，一個國家才能迅速、有效地對環境壓力做出反應，並合理地平衡國內各種集團與機構的利益，做出合理可行的外交決策。而決策機制能否平穩、有效運行的關鍵則在於是否存在一個精幹、高效的協調機構，其主要功能應是及時地溝通最高決策者與決策諮詢和執行機構的信息傳遞、有效地協調各對外政策部門的政策立場、妥善地處理執行權力機構與立法權力機構在對外政策部門上的相互關係、廣泛吸收公眾對於對外政策的意見而又不受院外集團的左右。從俄羅斯決策機制的十年運轉實踐來看，俄羅斯的此類政策協調機構未能有效地發揮其應有功能。

從理論上講，俄羅斯聯邦安全會議在制訂統一的國家安全政策和對外政策方面應發揮積極的協調作用。正如其原任祕書洛博夫所說，安全會議應「消除包括強力機構和情報部門在內的聯邦權力機關的本位主義做法。建立跨部門協調系統，在起草全國性決定時該系統可以在涉及國家利益

---

1 《據認為俄正在不情願地改變對北約東擴的政策》，路透社倫敦 1996 年 3 月 26 日英文電。

的問題上協調立場。安全會議要實現的不是各主管部門職能機構的簡單相加，而是要形成完整的國家政策，保持公民、社會和國家利益的平衡。實際上，就是在過去系統的基礎上，增加了一個由負責國家安全的各級執行權力機關和立法權力機關參加的政治管理環節。」[1]但運轉實踐表明，安全會議未能很好地行使其應有功能。與其說安全會議是政策制訂的無所不能的工具，還不如它是在安全政策決策以及葉利欽進行政策選擇時相對低效的工具。

自 1992 年成立至 2021 年，安全會議祕書已經先後換了 10 人，安全會議的實際決策作用也隨着國內政治形勢的變化和需要而變化起伏。對於國家安全過於寬泛的定義使安全會議承載了太多的任務卻又無力切實行使關鍵職能，它往往扮演着「消防隊」的角色，時而專注於車臣戰爭，時而又埋頭於信息安全，很難在外交決策中發揮穩定而持續的協調作用。比如，1996 年 6 月成為安全會議祕書的列別德力圖擴大安全會議的權力與影響，他希望使安全會議更具操作性，並且成為制訂和整合外交與安全政策的強有力工具。可是他很快就被葉利欽一腳踢開，沒有機會來實現自己的計劃。繼列別德出任安全會議祕書的雷布金是一個沒有多少安全事務經驗的人物。任職期間，他儘可能地維持低姿態，不像列別德那樣力圖使安全會議從事不受約束的獨立活動。雷布金領導下的安全會議，對車臣和其他內部安全問題更為關注。這種制度上的弱點導致了外交與安全政策的混亂和缺乏連貫性。

安全會議效率不高是由幾個原因造成的。首先，安全會議作為一個機關的集會很少，其結果是它不能有效地參與政策決策過程；其次，外交部和對外情報局、國防部、內務部等強力部門直接對總統負責，在一些重要政策問題上，安全會議經常被繞過。正如安全會議的一位高層人士所透露

---

1 Лобов В. Совет безопасности России и национальные интересы страны // Международная жизнь. 1995. No. 10.

的，「安全會議從許多部和主管部門獲得情報，但這些情報並不充分，也不客觀。如果開會前很早就向它們提出問題，它們還能提供一些情況，但如果會議臨時需材料，那就很少能得到什麼了。強力機構總是直接向總統彙報，結果安全會議經常一無所知。外交部根本不提供任何材料。內務部提供的材料也很少。提供情況最詳細最有系統的是政府通訊和信息署、軍事情報總局、對外情報局及反間諜局」。[1] 第三，對於決策執行的監督與調控很弱而且非常偶然。從安全會議成立到 1995 年，幾乎沒有一項決定從頭到尾得到執行，絕大多數決定以及總統令根本沒有得到執行。[2] 第四，安全會議的龐大規模也妨礙了其作為一個政策整合和協調機構的效力。這一弱點由於葉利欽傾向於通過非正式的渠道接受信息而更為明顯。

官僚機構之間爭奪對外政策主導權的鬥爭是俄羅斯外交決策機制實踐運轉中的一個經常性現象，在外交和安全政策領域缺乏明確的權限劃分和權威機構經常導致小團體和特殊利益集團之間的爭鬥，而他們又經常越過其他對手而直接訴諸於總統。可以說，俄羅斯外交與安全決策機制框架還不能有效地得以運轉，中間的內耗在很大程度上削弱了決策機制的效率。當決策機制還沒有成為一套運轉協調而且有效地調整與整合對外政策與安全政策的決策系統時，總統的無限權力也無法保障決策機制的良性運轉。正如俄羅斯著名學者卡拉加諾夫所說，「儘管對外政策被稱為是『總統的對外政策』，但無論是總統本人，還是任何一個其他官僚機構都無法系統地制訂或指導對外政策。」[3]

外交部所遇到的挑戰是官僚機構之間競爭的一個突出表現。在科濟列夫擔任外長的後期，外交部經常被指責為奉行「親西方」政策和未能充分捍衛「俄羅斯的國家利益」。為了平息這種批評，科濟列夫一方面在國內公

1　Комсомольская правда. 1995г. 17 февраля.

2　Комсомольская правда. 1995г. 17 февраля.

3　Sergei Karaganov, "Rudderless and Without Sails," *Moscow News*, No. .66, December 25, 1995.

開持日益強烈的民族主義立場，另一方面則對西方採取更和解的姿態。這種兩面手法使他在國內外威信掃地，更使俄羅斯的外交政策變得令人難以捉摸。其實際後果是導致外交部經常被其他部門、尤其是國防部和對外情報局所排擠。[1]

儘管外交部在對外政策活動中的協調作用曾以幾個總統令和國家安全構想、對外政策構想的形式加以確定，但政令的先後矛盾又使外交部處境尷尬。根據《關於俄羅斯聯邦外交部章程》的總統令，外交部不僅負責制訂總體對外戰略，而且負責協調和監督其他聯邦執行權力機關的涉外活動。[2]但不久之後，葉利欽又頒佈《關於總統對外政策委員會的總統令》，規定總統對外政策委員會不僅負責為總統準備確定對外政策基礎的政策建議，而且負責向總統提交有關保障聯邦機關在對外政策領域協調行動的建議。[3]這意味着對對外政策的協調職能從外交部轉到了總統對外政策委員會手中。但之後不久，葉利欽又發佈《關於俄羅斯聯邦外交部在推行俄羅斯聯邦統一對外政策路線中的作用》的總統令，實際上否定了前述總統令的某些規定。根據這一總統令，外交部是「與外國、國際組織關係中的首腦機關」，並且「就俄羅斯國際義務的完成情況進行監督」，「協調其他聯邦執行權力機構在這一領域的活動。」[4]

而《關於俄羅斯聯邦安全會議的總統令》[5]又再次改變了對外政策活動的

---

1 Foreign and Security Policy Decisionmaking Under Yeltdsin. F.Stephen Larrabee and Theodore W.Karasik. National Desearch Research Institute, Washington, 1997. P6.

2 Указ Президента Российской Федерации《Положение о Министерстве иностранных дел РФ》// Дипломатический вестник. 1995. No. 4.

3 Указ Президента Российской Федерации《Положение о Совете по внешней политике при Президенте РФ》// Дипломатический вестник. 1996. No. 2.

4 Указ Президента Российской Федерации《Координирующая роль Министерства иностранных дел РФ в проведении единой внешнеполитической линии РФ》// Дипломатический вестник. 1996. No. 4.

5 Указ Президента Российской Федерации《Положение о Совете Безопасности Российской Федерации》// Дипломатический вестник. 1996. No. 8.

管理程序。據此，安全會議的職能包括：確定社會、國家的重要利益，明確俄羅斯面臨的內外威脅；向總統提供有關俄羅斯聯邦內外政策問題的政策建議；考慮有關對外政策和安全政策的有關問題。同時，安全會議的職能還包括組織和協調內政、外交和軍事政策的制訂，監督內政、外交和軍事政策的執行。[1] 這一總統令再次使對外政策的工作程序成為問題，因為保障安全是制訂國家總體對外戰略的一個重要任務。

之後，又發佈了《關於俄羅斯聯邦總統對外政策委員會機關》的總統令。根據這一總統令，總統對外政策委員會機關應完成下列任務：會同俄羅斯外交部組織總統對外政策委員會會議，完成總統交辦的對外政策任務；會同政府機構起草有關國際法律條約和涉及對外政策的規範性文件；協調總統辦公廳的國際活動。[2] 但是在 1997 年，總統辦公廳又取消了對外政策委員會機關的設置。對此，總統國際事務助理普里霍季科解釋說，委員會的協調作用沒有必要，因為外交部完全能夠勝任這一任務。[3] 同時，在總統辦公廳內又設立了總統對外政策局，從而導致了總統機構企圖避開外交部而決定官方對外政策的指責。[4] 針對這些指責，普里霍季科表示，「不必擔心總統辦公廳會變成蘇共中央國際部或者政治局。我們的職能完全符合憲法對總統權限的規定，我們不準備超越這一權限。」[5]

對外政策協調機構頻繁變動的這一階段正是科濟列夫地位不保、普里馬科夫開始執掌外交部的時期。從這一點來看，表面似乎很難理解的對外政策協調權的歸屬之爭也就很清楚了。可以說，科濟列夫在內部政治地位中的削弱在某種程度上加強了總統機構在對外政策領域的協調作用。相

---

1 Указ Президента Российской Федерации《Положение о Совете Безопасности Российской Федерации》// Дипломатический вестник. 1996. No. 8.

2 Указ Президента Российской Федерации《Об аппарате Совета по внешней политике при Президенте Российской Федерации》// Дипломатический вестник. 1996. No. 12.

3 Сегодня. 1997 г. 17 октября.

4 Независимая газета. 1997 г. 10 октября.

5 Сегодня. 1997 г. 17 октября.

反，隨着普里馬科夫入主外交部，外交部的內部政治基礎得以鞏固，隨之而來的是外交部獲得了對外政策過程的協調職能。從這一點可以看出，當代俄羅斯外交決策機制的實際運作在很大程度上不是取決於法律規範，而是取決於國內的政治鬥爭與官僚政治機構之間的力量對比。可以發現，決策機制的實際運轉隨着國內局勢、首先是內部政治局勢和各種權力集團之間的力量對比而發生變化，而決策機制的不穩定性又會隨着保障對外政策過程的法律和權力機構之間的矛盾而深化。

在實際當中，外交部在對外政策活動中的主導作用也經常遇到挑戰。總統機構和政府各官僚機構在外交與安全政策決策過程中的相互競爭使「每一個權力結構都將自己視為政治局，認為自己有推行自己的對外政策的權力。於是，諸多此類的『政治局』紛紛出現，其間充滿了各種分歧。它們不允許外交部在國際事務中推行連續一致的對外政策。」[1] 在科濟列夫擔任外長時期，國防部和外交部就在波黑維和、北約東擴等一系列問題上存在着巨大的分歧與競爭。國防部經常繞過外交部而推行「准獨立」的外交政策。1995 年 11 月，外交部長科濟列夫抱怨，由於國防部長格拉喬夫直接從葉利欽總統那裏得到授權而與美國和北約進行會談，他和外交部根本不知道這件事情。[2] 不久之後，科濟列夫再次抱怨，格拉喬夫根本沒有向外交部通報他在布魯塞爾進行的有關俄羅斯在波斯尼亞維和行動的談判結果，俄羅斯外交部只能從「報紙上」了解談判的情況。[3] 同樣，格拉喬夫 1995 年 12 月對以色列的訪問也沒有與外交部協商，從葉利欽那裏直接得到授權的國防部長利用對特拉維夫的訪問加強了俄羅斯與以色列的關係。而這一角色本來是應由外交部來擔當的。[4] 這些事件突出表明，葉利欽的權力機構內部在關

---

1 Yevgeni Bazhanov, "Top Priorities for Russian Foreign Policy," *New Times,* October 1995, p.33.

2 Интерфакс. 1995. 24 ноября.

3 Интерфакс. 1995. 1 декабря.

4 Советская Россия. 1995. 9 декабря.

鍵性的對外政策問題上缺乏協調。

但國防部經常繞開外交部而推行開獨立的外交政策並不表明軍隊對外交與安全政策的影響力在上升，但只是從一個側面反映出科濟列夫領導的外交部的軟弱以及俄羅斯外交與安全決策缺乏協調。實際上，俄羅斯軍隊對外交和安全政策的影響力與蘇聯時期相比已經明顯下降。「在軍費預算、營房建設乃至軍人工資發放等問題上，軍隊的呼聲總是受到壓制，達不到主要目標。」[1]

1996 年 1 月普里馬科夫被任命為外交部長導致了外交政策決策在一定程度上的改進。在任命普里馬科夫為外長的兩個月後，葉利欽簽署了《關於外交部在推行統一的俄羅斯對外政策路線中的協調作用》的總統令。普里馬科夫爭得這個決定的原因就是因為各方政治家，諸如副總理、安全會議祕書等人不時地發表與俄羅斯對外政策不一致的講話，而外交部不得不及時地予以澄清。[2] 在普里馬科夫的領導下，外交部逐步恢復了在科濟列夫擔任外長期間失去的對於對外政策的影響和控制，俄羅斯的對外政策表現出在科濟列夫時期所沒有的一致性和連續性。但即便如此，普里馬科夫也不能完全保證俄羅斯政府在對外政策上的步調一致。官僚機構之間的爭鬥以及在有關北約東擴等問題上的分歧仍在繼續。特別是在列別德擔任安全會議祕書期間，向普里馬科夫的外交路線發起了直接挑戰。列別德發表了大量與普里馬科夫有關北約東擴問題的政策相違背的講話。而列別德被解除安全會議祕書職務並沒有結束俄羅斯內部關於北約東擴的分歧。1996 年 11 月初，新任安全會議祕書雷布金公開表示俄羅斯準備加入北約的政治結構。如果雷布金在克里姆林宮沒有一定的支持，他未必會接二連三地發表此類講話。他們之間的分歧也表明，在葉利欽連任之後已經有所減少的有關對

1 Foreign and Security Policy Decisionmaking Under Yeltdsin. F.Stephen Larrabee and Theodore W.Karasik. National Desearch Research Institute, Washington, 1997. p17.

2 Леонид Млечин.《Евгений Примаков: История одной карьеры》. М.,1999. С.283.

外政策的管理與協調的困難仍然存在。這些分歧又使「外交部在外交決策過程中的角色和影響」問題重新出現，普里馬科夫無疑比科濟列夫對對外政策具有更大的影響，但這不表明外交部在對外政策過程中的作用已經制度化了。外交部在外交決策過程中的影響力仍然因問題而異。在北約問題上，外交部起着牽頭的作用，而在戰略武器談判和歐洲裁軍會議等軍備控制問題上，國防部和總參謀部則發揮着更大的影響。同樣，在裏海能源開發等問題上，燃料能源部和各大石油天然氣公司扮演着主角，有時甚至與外交部發生意見衝突。可以說，普里馬科夫時期外交部在外交決策過程中地位的提高更多的有賴於普里馬科夫個人的威望及葉利欽對他的信任。

普京執政以後，儘管在外交決策機制調整方面進行了一些工作，但外交決策缺乏協調的現象仍未能完全消除。2000 年 10 月，有關中東和平的談判在沙姆沙伊赫舉行，儘管自 1991 年馬德里和會以來，俄羅斯一直在大力推動這一和平進程，但在此次會議過程中俄羅斯外交決策的不相協調卻使其對這一進程的參與和影響有所減弱：就在這次和平會議舉行前，俄羅斯外長伊戈爾·伊萬諾夫剛剛對該地區進行了為期四天的訪問，但直到最後幾小時，俄羅斯外交部和克里姆林宮才就普京是否與會發表了自相矛盾的聲明。有官員說，俄外交部和克里姆林宮安全會議就出席這次會議是否明智展開了幕後鬥爭，後者認為，最好不要去。在最後一刻，普京飛往黑海之濱的索契，而不是埃及，並派遣安全會議祕書謝爾蓋·伊萬諾夫——普京越來越具影響力的顧問——訪問伊朗。分析家說，此舉表明，普京對強調俄羅斯同伊朗間的地區利益比對發揮大國作用的野心更感興趣。

可以發現，儘管當代俄羅斯建立了相對制度化的決策機制，但這一體制的具體運作在很大程度上不是依靠相應的法律與制度，而是有賴於最高決策人－總統的傾向與喜好。與總統關係的密切與否往往決定着一個官僚機構在外交決策過程中的地位與作用。俄羅斯對外情報局在普里馬科夫擔任局長期間在外交決策中所發揮的作用就是一個很好的證明。

起初，葉利欽對戈爾巴喬夫的舊部普里馬科夫並不十分欣賞。但隨着時間的推移，普里馬科夫的忠誠、沉穩和幹練贏得了葉利欽的好感與信任，對外情報局在外交決策機制中的地位也隨之上升。「每星期一普里馬科夫都要到葉利欽總統那裏作詳細彙報，向總統彙報對重大問題的綜述，講述發生的事件、情報局的分析、以及如何處理世界大事。」[1]1994年4月，葉利欽在向對外情報局高級領導的講話中強調，對外情報局已經成為俄羅斯安全最重要的保證，「我們期待着對外情報工作提供必要的情報，為國家在內外政策問題上、實施我們的經濟政策和保證科技進步等方面做出根本的決定性貢獻。」葉利欽向對外情報局提出的任務包括：就西方對獨聯體其他國家的計劃和意圖獲取「先發制人的情報」並「有條不紊地監視」俄羅斯邊境局勢；全面評估其他國家如何看待俄羅斯；保衛國家經濟安全、打擊有組織犯罪；打擊恐怖主義、毒品走私和核擴散。「這表明葉利欽開始向該機構提供了強有力的授權，以實現俄羅斯廣泛的對外政策目標」。[2]

葉利欽的講話明確指出對外情報局在制訂和推行對外政策方面應發揮關鍵作用，而對外情報局則積極參與到對外政策過程當中。普里馬科夫經常出訪歐洲和中東以及獨聯體其他國家，代表葉利欽進行「穿梭外交」。1993年7月，普里馬科夫作為葉利欽的特使出訪伊朗和阿富汗，分別會晤了伊朗外長和阿富汗總統，主要討論了塔吉克斯坦和阿富汗邊境地區的衝突。返回莫斯科後，普里馬科夫直接去見葉利欽，向其彙報此行成果。「這種外交活動是前所未有的，表明普里馬科夫這一角色的影響力遠遠超過了以前情報機關的首腦們」。[3]

在普里馬科夫擔任局長期間，對外情報局發表了三個重大外交政策評

---

1 Леонид Млечин.《Евгений Примаков: История одной карьеры》. М.,1999. С.242.

2 [美] 埃米 · 奈特：《不披斗篷的間諜：克格勃的繼承者》。新華出版社1999年中文版，第10頁。

3 [美] 埃米 · 奈特：《不披斗篷的間諜：克格勃的繼承者》。新華出版社1999年中文版，第141頁。

估報告，對俄外交決策產生了重大影響。1993 年 1 月，發表有關核武器擴散的報告，提出核武器擴散已經破壞了建立穩定的世界秩序的希望；[1] 1993 年 11 月，提出有關北約東擴的報告，[2] 認為「中東歐國家加入北約直接影響俄羅斯的安全利益」，提出如果北約軍隊逼近俄羅斯邊境，俄羅斯將重新調整其防禦部隊。對外情報機構公開發表政策聲明是史無前例的，克格勃在其整個歷史上從沒有作為一個獨立的機構公開發表過自己的觀點。不僅如此，對外情報局這份關於北約的報告發表的觀點與外交部的意見大相徑庭。更出人意料的是，對外情報局還代表俄羅斯軍方講話，警告說北約東擴將引發俄羅斯軍隊的不滿情緒。據普里馬科夫說，這份報告的結論成為俄羅斯官方開始反對北約東擴的依據；1994 年 9 月底，在葉利欽訪美前夕，對外情報局發表《俄羅斯—獨聯體：西方的立場需要修正嗎？》的報告，[3] 警告西方不要反對獨聯體國家的經濟和政治重新一體化，說西方反對獨聯體一體化的立場將導致同俄羅斯關係的降溫。之後，葉利欽在聯合國講話談到這一問題時，明確支持這一立場。可以看出，對外情報局的做法顯然已經超出了情報蒐集和分析的職能，除蒐集情報和其他對外活動外，它實際上已開始為葉利欽政府制訂政策了。無怪乎普里馬科夫的新聞祕書塔季揚納·薩莫利斯不無自豪地說，「俄羅斯情報機關過去是現在仍然是確保國家安全和執行外交政策的最重要工具之一」。

除與總統的關係之外，各官僚政策部門在對外政策過程中的地位與影響還取決於事務的性質。比如，在北約東擴問題上，普里馬科夫和他領導的外交部可以執行一條清晰而明確的對外政策路線。但在諸如限制戰略武器談判和歐洲常規武裝力量談判上，國防部和總參謀部卻是更重要的參與

1 Новый вызов после холодной войны: распространение оружие массового уничтожения. Открытый доклад СВР РФ. 1993 г.

2 Перспективы расширения НАТО и интересы России. Открытый доклад СВР РФ. 1993 г.

3 Россия-СНГ: нуждается ли в корректировке позиция Запада? Открытый доклад СВР РФ. 1994 г.

者。同樣，在類似裏海石油開發和與國際金融組織的債務談判問題上，俄羅斯燃料能源部和財政部則可能是更主要的選手。

官僚機構之間的競爭和政策的不連貫當然不是俄羅斯特有的。人們可以在包括美國在內的許多國家發現此類問題，只不過這種問題在當代俄羅斯更為尖鋭。造成這種情況的原因是：首先，俄羅斯的政治和社會處於急劇的轉軌過程當中，新的決策機制尚不完善，缺乏有力的制度保障；其次，俄羅斯社會缺乏對國家利益的廣泛共識；第三，長期遺留下來的專制主義政治文化常常使決策機制的運轉依賴於最高決策人的傾向與喜好，而不是預先規定的遊戲規則。其結果是長官意志常常凌駕於法律之上，規章制度得不到有效貫徹和遵守；第四，葉利欽的健康問題使上述問題更加惡化。他的長期生病鼓勵了政治上的明爭暗鬥和他主要助手之間為權力而展開的競爭。其結果導致決策過程的無序和混亂，各種官僚機構經常能把自己的特殊的利益強加於外交政策議程。

對於外交決策機制實際運轉中所出現的問題，俄羅斯決策者早有察覺。早在 1994 年致聯邦會議的國情咨文中葉利欽就表示，「近兩年的經驗表明，無論是部門間的還是地方上的有關對外政策的分歧都對國家利益造成了損害，削弱了俄羅斯在世界上的地位。新的俄羅斯聯邦憲法已經把所有各就各位，必須在國家安全戰略的範圍內加強對俄羅斯對外政策的協調。」[1] 在 1995 年致聯邦會議兩院的國情咨文中，葉利欽再次強調了加強對對外政策活動協調的重要性。[2] 然而政治體制中所固有的缺陷以及葉利欽本身的管理風格不可能消除決策機制運轉中所出現的問題。隨着葉利欽時代的終結和普京登上俄羅斯政壇頂峰，俄羅斯外交決策機制的運轉也出現了一些新現象，並將對其未來發展帶來深刻的影響。

隨着葉利欽淡出政治舞台和普京開始執掌權柄，俄羅斯決策機制的核

1　Послание Президента Российской Федерации Федеральному Собранию. М., 1994. с.104-105.

2　Послание Президента Российской Федерации Федеральному Собранию. М., 1995, с.59.

心——總統也自然實現了新老交替。新生代領導人登上權力頂峰與當代俄羅斯憲政制度所確定的權力配置結構相吻合，可以使俄羅斯政治體制發揮出「病夫治國」時期所未能顯示出的潛力與效能。當代俄羅斯的「超級總統制」決定了總統在國家政治生活中的核心地位，總統能否有效地行使自己手中的權力成為俄羅斯能否實現政治穩定、經濟復興的重要前提。與葉利欽不同，普京所擁有的活力為使有效地行使總統權力提供了重要的前提，也為外交決策機制的正常運轉提供了保障。更為重要的是，作為在赫魯曉夫「解凍」年代成長起來的新生代領導人，普京的知識背景、思維方式、管理風格與行政能力與葉利欽不可同日而語，可以使其運用憲法所賦予總統的廣泛權力對國家的政治經濟生活和對外政策事務產生持續和深入的影響。

普京執政之初，其個人能力等因素已使其廣泛的總統權力得到了有效的發揮，俄羅斯的外交決策呈現出令人耳目一新的局面。比如在每次出訪前，外交部、總統國際事務局和對外情報局都會送來眾多材料，堆放在總統的辦公桌上。能源部、國防部和安全會議也會送來許多相關文件。總統國際事務助理普里霍季科曾向《莫斯科共青團員報》筆者展示了一份厚達 500 頁的材料，稱普京會非常仔細地閱讀，如果有什麼來不及看，就在訪問途中的飛機上解決。2001 年 6 月，普京參加完上海合作組織首腦會晤之後，就要趕赴斯洛文尼亞首都盧布爾雅那與美國總統布什會晤。正是在從上海回莫斯科的飛機上，普京觀看了由情報部門提供的有關布什的錄影帶，此片長 30 分鐘。在放到布什的某些表情、手勢時，普京下令慢放。他對某些鏡頭琢磨了好幾遍，大概是想在腦海中勾勒出布什日常生活中的行為特徵。這也再次體現了普京在情報部門中摸爬滾打數年所練就的本事：善於從點滴細微之處窺探出對方的內心世界。

普京上台後，重要出訪工作他都親自加以過問並參與某些關鍵性的準備工作。而最重要的莫過於出訪前的最後一項準備工作—「智囊會」。來自外交部的資深人員和克里姆林宮的國際問題專家齊聚總統辦公室，普京與他們共同確定俄方的最後立場，研究必要時可能打出的王牌。在某些情況下，普京思維的縝密常令眾多專家自愧弗如。在準備 2001 年 6 月與美國總統布什在斯洛文尼亞首都盧布爾雅那的會晤時，普京曾提醒外交部，1955 年蘇聯提出過要加入北約而遭北約拒絕。在與布什的會談過程中，普京也正是以此問題來說明北約東擴並非為的是歐洲的整體安全利益，而是有針對俄羅斯的企圖。克里姆林宮人士對此非常吃驚：「為什麼連外交部自己都沒想起這一點呢？」

普京執政之初，正在運用自己的權力把對外政策過程的管理置於更加嚴格的控制之下，去除決策過程主體責任劃分不清的缺陷，消除不必要的重複，減輕官僚部門之間的惡性競爭或相互推諉。普京的上述作法取得了相當大的成效，但這並不意味着俄羅斯各對外政策部門在具體的對外政策問題上都可以達到一致意見。比如在如何處理美國違反 1972 年《蘇美限制反彈道導彈系統條約》研製和部署國家導彈的問題上，普京就同軍方乃至外交部存在着一定分歧。普京認為在美國執意要研製和部署國家導彈防禦系統、而俄羅斯無力與美展開新一輪軍備競賽的情況下，維護國際穩定和俄羅斯安全利益的最佳辦法是同美國展開長期的談判，以拖待變，利用美國反導技術的不成熟、美國歐洲盟國在反導防禦問題上與美國的分歧等因素使美國向俄做出最大的讓步，避免美國一意孤行，斷然單方面退出反導條約。因而普京在 2001 年 6 月與布什在盧布爾雅那會晤期間，就戰略防禦問題達成某種妥協。7 月底，八國首腦熱那亞會晤期間，普京與美國總統布什達成一致，同意將戰略進攻性武器和戰略防禦性武器掛鈎，共同討論。

然而在俄羅斯軍方的某些人士並不同意普京的做法。以俄羅斯武裝力量第一副總參謀長馬尼洛夫和國防部對外軍事合作總局局長伊瓦紹夫代表的人士堅持反導條約不可動搖，「拒絕承認克里姆林宮主子在國際法問題上表現出來的靈活性」。[1] 因而在八國首腦熱那亞會晤之前，普京命令對總參謀

1　瓦．索洛維約夫：《普京面臨的選擇：不搞經濟軍事化，而同美國講和》。俄羅斯《獨立報》2001 年 7 月 24 日。

部和國防部進行了一些人事調整，馬尼洛夫和伊瓦紹夫被命令退休。

普京上台以後，加強了對外交決策機制的制度化建設，更加明確地規範各對外政策部門的權限職能，協調各權力部門在對外政策及安全決策過程中的相互關係。自去年以來，俄羅斯連續出台了新版的《俄羅斯聯邦國家安全戰略構想》《俄羅斯聯邦對外政策構想》和《俄羅斯聯邦軍事學説》等戰略性文件。這些文件不僅分析了俄羅斯國家安全所面臨的國內外環境、確定了國家安全戰略、對外戰略和軍事戰略的目標和手段，還對外交與安全決策機制的有效運作給予了廣泛關注，進一步明確了各對外政策機構在國家安全政策和外交決策中的職能。新版《俄羅斯聯邦國家安全構想》規定，「俄羅斯聯邦總統在憲法規定的權限範圍內領導保證俄羅斯聯邦國家安全的各機構及各種力量，批准保證國家安全的行動，依據俄羅斯聯邦法律建立、改組和撤銷保證國家安全的下屬機構和各種力量，就保證國家安全問題發表諮文、呼籲書和頒佈命令，在向俄羅斯聯邦會議發表的年度諮文中明確俄羅斯聯邦國家安全構想的有關條款，確定目前國家內外政策的主要方針；俄羅斯聯邦會議依據俄羅斯聯邦憲法以及俄羅斯聯邦總統和俄羅斯聯邦政府的報告，制訂保證國家安全的立法基礎，協調俄羅斯聯邦執行權力機關和俄羅斯聯邦各主體執行權力機關之間的活動，確定旨在實施這方面的具體專項計劃的聯邦預算有關條款；俄羅斯聯邦安全會議對俄羅斯聯邦國家安全面臨的威脅進行事先調查和評估，為俄羅斯聯邦總統制訂防止這些威脅的有效方案，制訂保證國家安全的建議以及修改俄羅斯聯邦國家安全構想某些條款的建議，監督俄羅斯聯邦執行權力機關和俄羅斯聯邦主體執行權力機關執行這方面決議的情況；俄羅斯聯邦安全會議祕書在向俄羅斯聯邦總統提交的關於國際局勢和俄羅斯聯邦國內局勢的年度報告中，應明確指出國家安全面臨的種種威脅的性質和規模，提出關於防止和消除這些威脅的形式和方法等建議；聯邦執行權力機關保證執行俄羅斯聯邦法律，執行俄羅斯聯邦總統和俄羅斯聯邦政府有關俄羅斯聯邦國家安全的決議。在其權限範圍內制訂這方面的法律文件，並將有關文件提交俄羅斯聯邦總統和俄羅斯聯邦政府；俄羅斯聯邦主體的執行權力機關同聯邦執行權力機關相互協調行動，執行俄羅斯聯邦法律，落實俄羅斯聯邦總統和俄羅斯聯邦政府有關俄羅斯聯邦國家安全的決議，以及最高統帥發佈的有關俄羅斯聯邦國防安全的聯邦綱要、計劃和各項指示。同地方自治機關共同採取措施，吸引俄羅斯公民、社會團體和其他組織依據俄羅斯聯邦憲法協助解決國家安全問題。向俄羅斯聯邦執行權力機關提出關於完善保證俄羅斯聯邦國家安全的建議。[1]《俄羅斯聯邦對外政策構想》規定，「俄聯邦總統根據自己的憲法權限領導國家的對外政策，並作為國家元首在國際關係中代表俄聯邦；俄聯邦會議聯邦委員會和國家杜馬在其憲法權限範圍內開展在確保俄聯邦對外政治方針和履行其國際義務方面的立法工作；俄聯邦安全會議負責起草俄聯邦總統在確保國際安全方面的決議，並監督其執行情況；俄聯邦外交部負責直接落實俄聯邦總統批准的對外政策方針，負責協調聯邦執行權力機關的對外政治活動，並根據俄聯邦總統 1996 年 3 月 12 日第 375 號《關於俄聯邦外交部在執行俄聯邦統一對外政治方針中的協調作用的命令》對這一活動進行監督；俄聯邦主體根據俄聯邦憲法、俄聯邦關於協調俄聯邦主體國際和對外經濟聯繫的法律以及其他法規開展自己的國際聯繫。俄外交部和其他聯邦執行權力機關幫助俄聯邦各主體在嚴格遵守俄聯邦主權和領土完整的條件下履行其國際義務；在起草履行國家對外政策方針的決議時，聯邦執行權力機關根據必要程度同俄羅斯非政府組織相互開展協作。較廣泛地吸收非政府組織參加國家對外政治活動，這符合確保公民社會最大限度地支持國家對外政策的任務，能夠對有效落實這一政策做出貢獻。[2] 在 2000 年 3 月 24 日舉行的安全會議會議上，普京還特別強調，協調外交事務的將是外交部。他認為，「制訂對外經濟優先方面的應該是外

1　參見：Концепция национальной безопасности Российской Федерации. Утверждена Указом Президента Российской Федерации №. 24 от 10.01. 2000 года；

2　參見 Концепция внешней политики Российской Федерации. Утверждена Президентом Российской Федерации В.В. Путиным 28 июня 2000 г.

交官，而不是商務代表處的工作人員。也不能讓國防部敢於不與外交部協商就發表外交聲明，甚至採取行動。」[1] 上述舉措表明，普京已經開始在明確劃分參與決策過程的機構的職能分工、協調外交決策機制的正常運作方面邁出了重要的一步。

日趨穩定的政治和社會環境為以建設性態度進行政治制度改革、協調權力機關之間的關係，為外交與安全政策決策機制的良性運轉奠定了基礎。普京上台之後，對聯邦委員會的組成方式進行了改革，聯邦委員會常任成員取代過去的聯邦主體行政與立法領導使聯邦委員會可以更經常性地參與國家政治生活，影響國家決策；以軟硬兩手處理與國家杜馬的關係。一方面通過影響杜馬中政治力量的分化組合從而形成於已有利的政治力量配置、從結構上遏制反對派的勢頭，另一方面以合作的態度處理與國家杜馬的相互關係，爭取杜馬在重大決策上的支持。考慮到俄羅斯政治生活走向穩定的總體趨勢，可以斷定，立法與行政權力機關之間長期以來的分歧已經渡過高峰期，雙方在解決對外政策問題時日益傾向於尋求相互妥協，兩者之間建設性的相互作用將對國家的外交決策產生積極影響。這方面的工作已經取得初步成效，在普京就任總統後，俄羅斯國家杜馬批准在葉利欽時期 久拖不決的《第二階段削減戰略武器條約》就是證明；正確處理與壟斷財團之間的關係，既在進行國家決策時在可控的範圍內吸收財團的意見，又避免財團過度干政。[2]

可以看出，普京在執政之初從結構和環境兩方面為外交決策機制的良性運行創造條件，但不能不看到，從建立外交決策機制的大體框架到這一機制的有效運行，將經歷一個發展過程。與俄羅斯社會轉軌的長期性相適

1 Коммерсант. 2000г. 25 марта.

2 國內的許多評論傾向于把普京加強國家權力的作法視為超然于物外的行動，仿佛普京是一個可以脫離社會政治環境和階級存在的「世外人物」。而筆者却認為在分析當代俄羅斯的政治生活時我們仍不能脫離階級分析的方法，普京對古辛斯基和別列佐夫斯基等寡頭的打擊，絕不意味著他有意並可能擺脫其社會政治基礎——壟斷寡頭的影響。

應，國家决策系統、包括外交决策機制也將不斷地發展變化。隨著普京的長期執政，俄羅斯國內的政經形勢、制度環境以及對外關係都經歷了與21世紀初迥然不同的變化，而其執政之初促使外交决策機制進一步科學化、透明化、高效化的努力也遭遇了重大挫折，並對俄羅斯的對外政策以及與外部世界的關係造成了嚴峻衝擊。

第三節　普京治下俄羅斯的社會發展及決策機制變化

從2000年上台至今，普京執掌俄羅斯政權已經近四分之一世紀的時間了。而且按照他的設想，他還將長期執政到2036年。回顧普京執政二十多年的時間，我們可以將其分成三個主要階段。

第一個階段是2000年到2003年。在剛剛上台的三年時間裏，普京採取了一系列切實行動，並在很大程度上扭轉了葉利欽執政晚期俄羅斯幾乎面臨崩潰、經濟凋敝、車臣分離主義高漲的局面。

首先，普京發動了第二次車臣戰爭，藉着莫斯科郊區兩棟居民樓被炸的事件派出大軍進入車臣。而他那句「把車臣匪幫溺死在馬桶裏」的名言也塑造了他的強人形象，使其在素來崇拜強權的俄羅斯民眾中人氣大漲。儘管異常慘烈的車臣戰爭給俄羅斯民眾造成了相當的負擔，雙方都是損傷慘重，但這種強力行動也在很大程度上結束了車臣的混亂狀況，扭轉了俄羅斯可能遭遇國家解體的局面。

其次是打擊寡頭干政。葉利欽執政末期，俄羅斯七大寡頭藉助手中的金融工業資產，在很大程度上干預俄羅斯政治運行。1996年葉利欽參加總統選舉的時候，受到了俄共主席久加諾夫強有力的挑戰。如果沒有這些寡頭對他進行傾力支持，他當時有可能無法連任。因此，葉利欽在1996年連任之後，為了報答這些寡頭，在國有資產私有化和政治權力分配方面，給了這些寡頭很大利益。但新一輪的私有化也讓大量的俄羅斯國有資產流失，這些寡頭通過侵吞國有資產迅速暴富，俄羅斯老百姓並沒有得到私有化的好處，俄羅斯的經濟也遇到了很多問題，出現了貧富差距進一步拉大等情況。普京上台以後，通過一系列措施，迫使這些寡頭逐漸交出了手中的企業和掌控的媒體，逐漸把這些寡頭從俄羅斯的經濟生活和政治生活當中排擠出去。古辛斯基被迫流亡，別列佐夫斯基也逃到了英國。最有名的事件就是 2003 年 10 月份，俄羅斯聯邦安全局特工在新西伯利亞機場，在尤科斯石油公司總裁霍多爾科夫斯基的私人飛機上抓捕了他，並把他投入了大牢。這個事件是打擊寡頭過程當中最有代表性的一個事件。從此以後，原來的金融工業寡頭在俄羅斯政治經濟生活當中的影響逐漸呈現出下降的趨勢。

第三個重要舉措就是建立了七大聯邦區，而且在七大聯邦區裏派駐了總統全權代表，改變了原來地方尾大不掉的局面，壓制了很多地方比如韃靼斯坦、車臣、高加索的一些共和國對中央非常強烈的離心傾向，維護了俄羅斯的國家統一。

第四個方面就是他推進了一系列行政改革，當時推行了部、局、署三級管理方式，明確了不同層級的分工，減少了政府決策的層次，提高了行政效率。

最後，他推行了土地改革，明確了土地的產權關係，也讓俄羅斯龐大的國土在一定程度上煥發了經濟上的活力。

總體而言，2000—2003 年，普京確實做了很多工作，改變了葉利欽執政末期的國家混亂、民怨沸騰的局面。

普京執政的第二個階段可以是從 2004 年到 2012 年他再次當選總統。在這個階段，普京通過一系列舉措，解決了幾個非常重要的問題。

一是重塑了垂直權力體系。在幹部政策上，逐漸把卡西亞諾夫、沃洛申這些葉利欽的老臣從決策層排擠出去，換上了自己的人馬。普京執政過程中，主要有兩支隊伍是他最為倚重的。第一個叫做「強力幫」，也就是普京在克格勃工作期間他的老戰友和老同事。普京在鞏固自己權力的過程中，把他們逐漸安插到了政府和大型國有企業的重要崗位上。第二個就是「聖彼得堡幫」。蘇聯解體前後，普京從德國德累斯頓結束了克格勃生涯回到聖彼得堡以後，先是在聖彼得堡大學擔任校長外事助理，後面隨着他的導師索布恰克當選聖彼得堡市長，他擔任了副市長等職。他在聖彼得堡期間的這些同事和朋友，構成「聖彼得堡幫」，其中包括梅德韋傑夫，也包括俄羅斯天然氣工業公司總裁米勒等。普京把一系列自己的親信安插到了各個崗位上，鞏固了自己的權力。

二是不斷擴充七大聯邦區總統全權代表的職權。總統全權代表對聯邦區所下轄的聯邦主體具有非常重要的監督權。如果沒有得到總統全權代表的同意，各個州、自治共和國、共和國等的很多決定、政令都難以實行。通過這一舉措，在很大程度上結束了葉利欽時期地方尾大不掉的狀況。

第三，普京採取切香腸的方式逐漸改變了俄羅斯聯邦主體領導人的選舉辦法。如果說原來地方領導人都是由當地民眾直接選舉產生的話，普京通過一系列調整，把這個權力從老百姓的手裏悄悄地奪了回來，變成了或者是上面任命，或者是地方議會選舉產生——從原來的直接選舉變成了間接選舉。

可以看到，這些措施使俄羅斯 1993 年憲法當中所確定的聯邦制原則受到了巨大衝擊和損害。聯邦制實際上已經形同虛設，俄羅斯又重新恢復成為一個中央集權的單一制國家，這是當代俄羅斯政治體制上一個非常重大的變化。

在這個階段，普京在經濟領域所採取的重大措施就是重新國有化，通過不同形式的收購、兼併、重組，把重要行業和重點企業收回到了國家手裏。最有代表性的就是尤科斯石油公司。2003 年把尤科斯總裁投入大牢之後，俄羅斯政府通過一系列訴訟和罰沒措施，把尤科斯公司的資產收歸國有，尤科斯的主要繼承者就是現在的「俄羅斯石油公司」。通過這一系列舉措，普京在俄羅斯的經濟體系裏重新恢復了一系列國有企業，把它們作為整個經濟的支柱加以管理。可以說，從 2004 年以後一直到現在，俄羅斯經濟最重要的管理上的特色就是國家資本主義。

我們可以看到，普京這些動作，實際上的效果就是打掉了一批老寡頭，但是隨着他的親信、故舊、同事進入俄羅斯的權力核心和經濟領域，又出現了一批新的寡頭。而且這些新寡頭和原來的老寡頭相比，權力更加集中。如果説原來的老寡頭更多的還是私營企業的代表，那麼現在的新寡頭，一方面在政府裏面擔任着高官，另一方面就可以搖身一變又擔任俄羅斯重要國有企業的董事長等職。這些新寡頭，成為俄羅斯政界、商界、金融界最有權力的人，是他們真正統治着俄羅斯。從這個角度上説，俄羅斯的國家資本主義實際上已經演變成了寡頭資本主義。

在 2004—2012 年的這個階段裏，雖然 2000—2007 年俄羅斯經濟藉助伊拉克戰爭之後的國際高油價實現了連續七年的較高速增長，但是從 2008 年金融危機開始，俄羅斯就進入了一個急劇下滑的階段。2009 年這種情況更加嚴重，當年俄羅斯 GDP 萎縮了 9% 以上。無論是在當時的八國集團裏——當時俄羅斯還是八國集團的成員——還是在新興經濟體金磚國家裏，俄羅斯的跌幅都是最嚴重的。這種經濟上的急劇萎縮，一方面受到了國際大宗商品市場和整個國際金融危機的衝擊，但是另一方面也體現了：普京在 2000 年以後建立起來的這種經濟上的制度，特別是國家資本主義，並沒有成為俄羅斯經濟的安全氣囊，而且在整個經濟和金融危機衝擊面前，它的尾大不掉、過於僵硬的國有企業體制弊端急劇暴露出來。

經濟上的急劇衰退，民眾生活的急劇惡化和下降，也給俄羅斯的政治生活帶來了巨大影響。我們可以看到，從 2009 年之後，俄羅斯國內各種示威、游行不斷，和 2007 年之前普京的那種高昂的人氣相比就形成了鮮明反差。2011 年國家杜馬選舉以及 2012 年總統選舉時，俄羅斯幾乎所有大中城市都爆發了大規模反政府甚至直接反普京的示威游行。可以説，2011 年底到 2012 年再次當選總統的這一期間，普京頭上的光環已經黯然無色，他從前期執政的神壇跌落了下來。2012 年 3 月，當普京知道了贏得選舉、和梅德韋傑夫兩個人走上紅場向支持他的民眾發表演講時，他的眼中流出了淚水。可以想見，那時的普京確實是感慨萬千，他知道那次的勝利確實是得之不易。因為在那期間，俄羅斯民眾對他失去信任，甚至反對他的聲音是非常強烈的。

第三階段(2012年迄今)：對外戰爭與國內困境。從2012年迄今，俄羅斯又發生了一系列非常重大的事件，但是這些事件更多的是體現在他的對外政策上。隨着2013年底烏克蘭發生政權更替，俄羅斯在2014年3月出兵克里米亞，違背了它之前在接收烏克蘭核武器時所達成的布達佩斯協定，違背了保證烏克蘭主權安全和領土完整的承諾，把克里米亞這塊在俄羅斯歷史上多少任沙皇夢寐以求的土地、黑海上的明珠——重新奪回自己手中。當然，由於俄羅斯嚴重侵犯了國際法，接下來就是美國和西方對俄羅斯強有力的制裁，給俄羅斯造成了巨大打擊。

然而，俄羅斯並未就此偃旗息鼓，反而更加咄咄逼人。2015年9月30日，普京又出人意料地出兵敍利亞，支持阿薩德政權。俄羅斯在當時那麼困難的情況之下，仍然會採取這種強有力的軍事行動，這是出乎很多人意料的。而普京的設想就是圍魏救趙，通過出兵敍利亞，迫使美國和歐洲減輕在烏克蘭問題上對俄羅斯的壓力。當然，由於各種各樣的原因，儘管美歐在烏克蘭問題上的注意力可能有所轉移，但是對俄羅斯的壓力和制裁並沒有放鬆。2016年，俄羅斯通過各種各樣的手段，特別是通過信息戰、心理戰混合運用的「混合戰爭」，對美國總統選舉施加了巨大影響。在一定程度上可以說，正是得益於俄羅斯的暗中支持，特朗普才奪得了美國總統的寶座。儘管俄羅斯矢口否認，但是穆勒委員會經過長時間的調查還是毫無疑問地證明了這一點：俄羅斯確實採取了很多行動，對美國2016年的總統選舉進行了強力干預。

在西方對俄羅斯實施制裁、俄羅斯與西方的關係迅速降溫的情況下，俄羅斯從克里米亞危機後又開始了所謂向東轉的外交行動，特別是着重加強了與中國的關係，試圖改善與日本、韓國的關係。當然，俄羅斯和印度、越南包括東盟國家的關係在這幾年也取得了不小的進展，在一定程度上緩解了俄羅斯在西方所面臨的壓力。

儘管普京採取了非常強硬的對外行動，但是俄羅斯國內的情況並沒有好轉：俄羅斯國內經濟增長持續乏力。儘管俄羅斯口頭上說不怕西方制裁，但是可以確定地講，西方的制裁給俄羅斯帶來了重創。根據多家國際金融機構以及俄羅斯中央銀行和財政部等官方機構的估算，2014—2018 年四年時間裏，俄羅斯經濟衰退了 6% 強，平均下來就是每年衰退 1.53%。西方的制裁，一方面掐住了俄羅斯金融的脖子，使它很難在美歐金融市場上獲得大量、長期融資；另一方面，也大大壓縮了俄羅斯從西方獲得先進技術包括它寄予厚望的北極油氣開發的技術裝備方面的可能性。與此同時，西方的制裁也讓俄羅斯很多重要的基礎設施項目難以進行，包括北溪 -2 天然氣管道。

2020 年，俄羅斯再次修改憲法。儘管由於疫情影響，俄羅斯政府以疫情為藉口禁止大規模示威游行，但是很多反對的聲音仍然通過各種各樣的渠道傳遞出來。然而，最終還是以 70% 多的支持率，通過了脩憲法案。為什麼能有這麼高的支持率呢？原因很多，其中重要的一點就是俄羅斯當局擁有非常發達的國內政治管控工具，俄羅斯總統辦公廳和民調機構，包括和中央選舉委員會，都有非常密切的合作。此外，此次脩憲採取了「打包銷售」的辦法。除普京最關心的其所有之前的總統任期清零外，還有俄羅斯領土不允許再被轉交給其他國家、提高俄羅斯民眾的社會福利等。這一系列內容統統打包在一起，但是只有同意、棄權和反對三個選項。很多老百姓為了提高自己的生活保障，當然不能寫反對，所以這種技術上的操作讓這次脩憲的全民投票獲得了比較高的支持率。

俄羅斯政治體制和決策機制的變化對經濟社會發展也帶來了巨大衝擊。

在普京長期執掌政權的 20 多年時間裏，除 2008 年之前藉助伊拉克戰爭後的國際高油價實現了較高速度的恢復性增長外，俄羅斯經濟在 2009 年之後始終低速徘徊甚至幾度陷入衰退，普京多次允諾的經濟奇跡未能實現，俄羅斯在世界經濟體系中的地位難以遏制地持續下滑。我們可以從上層建築對經濟基礎的反作用的角度來探討政治制度和社會生態對俄羅斯經濟發展績效的影響。

根據主觀層面的政策調整和客觀層面的經濟績效，我們可以把 20 多年來的俄羅斯經濟發展劃分為四個階段。

第一階段是 2000 年至 2004 年，可以稱為「改良主義」時期。在普京的第一個總統任期內，制定並開始實施「格列夫計劃」，也就是政府於 2000 年通過的《2010 年前俄羅斯聯邦社會經濟發展戰略》。在此期間，政府推進了稅收、累進養老金和公務員制度改革，通過了《土地法》，大力削除開辦企業的行政障礙，俄羅斯加入世貿組織的談判提速。藉助這些改革措施，俄羅斯經濟增長提速、外國投資流入、盧布開始走強[1]。

第二階段是 2004 年至 2008 年上半年，貫穿普京的第二個總統任期。這一階段可以稱為「國家資本主義」階段，其最突出特徵是大規模的重新國有化。以「尤科斯事件」為標誌，俄羅斯聯邦政府試圖以建立大型國有企業航母來引領經濟振興。這一時期，大部分改革都停止了，重大改革只在宏觀經濟和金融領域繼續進行。但第一階段的改革無疑帶來了實實在在的成果：國家債務幾乎全部還清，穩定基金和競爭性銀行體系的關鍵要素——存款保險體系得以建立。通脹下降和存款保險的引入，為金融業的發展、企業和消費貸款的增加創造了新的機遇。宏觀經濟穩定和投資評級提升促使外國投資急劇增加。在普京的前兩個總統任期，經濟年均增長率約為 7%。從 1999 年到 2008 的十年間，俄羅斯經濟總量幾乎翻了一番（由於油價上漲和外國投資流入導致盧布大幅走強，以美元計算的 GDP 增幅更高，從 1999 年的 2100 億美元增至 2008 年的 1.8 萬億美元，增長 7.5 倍）。這是俄羅斯現代經濟史上最輝煌的十年，經濟增速堪比新經濟政策時期的經濟復甦，高於斯大林治下蘇聯工業化期間年均 5% 的增長率。當然，除了第一階段改革的後續效應之外，國際油價的急劇上漲成為這十年俄羅斯經濟較高速增長

1 История проектов долгосрочных стратегий развития России. Досье. https://tass.ru/info/4294051; Стратегия-2010: планы и результаты.https://www.forbes.ru/column/50383-strategiya-2010-plany-i-rezultaty

的重要外部因素。從 1998 年到 2008 年，國際石油均價從每桶 13 美元漲到了 97 美元，幾乎上漲了 6.5 倍。因此有俄羅斯經濟學家認為，油價高企對普京前兩個總統任期經濟增長的貢獻率達到了 1/3 到一半 [1]。

第三個階段是 2008 年下半年至 2013 年，這是遭遇全球經濟危機和實現經濟復甦的階段。實際上，俄羅斯經濟的較高速增長在 2008 年就已經基本結束。儘管政府在 2008 年就制定了《2020 年前俄羅斯聯邦社會經濟長期發展構想》，提出了融入全球經濟體系、加大人力資源投資和實現創新發展的發展思路 [2]，然而隨着全球金融危機的到來，發展構想所提出的計劃化為泡影，實際上沒有進行任何實質性的改革。在危機後的十年（2010~2019 年），俄羅斯經濟年均增長率不到 2%。2011 年 1 月，普京指示高等經濟大學和普列漢諾夫國民經濟學院組織大批專家制定新的「2020 年戰略」[3]。為此成立了 21 個工作組，重新制定了全面的改革計劃。「2020 年戰略」的主要目標是試圖消除商業和人力資源投資的障礙，打造「經濟增長新模式」。與此同時，為參加 2012 年總統大選，有關俄羅斯發展的另一個計劃也在 2012 年出爐並成為了普京的競選綱領，其經濟部分以《我們需要一個新經濟》為題發表在 2012 年 1 月 30 日的《導報》上 [4]。2012 年 5 月 7 日，普京在重新當選總統後簽署了包括 12 項內容的「五月法令」，其中一項就是關於國家長期經濟政策的法令。他提出要促進投資環境的根本改善、減少國家對於經濟生活的過度干預，並預言這將使勞動生產率在七年內提高一半，投資增加到

1 Сергей Гуриев. 20 лет Владимира Путина: трансформация экономики//Ведомость. 09 августа 2019.

2 Концепция долгосрочного социально-экономического развития Российской Федерации на период до 2020 года. http://old.economy.gov.ru/minec/activity/sections/strategicPlanning/concept/indexdocs

3 Стратегия-2020: Новая модель роста—новая социальная политика. Итоговый доклад о результатах экспертной работы по актуальным проблемам социально-экономической стратегии России на период до 2020 года. https://www.hse.ru/strategy2020

4 Владимир Путин. Нам нужна новая экономика. https://www.vedomosti.ru/politics/articles/2012/01/30/o_nashih_ekonomicheskih_zadachah

GDP 的 27%[1]。但實際上，承諾的改革並未落實，預期的經濟成果也沒有實現。在經歷了 2010 年至 2011 年危機後的短暫復甦之後，經濟增速又開始迅速下降。

第四個階段是從 2014 年至今，這是在克里米亞危機之後和俄烏戰爭背景下俄羅斯與全球經濟日益隔絕和陷入停滯的階段。實際上，俄羅斯經濟在 2013 年就呈現疲態，當年經濟增速只有 1.8%。隨後接連出現的油價下跌、克里米亞危機、西方制裁以及新冠疫情，使俄羅斯經濟遭受重創，2014 年至 2020 年的年均增速只有 0.35%。以美元計算的俄羅斯 GDP 保持在 2008 年的水平，在世界經濟總量中的佔比從 2008 年的 3% 降至 2018 年的 2%。投資沒有增長到 GDP 的 27%，而是保持在 20—22% 的水平。外商投資下降、資本加速外流，2014 年至 2018 年，資本外流總數達 3200 億美元[2]。

導致 20 多年間俄羅斯經濟從較高速增長到持續低位運行甚至幾度陷入衰退的原因無疑是多方面的，油價下行、西方制裁等外部因素確實在一定程度上限制了俄羅斯經濟發展，但最根本的原因還是政治制度、政治文化、治理方式、社會生態等上層建築因素使經濟發展的內生動力不足。

以 2003 年尤科斯事件為肇始，之前以社會市場經濟、國家減少干預為要旨的制度環境就逐漸改變，並讓位於以政治威權主義和國家資本主義為核心的新政治經濟體系。垂直權力體系的日益強化不斷改變着俄羅斯國內的政治氛圍和社會生態，並對經濟發展構成了重大負面影響。

在新的政治經濟體系下，國家對政治、社會和經濟體系所有過程的干預大幅提升。自 2003 年以來，在投資、價格、利潤分配、回報率、進出口、採購和銷售等幾乎所有主要宏觀和微觀經濟環節，政府干預都在持續增強，稅收、關稅、財政等方面的法規和政策調整對企業經營的束縛日益

---

1 Указ Президента РФ от 7 мая 2012 г. N 596 "О долгосрочной государственной экономической политике" . http://www.kremlin.ru/acts/bank/35260

2 Сергей Гуриев. 20 лет Владимира Путина: трансформация экономики//Ведомость. 09 августа 2019.

增多。儘管政府還沒有掌控所有經濟資源，尚未對經濟實行全面管制，但市場配置資源和企業主體自主經營的空間已經受到了很大程度的壓縮，導致經營主體難以充分自由運轉、經濟效率日趨低下。如果行政監管擴張的性質和速度保持不變，未來幾年市場空間可能進一步壓縮，並最終導致市場與監管之間的矛盾全面爆發。俄羅斯經濟學家謝爾蓋·古里耶夫認為，「國家對社會生活各領域過度干預的政治體制限制了經濟增長」，而這種「超級集中的管理系統並不適合管理像俄羅斯這樣龐大的國家。」[1] 另一位俄羅斯學者尼基塔·馬斯連尼科夫也強調，「經濟問題持續多年得不到解決的根本原因是權力的過於強大，在現有制度框架內實現經濟的快速發展是根本不可能的。而未來的權力交接過程可能會對政治乃至經濟體系造成過於嚴重的衝擊。」[2]

任何類型的政治經濟模式都不是在真空中運行，人的因素在現實政治中至關重要，特別是權力精英的行為在很大程度上影響着投資環境、社會生態、人力資源甚至民眾情緒的變化。自 2003 年以來，與俄羅斯重新國有化相伴隨的，是新的一輪利益分配和權力爭鬥（如烏柳卡耶夫案）。在重新國有化的過程中，不少政府高官出任大型國有企業董事會主席或監事會主席，而其親朋好友、門生故舊則紛紛在這些國有企業中搶佔有利位置、坐享國資紅利。[3] 相較於科技進步、創新發展、人力資源的優化，這些人更關注如何瓜分自然壟斷資源和財政資源，這導致國有企業總體而言效率低下。而國有企業佔據市場資源、備受政府保護，讓中小企業長期難有良好的營商環境。更為重要的是，重新國有化導致國內外投資者對俄羅斯政府是否

---

1 Андрей Колесников, Денис Волков. Мадам де Помпадур в Москве. Опыт систематизации рисков для российской политики. https://carnegie.ru/2021/09/30/ru-pub-85439

2 Андрей Колесников, Денис Волков. Мадам де Помпадур в Москве. Опыт систематизации рисков для российской политики. https://carnegie.ru/2021/09/30/ru-pub-85439

3 參見馮玉軍、周楚人：《誰將接掌俄羅斯：普京之後的俄羅斯政治精英》，（香港）開明書店 2024 年版。

有意願、有能力保護可靠的私有產權喪失信心，進而引發資金長期大規模外流並始終難以得到有效遏制。

在掌握對經濟資源的操控權力之後，俄羅斯政治精英對如何實現經濟的長遠發展、應對日益激烈的大國經濟競爭缺乏明確的戰略規劃與切實行動。儘管 2003 年俄羅斯政治權力日益集中，但表面上仍實行的是選舉政治。一方面要維繫權力穩定甚至長期執政，另一方面又要獲取選民的支持，在此種存在內在張力的目標的壓力下，用基本的生活保障、社會福利購買民眾手裏的選票就成了俄羅斯政治經濟生活的一個基本邏輯。在此背景下，保持宏觀經濟穩定、控制通脹就成為政府經濟政策關心的核心議題，而用油價高企時賺取的石油美元建立的穩定基金和國家福利基金成為重要的「安全氣囊」，並未對經濟的戰略性發展進行有效投資。俄羅斯銀行系統在過去 20 年中從石油和天然氣行業汲取的大量資金，最終卻流向國際投機性業務，而非用於國內實體經濟投資。俄羅斯總統原經濟顧問格拉濟耶夫就此認為，多年以來，庫德林、格列夫、納比烏琳納等經濟高官固守「芝加哥學派」的貨幣主義，限制貨幣供應以減少通脹率，成為導致國家衰退的重要原因之一。弗拉基米爾．金佩爾森則認為，導致俄羅斯經濟衰退的關鍵是當前政府的保守政策與技術、教育、文化長期現代化趨勢之間的差距和矛盾。莫斯科卡內基中心 2021 年 9 月發佈的研究報告稱，報告作者在與了解權力高層思維邏輯的人士進行的多次對話中證實，當權者的生存原則是「只要在我們執政的年代有足夠的石油和天然氣為聯邦預算獲取收入，並以預算支出來購買選民的忠誠度、壓制民間社會和媒體輿論就足夠了。在那之後（2036 年），哪管洪水滔天。」[1] 可以說，在當前的體制環境之下，相當一部分俄羅斯權力精英目光短淺，他們對國家面臨的長期戰略風險漠不關心，不僅從根本上拒絕現代化努力，而且還喪失了務實的戰

1　Андрей Колесников, Денис Волков. Мадам де Помпадур в Москве. Опыт систематизации рисков для российской политики. https://carnegie.ru/2021/09/30/ru-pub-85439

略思維。他們中的很多人對現有的管理模式感到滿意、習慣於在自以為舒適的「小天地」裏生存，漠視外部環境的快速變化和前所未有的新挑戰，而且越來越聽不進專家的意見。不僅如此，決策者們還相當自負，他們認為自己制訂的經濟政策是理想的。他們不是以整體性和系統性思維來考慮經濟發展，而是自以為是地把經濟分割成出口、國有經濟、社會消費等不同部分，甚至自欺欺人地認為「一切都還不錯」。在官僚體制坐大的情況之下，社會和民眾已經失去了政治經濟自主性，他們似乎是餐廳裏沒有選擇權的消費者，廚師做什麼就得吃什麼，似乎廚師比客人更了解自己的口味[1]。

在這種思維方式的指導下，權力階層更多地關注的是「瓜分蛋糕」而不是「做大蛋糕」。正如經濟學家安德烈・莫夫昌所説，俄羅斯作為一個社會體系並不創造價值，而是以出口原材料的方式提取價值並在國內分配。相較於以競爭為前提的多元化經濟發展，這種利益分配很容易掌握在統治集團手中，他們在這一過程中獲益更多。這也導致「保護對價值分配過程的控制以壓制獨立的價值形成中心為前提，其結果就是壓制創業過程和多元化的經濟增長。」[2] 這一分析，從另外一個側面揭示了俄羅斯經濟結構「原材料化」長期難以扭轉的政治社會根源。

儘管資源出口所獲利潤的絕大部分被權力階層所獲取，但由於暫時還可以從中分得一杯羹，再加上對因表現出不滿、激怒權力階層進而遭受壓制的恐懼，絕大多數俄羅斯民眾選擇了得過且過的態度。最高權力核心也堅決反對任何改變，滿足於「以克里姆林宮的方式」保持穩定，試圖通過增加系統的剛性來應對挑戰。

垂直權力體系的支持者認為，權力集中會提高決策效率。但 20 多年的俄羅斯政治經濟實踐表明，由於管理者的集權化與社會發展的客觀趨勢相

1 Андрей Колесников, Денис Волков. Мадам де Помпадур в Москве. Опыт систематизации рисков для российской политики. https://carnegie.ru/2021/09/30/ru-pub-85439

2 同上。

衝突，因而日益強化的垂直權力體系導致的結果是管理效率低下。權力集中與管理能力是負相關關係，權力和資源的集中帶來的往往是市場內在動力熄火、是手握大權的官員不願或不知如何承擔責任、是越來越多的少數羣體利益被忽視。

在現代經濟決策過程中，結構性政策應當是經濟決策者與經濟體系的多元參與主體之間溝通和持續對話的結果。然而，20 多年來俄羅斯垂直權力體系的日益膨脹破壞了國家與社會之間的信息交流渠道。對上級的惟命是從導致決策過程缺乏正常、及時的信息反饋機制，各級權力機關都不願意了解真實情況和聽取專家意見，官員們都竭力避免觸怒自己的上級，「報喜不報憂」的現象日益普遍。這讓在全面、客觀、準確的數據和評估基礎上做出真實而清醒分析、預測和預案的正常決策程序被完全扭曲。缺乏反饋和溝通，包括與專業人士的溝通，阻礙了經濟政策的合理制定。在人人自危的官場文化下，「不作為」成為各級官員的共識，甚至處於權力核心的高層政治精英也都因害怕失去官職而噤若寒蟬，不敢公開談論問題。這種現象非常類似勃列日涅夫執政末期的情形。此外，當局廣泛採用大數據、視頻監控、人臉識別等現代信息技術收集普通公民的數據和信息，壓制社會異見、阻止公眾抗議。新技術不僅沒有成為幫助政府與社會相互溝通的工具，反而起的是相反的作用。由於現有公共行政機制運行取決於權力高層的意志而不依賴於社會的反饋，因此它不會為了大多數人的利益而引入現代技術解決方案，也不會對那些扭曲的決策提供及時的修正信息。

對於決策過程中反饋機制遭到侵蝕的原因，俄羅斯學界有着不同的解讀。謝爾蓋．古里耶夫強調，「故意破壞反饋系統是當局的主動策略，因為從發展替代的角度來看，反饋系統包含的風險對俄羅斯當局來說大於收到反饋的好處。」在他看來，「俄羅斯當局完全了解存在的所有風險，但他們的利益不同於普通公民的利益，他們的利益與國家發展的利益相悖。他們的目標就是保住手裏的權力，完全滿足於現狀。從這個意義上說，他們的行動旨在加強鎮壓機構、加強審查、投資於宣傳而非人力資源以及將外交政策用於內部目的，這一點不應令人感到驚訝。」[1] 米哈伊爾・克魯季欣的觀點相對溫和，他認為「當局不可能沒有意識到挑戰，但權力精英更像臨時工，沒有真正的長期計劃和戰略視野，他們所關注的是如何將行政資源貨幣化」。[2] 米哈伊爾・德米特里耶夫還指出了另外一種風險，那就是「在危機影響下民眾中的民粹主義可能增加，同時發展需求減弱。這將成為政治制度民主化的障礙，並限制實施旨在發展的經濟政策的可能性」。[3]

在既有的利益分配格局下，能源與軍工兩個行業既是支撐國家財政收入的重要支柱，也是吸引投資的核心領域。但恰恰是這兩個行業的優先地位延續了俄羅斯經濟的畸形結構，使俄羅斯落伍於新能源革命和第四次工業革命的步伐。正如米哈伊爾・德米特里耶夫所言，「對全球能源轉型條件的適應受到了代表傳統能源和原材料部門的強大利益集團的限制，也受到大中型公司經營風險增加的阻礙。這將抑制非資源部門的創新和新市場的開發，而這些部門需要加速增長才能彌補俄羅斯經濟中傳統部門的損失。」[4]

更為重要的是，隨着全球脱碳進程的推進，俄羅斯能源行業將面臨日益嚴峻的中長期挑戰，並對國家財政構成巨大壓力。俄羅斯經濟專家預計，即使按照溫和的全球能源轉型和脱碳方案，也將給俄羅斯經濟在未來十年帶來不斷增長的損失。隨着歐盟碳税的施行，俄羅斯出口商每年至少損失 3 億—50 億美元。而由於最重要的化石能源消費市場收縮，俄羅斯能源行業將失去之前的主動地位。到 2040 年，對化石能源需求的減少可能會給俄羅斯國家收入帶來嚴重問題，通過税收激勵刺激油氣生產和出口的辦法也於事無補。隨之而來的，將是國家財政狀態的惡化，20 世紀 90 年代的內外債務負擔沈重的問題將不可避免地重新出現。

---

1 Андрей Колесников, Денис Волков. Мадам де Помпадур в Москве. Опыт систематизации рисков для российской политики. https://carnegie.ru/2021/09/30/ru-pub-85439

2 同上。

3 同上。

4 同上。

眾多專家認為，俄羅斯的技術落後與政治體制關聯密切，後者不受創新的影響，而且容易自我孤立。米哈伊爾·克魯蒂欣認為，「在寄生於自然資源的條件下保護技術落後，將導致俄羅斯到 21 世紀中葉時脱離世界經濟體系、人口和經濟狀況嚴重惡化。」奧列格·維尤金強調技術落後也將導致在保持軍力平衡和新武器研發方面遭遇困難，他估計，在 15 年—20 年之後，俄羅斯維持軍事技術自主的可能性就將受到限制，「俄羅斯同美國甚至中國之間的軍事技術平衡存在被破壞的威脅」，因為「現代條件下的全球性趨勢在於，武器的發展是通過從民用工業到國防工業的技術轉移來實現的，而不是像幾十年前那樣從軍用到民用。」[1]

有俄羅斯學者認為，現有政權的政治路線是傾向於保守的，與客觀的全球現代化趨勢背道而馳，它本身就會抑制發展。此外，它也扭曲了對國內外事務的理解，引發對世界發展趨勢的錯誤或非理性反應。一個重要的表現是多種因素所催生的俄羅斯對外政策在 2007 年之後的激進化。特別是對格魯吉亞和烏克蘭的兩場戰爭，導致俄羅斯外部環境大面積惡化。在 1998 年金融危機、2008 年國際金融危機之後，俄羅斯不得不迎來「制裁危機」。而在可預見的未來，為抬升 2024 年和 2030 年的總統選情，俄羅斯有可能在俄白聯盟國家、烏克蘭問題上有重大動作，因此這種制裁危機也難以明顯緩解。在投資環境和新的思想、技術方面的封閉加之與美國和歐盟的緊張關係，使俄羅斯陷入了某種「自我隔離」的處境。而自我隔離加劇了已經存在的經濟滯後——如果不參與國際合作，就無法獲得先進的思想和技術、無法獲得發達國家的經驗和資本，俄羅斯就注定要保持落後。而惡性循環也隨之而來——隨着經濟形勢惡化，制裁限制的影響越來越大，通脹威脅捲土重來。

在社會領域，2010 年代以來的經濟增長疲軟、實際可支配收入停滯、低技能工作使人力資源質量惡化。反過來，低質量的人力資源又限制了經

1 Андрей Колесников, Денис Волков. Мадам де Помпадур в Москве. Опыт систематизации рисков для российской политики. https://carnegie.ru/2021/09/30/ru-pub-85439

濟發展和提高勞動生產率的機會。未來 10 年至 15 年，人力資源危機將成為俄羅斯國家發展的重大掣肘因素。如今，由於家庭收入低和希望儘早賺錢養家，俄羅斯人寧願選擇中等職業教育而拒絕接受高等教育的現象已經大規模出現，這一現象令諸多專家震驚和擔心。葉夫根尼·貢特馬赫爾稱這一挑戰「涉及俄羅斯生活的方方面面，將導致包括國家在內的所有機構的退化。」謝爾蓋·古里耶夫憂心忡忡地說，「俄羅斯曾經擁有的重要競爭優勢——教育體系、對人力資源的尊重——正在不斷被破壞。受過教育的人正在流失，大學和學校落後於競爭對手。10 年或 15 年內，俄羅斯將沒有明顯的經濟增長來源，也不會縮小與發達國家的差距。」[1]

人力資源惡化的一個重要表現是知識與財富精英的加速外流。俄羅斯研究機構 2021 年 8 月發佈的一項研究成果顯示，當前有超過 1000 萬俄羅斯人居住在母國之外。僅 2000 年至 2020 年間，就有 400 萬到 550 萬俄羅斯公民移居海外。2016 年至 2019 年是海外移民潮最為高漲的階段，期間每年有 30 多萬人移居海外，總數達 1186138 人。而 2006 年至 2011 年是近 20 年間移民海外人數較少的幾年，六年間有 698070 名俄羅斯公民離開祖國。研究人員對移居世界 65 個國家的 20 歲至 70 歲俄羅斯人羣的調查結果表明，55% 的移民年齡在 30 歲至 40 歲之間，而他們在離開俄羅斯時的年齡為 20 至 40 歲。有 92% 的移民至少都受過高等教育，有 14% 的人擁有高等級學位。移民的主要原因既有對改善經濟條件、給予後代更好教育的考慮，也包括對腐敗、缺乏自由的不滿以及在俄羅斯生活感到恐懼、危險和絕望等因素。調查顯示，有 79% 的受訪者喜歡新移居國家的生活，他們高度評價居住地的安全性、社會容忍度和國家局勢的穩定。[2] 如果大規模、高素質的人

---

1 Андрей Колесников, Денис Волков. Мадам де Помпадур в Москве. Опыт систематизации рисков для российской политики. https://carnegie.ru/2021/09/30/ru-pub-85439

2 За 20 лет из России имигрировали не менее 5 миллионов человек. https://zen.yandex.ru/media/aurora_media/za-20-let-iz-rossii-imigrirovali-ne-menee-5-millionov-chelovek-61600ea021504518fa2bd915

才外流，對俄羅斯經濟社會發展而言無疑是巨大的損失。

較之什麼人離開，還有誰願意適應當前的政治和經濟環境而留在國內也很說明問題。實際上，選擇留下的基本上是那些擁有預算編制（「吃皇糧」）的人口階層，他們大多是喜歡薪水少但工作穩定、不想冒險自己創業的人，其主體是數以百萬計的各級政府官員、安全部門僱員、軍人和警察。在目前的社會環境下，大多數俄羅斯民眾傾向於選擇穩定的工作，主要是在公共部門工作。依賴國家預算過活的社會階層的增多反證了國家權力的膨脹，而預算編制人員的增多降低了中小企業的活躍度和勞動生產率。

由於俄羅斯勞動力市場的特殊性，俄羅斯的年輕一代更多地選擇在相對穩定的國家機構或大公司工作。雖然很多年輕人夢想就職於私營部門或者從事自由職業，但由於國有部門無可比擬的主體地位，因此當警察或物業經理對他們而言更容易就業，而這擁有中等職業教育就足夠了。這間接證實了知識經濟在俄羅斯的發育不足，因為既有的經濟結構和勞動力市場不需要複雜的知識和現代能力。除人口質量下降之外，人力資源的區域發展不平衡也日益突出。在國土面積如此廣袤的俄羅斯，人口主要集中在大莫斯科地區、大彼得堡地區和羅斯托夫—克拉斯諾達爾—索契地區。此外，貧困、不平等、財產權和人權狀況的急劇惡化也對俄羅斯人力資源的質量構成了強有力的約束。

正如經濟學家奧列格·維尤金所總結的，「俄羅斯在全球範圍內經濟競爭力的喪失有其政治根源，而政治體系面臨的主要挑戰則與經濟增長乏力相關。俄羅斯的政治機構已經變得僵化，它們處於不允許創造投資激勵、吸引外國資金、保護產權、保護競爭和確保法律面前平等的狀態。而沒有這一點，就不可能指望經濟增長。」[1]

任何一個國家的發展都不僅僅取決於自身的戰略規劃、內心想像和政

1　Андрей Колесников, Денис Волков. Мадам де Помпадур в Москве. Опыт систематизации рисков для российской политики. https://carnegie.ru/2021/09/30/ru-pub-85439

策宣示，更重要的是取決於一系列主客觀的約束條件。未來 10 年至 15 年，俄羅斯的發展前景將受到世界發展大勢與俄內外形勢互動的雙重影響。

首先，世界經濟體系正面臨新的一輪分化與組合。一方面，世界新工業革命加速發展，能否搭上這科技革命和產業革命的快車，將在很大程度上決定一個國家未來在世界勞動分工體系中處於中心還是邊緣的位置；另一方面，國際經濟秩序正在重塑，在 WTO 遭遇諸多質疑之際，CPTPP、美加墨新自貿協定、日本歐盟自貿協定、美日自貿協定等多種新的區域性貿易、投資新機制正在加速構建，甚至不排除未來加以整合從而形成以發達國家為核心、一系列新興經濟體共同參與的內部高度自由區的跨區域貿易投資新安排。儘管俄羅斯主導建立了歐亞經濟聯盟，但其規模和質量與上述機制無法同日而語，俄羅斯及其主導的歐亞經濟聯盟同全球經濟體系的聯繫可能進一步鬆動；此外，全球產業鏈也正在重新配置調整。但受制於經濟結構、西方制裁以及自我孤立等因素，俄羅斯無法在全球產業鏈重置過程中佔據有利位置。可以肯定，上述變化將對俄羅斯在世界經濟體系中的地位和作用產生至關重要的影響。

其次，全球能源轉型全面推進，傳統能源產業面臨多重挑戰，傳統油氣生產國和跨國公司都在主動或被迫轉型。儘管 2021 年夏秋之季歐洲的「能源荒」又讓俄羅斯有了一次迴光返照式的強勢表演機會，但「青山遮不住，畢竟東流去」，俄羅斯無法扭轉全球能源轉型的大趨勢。這對俄羅斯能源行業發展、國家財政體系乃至政治體制穩定都將帶來重大挑戰。

第三，國際安全局勢趨於緊張，既給俄羅斯帶來了借亂取勢的機會，也帶來了諸多安全風險。一方面，中東、中亞的局勢給俄羅斯帶來地緣戰略機遇，同時俄美重啟戰略穩定談判，試圖共同塑造新的國際軍控規則；另一方面，安全風險也如影隨形。比如，俄羅斯在裏海—地中海地區面臨土耳其在多重挑戰。在軍事上，儘管俄羅斯在不斷借各種機會展示其在裝備現代化方面取得的成就，但全球軍力對比正在加速變化。美國的軍費開支是俄羅斯的 10 倍，中長期看，俄羅斯無力維持冷戰時期那樣的對美戰略平衡。俄羅斯之所以不斷地「秀肌肉」，恰恰是因為看到了未來其面臨的嚴峻挑戰，恰恰是要引起美國的重視，迫使美國坐下來與俄談判，以俄美共商的國際軍控規則約束未來的大國軍力競爭。

第四，大國戰略競爭重新激活，中美成為大國關係矛盾主軸。但俄與美歐的關係難以全面好轉，俄在「後蘇聯空間」也面臨諸多挑戰，烏克蘭、摩爾多瓦等國與其漸行漸遠，其他原蘇聯國家也對其離心離德。

第五，俄羅斯面臨多重內外壓力，維繫現政權長期執政是當局的核心關切。而營造一個「強國」形象是調動民粹主義，轉移民眾對經濟衰退、政治僵化關注的重要手段。

受制於上述因素的制約，未來 10 年至 15 年俄羅斯大概率可能呈現出以下發展前景。

首先，俄羅斯在蘇聯解體以後的去工業化進程仍在延續，與此同時它並未趕上第四次工業革命浪潮。隨着全球能源轉型，作為經濟發展、財政收入甚至政治穩定重要支柱的能源產業也面臨多重挑戰。與此同時，俄羅斯的科技潛力總體而言不斷萎縮，後續發展動力受限，參與全球經濟、金融及氣候治理的能力明顯不足。俄羅斯經濟學家尼基塔·馬斯連尼科夫預計，從中期預測來看，俄羅斯宏觀經濟的增長速度將比世界平均增速落後 50%—100%，這已經可以稱為「具有結構性危機跡象的停滯」了。再加上全球經濟正在 ESG 議程（企業的生態、社會和治理標準）、能源轉型、全球企業最低稅、新的貿易和投資協定等領域加速轉型，「俄羅斯還在世界經濟列車上，但已經不可能坐在包厢而只能站在車厢接連處的位置了。」[1]

其次，政治治理呈現疲態，各層級官員腐敗有增無減。而隨着經濟、財政資源趨於緊張，各利益集團的爭鬥會呈現出上升趨勢。政治參與更加受限，社會冷漠日益彌散。莫斯科卡內基中心最近的報告認為，生活水平

---

1 Андрей Колесников, Денис Волков. Мадам де Помпадур в Москве. Опыт систематизации рисков для российской политики. https://carnegie.ru/2021/09/30/ru-pub-85439

低下、貧困的持續存在、實際可支配收入停滯或下降，廣泛意義上的社會不平等導致俄羅斯社會失去活力，高度的社會冷漠、不願努力提高自己的社會地位、對不斷惡化的外部環境的麻木不仁正在成為俄羅斯社會的「新常態」，而社會冷漠將引發其他系統性危機。

第三，俄羅斯的人力資源形勢將進一步惡化。一方面，人口數量下降的趨勢未得到有效控制。另一方面，知識和財富精英加速外流。國內人口的民族、宗教構成也呈現出令俄羅斯高層擔心的趨勢。

第四，外部環境難見明顯改觀。近年來，儘管俄羅斯通過俄格戰爭、克里米亞危機、出兵敍利亞等軍事行動達到了特定的地緣政治目標，但受到了美歐的強力制裁，後蘇聯空間大多數國家也對俄離心離德。未來 15 年，這一趨勢難以明顯改觀。

儘管俄面臨諸多挑戰，但其仍將是國際體系中難以忽視的變量。未來 10 年至 15 年，有三個問題值得關注：一是俄羅斯將積極運用混合戰爭手段，藉助國際和地區體系轉型過程中的紊亂達成自己特定的地緣政治目標，它所帶來的衝擊是值得高度關注的；二是儘管美俄關係難以全面改善，但是俄羅斯仍將謀求改善對美關係，並積極調動中美俄三角關係，藉助中美衝突緩解自身壓力；三是在 2024 年之前，俄有可能做實俄白聯盟國家，一面營造強國形象，一面刺激 2024 年總統大選行情。而在 2030 年總統大選之前，後蘇聯空間的其他「被凍結衝突」有可能再次暴燃。

從大歷史的角度看，大國雄心與實力不足之間形成的張力是決定俄羅斯發展軌跡的關鍵因素。回顧以往，大起大落是俄羅斯歷史發展的重要特徵，每一次對外擴張的失敗和受挫都會引發俄羅斯國家發展的重大轉折。未來 15 年，最廣泛意義上的停滯——從經濟蕭條到社會冷漠，是俄羅斯最大概率的發展前景。基本可以確定，未來 10—15 年，俄羅斯將面臨氣候變化、能源轉型、新工業革命的多重挑戰，俄羅斯在全球供應鏈、價值鏈中的地位將會進一步下降。屆時，經濟發展滯後對國內政治和對外政策的反作用力將會顯現出來。到 2036 年甚至在 2030 年，能源轉型、經濟停滯、政治僵化、領導老邁等危機可能集中爆發，俄羅斯可能迎來重大的歷史性變化。

第四節　俄烏戰爭：俄羅斯外交決策的重大敗筆

2022 年 2 月 24 日，俄羅斯對烏克蘭發動「特別軍事行動」，後冷戰時代具有歷史轉折意義的局部戰爭就此展開。俄烏戰事是後冷戰時代甚至二戰結束以來世界發展的一道分水嶺，將引發歐洲及歐亞地區格局的深度演變，對印太安全局勢帶來多重外溢效應，也將對世界秩序未來發展產生深遠影響。

一、出兵烏克蘭的決策背景

俄羅斯和烏克蘭是二戰結束以來歐洲最慘烈戰爭的直接交火雙方。兩個曾經有着長期共同命運和經歷的國家陷入今天的戰爭悲劇有着複雜的歷史背景。但就戰爭的性質和起因而言，俄羅斯、烏克蘭兩國和國際社會相關方有着迥然不同的敍事。

俄羅斯強調，北約東擴和烏克蘭謀求加入北約是迫使其出兵烏克蘭的根本原因。俄羅斯總統普京在 2 月 24 日的電話講話中強調，有兩個因素「迫使」俄羅斯對烏動用武力：一是「北約東擴並將軍事基礎設施部署抵近俄邊境對俄構成致命威脅」，「俄不能再坐以待斃」；二是「2014 年策動烏克蘭政變的那夥人攫取政權，在外部勢力幫助下舉行了『做秀般』的選舉，徹底放棄和平解決爭端。繼續屠殺對俄寄予厚望的數百萬頓巴斯地區居民。烏不斷對俄安全構成威脅，這讓俄充滿不安全感並無法正常發展」。[1]

---

1 "Обращение Президента Российской Федерации," Президент России (Президент России, last modified February 24, 2022), http://kremlin.ru/events/president/news/67843.

普京把對烏「特別軍事行動」的目標界定為「致力於烏克蘭的去軍事化和去納粹化，並將那些對包括俄公民在內的平民犯下無數血腥罪行的分子繩之以法」。[1]

戰爭爆發當天，烏克蘭總統澤連斯基發表電話講話，強烈譴責俄羅斯對烏克蘭的入侵，強調戰爭意味着「將俄羅斯與文明世界隔絕開來的新鐵幕正在降下」。[2]5 月 9 日，澤連斯基在紀念二戰「勝利日」的講話中表示，俄烏戰爭「不是兩軍之間的戰爭，而是兩種世界觀的戰爭，是野蠻者對文明世界的侵略」。[3]

俄烏戰爭引起了國際社會的廣泛擔憂和密切關注。2022 年 3 月 2 日，聯合國大會第 11 次緊急特別會議以 141 票贊成、35 票棄權、5 票反對的結果，通過了由聯合國 96 個會員國共同提出的決議。「大會重申了聯合國對烏克蘭主權、獨立、統一和領土完整的承諾，強烈譴責俄羅斯違反《聯合國憲章》對烏克蘭施加侵略，要求其立即停止對烏克蘭的入侵、無條件地從烏克蘭撤出所有軍隊並立即無條件地撤銷 2 月 21 日關於烏克蘭頓涅茨克和盧甘斯克地區地位的決定。」[4]10 月 12 日，聯合國大會又以 143 票支持、5 票反對、35 票棄權的壓倒性多數通過決議，「譴責俄羅斯在烏克蘭境內一些州組織的非法的所謂公投，宣佈俄羅斯採取的非法行動不具任何國際法效力，

---

1 Там же.

2 "Address by the President of Ukraine," Official website of the President of Ukraine, last modified February 24, 2022, https://www.president.gov.ua/en/news/zvernennya-prezidenta-ukrayini-73137.

3 "Address by the President of Ukraine on the Day of Victory over Nazism in World War II — Official Website of the President of Ukraine," Official website of the President of Ukraine, last modified May 9 2022, https://www.president.gov.ua/en/news/zvernennya-prezidenta-ukrayini-z-nagodi-dnya-peremogi-nad-na-74925.

4 "General Assembly Overwhelmingly Adopts Resolution Demanding Russian Federation Immediately End Illegal Use of Force in Ukraine, Withdraw All Troops | UN Press," press.un.org, last modified March 2, 2022, https://press.un.org/en/2022/ga12407.doc.htm.

要求俄羅斯立即、無條件地撤銷其侵犯烏克蘭領土完整和主權的決定。」[1]

可以看到，儘管俄羅斯圍繞對烏克蘭發動戰爭有自己的一套敘事，但國際主流社會就戰爭的性質有着明確而清醒的認知和結論。

2 月 24 日，普京在宣佈對烏克蘭動武的電視講話表示，「一個國家和民族的富強和存亡，其成就與活力始終源於其深厚根基，即文化和價值觀，先人的經驗和傳統，也取決於其迅速適應不斷變換的外部環境的能力，取決於社會凝聚力與勇往直前的決心。」[2] 從普京的講話中可以看到，俄羅斯對烏克蘭的戰爭實際上有着更加複雜、深刻的現實因素與歷史根源。蘇聯解體後，俄羅斯社會秩序崩塌，經濟凋敝，民生艱難。在這種背景下，一些俄羅斯人，更多的不是反思自己，而是抱怨外部世界，俄羅斯國內極端民族主義思潮氾濫。在這些人眼中，羅斯就等於俄羅斯，俄羅斯就等於羅斯。烏克蘭作為獨立國家存在的本身，被這些人視為是對「俄羅斯世界」的挑戰和背叛。他們認為，烏克蘭並不是一個真正的國家，而是一個「人造的國家」。俄羅斯學者雅科文科認為，「（俄羅斯）社會意識對帝國的解體從未進行反省，也未恰如其分地細加研究。在俄羅斯，未見有負責任的社會力量勇敢地宣稱：就俄羅斯人民自保和重生的觀點而言，蘇聯解體乃是近半個世紀以來最大的成功。倒是發現了一批有影響力的政治勢力，它們已開始助長懷舊情緒並將其用於政治目的。此類花招特別糟糕之處在於，那些具有政治能力的人在利用緬懷帝國的意念之時清楚地知道，任何形式的復辟都是不可能和災難性的。」[3] 實際上，俄羅斯社會缺乏對自己歷史和文化的真正自省。俄羅斯文化有優秀的地方，也有落後的地方。很多時候，

---

1 "With 143 Votes in Favour, 5 Against, General Assembly Adopts Resolution Condemning Russian Federation's Annexation of Four Eastern Ukraine Regions | UN Press," press.un.org, last modified October 12, 2022, https://press.un.org/en/2022/ga12458.doc.htm.

2 "Обращение Президента Российской Федерации," Президент России (Президент России, last modified February 24, 2022), http://kremlin.ru/events/president/news/67843.

3 ［俄］蓋達爾：《帝國的消亡：當代俄羅斯的教訓》，社會科學文獻出版社 2008 年中文版，第 7 頁。

俄羅斯只記得別人對它的傷害，而不記得它對別人的傷害。如同尼娜·赫魯曉娃所說，「俄羅斯不會吸取教訓，不會懺悔，不會道歉。俄羅斯不會前進，因為它的全部總是蜷縮在（它的）過去之中。我們在繞着圓圈。我們只有過去，我們幾乎沒有現在。」[1]

就現實而言，對 21 世紀以來國際戰略形勢的判斷是俄羅斯在後蘇聯空間「重整舊河山」直至對烏克蘭發動戰爭的現實根源。從 2000 年至 2007 年，俄羅斯藉助當時的國際高油價實現了較快速度的恢復性增長，這促使其大國戰略雄心重新振奮，試圖洗涮蘇聯解體帶來的恥辱，全面恢復俄羅斯的世界大國地位。普京在 2007 年慕尼黑安全會議上的講話可以說是俄羅斯重新崛起的戰略宣示。[2]2008 年的全球金融危機更使俄羅斯決策層做出了「美國已經不可遏制地衰落、多極世界已經成為現實、俄羅斯可以大有作為」的判斷。[3]2020 年開始的全球新冠疫情進一步加劇了世界的動盪。俄羅斯戰略界據此進一步認為：在國際格局層面，美歐的綜合實力都將因新冠肺炎疫情遭受重創，跨大西洋聯盟有可能日益鬆動，這無疑將減輕俄長期面臨的戰略壓力。中國遇到全球產業鏈重組、外部市場萎縮、與西方關係惡化等多重挑戰，延續多年的快速發展可能面臨拐點。東西兩翼戰略重壓的相對緩解，將使俄羅斯的國際環境大幅改善；在世界秩序層面，美國主導的自由主義國際秩序正在加速崩塌，既有國際機制內部矛盾重重、行為能力減弱、發展前途未卜，為俄實現自身戰略目標提供了巨大可能；在思想文化領域，一度佔據國際思潮中心地位的西方自由主義價值觀不斷遭到侵蝕，俄羅斯保守主義意識形態獲得了前所未有的擴展空間。對俄羅斯來

---

1 "Is Putin Reassembling Soviet Union? Q&A With Nina Khrushcheva，Nikita Khrushchev's Granddaughter" .https://news.nationalgeographic.com/news/2014/03/140303-crimea-putin-russia-ukraine-khruschev-khruscheva-world

2 "Выступление и дискуссия на Мюнхенской конференции по вопросам политики безопасности," Президент России, last modified February 10, 2007, http://kremlin.ru/events/president/transcripts/24034.

3 馮玉軍：《俄羅斯國際觀的變化與對外政策調整》，《現代國際關係》2009 年第 3 期。

說，一個更加「碎片化」的世界，更可突顯其大國地位，更有利於其在國際上縱橫捭闔。[1]

正是基於這樣的國際戰略觀，俄羅斯的對外行為自 2008 年以來越來越具有進攻性，從 2008 年以俄格戰爭肢解格魯吉亞到 2014 年出兵侵佔克里米亞，從借 2020 年白俄羅斯國內政治動盪全面強化對其掌控直到此次對烏克蘭動武，組成了俄羅斯全面強化在後蘇聯空間影響、恢復昔日「帝國榮耀」的一個完整鏈條。當把這些因時空差異而看似孤立的事件串聯在一起的時候，我們才能理解其背後的俄羅斯大戰略，也才能預見到俄羅斯的戰略如果得以順利實施將引發的國際政治後果——一個新俄羅斯帝國的出現。

從歷史因素來看，俄羅斯在其千年歷史發展過程中形成的戰略文化是其對烏克蘭開戰的宏大歷史背景。國際關係心理學認為，觀念和認知本身就是事件的一個部分，國家與國際環境相互的作用，對一個情境的定義會成為情境的組成部分，隨後影響它之後的發展。從這一視角出發深入考察就會發現，俄羅斯對情境的假設其實成為了促使其對烏克蘭動武的關鍵動因：一則，俄國戰略文化中有一種強烈的「不安全感」。在它的作用下，俄國歷史上長期謀求勢力範圍和領土擴張，試圖以此保衛國家安全。但結果是越擴張感到不安全，越感到不安全便越要擴張，因而形成了一個難以擺脫的惡性循環；[2] 二則，俄羅斯文化中有着強烈的受難者情節，認為「苦難過後，往往是拯救，是新的世界，是重生。這樣，苦難成為黎明前的黑暗，成為拯救的代價。」[3] 在俄國人的意識當中，苦難往往是四周環伺的異族侵略者所造成的，因而「拯救」的重要內容就是對他們的反擊。這也導致

1　馮玉軍：《「後疫情時代」的世界秩序與俄羅斯的戰略選擇》，《亞太安全與海洋研究》2020 年第 5 期。

2　X., "The Sources of Soviet Conduct," *Foreign Affairs* 65, no. 4 (1987): 852, https://doi.org/10.2307/20043098；Vojtech Mastny, "Stalin and the Militarization of the Cold War," *International Security* 9, no. 3 (1984): 109, https://doi.org/10.2307/2538589.

3　郭小麗：《俄羅斯民族的苦難意識》，《俄羅斯研究》2025 年第 4 期。

了俄國歷史上普遍對外部世界持懷疑和敵視態度，而其在特定條件下的自然延伸就是對外部世界的反擊和復仇。普京 2022 年 2 月 24 日的電視講話清晰地體現了這一心態。他説，「蘇聯解體後，儘管新生的俄羅斯展現出前所未有的開放性和同美西方合作意願……但美國和西方仍企圖壓榨甚至徹底摧毀俄羅斯……隨着北約不斷東擴，俄羅斯的安全形勢也在不斷惡化，其危險性與日俱增。我們除了採取今天不得不採取的措施以外，已經沒有其他保家衛國的方法了。形勢迫使我們必須採取堅決果斷的行動」。[1] 而他所說的「堅決果斷的行動」，就是對烏克蘭的戰爭；第三，「彌賽亞思想」對俄國文化有着至關重要的影響。俄國自視為「第三羅馬」，自認為擁有獨特的文明，天生佔據着道德高地，肩負着「拯救世界」的歷史性使命，為此有必要採取包括武力在內的一切手段去戰勝「邪惡勢力」。正如恩格斯所言：「沙皇政府每次掠奪領土，使用暴力，進行壓迫，都是拿開明、自由主義、解放各族人民作為幌子。」[2] 而俄羅斯此次對烏克蘭的「特別軍事行動」，也是在「解救頓巴斯人民」的旗號下發動的；[3] 第四，俄國有着獨特的帝國歷史敍事。2014 年 8 月 29 日，普京在參加「謝利格爾」青年論壇時稱，哈薩克斯坦總統納扎爾巴耶夫「在從來不曾有過國家的土地上建立起了國家」。[4] 此番言論引發哈方強烈不滿，哈隨後隆重舉行了「哈薩克汗國」建國 550 周年的紀念活動。2021 年 7 月 12 日，普京發表《論俄羅斯人和烏克蘭人的歷

1 "Обращение Президента Российской Федерации," Президент России (Президент России, last modified February 24, 2022), http://kremlin.ru/events/president/news/67843.

2 Frederick Engels, "Works of Frederick Engels 1890," www.marxists.org, last modified April, 1890, https://www.marxists.org/archive/marx/works/1890/russian-tsardom/index.htm.

3 "Обращение Президента Российской Федерации," Президент России (Президент России, last modified February 24, 2022), http://kremlin.ru/events/president/news/67843.

4 "Заявление Владимира Путина на Селигере-срежиссированная сцена с определенным месседжем руководству Казахстана,-политологи," Матрица.kz-Информационно-аналитический портал, last modified September 3, 2014, https://matritca.kz/old/news/13303-zayavlenie-vladimira-putina-na-seligere-srezhissirovannaya-scena-s-opredelennym-messedzhem-rukovodstvu-kazahstana-politolog.html.

史統一》的萬字長文，宣揚「俄羅斯人和烏克蘭人同屬於一個民族，是一個整體」，「只有在與俄羅斯的夥伴關係中，烏克蘭才有可能獲取真正的主權」。[1] 可以看到，在俄羅斯人的觀念中，儘管蘇聯已經解體，但烏克蘭、哈薩克斯坦等國從來不是獨立的主權國家而是俄羅斯帝國理所當然的組成部分。這些國家只有重新成為「大俄羅斯」理所當然的組成部分，才能獲得「真正的主權」，「歷史的公正」也才能得以恢復。總之，從普京近年來有關烏克蘭問題的幾次重要論述裏，可以強烈地感受到上述對俄羅斯的國際行為影響至深的戰略文化和底層邏輯。[2] 就此而言，這場戰爭其實在很大程度上是俄國觀念構建的一場戰爭，是一種自我實現的預言。

俄羅斯對烏「特別軍事行動」的旗號是讓烏克蘭「去納粹化」和「去軍事化」，而其真正的目標主要集中在三個方面：一是打掉烏克蘭獨立發展、融入歐洲、加入北約的可能性，將烏克蘭重新納入俄羅斯的戰略軌道和勢力範圍，甚至在戰事順利情況下把烏克蘭直接納入俄羅斯版圖，以便在重建帝國的道路上再下一城；二是「逼和」美國和歐盟，改變俄羅斯所認為的於己不利的「後冷戰時代」歐洲安全秩序格局，甚至顛覆既有國際秩序，以全面恢復全球性大國地位；三是通過不斷製造地緣政治緊張局勢和重塑在後蘇聯空間的主導權，掌握原蘇聯國家的油氣、糧食、金屬、肥料等自然資源，擴大在國際大宗商品市場和戰略資源領域的影響力，對沖新能源革命、新工業革命和全球能源轉型對俄羅斯帶來的多重壓力。

---

1 "Статья Владимира Путина 'Об историческом единстве русских и украинцев,' " Президент России, last modified July 12, 2021, http://kremlin.ru/events/president/news/66181.

2 "Статья Владимира Путина 'Об историческом единстве русских и украинцев,' " Президент России, last modified July 12, 2021, http://kremlin.ru/events/president/news/66181; "Обращение Президента Российской Федерации," Президент России, last modified February 21, 2022, http://kremlin.ru/events/president/news/67828; "Обращение Президента Российской Федерации," Президент России (Президент России, last modified February 24, 2022), http://kremlin.ru/events/president/news/67843; "Обращение Президента Российской Федерации," Президент России, last modified September 21, 2022, http://www.kremlin.ru/events/president/news/69390.

二、出兵烏克蘭的決策失誤

2022 年 2 月 24 日全面出兵烏克蘭之前，俄羅斯的決策幾乎完全是自上而下的。「小圈子決策」、「信息繭房」以及缺乏有效的糾錯機制導致出兵烏克蘭成為普京執政以來最大的決策敗筆，並給俄羅斯國家發展造成了歷史性的重大挫折。

俄羅斯出兵烏克蘭的決定是一次典型的「小圈子決策」，普京對保密的癡迷意味着決策圈子僅限於一小羣值得信賴的顧問。參與決策的少數幾個人包括聯邦安全會議祕書帕特魯舍夫、國防部長紹依古、總參謀長格拉西莫夫以及普京的老朋友、銀行家尤里．科瓦爾丘克。甚至連俄羅斯外交部長拉夫羅夫、對外情報局局長納雷什金也不在這個小組中，他們只是在出兵當天才得到消息，在聽到普京宣佈發動戰爭時一臉錯愕。[1] 在白俄羅斯進行軍事演習的俄羅斯戰地指揮官並不知道後續行動。在公開場合，普京政權若無其事，即使在策劃出兵時也是如此。結果，無論是俄羅斯民眾還是俄羅斯戰地指揮官都沒有預料到會發生戰爭。可以說，在這次出兵烏克蘭的決策過程中，無論戰略性決策模式還是事務性決策模式都未發揮有效作用，危機決策模式主導了決策過程。但即使如此，決策圈子也過於狹窄，這雖然提高了決策效率、減少了泄密風險，但決策失誤的可能性卻大大增加了。

「小圈子」決策的代價很高：沒有機會深入討論出兵計劃，也沒有考慮萬一出現不測事件時的後備策略。由於缺乏深入討論，「該計劃本身雖然在理論上是可行的，但在每個階段都加劇了樂觀偏見……在俄羅斯的計劃中，沒有證據表明有人問過如果其中任何一個關鍵假設是錯誤的，會發生什麼。這些錯誤假設包括：（1）俄軍的閃擊戰將使烏克蘭軍隊士氣低落；（2）

---

1 Mike Eckel., Russian Officials Predicted a Quick Triumph In Ukraine. Did Bad Intelligence Skew Kremlin Decision-Making? https://www.rferl.org/a/russia-invasion-ukraine-intelligence-putin/31748594.html.

俄羅斯軍隊將在戰場上迅速擊敗烏克蘭軍隊；(3) 烏克蘭最高領導人將很快被捕並被處決；(4) 絕大多數烏克蘭人要麼歡迎俄軍入侵，要麼被動旁觀；(5) 俄羅斯在烏克蘭境內的大型情報網絡對軍事勝利毫無用處，只對勝利後的平定和控制有用。」[1]

儘管俄羅斯決策層強調保密並自以為做得天衣無縫，但諷刺的是，美國情報部門很快就得知了俄羅斯的計劃，不僅向烏克蘭提供了預警，還向國際社會公開了這一信息。看來俄方的保密措施只是對俄軍官兵和本國民眾發揮了作用。

特定的意識形態成見主導了俄羅斯出兵烏克蘭的決策。普京和他的近臣們有着相同的世界觀，「將東正教神祕主義、反美主義和沙文主義融為一體」，他們相信蘇聯解體是西方的陰謀所致，俄羅斯理應為蘇聯解體復仇。莫斯科卡內基中心政治分析員安德烈・科列斯尼科夫認為，這種先入為主的態度決定了俄羅斯的決策者「不僅不了解烏克蘭問題（以及整個前蘇聯問題），而且他們也不想去了解」，「他們被自己所信奉和宣傳的『俄羅斯世界』[2] 的意識形態觀點所束縛，總是透過這副棱鏡去看待現實世界。」[3] 這導致他們沒有甚至根本不想去對客觀形勢進行準確的分析與判斷。

先入為主的意識形態成見也影響到了情報蒐集、研判和使用，使決策者陷入「信息繭房」，從而在很大程度上誤導了決策。在出兵之前的 2022 年 2 月初，負責進行外交政策分析的俄羅斯聯邦安全局第五局第九處在烏克蘭進行了民意調查。調查結果顯示，烏克蘭人當時主要擔心的是食品價格、能源價格、腐敗等問題，而且烏克蘭人對政府機構普遍不信任。而普

---

1 Mykhylo Zabrodskyi et al., "Preliminary Lessons in Conventional Warfighting from Russia's Invasion of Ukraine: February-July2022," Royal United Services Institute, 30 November 2022, 12.

2「俄羅斯世界」是克里姆林宮推廣的一個定義寬泛的歷史和地緣政治概念，其設想俄羅斯的邊界包括 19 世紀曾被沙皇俄國占領的土地。

3 Mike Eckel., Russian Officials Predicted a Quick Triumph In Ukraine. Did Bad Intelligence Skew Kremlin Decision-Making? https://www.rferl.org/a/russia-invasion-ukraine-intelligence-putin/31748594.html

京在出兵前的電視講話中大量談到了烏克蘭治理的失敗，與聯邦安全局的調查結果如出一轍。雖然聯邦安全局的調查在當時可能準確地衡量了烏克蘭民意，但它並沒有告訴俄羅斯人入侵後情緒會如何變化。英國皇家三軍研究所分析師尼克．雷諾茲認為，「調查是決策的一部分，但這只是公眾輿論的一個快照」，「如果以此作為決策的基礎——『如果我們進入烏克蘭，人民會歡迎我們』——那麼這些情報就被嚴重濫用了。」[1]

導致情報濫用和信息繭房的原因有很多，其中一個是普京長期執政所導致的決策機制僵化以及「報喜不報憂」的官僚作風。決策者總是喜歡選擇符合自己意願的情報，提拔和獎賞提供此類情報的下屬，而那些傾向於呈送全面和真實情報的人員則被逐漸邊緣化甚至淘汰。久而久之，各個情報部門和分析機構都會因循「上有所好、下必甚焉」的邏輯甚至擅自揣摩上意，挑選他們認為符合決策者喜好的情報呈送，這必然導致扼殺情報的多元化、損害情報的真實性和可靠性並造成低水平重複的情報蒐集、分析和使用，進而日益固化決策者的決策偏好和認知路徑，最終累積為重大決策失誤。

儘管俄羅斯對外情報局、聯邦安全局以及總參情報總局等情報機構在烏克蘭境內擁有龐大的親俄同情者網絡，但他們的評估卻都是過於樂觀的。普京被告知，烏克蘭政府不會對俄羅斯的入侵進行任何抵抗，許多烏克蘭人會無動於衷或不積極，大量合作者將組成歡呼人羣歡迎俄羅斯軍隊。[2] 俄羅斯情報部門還誤判了國際社會對俄羅斯出兵烏克蘭的反應。由於 2014 年俄羅斯成功吞併克里米亞並未導致其他國家進行大規模干預，而且在 2014 年後西歐越來越依賴俄羅斯天然氣，因而俄羅斯情報部門預測歐洲

1 Mykhylo Zabrodskyi et al., "Preliminary Lessons in Conventional Warfighting from Russia's Invasion of Ukraine: February-July2022," Royal United Services Institute, 30 November 2022, 12.

2 Watling, Danylyuk, and Reynolds, "Preliminary Lessons from Russia's Unconventional Operations during the Russo-Ukrainian War," 2-14. https://static.rusi.org/202303-SR-Unconventional-Operations-Russo-Ukrainian-War-web-final.pdf.pdf

對入侵烏克蘭的反對將是形式上的，而不是實質性的。事實證明，所有這些情報預判與之後的事態發展完全是背道而馳的。

當然，情報部門的貪腐和風氣敗壞也對決策和行動產生了負面影響。2022 年 3 月 11 日，俄羅斯聯邦安全局第五局局長及其副手被逮捕，據稱他們將收買烏克蘭高官的絕大部分資金裝進了自己的腰包，但對上級卻謊稱已完成了任務。更可怕的是，此類事情並非個案，只不過是俄國情報系統的冰山一角而已。

此外，普京也被軍方所誤導了，誤以為俄羅斯軍隊狀態優異、戰無不勝、所向披靡。從表面上看，俄羅斯軍隊在各個方面都遠超烏克蘭軍隊。然而，在威權體制下，報喜會得到獎勵，報憂則會受到懲罰。因此，有關軍隊能力的信息自下而上被層層浮誇所過度渲染了。實際上，從排、連到營以上的大多數俄羅斯軍事單位都嚴重人手不足。[1] 此外，多年以來，俄羅斯軍隊貪腐成風，各級軍人——從負責裝備採購的高級指揮官，到在當地市場上出售武器和燃料的普通士兵——普遍利用手中的權力中飽私囊，大官大貪、小兵小貪。結果，俄羅斯軍隊結構、作戰能力和軍隊作風嚴重惡化。例如，許多在白俄羅斯進行演習的部隊在接到入侵命令時，不僅人手不足，而且燃料匱乏。[2] 這樣一支軍隊，在紅場閱兵和軍事演習中可能威風凜凜，但在真槍實彈的戰場檢驗中卻讓人大跌眼鏡。

在軍事行動開始後，俄羅斯「層層已報、唯上是從」的僵化軍事決策體制也使其損失慘重。

1 Michael Kofman and Rob Lee, "Not Built for Purpose: The Russian Military's Ill-Fated Force Design," War on the Rocks, 2 June 2022. https://warontherocks.com/2022/06/not-built-for-purpose-the-russian-militarys-ill-fated-force-design/

2 Polina Beliakova, "Russian Military's Corruption Quagmire," Politico, 8 March 2022. https://www.politico.eu/article/russia-military-corruption-quagmire/ ; and Sam Cranny-Evans and Olga Ivshina, "Corruption in the Russian Armed Forces," Royal United Services Institute, 18 May 2022. https://rusi.org/explore-our-research/publications/commentary/corruption-russian-armed-forces

當代世界著名軍事理論家馬丁・馮・克里維爾德在其名著《戰爭中的指揮》一書中曾着重闡述了指揮控制（C2）系統的在決策和戰爭中的重要性。他強調，指揮控制系統的良性運行需要包括五個要素：（1）決策門檻需要儘可能低地固定在層級結構中，並為軍事結構的底層提供行動自由；（2）需要一個組織，通過在相當低的級別提供獨立的單位來實現這種低級決策；（3）需要一個自上而下和自下而上的定期報告和信息傳輸系統；（4）總部需要積極尋找信息，以補充其指揮下各單位定期發送給它的信息；（5）需要在網絡內部維護一個非正式和正式的通信網絡。[1]

然而，主導俄軍對烏克蘭入侵計劃的仍是從蘇聯繼承下來的自上而下的機制和作風。俄軍的行動不僅與克里維爾德關於有效指揮系統的五項建議大相徑庭，甚至違反了俄羅斯軍事野戰手冊中的「西多連科原則」。2022年初，烏克蘭軍隊有196600名現役人員，根據3：1的兵力比例規則，俄軍入侵需要590000名官兵。但實際上，俄羅斯當時出去的軍隊人數為190000人，比烏克蘭武裝部隊的總人數還少。按照每1000名居民應該有20名軍事佔領者的標準，俄羅斯人需要一支880000人的佔領軍來控制4400萬烏克蘭人，這大約相當於整個俄羅斯聯邦軍隊的規模，但實際入侵部隊只有19萬人。[2]

俄羅斯人沒有集中兵力在某一點取得突破，而是決定從六條不同的線路進攻：東南部的黑海、南部的克里米亞、東部的頓巴斯、東北部的別爾哥羅德（朝哈爾科夫方向）、東北部的庫爾斯克（朝基輔方向）以及北部的白俄羅斯戈梅利（朝基輔方向）。俄羅斯人認為他們策劃的入侵規模、速度

---

1 Martin van Creveld, Command in War. Cambridge, MA: Harvard University Press, 1985.

2 "Russia Has Massed Up to 190,000 Personnel in and Near Ukraine, U.S. Says," Reuters, 18 February 2022. https://www.reuters.com/world/europe/russia-has-massed-up-190000-personnel-near-ukraine-us-says-2022-02-18/; See also Seth G. Jones, "Russia's Ill-Fated Invasion of Ukraine: Lessons in Modern Warfare," CSIS, 20 June 2022. https://www.csis.org/analysis/russias-ill-fated-invasion-ukraine-lessons-modern-warfare

和壓力足以讓烏克蘭國家陷入災難性的崩潰。俄羅斯人沈迷於這種震懾戰略，想當然地認為這足以解決問題，而這一假設在決策層從未受到質疑。俄羅斯人還忽略了這樣一個可能性：軍隊的軍官準備不足，自上而下的決策緩慢，導致軍隊指揮和控制極其複雜，入侵行動可能出現失靈。

缺乏有效的糾錯機制進一步加劇了出兵烏克蘭的決策失誤。戰爭爆發以來，在俄羅斯公眾對戰爭持樂觀評價的同時，對俄羅斯戰爭的批評和異議卻寥寥無幾。這主要是因為俄羅斯當局審查了俄羅斯境內任何新聞報道，迫使獨立媒體和社交網絡關閉，甚至禁止使用「戰爭」或「入侵」等字眼。這種人為阻礙信息反饋的「鴕鳥政策」，必然導致俄羅斯戰車向着深淵一路狂奔而無法及時止損。

三、戰爭對俄羅斯和烏克蘭的影響

俄羅斯和烏克蘭是二戰結束以來歐洲最慘烈戰爭的直接交火雙方，戰爭也將對俄烏兩國的發展走向帶來深刻而全面的影響。

戰爭開始以來，戰事進展未能如俄羅斯預期的那樣以一場摧枯拉朽式的閃擊戰和俄軍的輝煌勝利而告結束，而是陷入了相持戰和消耗戰。但可以肯定的是，無論最終戰局如何，俄羅斯在政治、經濟和外交上都已經遭遇重挫。預期和現實之間的強烈反差暴露出俄羅斯戰爭方式過時、綜合國力虛弱、戰略文化落伍、社會觀念滯後等諸多深層次問題，特別是顯示出俄羅斯綜合國力下降和大國雄心之間的巨大落差。

首先，俄羅斯的戰爭理念和戰爭方式過於陳舊。在此次戰爭中，俄羅斯運用的還是阿富汗戰爭、「布拉格之春」甚至是二戰時期的作戰方式。而烏克蘭打的卻是一場人工智能高度參與、去中心化、扁平化的高科技戰爭。事實表明，俄羅斯傳統的作戰方式已經在很大程度上落伍了。

其次，儘管與烏克蘭相比，俄羅斯的綜合國力擁有壓倒性優勢，但此次戰爭是俄羅斯對歐洲乃至國際秩序的全立位挑戰，西方國家對烏克蘭提供了巨大的支持。在此情況下，戰爭體現的是俄羅斯與整個西方世界綜合國力的全面比拚，因而俄羅斯的綜合國力呈現出明顯不足。普京執政以來，俄羅斯對外政策的核心目標就是恢復世界大國地位，特別是保持對「後蘇聯空間」的主導性影響。然而，俄羅斯的綜合國力在經歷了 2000—2007 年的恢復性增長後，近年來進入了一個持續下行區間。2021 年，俄羅斯 GDP 排名世界第 11 位，相當於美國的 7%；科研投入排名世界第 10 位，相當於美國的 7%；軍費開支名列世界第 8 位，相當於美國的 6.4%。儘管近年來俄羅斯宣揚其在軍事現代化方面取得的成果，但與世界一流強國相比，其有限的軍事預算、整體萎縮的工業製造體系恰恰反襯出了其高調張揚背後的整體衰弱。如果借用蘇珊·斯特蘭奇結構性權力的概念加以觀察的話，我們可以看到，在由安全、生產、金融、知識四個要素構成的結構性權力體系裏，俄羅斯在生產、金融和知識方面與世界強國相比基本上都落後了，甚至在軍事安全領域也顯露出諸多弱點。

第三，俄羅斯戰略文化底層邏輯的落伍。當下俄羅斯的戰略文化仍是以領土擴張和壟斷自然資源作為核心訴求的，但 21 世紀大國戰略競爭的重心已經轉向了科技創新能力、金融調節能力、社會治理能力以及對全球治理體系的塑造和管理能力方面。而在這些領域裏，俄羅斯與發達國家相比基本上都處於下風。

第四，俄羅斯社會主流觀念的滯後。近年來，俄式保守主義實際上成為俄羅斯的主流社會思潮，其實質是彌賽亞思想、歐亞主義思想、斯拉夫文明（種族）優越論、俄國例外論、帝國主義觀念、反西方主義以及「生存空間論」等各種陳腐學説的大雜燴。在俄羅斯社會的主流觀念中，沒有全球化條件下相互依賴的理念，沒有不同文明和諧共生的主張，更沒有工業文明和後工業文明中的「現代性」原則。就此而言，俄羅斯的主流社會思潮還停留在俄羅斯帝國甚至莫斯科公國時期，不僅已經遠遠落後於 21 世紀時代的發展，甚至會給國家的戰略決策和國家前途命運構成致命性傷害。

開戰以來，俄羅斯在戰場上進展不順並遭到國際社會的大面積政治孤立和廣泛經濟制裁。未來相當長一個時期，俄羅斯大概率會陷入一種相對孤立的狀態，其在國際政治和世界經濟體系中的地位和影響將進一步萎縮。莫斯科卡內基中心主任德米特里・特列寧認為，俄烏戰爭意味着俄羅斯「拋棄了自彼得大帝開始並持續了 300 年把俄羅斯定位為歐洲大國、歐洲大陸力量平衡的組成部分、而且也是泛歐文明不可分割的一部分的外交傳統」。[1] 俄羅斯著名學者伊納澤姆采夫甚至認為，「俄羅斯將成為一個非常孤立的國家，它的帝國身份要麼會失去，要麼會被反思。無論是心理上、意識形態上、經濟上還是地緣政治上，這都是一個巨大的挑戰。因此，戰爭結束後——這並不取決於它如何結束——俄羅斯將永遠不會是我們在 1991 年到 2022 年看到的那個俄羅斯。會有另一個國家，比戰前更落後、與世界的聯繫更少、更孤立甚至更保守。俄羅斯將成為一個隻看過去的大國，它將加速回到中世紀。」[2]

俄烏戰爭給俄羅斯帶來的首要衝擊是其國際形象急劇受損，未來俄羅斯在全球和歐洲體系中的影響將進一步下滑。俄羅斯在聯合國大會特別會議上受到了 141 個國家的同聲譴責。海牙國際法院做出裁決，要求俄羅斯立即停止對烏軍事行動。俄被開除出泛歐多邊合作機構——歐洲委員會、被暫停在聯合國人權理事會的會員資格，一系列西方國家大規模驅逐俄外交官，多個國家提出將俄驅逐出世界銀行、國際貨幣基金組織和二十國集團。此外，不少國家對於俄羅斯近年來濫用否決權導致聯合國安理會在維護全球與地區安全中效率下降提出強烈質疑，烏克蘭等國甚至提出取消俄安理會常任理事國地位的要求。

第二個衝擊是俄羅斯受到安全「迴旋鏢」的損傷，其西線安全環境不僅

---

1 Тренин Д.В, "Кто мы, где мы, за что мы-и почему" , *Россия в глобальной политике* 2022. Т. 20. No. 3. С. 32-42.

2 Vazha Tavberidze, "This Is Not Just 'Putin' s War' and Russians Should '100 Percent' Feel Guilty: A Veteran Russian Analyst Pulls No Punches," RadioFreeEurope/RadioLiberty, last modified May 20, 2022, https://www.rferl.org/a/russia-putin-analysis-ukraine-inozemtsev-collective-guilt/31859680.html.

沒有得以改善反而在迅速惡化。俄羅斯本想借軍事行動阻止北約進一步擴大、顛覆冷戰後美國和北約主導的歐洲安全格局，但沒有想到結果是事與願違。在俄烏戰爭的刺激下，曾經在 1 月中旬啟動的美國、北約和歐安組織向俄提供「安全保障」的相關談判已經無果而終。歐盟、北約對俄羅斯的恐懼、防範和敵意迅速上升。這意味着，在冷戰結束後俄歐關係儘管長期不睦但仍可勉強維持的狀態將會結束，一道隔離俄羅斯的鴻溝正在歐洲重新出現。

第三個衝擊是俄羅斯經濟遭受沈重打擊，在國際供應鏈和全球經濟體系中被進一步邊緣化。戰爭迫使經濟合作等「低位政治」讓位於以安全為核心的「高位政治」。戰爭爆發後，美歐甚至一系列中立國家都對俄羅斯實施了包括凍結資產、限制融資、出口管制、能源禁運、取消最惠國待遇、將俄羅斯一系列重要銀行剔除出 SWIFT 系統等前所未有的嚴厲制裁，諸多跨國公司也宣佈從俄羅斯撤資或者中止對俄提供服務。這不僅涉及能源、金融和高科技產業，也涉及生物製藥和生活服務等廣泛領域。可以說，「孤立一個國家的企圖第一次超越了民族國家的行動，而將主導角色留給了大型私人資本——金融資本和科技公司」，[1] 其對俄羅斯構成的打擊絲毫不弱於外國政府施加的制裁。

戰爭爆發後，一股「去俄化」浪潮正在加速匯集，甚至在能源如此重要、俄羅斯曾自認為穩如磐石的領域，其地位都遭受到了巨大衝擊。美國和加拿大已經對俄實施能源禁運，完全停止從俄進口油氣和煤炭。歐盟也做出了 2022 年壓縮 2/3 自俄天然氣進口、90% 自俄石油進口並到 2027 年基本上擺脱對俄能源依賴的重要決定。

能源依賴是相互的，能源領域的制裁也必然導致雙輸的結果。但需要

1 Arturo Laguado Duca, "Conflicto Rusia Ucrania: El Nuevo Mapa Del Poder Mundial | Los Efectos Sobre América Latina, La Argentina Y El Acuerdo Con El FMI," PAGINA12, last modified March 24, 2022, https://www.pagina12.com.ar/410419-conflicto-rusia-ucrania-el-nuevo-mapa-del-poder-mundial.

看到的是，在由資源、投資、技術、市場四個要素構成的能源產業鏈中，俄歐之間的相互依賴是不對稱的。歐洲只需要俄羅斯的能源資源，而俄羅斯對歐洲的能源投資、技術和市場則存在更大依賴。俄歐能源關係的斷裂給雙方帶來的傷害也是不對稱的：一方面，歐盟多國自俄能源進口的大規模、緊急性中斷毫無疑問將導致歐洲能源市場在未來幾年的時間內供應緊張、價格飛漲；另一方面，俄羅斯對歐洲能源市場、資金、技術有着更強的依賴，俄歐能源關係斷裂將給俄羅斯帶來更深遠的傷害。2021 年，自俄羅斯進口的天然氣、石油、煤炭分別佔到歐盟進口總量的 45%、27% 和 46%；而俄羅斯對歐天然氣、石油、LNG 和煤炭的出口則分別佔其出口總量的 52%、75%、25% 和 25%。[1] 按照 2021 年的數據計算，如果歐盟對俄實施全面能源禁運，俄羅斯每年將遭受 1250 億美元的損失，相當於其 2021 年 GDP 的 7.5%、出口總額的 25%、貿易順差的 63% 和對歐出口總額的 66%。[2] 可以看到，俄歐能源關係的中斷將對俄羅斯的財政收入形成巨大壓力。

喬治城大學著名俄羅斯能源問題專家塞恩．古斯塔夫森曾富有洞見地說，「如果俄羅斯持續干涉烏克蘭東部、東西方關係變得越來越差，建設性的商業對話空間將會縮小。未來的危險是，維繫天然氣橋的經濟利益共同體，以及西方—俄羅斯經濟關係的大部分網絡，將被緊張局勢、制裁和反制裁、代理人戰爭的升級和更糟糕的情況所削弱。此外，西歐環保主義的興起將最終降低歐洲對俄羅斯天然氣的需求。」[3] 目前看來，局勢正向這一方向迅速演化。可以說，俄烏戰爭已經成為改變國際能源戰略格局的重大

---

1 "In Focus: Reducing the EU's Dependence on Imported Fossil Fuels," European Commission-European Commission, 20, 2022, https://ec.europa.eu/info/news/focus-reducing-eus-dependence-imported-fossil-fuels-2022-apr-20_en.

2 Stefan Ellerbeck, "What Progress Is the EU Making on Ending Its Reliance on Russian Energy?," World Economic Forum, last modified June 29, 2022, https://www.weforum.org/agenda/2022/06/russia-eu-energy-imports/.

3 Thane Gustafson, *The Bridge : Natural Gas in a Redivided Europe* (Cambridge, Massachusetts: Harvard University Press, 2020), p.5.

歷史性事件，在冷戰最為激烈時都未曾中斷的俄歐能源關係將加速斷裂。這將導致世界油氣市場的既有供求平衡被打破，全球能源產業鏈將加速重構，並在一個時間段內引發市場紊亂。在此背景下，歐盟近來着力採取節能增效、加強能源進口多元化、加速推動綠色能源轉型、延長核電站運營時限等多方面措施維護能源安全。在世界新能源革命、新技術革命和全球能源轉型促使國際油氣市場從賣方市場轉向買方市場的大背景下，可以確認歐盟在渡過暫時性的難關之後，會構建起新的能源供應鏈。而在缺乏資金、技術、市場的多重壓力下，俄羅斯賴以生存的能源產業將進入一個整體運轉遇阻的較長周期。如果局勢無法得以明顯改觀，俄羅斯將在很大程度上被排擠出歐美能源供應體系之外，其在全球能源體系中的地位也將大幅下降。

俄羅斯遭受的第四個衝擊是國內發展面臨巨大的不確定性，不能排除出現歷史性轉折的可能。蘇聯解體後，俄羅斯繼承了蘇聯的聯合國安理會常任理事國和核大國地位，其在政治、經濟、社會、文化、意識形態和對外政策等方面繼承和保留了大量蘇聯遺產和影響，對外政策是蘇聯和沙皇帝國的混合體，2008 年以來在後蘇聯空間發動多場軍事行動試圖重建帝國。但這場戰爭將成為俄羅斯當代歷史發展進程中的一個重要轉折點。戰爭已經持續近一年時間，俄不僅沒有實現出奇制勝、摧枯拉朽，反而遭受了慘重損失。在國際社會政治孤立、經濟制裁之下，俄經濟發展困難重重，國內政治暗流湧動。戰爭初起，俄羅斯國內多個城市就爆發了大規模的反戰示威游行。10 月初普京宣佈局部徵兵動員後，一個月內有 100 萬左右俄羅斯青壯年男子逃離祖國躲避兵役。俄羅斯能源界多位高管離奇死亡，也折射出精英層內部的爭鬥和分化。回顧俄國歷史，每次對外征戰的重大失利都會引發國內政治的顛覆性變化：在 1856 年克里米亞戰爭中的失敗導致 1861 年農奴制改革；在俄日戰爭中戰敗導致 1905 年革命，君主專制政體向君主立憲政體過渡；在第一次世界大戰中的失利引發二月革命和十月革命，執政 300 多年的羅曼諾夫王朝最終垮台、俄羅斯帝國遭遇解體；而在

1979—1989 年阿富汗戰爭中的失敗也成為蘇聯解體的重要誘因。因此，儘管在高壓控制之下，戰爭之初在俄羅斯國內多地爆發的反戰示威被暫時壓制了下去，但俄羅斯國內政治依然暗流湧動，戰爭所引發的俄羅斯國內政治變化值得各方高度重視。即使這種變化不會急性發作，但其對俄羅斯發展帶來的慢性損害也是廣泛而深重的。本來，普京執政的 2000 年至 2020 年間，就有 400 萬到 550 萬俄羅斯公民移居海外。[1] 而在戰爭爆發之後短短兩個月的時間內，又有 20 多萬俄羅斯財富與知識精英出走他國。高素質人口的加速流失無疑將使俄羅斯的人口結構持續惡化，進一步壓縮創新發展的可能空間。

但可以確定的是，俄羅斯在國際體系中地位的相對下降並不意味着其完全不會發揮作用。戰爭之後的俄羅斯將採取何種對外戰略方針不能不引起世人的高度關注。俄羅斯學者科爾圖諾夫表示：「在未來幾年裏，俄羅斯將不得不在可稱被為『非對稱兩極』的國際環境中構建其外交政策。在這種環境下，團結的西方將僅受到一部分非西方世界的不同形式、不同程度的反對，而其他部分的非西方世界將儘可能遠離這場醞釀中的對抗。」[2] 他認為，「從這個角度看，極為重要的是，俄羅斯應避免將其政策建立在非敵即友的原則上。考慮到目前世界的力量格局，試圖形成廣泛的戰略反西方聯盟之舉可能效果不佳，甚至適得其反。專注於圍繞特定任務形成臨時的權宜性聯盟，讓其解決方案吸引儘可能廣泛的潛在參與者，似乎更有前景。只有經過很長一段時間，才有可能從暫時的聯盟中發展出穩固的聯盟。戰略耐心應該成為俄羅斯外交政策的固有特徵之一。」[3] 筆者認為，如同 1856

---

1 "За 20 лет из России имигрировали не менее 5 миллионов человек," Yandex.ru, last modified October 8, 2021, https://zen.yandex.ru/media/aurora_media/za-20-let-iz-rossii-imigrirovali-ne-menee-5-millionov-chelovek-61600ea021504518fa2bd915.

2 Андрей Кортунов, "Асимметричная биполярность," russiancouncil.ru, last modified July 7, 2022, https://russiancouncil.ru/analytics-and-comments/analytics/asimmetrichnaya-bipolyarnost/.

3 Там же.

年克里米亞戰爭和 1917 年十月革命後一樣，失利的俄國會暫時隱忍、甚至與對手尋求妥協，以撫慰傷口、等待時機東山再起。不能不看到，一個受傷而充滿了不確定性的俄羅斯仍將給歐洲和世界帶來巨大的變數。俄羅斯未來會向什麼樣的方向發展、俄羅斯與外部世界的關係究竟向什麼的方向演化，都將成為影響全球安全與地區安全的重大變量。

一場不期而至的戰爭在烏克蘭領土上進行，讓烏克蘭成為最大的受害者。戰爭開始以來，烏克蘭飽受戰火摧殘，損失巨大，諸多城市在炮火下化為瓦礫，基礎設施受損嚴重。世界銀行、烏克蘭政府和歐盟委員會 9 月 9 日發佈的一份報告顯示，截至 6 月 1 日，戰火給烏克蘭造成了超過 970 億美元的直接損失。由於經濟流動和生產中斷以及與戰爭有關的額外開支，烏克蘭還遭受了 2520 億美元的損失。[1] 戰爭也造成了巨大的人道主義災難，截至 10 月初，戰爭已造成約 6000 名烏克蘭平民死亡，共有 1400 萬烏克蘭人淪為難民。截至 12 月 6 日，有超過 780 萬烏克蘭難民流落在歐洲各國。[2] 戰爭將使烏克蘭的貧困率從戰前的 2% 上升至 21%。

但與此同時，這場戰爭對於烏克蘭來説也是一場浴火重生。在戰爭面前，曾經長期困擾烏克蘭的民族、文化、語言和地區間分野在很大程度上得以彌合，烏克蘭人的國家認同有了明顯提升。藉助 2014 年克里米亞危機之後的軍事改革，烏克蘭在此次戰爭中展現了今非昔比的戰鬥力，不僅抵擋住了俄羅斯的大舉進攻，而且從 9 月初以來在哈爾科夫、頓巴斯、扎波羅熱和赫爾松多地發動反攻，收復了不少被佔領土。目前，烏俄雙方在戰場上呈現相持狀態，烏克蘭決心恢復包括對克里米亞在內的全部被佔領土的主權。

---

1 Andrea Shalal, "Rebuilding Ukraine after Russian Invasion May Cost $350 Bln, Experts Say," *Reuters*, last modified September 9, 2022, sec. Europe, https://www.reuters.com/world/europe/russian-invasion-ukraine-caused-over-97-bln-damages-report-2022-09-09/.

2 UNHCR, "Situation Ukraine Refugee Situation," data.unhcr.org, December 6, 2022, https://data.unhcr.org/en/situations/ukraine.

戰後，烏克蘭將在國際社會支持下進入全面重建階段。7 月 4 日，重建烏克蘭國際會議在瑞士盧加諾舉辦。烏克蘭總理丹尼斯·什梅加爾在會議上表示，烏方預計戰後重建需 7500 億美元。烏克蘭總統弗拉基米爾·澤連斯基通過視頻表態重建烏克蘭是「整個民主世界的共同任務」。6 月 23 日，歐盟峰會同意批准烏克蘭為歐盟候選國。為達到入盟標準，烏克蘭必須進行一系列內部改革，傳統的體制機制、利益分配結構、思想文化都將經歷脱胎換骨式的更新。烏克蘭加入歐盟的過程，也必將是一個全面的「去俄化」進程。在融入歐洲一體化的背景下，烏克蘭將擺脱俄羅斯的控制和覬覦，開啟全新的歷史發展進程，朝着加速採用歐洲價值觀的方向發展，未來將以歐洲國家的身份出現在世界舞台之上。9 月 30 日，烏克蘭總統澤連斯基、議長斯特凡丘克和總理什梅加爾簽署了烏克蘭加入北約的申請。可以確定，在戰爭持續期間，北約不可能接納烏克蘭加入。但北約祕書長延斯·斯托爾滕貝格表示，「敞開大門」的立場不變，烏克蘭能否加入最終需要 30 個成員國「協商一致」來決定。因此，不排除烏克蘭在戰爭之後的某個時間段被吸納加入北約、從而成為抗衡「俄羅斯威脅」的前沿國家的可能。而這將從根本上改變蘇聯解體之後的東歐地緣政治與地區安全態勢，烏克蘭將成為跨大西洋安全體系的重要一員，而俄羅斯阻止北約東擴的努力以失利告終。具有千年歷史文化聯繫的俄羅斯和烏克蘭將在政治取向、經濟發展、安全保障以及文化認同等方面徹底分道揚鑣。

四、俄烏戰爭對歐洲及歐亞地區的影響

戰火不僅給俄烏雙方帶來了多方面衝擊，也對鄰近的歐洲和歐亞地區產生了廣泛的影響。

俄烏戰爭是二戰結束後歐洲最大規模的局部戰爭，也是後冷戰時代歐洲安全體系遭遇的最重大危機。這場戰爭，將極大改變俄羅斯與歐洲之間的相互認知，導致俄歐關係的急劇變化，並引發歐洲安全格局與秩序的歷史性重組。

首先，俄歐關係全面惡化，進入持續下行區間。蘇聯解體後，俄歐關係走過了從浪漫樂觀到務實合作再到不斷惡化的演變路徑。普京第二個總統任期和梅德韋傑夫當政期間，是俄歐關係發展的最好階段。2005 年 5 月 10 日，俄羅斯與歐盟曾信誓旦旦地謀求建立統一經濟空間、統一司法空間、統一安全空間和統一人文空間。[1]2010 年 6 月 1 日，雙方啟動「現代化夥伴關係倡議」，致力於共同實現經濟的創新發展和社會制度的革新。[2] 儘管經歷了俄格戰爭、克里米亞危機、俄羅斯出兵敍利亞等事態的不斷衝擊，但歐盟對俄羅斯始終抱有期待。特別是德、法兩個歐洲大國，為了拓展俄羅斯市場和避免歐洲安全破局，總是希望通過妥協和安撫的方式與俄羅斯保持相對穩定的關係。

然而，俄烏戰爭最終讓俄歐之間的信任喪失殆盡，顯示出雙方對重大利益截然相反的認知和迥然不同的國際戰略觀、國家安全觀以及道德價值觀。戰爭爆發以來，俄歐關係迅速全面倒退：政治上，雙方不僅相互指責詆毀，而且大規模相互驅逐外交官，曾經簽署的一系列合作協議基本上已經形同廢紙，合作機制遭到全面破壞。特別是德法兩國改變了以往對俄羅斯的遷就和綏靖政策，開始對俄以壓促變，俄羅斯失去了在歐盟內部的兩個重要支點國家；經濟上，歐盟在戰爭爆發後對俄羅斯實施多輪嚴厲制裁，甚至不惜代價地努力擺脱對俄羅斯的能源依賴。這將使從 20 世紀 60、70 年代開始奠基、冷戰結束後全面深化的俄歐經濟聯繫全方位斷裂，俄歐關係的經濟基礎迅速崩塌；安全上，俄歐陷入了難以擺脱的「安全困境」，相互的擔憂、恐懼和敵視將使俄歐安全關係長期處於冰凍狀態，短期之內難以緩解；此外，俄烏戰事也進一步反映出俄歐之間巨大的價值觀分野。歐洲

---

1 "Press Corner," European Commission-European Commission, March 18, 2005, https://ec.europa.eu/commission/presscorner/detail/en/MEMO_05_103.

2 COUNCIL OF THE EUROPEAN UNION, "Joint Statement on the Partnership for Modernisation EU-Russia Summit" , last modified June 1, 2010, https://www.consilium.europa.eu/uedocs/cms_data/docs/pressdata/en/er/114747.pdf.

主流社會認為，現代歐洲的進步價值觀是對過去血腥歷史的拒絕。歐洲外交關係委員會創始人馬克．倫納德曾說，「歐洲一體化的支持者，喜歡認為歐盟代表着與歐洲大陸歷史上所有糟糕事物的徹底決裂。特別是他們在自己身上看到了拒絕曾在歐洲引發了數百年軍事衝突、特別是法國和德國之間的軍事衝突並以兩次世界大戰結束的民族主義的體現」，而「歐洲一體化計劃就是一次精心策劃的嘗試，旨在超越歐洲民族主義的歷史和世界各地的帝國主義歷史。」[1] 歐洲人反對俄羅斯將暴力和戰爭作為解決政治國家間分歧的作法，在他們看來，2014 年以來俄羅斯的對外行為恰恰印證了比爾．克林頓對俄羅斯「回歸極端民族主義，用彼得大帝那樣的帝國主義願望取代民主與合作」的擔心，俄羅斯在背離「正常的歐洲民主國家」的道路上已經越來越遠了。[2] 但在俄羅斯精英看來，「俄羅斯不需要成為歐盟內部『政治歐洲』的一部分，對俄羅斯來說，採用歐洲的價值觀念是對其國家地位的直接甚至是災難性的威脅。俄羅斯可以是一個歐洲文明和歐洲文化的國家，但不是歐洲政治空間內的國家。」[3] 他們強調，「歐洲精英們應該明白，俄羅斯（包括人民和精英）從地理上看是歐洲，但從文化的角度來看，是真正的北方。俄羅斯人不能被改變、『洗禮』或培養。歐洲長期以來試圖創造一個『文化上正確』的俄羅斯社會，結果只導致了大城市中狹隘的『歐洲中心層』的形成。即便如此，在莫斯科和布魯塞爾就烏克蘭問題發生公開衝突後，這一部分的可能性也很快就遠離了。」[4] 可以看到，俄歐在政治、經濟、安全以及價值觀領域的分歧、矛盾和疏離意味着一道新的鴻溝正在歐洲重新出現。不過，這不是冷戰時期兩個勢均力敵的敵對陣營之間的「鐵

1 Hans Kundnani, "Europe's Superiority Complex," New Statesman, last modified April 14, 2022, https://www.newstatesman.com/ideas/2022/04/europes-superiority-complex.

2 Bill Clinton, "I Tried to Put Russia on Another Path," The Atlantic, last modified April 7, 2022, https://www.theatlantic.com/ideas/archive/2022/04/bill-clinton-nato-expansion-ukraine/629499..

3 Геворг Мирзаян, "Почему Россия и Европа отторгают друг друга," ВЗГЛЯД.РУ, last modified April 19, 2022, https://vz.ru/world/2022/4/19/1154420.html.

4 Там же.

幕」，而是絕大多數歐洲國家「隔離」俄羅斯的屏障。

其次，歐洲在共同應對俄羅斯安全威脅方面變得更加團結了。自 2008 年以來，歐盟先後經歷了此伏彼起的主權債務危機、難民危機、英國脱歐危機，其內部團結程度和對外行動能力一度遭受多方質疑。但俄烏戰爭的嚴峻安全挑戰重振了歐盟的內部團結，激發了歐盟的整體對外行動能力。在重大的危機面前，多輪歐盟峰會聚焦於俄烏戰爭並採取了一系列重大決策，歐盟一體化機構在向烏克蘭提供援助、實施對俄制裁、維護歐洲能源安全等方面實施了多項切實行動。德法兩個歐洲大國基本放棄了以安撫俄羅斯的方式來謀求妥協的做法，而波蘭、波羅的海三國等「新歐洲」國家則表現出了更強烈的抗俄意願和行動能力。未來，歐盟將以更加協調的姿態共同抵禦俄羅斯的「安全威脅」。

當然，這不意味着歐盟內部在如何對待俄羅斯的問題上完全是鐵板一塊。由於存在具體利益差異和不同成員國國內政治的影響，歐盟內部對俄羅斯的態度不可能完全步調一致。而俄羅斯也看到了這一點，正採取多種措施試圖分化歐盟，以減輕來自歐盟的壓力。但無論如何，不能因歐盟國家對俄政策的個別性戰術差異否定其整體性戰略一致性。而這些分歧也引起了歐盟內部的反思，並有可能導致歐盟內部決策程序的變化。6 月 9 日，歐洲議會通過決議，要求歐洲理事會啟動修改歐盟條約程序，以「特定多數票」取代目前的成員國「一票否決制」，從而確保歐盟決策的有效性。德國總理奧拉夫·朔爾茨也公開表示，俄烏戰爭使歐洲更迫切地需要保持團結，歐盟個別成員國因一己私利阻撓歐洲做出決定的情況應該結束了。他強調，改革決策程序和制度關乎歐盟能否繼續在國際舞台上保持引領地位。歐盟委員會主席烏爾蘇拉·馮德萊恩也表示，如果歐盟要加快行動，全票表決通過制在關鍵的政策領域已不適用。如果歐盟的決策程序與機制因俄烏戰事而得以改變，那將意味歐盟的一體化程度將進一步強化，決策效率會相應提高，過去因個別成員國反對、歐盟整體就無所作為的狀況將在很大程度上得以扭轉，歐盟在全球事務中的影響力和行動力也會得以提升。

俄烏戰爭還在一定程度上引發了歐盟內部權力關係的變化。它讓「波蘭這個前線國家升級成為歐洲政策中的核心行動者……如果一個充滿攻擊性的俄羅斯始終對歐洲安全構成威脅，那麼波蘭就會具備與德國和法國這樣的歐盟核心核心成員國平起平坐的潛力。」[1]

除歐盟之外，泛歐洲層面也在因俄歐戰事而強化政策協調。2022 年 5 月，法國總統馬克龍倡議建立歐洲政治共同體。10 月 6 日，首屆歐洲政治共同體領導人會議在布拉格舉行。除歐盟國家外，英國、挪威、烏克蘭、土耳其、西巴爾幹國家和地區的領導人也共同與會。會議重點討論了加強對包括油氣管道、電纜和衛星在內的歐洲重要基礎設施的保護、打擊網絡攻擊、解決地區爭端、協調能源政策以及移民等問題。可以看到的一個明顯趨勢是，俄羅斯正在因對烏克蘭戰爭而在歐洲遭受全面孤立。未來，俄羅斯在歐洲政治、經濟、安全體系中的地位和影響將進一步下降，而歐洲特別是歐盟針對俄羅斯的政策協調力度將進一步上升。

第三，北約走出了馬克龍所說的「腦死亡」狀態，在戰爭的威脅面前重振旗鼓、披掛上陣。一則，北約對俄羅斯的戰略認知大幅惡化，俄羅斯與北約關係重新緊張。6 月 29 日，在馬德里舉行的北約峰會批准了新版「戰略概念」文件，確定了北約未來十年的優先事項、核心任務和戰略方法。文件稱，鑒於俄羅斯的「敵對政策和行動」，北約無法將俄羅斯視為「夥伴」，俄羅斯是對北約安全以及歐洲大西洋地區和平與穩定的「最重要和最直接的威脅」。[2] 這一定位的確立，意味着自 1997 年俄羅斯與北約簽署「相互關係、

---

1 Philipp Fritz, "Polen Ist so Stark Wie Nie-Doch Der Führungsanspruch in Der EU Hat Einen Haken," *DIE WELT*, last modified August 18, 2022, https://www.welt.de/politik/ausland/plus240469483/EU-Polens-neuer-Fuehrungsanspruch-in-der-EU-hat-einen-Haken.html.

2 NATO, "NATO 2022 Strategic Concept," NATO 2022 Strategic Concept, last modified June 29, 2022, https://www.nato.int/strategic-concept/.

合作與安全基礎文件」[1] 以來雙方尋求在維護歐洲安全領域加強合作的時代全面終結，俄羅斯與北約又進入了新的軍事對抗輪迴。而考慮到目前雙方的實力對比，可以確定，北約將進一步鞏固並主導歐洲安全秩序，而俄羅斯曾經設想的北約停止東擴並向俄提供安全保障的要求已經難以達成；[2] 二則，北約曾經長期擱置的成員國提高軍費預算、加強在東歐前沿軍事部署等目標因戰爭爆發而被激活並加速落實。在俄烏戰事的刺激之下，自二戰以來在軍事安全領域一向行為謹慎的德國迅速決定為聯邦國防軍設立 1000 億歐元特別國務資金，未來幾年德國每年的軍費開支將達到 700 億至 800 億歐元。俄烏戰事之前，北約 30 個成員國中只有 9 個達到了將 GDP 的 2% 用於軍費的要求，而戰爭將促使北約多數成員國提高軍費開支，目前北約 19 個成員國已有了在 2024 年年底前達標的清晰計劃。與此同時，北約已經決定將快速反應部隊從目前的 4 萬人大幅增加至 30 萬人，2023 年完成改編，並將在東翼前沿地區部署更多部隊，以加強防禦和實現快速增援。在此情況下，埃馬紐埃爾・馬克龍也改變了以往的立場，稱俄烏戰爭是令北約覺醒的「一記電擊」；三則，芬蘭、瑞典兩個傳統中立國正式提出加入北約，並在 6 月底召開的北約馬德里峰會上得以批准，北約將實現進一步擴大。有分析認為，「芬蘭和瑞典對北約的大部分貢獻是戰略性的：如果與俄羅斯發生對抗，北約可以使用斯堪的納維亞和波羅的海上的另外幾十個空軍和海軍基地。瑞典正對波羅的海大部，加入北約實際上把波羅的海沿岸的所有國家聯繫起來，形成了一個完整的聯盟，這也將使俄羅斯向該地區投射軍

---

1 Founding Act on Mutual Relations, "FOUNDING ACT on MUTUAL RELATIONS, COOPERATION and SECURITY between NATO and the RUSSIAN FEDERATION" , last modified May 27, 1997, https://www.nato.int/nrc-website/media/59451/1997_nato_russia_founding_act.pdf.

2 On January 10, 12, and 13, 2022, the United States, NATO, and the OSCE held separate talks with Russia on considering Russia's security concerns and providing guarantees to Russia. Both the U.S. and NATO presented preliminary options for reducing forward military deployments in Eastern Europe and reducing military exercises in areas adjacent to Russia's borders.

事力量的能力變得困難得多。與此同時，芬蘭擁有數百門一流火炮，能為北約快速反應部隊貢獻力量。」[1] 俄羅斯戰略家意識到，「芬蘭和瑞典改變不結盟態度是近年來出現的西方團結趨勢的明顯體現。俄羅斯在烏克蘭領土上的特別軍事行動無疑成為這種團結的最重要催化劑……西方團結程度不斷加強，這可能是一個長期的過程，將不可避免地持續至少幾年，並顯著影響國際體系」[2]；四則，拜登上台後，美國即着手改變特朗普任內對歐洲盟友咄咄逼人的作法，重塑跨大西洋安全體系內部團結。俄烏戰爭背景下，歐洲盟國對美國的安全依賴進一步上升，而美國在跨大西洋聯盟體系中的主導作用相應增強，對歐洲安全的影響力再度提升。這也意味着，俄羅斯多年來試圖在美歐之間打進「楔子」、分化跨大西洋聯盟的努力無果而終。

可以看到，在重組後的歐洲安全格局與秩序中，俄羅斯在很大程度上被邊緣化了。但如何處理與一個虛弱而龐大、發展前景不明的俄羅斯的關係，仍將是歐洲安全面臨的一個重大問題。這一問題的解決，僅靠單純的力量展示和極限施壓以難以達成的，它需要高超的戰略智慧，需要相關方的共同努力，更需要時間的沈澱和超越。

俄烏戰爭是自蘇聯解體以來歐亞地緣政治格局演變的重要一環，也將對歐亞地區秩序產生廣泛而深入的影響。

蘇聯解體 30 多年來，俄羅斯始終把後蘇聯空間——歐亞地區視為其獨佔勢力範圍，實際上從未真正承認其他前蘇聯國家的獨立、主權和領土完整。普京政權對外政策的核心就是依託一系列地緣戰略行動以及俄羅斯主導的歐亞一體化機制重建帝國。2008 年以來，俄羅斯藉助 2008 年俄格戰爭、2014 年克里米亞危機和烏克蘭東部衝突、2021 年俄白聯盟國家全方位

---

1 Kyle Mizokami, "Sweden and Finland Will Bring Thousands More Troops, Subs and Tanks to NATO Defenses," Popular Mechanics, last modified August 6, 2022, https://www.popularmechanics.com/military/a40642872/sweden-and-finland-joining-nato/.

2 Андрей Кортунов, "Асимметричная биполярность," russiancouncil.ru, last modified July 7, 2022, https://russiancouncil.ru/analytics-and-comments/analytics/asimmetrichnaya-bipolyarnost/.

推進、美國撤軍阿富汗以及 2022 年 1 月哈薩克斯坦事變，已經在重建帝國方面多有斬獲。但俄烏戰爭將導致俄羅斯綜合實力持續下滑，其實現「帝國復興」的夢想將成為水月鏡花，歐亞地區將呈現進一步離散、多元發展的趨勢。

首先，戰爭使俄烏兩國走上完全不同的發展道路，俄羅斯徹底失去了烏克蘭。獨立後，特別是從 2000 年開始，烏克蘭國內親俄派和親歐派大體上勢均力敵，通過選舉輪流執政。2014 年俄兼併克里米亞和實際控制烏東地區後，烏克蘭國內反俄情緒上升，親俄勢力開始萎縮，大部分烏克蘭人都支持國家加入歐盟和北約。這次戰爭爆發後，烏克蘭國內團結一致抗俄救國。戰爭將使俄烏兩個在歷史上有着剪不斷、理還亂的錯綜複雜關係的民族徹底走向決裂。正如尼娜·赫魯曉娃所言，「烏俄兩國間的密切關係已經結束了」，「現在烏克蘭絕對是烏克蘭了。普京說西方正在讓烏克蘭反俄，但事實上，他在讓烏克蘭反俄方面所做的努力比美國的任何宣傳都要多，因為你不可能用炸彈讓一個國家愛上你」，「烏克蘭現在作為一個國家，比以往任何時候都更強大。」[1]

其次，絕大多數歐亞國家對俄羅斯的離心傾向明顯上升。在俄羅斯對烏動武且遭遇挫折之際，一系列歐亞國家都表現出了異常複雜的心態，擔心這種悲劇有朝一日會在自己身上重演，因而採取不同方式對俄形成對沖：一則，絕大多數歐亞國家在俄羅斯對烏克蘭動武問題上持表面中立、實質「挺烏」立場。儘管它們在聯合國大會緊急特別會議就烏克蘭等國提交的要求俄撤軍決議草案進行表決中基本棄權或者缺席，但並未如俄羅斯所期望的那樣承認烏克蘭的盧甘斯克和頓涅茨克兩州為所謂的「獨立共和國」。哈薩克斯坦總統托卡耶夫在第 25 屆聖彼得堡經濟論壇上當着普京的面公開

1 Isaac Chotiner, "Nina Khrushcheva on Putin's Poisonous Nationalism and a New 'New Russia,' " The New Yorker, last modified March 15, 2022, https://www.newyorker.com/news/q-and-a/nina-khrushcheva-on-putins-poisonous-nationalism-and-a-new-new-russia.

表示，放任民族自決權將導致混亂，強調哈薩克斯坦不會承認台灣、科索沃、南奧塞梯、阿布哈茲以及盧甘斯克和頓涅茨克的所謂「獨立」。他同時對烏克蘭當前的「悲慘現狀」表示同情，委婉地支持烏克蘭申請加入歐盟的決定，甚至對部分俄羅斯人士對哈薩克斯坦不負責任的荒唐言論進行了公開批評。[1]在後蘇聯空間的外交場域中，這種在普京在場的情況下直言不諱表達不同意見的場面是極其罕見的，它在一定程度上反映了歐亞國家對俄羅斯態度的微妙變化；二則，絕大多數歐亞國家更加積極地推行多元平衡外交，避免對俄形成過度依賴。烏茲別克斯坦和哈薩克斯坦兩個中亞大國近期積極加強與美國、歐盟、中國、日本、韓國以及中東國家的合作，在確保與俄羅斯不發生正面衝突的情況下，藉助各方力量對俄羅斯復興帝國的努力形成制約。由於民族、宗教、歷史、語言等多方面原因，阿塞拜疆多年來與土耳其在能源、經濟、文化、安全領域的合作非常密切。土耳其在相當大程度上成為阿塞拜疆與亞美尼亞在納卡衝突中的可靠後援，而俄羅斯則是亞美尼亞的背後靠山。2021 年 6 月，阿土雙方簽署《舒沙宣言》，將兩國關係提升到歷史最高水平。阿塞拜疆、哈薩克斯坦、吉爾吉斯斯坦、土庫曼斯坦和烏茲別克斯坦五個原蘇聯國家還積極參與土耳其倡導建立、以「大圖蘭」概念為核心的「突厥國家組織」，着力推動突厥語國家一體化進程。與此同時，藉助歐盟的睦鄰政策、東方夥伴關係計劃，阿塞拜疆積極拓展與歐盟的合作。歐盟是阿塞拜疆最大的外國投資者，雙方在推動南部天然氣走廊建設、將環裏海油氣資源輸往歐洲市場以確保對歐洲能源供應方面擁有共同利益。從 2020 年開始，阿塞拜疆裏海海域的沙赫德尼茲二號氣田每年向歐洲市場供應 100 億立方米天然氣。7 月 18 日，歐盟委員會主席馮德萊恩訪問巴庫，與阿塞拜疆總統阿利耶夫共同宣佈建立「能源領

1 "Kazakhstan's President Addresses Challenging Issues on International Agenda and Relations with Russia at Saint Petersburg Economic Forum," Gov.Kz, last modified June 18, 2022, https://www.gov.kz/memleket/entities/mfa/press/news/details/390248?lang=en.

域戰略夥伴關係」以進一步擴大能源合作，未來幾年阿塞拜疆對歐洲的輸氣量將擴大至每年 200 億立方米。南部天然氣走廊將在一定程度上優化歐洲的能源供應版圖，弱化俄羅斯以「能源武器」要挾歐洲的效力。而烏克蘭、摩爾多瓦和格魯吉亞也於 6 月 23 日分別成為歐盟候選國和潛在候選國，在脫離後蘇聯空間、融入歐洲一體化的進程中邁出了重要一步。就連長期依賴於俄羅斯的亞美尼亞也在努力適應新的地緣政治現實，尋求與「宿敵」土耳其改善關係並開始向美國靠攏。

第三，一些歐亞國家着力推進國內政治改革，試圖逐漸擺脫後蘇聯空間普遍存在的威權主義體制，探索新的發展道路。在俄羅斯看來，俄烏戰事的重要起因是 2013 年「邁丹革命」引發的烏克蘭地緣政治轉向。實際上，除了地緣政治選擇的分歧外，烏克蘭「邁丹革命」對原蘇聯國家轉型 30 多年來普遍存在的威權主義政治體制和寡頭政治文化構成了實質性的挑戰，從而也成為俄烏戰事的另一個根本性原因。「在克里姆林宮領導層看來，一個面向西方的烏克蘭與北約進行密切合作，不僅對俄羅斯的安全利益，甚至對其生存都構成了巨大挑戰。」[1] 這種加速變革的努力不僅僅出現在烏克蘭。對於摩爾多瓦和格魯吉亞來說，深入進行行政、司法、經濟領域的改革是其能夠加入歐盟的必要前提。更為重要的是，政治變革的努力在中亞也開始出現。3 月 16 日，哈薩克斯坦總統托卡耶夫發表以建設「新哈薩克斯坦」為主題的年度國情咨文，提出包括限制總統權限、權力機構改革、議會產生方式改革、政黨參政範圍擴大、選舉體系改革、護法機構改革、公民社會建設、國家行政區劃改革、地方自治能力建設、應對金融和經濟困

---

1 Андрей Кортунов, "Три десятилетия болезненных корректировок: Россия на постсоветском пространстве," russiancouncil.ru, last modified April 1, 2022, https://russiancouncil.ru/analytics-and-comments/analytics/tri-desyatiletiya-boleznennykh-korrektirovok-rossiya-na-postsovetskom-prostranstve/.

難十項方針內在的國家改革長期規劃。[1]6 月 5 日，哈就數十項憲法修正案進行全民公投並得以通過。修正案從憲法中刪除了關於共和國首任總統的條款，納扎爾巴耶夫失去了大部分個人特權和民族領袖的地位。修正案還對總統權力實行了新的限制，包括連續兩屆任期限制和在執政期間保持無黨派身份。總統的親屬將無法在國家機構中擔任高級職務。在司法系統中，計劃重建憲法法院，確立人權專員的獨立地位並禁止死刑。[2] 烏茲別克斯坦總統米爾濟約耶夫 6 月 20 日也提出將對憲法進行修改以深化民主制度，主要內容包括「提升人的尊嚴」、將烏茲別克斯坦建設成一個「社會福利國家」、鞏固傳統社區機構「馬哈拉」的影響、增強政府工作的透明度以及擴大公民政治參與的渠道。[3] 可以看到，俄烏戰事正在成為原蘇聯國家政治模式多元化發展、蘇聯式政治體制與政治文化結構性崩塌的加速器，而這將對後蘇聯空間的地緣政治權力結構變化產生廣泛而深遠的影響，也意味着俄羅斯對該地區國家制度和文化的影響將進一步衰減。

第四，俄羅斯主導的地區一體化機制運轉乏力，整合後蘇聯空間的前景趨於暗淡。歐亞經濟聯盟和集體安全條約組織是俄羅斯恢復在後蘇聯空間戰略影響的兩個重要工具。但在俄硬實力下降、軟實力不足以及共同利益日趨分化、集體認同不斷削減等因素共同作用下，這兩個機構多年來始終運行不暢。實際上，歐亞經濟聯盟一直受到共同機制薄弱及其成員國制度能力缺失帶來的阻礙，而俄羅斯所謂的承諾也存在問題。「當共同規則與

---

1 "Kassym-Jomart Tokayev Delivers State-of-The-Nation Address to the People of Kazakhstan-Official Website of the President of the Republic of Kazakhstan," Akorda.kz, last modified March 16, 2022, http://president.kz/en/kassym-jomart-tokayev-delivers-state-of-the-nation-address-to-the-people-of-kazakhstan-1621043.

2 "Конституция РК 2022 | Параграф Онлайн," Информационная система ПАРАГРАФ, last modified September 19, 2022, https://online.zakon.kz/document/?doc_id=1005029&pos=1207.

3 "Мирзиёев предложил внести ряд изменений в Конституцию, его предложение состоит из 9 направлений," Kun.uz, last modified December 7, 2021, https://kun.uz/ru/07641199?q=%2Fru%2F07641199.

俄羅斯自身的外交政策發生衝突時，克里姆林宮便會毫不猶豫地無視這些規則。而且很快便可以看出，歐亞經濟聯盟只是一種達到目的的手段，而不是一個公平的機構，俄羅斯本應接受其約束，但事實上根本沒有。」[1] 可以說，歐亞經濟聯盟更大程度上是俄羅斯防止其他經濟體染指自己「經濟後院」的藩籬和繞過制裁的便利工具，而該聯盟成員國的預期收益——貿易、經濟增長和現代化——不僅沒有實現，反而因俄羅斯自 2014 年因克里米亞危機不斷遭受西方制裁而拖累了其他成員國的經濟增長。俄烏戰事爆發以來，歐亞經濟聯盟國家金融市場劇烈動盪，通脹高企，貨幣貶值，僑匯驟減，供應鏈遭受嚴重衝擊，「吸引外資、包括相互投資的可能性正在減少，制裁和隨之而來的高通貨膨脹導致市場產生負面預期。」[2] 由於戰爭對經濟的衝擊，世界銀行 2022 年 4 月初將之前有關當年中亞經濟實現 3% 的增長的預測改為了萎縮 4.1%。儘管俄羅斯在 3 月份推動歐亞經濟聯盟通過了 34 項措施以應對西方制裁，保證成員國間貿易往來，「但對其他成員國來說，與俄羅斯的經濟一體化是有風險的，因為它們太脆弱，太依賴俄羅斯，無法逃脫烏克蘭戰爭的後果。」[3] 在此情況下，歐亞經濟聯盟成員國紛紛採取措施避免被俄拖累，謀求擴大與其他經濟體的合作。7 月初，哈薩克斯坦宣佈計劃增加對歐洲的石油供應，以抵消因歐盟大規模減少自俄石油進口而造成的能源短缺，俄則迅速關閉了哈石油出口的重要中轉站新羅西斯克港作為報復。托卡耶夫隨即強調尋求石油新通道已成為國家的「優先任務」，

---

1 Kataryna Wolczuk and Rilka Dragneva, "Putin's Eurasian Dream May Soon Become a Nightmare," Chatham House-International Affairs Think Tank, last modified May 3, 2022, https://www.chathamhouse.org/2022/05/putins-eurasian-dream-may-soon-become-nightmare.

2 Елена Кузьмина, "РСМД :: Аналитические статьи," russiancouncil.ru, last modified April 6, 2022, https://russiancouncil.ru/analytics-and-comments/analytics/perspektivy-razvitiya-evraziyskoy-integratsii-v-novykh-geopoliticheskikh-realiyakh.

3 Kataryna Wolczuk and Rilka Dragneva, "Putin's Eurasian Dream May Soon Become a Nightmare," Chatham House-International Affairs Think Tank, last modified May 3, 2022, https://www.chathamhouse.org/2022/05/putins-eurasian-dream-may-soon-become-nightmare.

並與阿塞拜疆達成初步協議，將從 9 月起繞過俄羅斯控制的裏海管道聯盟（CPC）輸油管道，通過阿塞拜疆的石油管道出售部分原油。7 月 14 日，托卡耶夫總統在政府工作傳言上還公開表示歐亞經濟聯盟所推行的政策導致了食品價格飛漲和供應陷入困境。此外，卡托卡耶夫還於 7 月 8 日簽署法令，宣佈哈薩克斯坦退出 1995 年簽署的獨聯體跨國貨幣委員會協議，這意味着哈薩克斯坦正謀求逐漸與俄羅斯的貨幣和金融體系拉開距離。

集體安全條約組織是俄羅斯主導的軍事政治同盟，也是後蘇聯空間一體化程度最高的組織。2022 年 5 月 16 日，集安組織峰會在莫斯科舉行。但在俄羅斯同烏克蘭激戰正酣之際，峰會發表的聲明隻字未提俄烏戰事，折射出集安組織成員國之間就此問題缺乏統一共識，從而做出了迴避靜態的尷尬選擇。與此同時，哈薩克斯坦、吉爾吉斯斯坦、塔吉克斯坦等成員國近來積極強化與美國的軍事合作，反映了集安組織在應對外部威脅上因成員國各有所想，作為有限。值得關注的是，曾經對集體組織成員國具有重要吸引力的俄羅斯軍事裝備也開始聲望走低。依靠俄羅斯裝備的亞美尼亞近年來在納卡衝突中被大量引進土耳其裝備並向北約訓練作戰模式靠攏的阿塞拜疆多次擊潰，而俄烏戰事中俄軍裝備的落伍也引起了集安組織成員國越來越多的質疑。如果軍事裝備一體化也日益鬆動，俄羅斯未來在後蘇聯空間維持軍事安全影響的能力也將進一步下降。

在俄羅斯主導的歐亞一體化機制開始鬆動的同時，歐亞國家也在探索新的地區合作途徑。2022 年 7 月 21 日，第四次中亞國家元首協商會議在吉爾吉斯斯坦舉行，中亞五國領導人同意加強經濟、安全、人文等領域合作，共同應對地區挑戰。五國特別強調「中亞＋」機制以及與國際和區域組織的合作在促進地區發展、維護地區安全以及推動地區國家間合作方面的有效性。目前，中亞國家已經與日本、韓國、美國（「C5+1」）、歐盟、中國、印度、俄羅斯、意大利、維謝格拉德集團國家建立了「中亞＋」合作形式。「中亞＋」機制的不斷拓展反映了中亞國家希望更多地參與到全球合作體系當中、而不是被人為地限制在固有地緣政治經濟空間中的渴望。

第五，經歷俄烏戰爭之後，「勢力範圍」、「緩衝地帶」等俄式地緣政治邏輯將在後蘇聯空間日益式微，歐亞地區將變得更加開放多元。為打破後冷戰時代世界秩序、改變歐亞大陸和世界地緣政治版圖、重新獲得世界大國地位和全球影響力，俄羅斯多年來始終不改「勢力範圍」、「緩衝地帶」的傳統理念，對重新聚合前原蘇聯國家、恢復聯盟或帝國抱有執念。這與其他歐亞國家維護主權獨立、謀求自主發展的努力是相違背的，也成為俄與美歐在後蘇聯空間矛盾和衝突不斷的主要癥結。不過，俄烏戰爭引發了國際社會對俄戰爭行為的強烈抵制，實際上也讓俄恢復帝國的訴求遇到巨大障礙。俄烏戰事爆發以來，歐亞國家與美歐日之間的互動更加頻繁。2022 年 3 月 1 日，中亞五國與美國的「C5+1」外長會談以網絡視頻會議形式舉行，美國國務卿布林肯表達了美軍事基地或中轉基地返回中亞地區的意願。4、5 月間，多個美國官方代表團到訪中亞國家，全力推動《美國的中亞戰略（2019—2025）》的落實，支持中亞國家對沖俄羅斯戰略壓力的意願。歐盟於 2019 年 5 月出台《歐盟與中亞：更堅實夥伴關係的新機遇》的新戰略，表達了與中亞五國進一步加強夥伴關係的新願景，並強調未來將從提升中亞國家應對內外部挑戰和推進改革能力以及支持中亞國家經濟現代化兩個方面與中亞國家開展合作。2022 年 3 月 10 日，歐盟和烏茲別克斯坦啟動實施了「2021—2027 年擴大合作指導綱要」，歐盟據此將於 2021—2024 年向烏提供 8300 萬歐元無償援助。日本也對中亞加強外交攻勢。4 月 15 日，日本外相林芳正在中亞五國與日本的「C5+1」外長會上表示，「日本將作為對中亞而言可以信賴的主要夥伴，繼續提供合作。」4 月 29 日，他又出訪哈薩克斯坦和烏茲別克斯坦，探討深化日本與哈、烏的多領域合作並敦促兩國對俄採取與美歐日同步的制裁措施。在俄烏戰爭的背景下，延宕了 25 年的中吉烏鐵路項目也於近期取得了突破性進展。三方工作組在 6 月份的視頻會議後宣佈 2022 年將完成可行性研究。吉爾吉斯斯坦總統扎帕羅夫甚至表示，項目將於 2023 年正式開工。可以預料，在俄烏戰事之後，俄控制力下降、歐亞國家自主意識增強以及域外行為體介入程度加深等多重因素將使歐亞地區緩慢而持續地擺脫昔日的帝國陰影，更進一步地融入世界政治、經濟體系。

五、俄烏戰爭的全球性影響

俄烏戰爭是後冷戰時代世界發展的一道分水嶺，將對世界格局和國際秩序帶來重大而深遠的影響。有人驚呼「新冷戰」正在加速到來，世界將重新劃分為兩個相互對立的敵對陣營。筆者不同意這種過於簡略的類比，我們在看到當前國際局勢與冷戰時期的緊張氣氛的相似之處的同時，也要看到兩者之間的巨大區別。

何謂冷戰？冷戰是勢均力敵的兩個超級大國的長期對抗，是兩大軍事集團之間的緊張對峙，是兩大意識形態之間的相互交鋒，是兩個平行市場間的不相往來。當前，儘管存在中美之間的戰略博弈、俄羅斯與美歐之間的激烈地緣政治衝突，但既不存在你死和活的意識形態爭端，也不可能形成營壘分明的兩大軍事集團，更不可能形成老死不相往來的兩個平行市場。但與此同時，我們又不能不看到國際秩序重構、大國關係緊張、全球供應鏈重組的現實風險。

那麼，如何來概括當下和未來十年的國際戰略現實與趨勢呢？筆者想借用彭慕蘭在界定 18 世紀末 19 世紀初東西方之間開始逐漸走上不同發展路徑、西方就此率先實現向近代工業社會的轉型而中國卻保持既有發展道路的「大分流」概念，[1] 將俄烏戰爭後的國際趨勢概括為「小分流」。「小分流」主要體現在國際政治、世界經濟和全球及地區安全三個層面。

在國際政治領域，俄烏戰爭喚醒並加劇了世界不同陣營之間的分化和對立，使國際關係更加身份政治化。但不同於冷戰時期的資本主義與共產主義對抗，如今的陣營分化與對立更多體現在新自由主義思想與新保守主

---

1 Kenneth Pomeranz, *The Great Divergence: China, Europe and the Making of the Modern World Economy* (Princeton (N.J.): Princeton University Press, 2000).

義思想的對立、民主自由政體與威權體制的對立。實際上，自 2008 年全球金融危機以來，以俄羅斯為代表的新保守主義和威權主義陣營就判定冷戰後美國主導的新自由主義國際秩序已經日薄西山，[1] 因而在國內政治、地區秩序和國際秩序三個層面對新自由主義體系發出了挑戰：在國內政治領域，俄羅斯以「可控民主」為旗號不斷強化垂直權力體系，1993 年俄羅斯聯邦憲法當中的基本原則已經形同虛設；在地區秩序領域，俄羅斯採取各種措施包括軍事手段積極恢復在「後蘇聯空間」的影響力與控制力，並以阻擊「顏色革命」為由壓制烏克蘭、格魯吉亞等國的「歐化」和「離心」傾向，以支持白俄羅斯威權當局等手段維繫和擴大自身在相關國家的地緣政治影響；在國際秩序方面，俄羅斯一面在世界上宣傳新保守主義思想，積極爭取和培植擁護者甚至助力特朗普當選為美國總統，一面採取激進的地緣政治行動衝擊後冷戰時代形成的由美國主導的新自由主義國際秩序，從 2008 年俄格戰爭、2014 年克里米亞危機、2015 年出兵敍利亞直到 2022 年俄烏戰爭，形成了一個完整的鏈條。

對於俄羅斯帶來的現實挑戰和衝擊，西方的反應經歷了一個從 2008 年不明就裏、2010 年試圖重啟對俄關係、2014 年小規模制裁到 2022 年全方位反擊的演變過程，美國及其盟友對俄羅斯的戰略認知也發生了根本性的變化。

1 Putin' s critique of the neoliberal international order is reflected in his speeches at the Munich Security Conference in 2007 and at the Valdai Forum in recent years. refer to："Статья Владимира Путина 'Об историческом единстве русских и украинцев,' " Президент России, last modified July 12, 2021, http://kremlin.ru/events/president/news/66181; "Заседание дискуссионного клуба 'Валдай,' " Президент России, last modified October 21, 2022, http://kremlin.ru/events/president/news/66975; "Стенограмма: О чем рассказал Владимир Путин на заседании клуба 'Валдай,' " Российская газета, last modified October 22, 2020, https://rg.ru/2020/10/22/stenogramma-o-chem-rasskazal-vladimir-putin-na-zasedanii-kluba-vaddaj.html；"Стенограмма заседания Международного дискуссионного клуба 'Валдай,' " Российская газета, last modified October 19, 2017, https://rg.ru/2017/10/19/stenogramma-zasedaniia-mezhdunarodnogo-diskussionnogo-kluba-valdaj.html; "Заседание международного дискуссионного клуба 'Валдай,' " Президент России, last modified September 19, 2013, http://kremlin.ru/events/president/news/19243.

在歐洲爆發自二戰結束以來最大規模局部戰爭的現實面前，2022 年 6 月北約馬德里峰會出台的新版《戰略概念》文件徹底扭轉了 2010 年版《戰略概念》中不再視俄為主要「安全威脅」，而是將其定位為「夥伴」，尋求與俄建立戰略性合作關係的戰略定位和政策方針，將應對大國地緣政治競爭產生的國際挑戰重新設定為北約核心目標。新版《戰略概念》強調「俄羅斯對烏克蘭的戰爭行為反映了其對鄰國和更廣泛的大西洋地區的侵略性行為模式」，「俄羅斯是對北約盟國安全和歐洲 - 大西洋地區和平與穩定的最重大、最直接的威脅，北約將「以團結和負責的方式」應對俄羅斯，通過加強所有盟國的威懾和防禦能力，抵禦「俄羅斯的脅迫」。[1]2022 年 10 月，美國發佈新版《國家安全戰略》指責「俄羅斯在過去十年中奉行帝國主義外交政策，顛覆既有國際秩序，對國際和平與穩定構成直接和持久的威脅」，表示要「堅決回應俄羅斯的入侵行動，讓俄羅斯對烏克氣蘭的戰爭成為戰略失敗」，「繼續建立和深化與盟國和夥伴的聯盟，以防止俄羅斯對歐洲安全、民主和制度造成進一步損害。」[2]

俄烏戰爭還激化了西方國家對中國的擔憂、不滿和敵視。北約新版《戰略概念》前所未有地提及中國，指責「中國力圖顛覆基於規則的國際秩序」，強調「中國公開的野心和脅迫性政策對北約的利益、安全和價值觀形成挑戰」，表示北約將把「印太地區」視為利益攸關區域，加強與該地區新老夥伴的對話與合作。[3] 而美國新版《國家安全戰略》則直指中國是「唯一既具有戰略意圖，又擁有不斷增長的能力來重塑國際秩序的競爭對手」，強調美國「將在限制仍然極其危險的俄羅斯的同時，優先保持對中國的持久競爭

1 "NATO 2022-Strategic Concept," www.nato.int, last modified June 29, 2022, https://www.nato.int/strategic-concept.

2 The White House, "National Security Strategy," last modified October 12, 2022, https://www.whitehouse.gov/wp-content/uploads/2022/10/Biden-Harris-Administrations-National-Security-Strategy-10.2022.pdf.

3 "NATO 2022-Strategic Concept," www.nato.int, last modified June 29, 2022, https://www.nato.int/strategic-concept.

優勢。」與此同時，美國也表示在與中國激烈競爭的同時，「將負責任地管理競爭」，「願意在利益一致的領域與中國合作，不能讓分歧阻止中美在符合兩國人民利益以及世界利益且需要共同努力的優先事項上向前邁進。」[1] 可以確定，在俄烏戰爭之後，大國之間的戰略競爭將更加激烈複雜，而大國之間的戰略協調與合作則將變得更加困難。

在世界經濟領域，俄烏戰爭帶來了兩方面的後果。

一方面，俄烏戰爭加速了全球供應鏈與產業鏈的斷裂與重組。就直接影響而言，俄烏戰爭導致世界上很多國家和地區的股市、匯市激烈動盪，石油、天然氣、糧食等大宗商品以及氖氣、鈀金、鎳等戰略性資源價格飛漲。這必然推高全球通脹水平，給在疫情條件下艱難復甦的世界經濟平添壓力，也將導致全球供應鏈、產業鏈的加速斷裂和重組。俄烏戰事爆發後，一系列國家、國際組織和跨國公司對俄施加的經濟制裁使與俄羅斯相關的供應鏈、產業鏈加速鬆動，世界經濟的「去俄化」勢頭明顯。甚至在能源如此重要的領域，美國和加拿大已對俄實施全面能源禁運，歐盟也做出了到 2027 年基本擺脱對俄能源依賴的重要決定。俄羅斯未來在國際能源體系中的地位將遭受巨大衝擊。這無疑將帶來「雙輸」的結果，但在戰爭持續的情況下，對高位政治的關切毫無疑問已經超過了對經濟能源合作等低位政治議題。

在「去俄化」突顯的同時，自中美貿易戰以來開始的對華脱鈎、特別是高科技脱鈎並未得到有效遏制。8 月 9 日，美國總統拜登正式簽署《2022 年芯片與科學法案》，法案將批准 2800 億美元資金，其中 2000 億美元用於在人工智能、機器人技術、量子計算等領域的科學研究，同時為在美國製造芯片的公司提供 520 億美元的補貼和額外税收抵免。該法案的出台將促

1 The White House, "National Security Strategy" , last modified October 12, 2022, https://www.whitehouse.gov/wp-content/uploads/2022/10/Biden-Harris-Administrations-National-Security-Strategy-10.2022.pdf.

使全球半導體傳統市場化競爭模式發生改變，全球「半導體產業將從全球化、合作化、分工化向多區域化、多生態化、競爭化發展，國際企業擴張及發展邏輯將更多考慮政治因素，其次才是市場、效率和成本。」[1] 該法案的核心目的是增強美國半導體產業的競爭力，同時也是美國抑制、打壓中國大陸半導體產業發展的重要舉措。在增強自身產業優勢的同時，美國還「通過構建所謂『民主科技聯盟』，協調相關國家和地區出口管制、投資審查等方面政策，推動各方情報分享和先進技術的聯合研發，在技術標準、技術應用規範等方面強化對中國的制衡。」[2] 而歐洲議會在 2021 年 9 月 15 日就通過了《新歐盟—中國戰略報告》，稱中國既是歐盟的合作和談判夥伴，但也正日益成為歐盟的經濟競爭者和制度性對手，強調歐盟將制定更加自信、全面、一致的對華戰略，塑造符合自身價值觀的對華關係。[3] 次日，歐盟委員會發佈《歐盟印太合作戰略》，表示歐盟在經貿方面與印太夥伴合作，將貿易、經濟關係多元化，建立韌性而可持續的全球價值鏈。在科技與數字治理方面，歐盟將根據「價值觀原則」設立科技相關標準與規定，深度參與印太數字治理。[4] 可能看到，價值觀因素在全球經濟合作中的作用明顯上升，而這將讓對全球產業鏈的重構產生深遠影響。

另一方面，俄烏戰爭催化了全球貿易與投資規則的持續更新與再造，加劇了國際貿易和投資體系的政治化、地區化、集團化和碎片化。近年來，WTO 已經受到諸多質疑，其在國際貿易和投資領域的調節作用明顯弱

---

1 Gu, Wenjun, 顧文軍.「美國芯片法案不只對抗中國」[U.S. chip bill not just 'against China'], Global Times, last modified August 15, 2022, https://opinion.huanqiu.com/article/49F4Yz0gKDb.

2 Zhao, Minghao, 趙明昊. 美國的「芯片焦慮」與對華競爭 "[U.S. 'Chip Anxiety' and Competition with China" , Institute of Belt and Road and Global Governance], Fudan University, last modified August 12, 2022, https://brgg.fudan.edu.cn/articleinfo_5138.html.

3 Hilde Vautmans, "REPORT on a New EU-China Strategy," www.europarl.europa.eu, last modified July 26, 2021, https://www.europarl.europa.eu/doceo/document/A-9-2021-0252_EN.html.

4 "EU Strategy for Cooperation in the Indo-Pacific | EEAS Website," www.eeas.europa.eu, last modified February 21, 2022, https://www.eeas.europa.eu/eeas/eu-strategy-cooperation-indo-pacific_en.

化。與此同時，新的區域性雙邊和多邊全球貿易和投資新規則正潛移默化地並行發展，CPTPP、美加墨新自貿協定、美日自貿協定、歐盟日本自貿協定已經運行，印太經濟框架正在加速推進。較之以往的國際貿易及投資協定，這些新的規制確定了更高的標準。一方面，關稅水平大幅度降低。另一方面，環境、知識產權、勞工等標準顯著提高。美歐日等發達經濟體在「國有企業地位」「市場經濟地位」「反對大規模政府補貼」等原則問題上高度一致，三方貿易談判代表多次磋商並發表聯合聲明，強調「欲解決第三國非市場化政策導致不公平貿易、工業補貼、強制技術轉移，以致破壞國際貿易運作等問題」，表示將基於國家安全目的和出口管制在投資審查方面進行合作。更有甚者，「美加墨新自貿協定」中還設置了「毒丸條款」，規定「若三國中有一國與某個非市場經濟國家簽署自貿協定，則其他協議夥伴有權在 6 個月內退出 USMCA 協議。」美國政府官員公開表示，該協議將成為美國以後與各方開展自貿談判的模板，而加拿大也正是因此而中斷了與中國的自貿協定談判。[1] 而俄烏戰事進一步加速了全球化的「分流」趨勢，未來一個時期，不排除西方發達國家和一批新興經濟體甚至發展中國家形成一個零關稅、零壁壘、零補貼的大市場，而俄羅斯等其他「非市場經濟國家」基本上被排斥於世界主流經濟體系之外的可能。

在安全領域，俄烏戰爭引發了全球與地區安全架構的深刻變化，全球政治與安全治理體系行將重塑。冷戰結束已經在很大程度上瓦解了歐洲的雅爾塔體系，但是俄羅斯一直存有恢復帝國的雄心。不過，俄烏戰爭引發了國際社會對俄發動的戰爭行為的強烈抑制，實際上也讓俄羅斯恢復帝國的訴求遇到巨大障礙。就此來說，雅爾塔體系下大國瓜分勢力範圍的做法已經難以為繼。俄烏戰爭之後，二戰後形成的雅爾塔體系會加速崩潰。

1 Feng, Yujun, 馮玉軍 .「國際貿易投資新規制多軌並進與中國的選擇」[The New International Trade and Investment Regulation Multi-track and China's Choice], *World Affairs*(2019):15,75.

在全球層面，世界上很多國家對於聯合國安理會近年來在維護全球與地區安全中效率下降提出了強烈質疑。4 月 26 日，聯合國大會第 76 屆會議通過了一項由 83 個國家共同提案的決議，規定如果安理會「五常」中的一個或多個在安理會使用「一票否決權」，聯大主席應在 10 個工作日內召開全會，對否決權使用情況進行辯論，所有會員國都可以對行使否決權的行動進行審查和評論。這意味着五常在使用「一票否決」時必須承擔更多責任。這實際上等於變相限制了「五常」的權力，把權力更多交給了聯合國大會，將對聯合國的運作產生重大影響。未來，聯合國包括安理會的改革可能會加速進行，這對於二戰以後形成的以安理會作為主要框架的全球安全治理體系將帶來重大衝擊。就此而言，「聯合國作為二戰戰勝國論壇的作用已被嚴重削弱。21 世紀的第三個十年將以『雅爾塔協定』的徹底被埋葬和世界權力格局的重組為標誌。」[1]

俄烏戰爭對印太地區也產生了明顯的外溢效應。北約認為「中俄之間不斷深化的戰略夥伴關係以及在破壞基於規則的國際秩序方面相互配合的企圖與北約的價值觀與利益背道而馳」。[2] 美國則強調「中俄日益結盟，但它們所帶來的挑戰在重要性方面截然不同。」[3] 在這種戰略誤讀的影響之下，美國進一步加緊重塑印太安全體系，力圖構築多層次、多形式、多領域、跨區域的印太安全機制，加強在印太地區的延伸威懾，來應對所謂「中國的全方位挑戰」。近兩年來，美國在亞太地區與日本、韓國、新加坡等國的雙邊軍事同盟在加緊重塑，被賦予了更加實質性的合作內容。美國在推動美日

---

1 Arturo Laguado Duca, "Conflicto Rusia Ucrania: El Nuevo Mapa Del Poder Mundial | Los Efectos Sobre América Latina, La Argentina Y El Acuerdo Con El FMI," PAGINA12, last modified March 24, 2022, https://www.pagina12.com.ar/410419-conflicto-rusia-ucrania-el-nuevo-mapa-del-poder-mundial.

2 "NATO 2022-Strategic Concept," www.nato.int, last modified June 29, 2022, https://www.nato.int/strategic-concept.

3 The White House, "National Security Strategy" , last modified October 12, 2022, https://www.whitehouse.gov/wp-content/uploads/2022/10/Biden-Harris-Administrations-National-Security-Strategy-10.2022.pdf.

印澳四國機制、美英澳同盟的同時，也在促使美日韓安全合作網絡化。6 月底，北約峰會首次邀請日本、韓國、澳大利亞和新西蘭四個亞太國家領導人參加，而《北約新戰略文件》首次將表示中國對北約的安全、價值觀等利益構成了「系統性挑戰」。可以看到，美國在強化跨大西洋同盟和印太同盟體系的同時，正在努力強化兩者之間的互動，以打造以美國為核心的「全球安全同盟體系」。

但同時需要看到，美國對中國和俄羅斯的戰略定位仍然是有着重要區別的，其印太同盟體系的強化更多是預防性而非進攻性的。與此同時，中方在近期的多個重要外交場合重申了中俄關係「不結盟、不對抗、不針對第三方」的戰略定位，中國始終批判「冷戰思維」，不希望世界重新陷入「陣營對抗」。而實際上，中俄兩國在國家實力、身份定位、戰略目標以及同世界體系的關係上都有諸多不同。只要中國保持清醒的戰略頭腦和戰略定力，世界「再陣營化」的風險就會大大降低。

可以說，俄烏戰爭在很大程度上使世界重新陷入了典型的「安全困境」，一個國家為了保障自身安全而採取的措施反而會降低其他國家的安全感，從而導致該國自身更加不安全。引發安全困境的根本原因是國家間的不信任感，而不信任感既來自現實的利益衝突，也來自觀念的塑造，在很大程度上是觀念建構了安全困境。

俄烏戰爭激發的「小分流」，是後冷戰時代世界發展的一個階段性調整，它將對未來的國際格局和世界秩序產生深遠影響。在巨大的風險與挑戰面前，人們應該清醒地認識到，世界的發展不是上天或者「歷史規律」先驗決定的，它取決於人類的思想和行動。希望世界的政治家們能展現出智慧、良知和勇氣，讓這一段「小分流」儘快結束，讓更合理、更均衡、更公正的全球化浪潮重新匯集，共建一個共生共榮的人類命運共同體。

一個國家歷史和現實的內外條件決定了其對外政策及決策機制。一旦決策機制形成，它自己的運行規律也會對外交政策產生重要影響。決策的機制化和程序化本身包含着科學化的成分，特別是在現代社會，外交決策面臨日益複雜紛繁的挑戰，健全的決策機制、合理的決策程序、必要的決策制約等都是正確決策的重要保證。蘇聯解體以來，俄羅斯初步建立起了以分權制為基本原則、以總統為權力核心、以官僚機構的層級運作為基本特徵的外交決策機制。但不能不看到，普京執政以來，隨着國內政治經濟體制的變化，俄羅斯外交決策機制在很大程度上又在向蘇聯甚至沙俄時期的模式回歸。外交決策機制的調整必然會影響俄羅斯對外政策的演變。繼續深入研究俄羅斯外交決策機制的發展演變仍將是一個重大的課題，也將是我們分析和預測俄羅斯對外政策走向的重要視角。

主要參考資料

一、中文資料

1. [美]諾曼·傑·奧恩斯坦、雪利·埃爾德:《利益集團、院外活動和政策制訂》,世界知識出版社 1981 年中文版。
2. M·貝科威茨等:《美國對外政策的政治背景》,商務印書館 1979 年版。
3. [美]R.M. 布朗:《系統分析和政策科學》,商務印書館 1985 年中文版。
4. 陳志敏:《次國家政府與對外事務》,長征出版社 2001 年版。
5. [加拿大]夏爾-菲利普·大衛:《白宮的祕密:從杜魯門到克林頓的美國外交決策》,中國人民大學出版社 1998 年中文版。
6. [日]大岳秀夫:《政策過程》,經濟日報出版社 1992 年中文版。
7. 董曉陽:《俄羅斯利益集團》,當代世界出版社 1999 年版。
8. 馮紹雷:《制度變遷與對外關係:1992 年以來的俄羅斯》,上海人民出版社 1997 年版。
9. 郝雨凡:《美國對華政策內幕:1949 — 1998》,台海出版社 1998 年版。
10. 李繼盛:《國家戰略藝術:結構、原則和方法》,廣西人民出版社 1993 年版。
11. 李靜傑、鄭羽:《俄羅斯與當代世界》,世界知識出版社 1998 年版。
12. [美]查爾斯·E·林布隆:《政策制訂過程》,華夏出版社 1988 年中文版。
13. 劉向文、宋雅芳:《俄羅斯聯邦憲政制度》,法律出版社 1999 年版。
14. [美] 埃米·奈特:《不披斗篷的間諜:克格勃的繼承者》,新華出版社 1999 年中文版。
15. [美]傑里爾·A·羅賽蒂:《美國對外政策的政治學》,世界知識出版社 1997 年中文版。

16. [美]瓦倫塔：《蘇聯對外軍事決策》，國防大學出版社 1986 年中文版。

17. [美]羅傑·希爾斯曼等：《防務與外交決策中的政治：概念模式與官僚政治》，商務印書館 2000 年中文版。

18. 王麗萍：《聯邦制與世界秩序》，北京大學出版社 2000 年版。

19. 吳玉山：《俄羅斯轉型 1992—1999：一個政治經濟學的分析》，中國台灣五南圖書出版公司 2000 年版。

20. 邢廣程：《蘇聯高層決策 70 年》，世界知識出版社 1998 年版。

21. 薛君度、陸南泉：《新俄羅斯：政治、經濟、外交》，中國社會科學出版社 1997 年版。

22. 楊潔勉：《後冷戰時期的中美關係：外交政策比較研究》，上海人民出版社 2000 年版。

23. [美]戴維·伊斯頓：《政治生活的系統分析》，華夏出版社 1999 年中文版。

24. [以]葉海爾·德羅爾：《逆境中的政策制訂》，上海遠東出版社 1996 年中文版。

25. 葉自成：《俄羅斯政府與政治》，中國台灣揚智文化事業股份有限公司 1997 年版。

26. 于長海：《軍事系統決策研究》，軍事科學出版社 1994 年版。

27. 張一鴻：《系統工程與軟科學：戰略、規劃、預測、決策、評估》，暨南大學出版社 1994 年版。

28. 趙全勝：《解讀中國外交政策：微觀 - 宏觀相結合的研究方法》，中國台灣月旦出版社股份有限公司 1999 年版。

29. 資中筠主編：《冷眼向洋：百年風雲啟示錄》（上下卷），三聯書店 2000 年版。

30. [日]佐藤英夫：《對外政策》，經濟日報出版社 1990 年中文版。

二、俄文資料

1. 俄文原始文件

1. Внешняя политика России: Сборник документов 1990 — 1992. М., 1996.
2. Внешняя политика России: Сборник документов. 1993: В двух кн. Кн. 1. М., 2000.
3. Внешняя политика России: Сборник документов. 1993: В двух кн. Кн. 2. М., 2000.
4. Внешняя политика России: Сборник документов. 1994: В двух кн. Кн. 1. М., 2000.
5. Внешняя политика России: Сборник документов. 1994: В двух кн. Кн. 2. М., 2000.
6. Военная доктрина Российской Федерации. Утверждена Указом Президента Российской Федерации от 21 апреля 2000 г.
7. Выступление Президента Российской Федерации на первом заседании Совета Безопасности Россиийкой Федерации // Росссйская газета. 1992. 22. Апреля.
8. Закон РСФСР《Об изменениях с дополнениях Коституции (Осровного Закона) Российской Советской Федеральной Социалистической Республик》 // Российская газета. 1992. 22 апреля.
9. Закон РСФСР《О Президенте РСФСР》 // Российская газета. 1991. 27 апреля.
10. Закон РФ《О Безопасности》 // Российская газета. 1992.9 марта.
11. Закон РФ《О внешней разведке》 М., 1996. №. 5-ФЗ.
12. Закон РФ《О государственной тайне》. М., 1993. №. 5485-1.
13. Закон РФ《Доктрина энергетической безопасности России》. М.: Минтопэнерго РФ, 1998.
14. Закон РФ《Об обороне》. М., 1996. №. 151-ФЗ.
15. Закон РФ《Об органах государственной безопасностт в Российской Федерации》 // Российская газета. 1992. 22 сентября.

16. Закон РФ《Об органах федеральной службы безопасности в Российской Федерации》. М., 1995. №. 40-ФЗ.

17. Закон РФ《О статусе депутата Совета Федерации и статусе депутата Государственной Думы Федерального Собрания Российской Федерации》// Российская газета. 1994. 21 февраля.

18. Закон РФ《О федеральных органах правительственной связи и информации》// Российская газета. 1993. 28 февраля.

19. Закон РФ《Энергетическая стратегия России. Основные положения.》М.:ИНЭИ РАН, 1995.

20. Конституция Российской Федерации. М.,1993.

21. Конституция Российской Федерации. М.: Издание Верховного Совета Российской Федерации, 1992.

22. Конституция (Основной Закон) СССР. М.: Известия советов нар.деп.СССР, 1988.

23. Концепция внешней политики Российской Федерации. Утверждена Президентом Российской Федерации В.В. Путиным. 28 июня 2000 г.

24. Концепция национальной безопасности Российской Федерации. Утверждена Указом Президента Российской Федерации №. 24 от 10 января. 2000 г.

25. МИД РФ. Внешняя политика России. Сборник документов:1990—1992гг. М.,1996.

26. МИД РФ. Внешняя политика России. Сборник документов:1992—1996гг. М.,1996.

27. Перечень международных договоров Российской Федерации, ратифицированных или денонсированных Российской Федерацией: С 1 янв. 1990 г. по 31 авг. 1996 г. / Федер. Собр. ; Парламент Российской Федерации, Гос. Дума, Правовое упр. М.: ГД РФ: Известия.1997.

28. Послание Президента Российской Федерации Федеральному Собранию. М.,1994.

29. Послание Президента Российской Федерации Федеральному Собранию. М.,1995.

30. Послание Президента Российской Федерации Федеральному Собранию. М.,1997.

31. Послание Президента Российской Федерации Федеральному Собранию. М.,1998.

32. Постановление Правительства РФ от 2000. 01. февраля. No. 91. 《О принятии правительством российской федерации решений о согласии на осуществление субъектами российской федерации международных и внешнеэкономических связей с органами государственной власти иностранных государств》 // Собрание законодательства РФ. 2000. No. 6. ст. 771.

33. Путин В. Задача власти-сделать жизнь людей лучше уже в ближайшие годы: Выступление при представлении ежегодного послания Президента РФ Федеральному Собранию РФ 8 июля 2000 года, г. Москва // Российская Федерация сегодня. 2000. No. 14. С. 6-11.

34. Регламент Государственной Дамы Федерального Собрания парламента Российской Федерации. Принят Постановлением Государственной Думы Федерального Собрания Российской Федерации от 25 марта 1994 года No. 80 1ГД. http://www.duma.ru

35. Регламент Совета Федерации первого созыва. Принят Постановлением Совета Федерации Федерального Собрания Российской Федерации от 28 июля 1994г. No. 200-1СФ с дополнениями и изменениями, внесенными постановлениями Совета Федерации от 24 октября 1994г., 8 февраля 1995. И 2 марта 1995г.

36. Сборник документов и материалов по вопросам международных и внешнеэкономических связей субъектов Российской Федерации. М., 1999.

37. Сборник российско-китайских договоров: 1949 — 1999. М.: Терра-Спорт, 1999.

38. Указ Президента Российской Федерации. 《Аппарат Совета по внешней политике при Президенте РФ》 // Дипломатический вестник. 1996. No. 12.

39. Указ Президента Российской Федерации. 《Координирующая роль Министерства иностранных дел РФ в проведении единой внешнеполитической линии РФ》 // Дипломатический вестник. 1996. No. 4.

40. Указ Президента Российской Федерации. 《Положение о Министерстве иностранных дел РФ》 // Дипломатический вестник. 1995. No. 4.

41. Указ Президента Российской Федерации. 《Положение о Совете Безопасности РФ》 // Дипломатический вестник. 1996. No. 8.

42. Указ Президента Российской Федерации. 《Положение о Совете по внешней политике при Президенте РФ》 // Дипломатический вестник. 1996. No. 2.

43. Указ Президента Российской Федерации от 2000. 26. февраля. No. 442. 《Вопросы аппарата совета безопасности российской федерации》 // Собрание законодательства РФ. 2000. No. 9.С.1026.

44. Указ Президента Российской Федерации от 2000.21апреля. No. 706. 《Об утверждении военной доктрины Российской Федерации》 // Собрание законодательства РФ. 2000. No. 17.Ст. 706.

45. Указ Президента Российской Федерации от 1995. 14. сентября. No. 940. 《Об утверждении стратегического курса российской федерации с государства-ми-участниками содружества независимых государств》 // Собрание законодательства РФ. 1995. No. 38.ст. 3667.

46. Указ Президента Российской Федерации от 2000.21.апреля. No. 706. 《Об утверждении военной доктрины Российской Федерации》 // Собрание законодательства РФ. 2000. No. 17. Ст. 706.

2. 俄文專著

1. Адамишин А. Приоритетные направления внешней политики России. М., 1995.

2. Алексеева Т.А. Современные политические теории. М.: РОССПЭН, 2000.

3. Андреев А. Политический спектр России: структура, идеологии, основные субъекты. М.:1997.

4. Аникин В.И. Теория и практика управления во внешнеполитической деятельности. М.:Научная книга.1999.

5. Анохин М.Г. Динамика политической системы в условиях переходного периода. Дис. в форме науч.докл. д.п.н. М.: РАГС. 1996.

6. Арбатов А.Г. Российская национальная идея и внешняя политика: мифы и реальности. М.: МОНФ. 1998.

7. Арбатов А. Безопасность: российский выбор. М.: ЭПИ-центр, 1999.

8. Арин О.А. Стратегические перспективы России в Восточной Азии. М.: Центр международных исследований МГИМО. 1999.

9. Арин О.А. Россия на обочине мира. М.: Линор, 1999.

10. Асфари Д.А. Российско-китайские отношения: Реалистический взгляд на их историю, современное состояние и перспективы. М.: ДА МИД России, 1999.

11. Афанасьев М. Клиентелизм и российская государственность. М.: МОНФ. 1997.

12. Баглай М.В., Габричидзе Б.Н. Конституционное право Российской Федерации. М.,1996.

13. Бажанов Е.П. Приоритеты России в меняющемся мире // ДА МИД России, Ин-т актуал. междунар. проблем.-М.: Науч. кн: ДА МИД России, 2000.

14. Бажанов Е.П. Эволюция российской внешней политики (1991 — 1999 гг.) // ДА МИД России. М., 1999.

15. Бакушев В.В. Интеграционные тенденции политики ведущих международных организаций и новой России . М.: Изд-во РАГС, 1997.

16. Балуев Д.Г. Завоевание будущего: внешняя политика России на рубеже веков. Нижний Новгород.,1999.

17. Баранов С. Группы давления в политическом процессе современной России. Дис⋯к.п.н. М., 1998.

18. Батюк В.И., Шаклеина Т.А. Россия и Америка: российская внешнеполитическая мысль о российско-американских отношениях. М.:РНФ. 1992.

19. Богданов Р.Г., Кокошин А.А. США: информация и внешняя политика. М., 1979.

20. Бруденц К., Саркисов К., Симония Н. О внешнеполитической концепции России в Азиатско-Тихоокеанском регионе. М.,1995.

21. Валестани И. Геополитическая ситуация на постсоветском пространстве (Центральная Азия, Закавказье) и внешняя политика России (1991 — 1997). М.: Эпикон, 2000.

22. Василенко А. Российские нефтяные компании и политика в переходный период. М., 1997.

23. Ведяшкин М.А. СМИ в социально-политических процессах Российской Федерации: 90-е годы. Дис…к.п.н. М.1999.

24. Взгляды и концепции региональной безопасности в СССР и России / РНФ. М., 1994.

25. Власть и общество в постсоветской России: новые практика и институты. М.,1999.

26. Внешняя Политика и Безопасность Современной России. (1991—1998). Хрестоматия в двух томах. М.: МОНФ, 1999.

27. Внешняя политика Российской Федерации: 1992—1999. М.:РОССПЭН. 2000.

28. Внутриполитическая обстановка в России середины 90-х годов и перспективы СНГ: Сборник статей. М.: ИМЭМО РАН, 1997.

29. Возжеников А.В. Внутренние и внешние угрозы национальной безопасности Российской Федерации: основные понятия, классификация, механизм согласования. М.:РАГС. 1998.

30. Возжеников А.В. Концептуальные подходы к обеспечению национальной безопасности. М.:РАГС. 1998.

31. Возжеников А.В. Национальная безопасность: теория, политика, стратегия. М., 2000.

32. Возжеников А.В., Прохожев А.А. Безопасность России: современное понимание, обеспечение. М.: Росэкономфонд《Созидание》, 1998.

33. Возжеников А.В., Прохожев А.А. Государственное управление и национальная безопасность. М.: РАГС, 1999.

34. Возжеников А.В. Система обеспечения национальной безопасности Российской Федерации. М., РАГС, 1998.

35. Галенович Ю.М. Рубеж перед стартом: китайская проблема для России и США на пороге XXI века. М.: МОНФ.1999.

36. Гельман В.Я. Трансформация в России: политический режим и демократическая оппозиция.-М.,1999.

37. Глейзнер Джеффри Чейстч. Российская Государственная Дума: структура, деятельность и эволюция в период 1993—1998 годов. М.:МОНФ,1999.

38. Гречко Н.В., Энтин Л.М. Конституционно-правовой механизм осуществления внешней политики государств. М.,1986.

39. Гриневский О. Тайны советской дипломатии. М.: ВАГРИУС, 2000.

40. Дахина Е.М. Внешнеполитические доктрины России и общество:с историко-сравнительный анализ. Дисс.к.и.н. М.1997.

41. Джеймс Гудби. Неразделенная Европа: новая логика мира в американо-российских отношениях. М.: Международные отношения. 2000.

42. Дипломатический ежегодник. 1991 — 2000. М., 1991 — 2000.

43. XX век: власть и внешняя политика России: материалы научно-практического семинара「Российская государственность и внешняя политика」. Под.ред. Андрей В.З. и Г.Б.Куликова. М.:МГИМО,1998.

44. Долныкова Р.Н. Методология и методика прогнозирования внешней политики несоциалистических государств: Опыт системной организации понятий. М., 1986.

45. Ельцин Б.Н. Президентский марафон: размышления, воспоминания, впечатления. М., 2000.

46. А.Загорский и др. От реформы к стабильности: Внеш.,воен. и экон. Политика России, 1993—1995: (Анализ и прогноз) М.,1995.

47. Законодательный процесс в России: граждане и власть. М.: Фонд развития парламентанизма в России. 1996.

48. Зимонин В.П. Новая Россия в новой Евразии: проблемы комплексного обеспечения безопасности. М.,1997.

49. Зотов С.В. Лоббизм как институт политического представительства интересво в современной России. Дис. …к.п.н. М.: РАГС.1997.

50. Зяблюк.Н.Г. США: Лоббизм и политика. М.,1976.

51. Зяблюк Н.Г. Практика лоббистской деятельности в США. М., ИСК РАН. 1994.

52. Иванов И.С. Внешняя политика России и Мир: Статьи и выступления. М.:РОССПЭН. 2000.

53. Иванов Ю.А. Конгресс США и внешняя политика: Возможности и методы влияния. М.,1982.

54. Иванов Ю.А. Роль конгресса в формировании внешней политики США. М.,1980.

55. Исполнительная власть: организация и взаимодействие. Отв. ред. Тихомиров Ю.А. М.,2000.

56. Казанцев Ю.И. Внешняя политика России. XX век. Ч. 1.-2000.

57. Кан Бон Ку. Формирование внешнеполитического курса РФ: истоки, процесс и основные направления. М.:РАН. Ин-т мировой и междунар. отношений. 1999.

58. Кан Бон Ку. Становление российской внешней политики (1992 — 1998 гг.) / РАН, Ин-т мировой экономики и междунар. отношений.-М., 1999.

59. Канцлер А.М. Горчаков: 200 лет со дня рождения / М-во иностр. дел Рос. Федерации ; Редкол.: Примаков Е.М. и др. М.: Междунар. отношения, 1998.

60. Килиниченко Л.А. Формирование административной среды органов испольнительной власти реформируемой России: социологический анализ. Дис…к.с.н. М.: РАГС. 1995.

61. Клямкин И., Щевцова Л.Ф. Внесистемный режим Борьса II: некоторые особенности политического развития постсоветской России. М.,1999.

62. Кобринская И. Внутриполитическая ситуация и приоритеты внешней политики России. М.,1992.

63. Кобринская И., Гольц А. Россия: новые параметры безопасности. М.,1995.

64. Ковалев А.М. Институт президента в системе разделения властей. Автореф. Дис…к.ю.н. Институт государства и права РАН. М.1998.

65. Ковалкин В.С. Россия в новых геополитических реалиях на пороге XXI века / Ин-т междунар. права и экономики. М.: ИМПЭ, 1996.

66. Козырев А.В. Преображение. М.: Междунар. отношения, 1995.

67. Кокошин А.А. Прогнозирование и политика. М., ИМО, 1975.

68. Колобов О.А. Процесс приняния внешнеполитических решений: исторический опыт США, государства Израль и стран Европы. Ниж-Новгород.,1992.

69. Конституция Российской Федерации: проблемый комментарий. Отв.ред. В.А.Четвернин. М.: МОНФ. 1997.

70. Конюшко С. Группы давления в российском парламенте: На путях политической трансформации (Политические партии и политическая элита постсоветского периода). МОНФ. М., 1997.

71. Кортунов А.В. Россия и Запад: модели интеграции. М.: РНФ, 1994.

72. Кортунов С.В. Имперские амбиции и национальные интересы: Новые измерения внешней политики России. М.: МОНФ, 1998.

73. Кортунов С.В. Россия: национальная идентичность на рубеже веков. М.: МОНФ. 1997.

74. Косолапов Н. Процесс формирования и осуществления внешней политики капиталистических государств. М., 1981.

75. Кривохижа В. Россия в новом мире: время решений: Монография. М.: РИСИ. 1998.

76. Кудинов В.П. Международные позиции России на рубеже XX-XXI веков. М.: Восточный ун-т, 1998.

77. Кулматов К.Н. Актуальные проблемы российской внешней политики. М.: ДА МИД. 1999.

78. Лазебникова О.В. Запад и борьба в политических и научных кругах России по вопросам ее внешней политики в Европе: 1991 — 1994. Под. ред. П.Т. Подлесного. М.:Ин-т Европы РАН. 1995.

79. Лапина Н. Бизнес и политика в современной России. М.: ИНИОН. 1998.

80. Лемуткина. М. Внешняя политика в деятельности представительных и исполнительных органов власти: сравнительный анализ США, Великобритании, Франции и России. Дис...к.п.н. М.,1996.

81. Леонид Млечин. Евгений Примаков: История одной карьеры. М.,1999.

82. Лепехин В. Лоббизм в России. М., 1995.

83. Лилия Шевцова. Режим Бориса Ельцина. Московский центр Карнеги.1999.

84. Ли Ён Квон. Внешняя политика России в 1990-е годы : проблемы и тенденции. Ин-т рос.истории РАН, М.,1999.

85. Лоббизм в России: этапы большого пути. Доклад Экспертного института

Российского Союза промышленников и предпринимателей и Фонда развития парламентаризма в России. М.,1995.

86. Лозбяков В.П. Основы конституционного права Российской Федерации. М.,1999.

87. Ломагин Н.А. Россия и проблема международной безопасности в XIX-XX вв. СПб.: Изд-во СПбГУ, 1998.

88. Лукашук И.И. Внешняя политика России и международное право. М.: ИГПАН, 1997.

89. Лукин В.П. С тревогой и надеждой: 1994—1995. М.,1996.

90. Лукин В.П., Уткин.А.И. Россия и Запад: общность или отчуждение ? М., 1995.

91. Лысенко В.Н. Власть: правительство России. М., 1997.

92. Лысцов В. Теория процессов принятия политических решений. Дис…к.п.н. М.,1994.

93. Лютов А. Концепция национальной безопасности России в 1995 году. М.,1995.

94. Макарин А.В. Бюрократия в системе политической власти. СПб., 2000.

95. Максимычев И.Ф. Угрозы безопасности России, связанные с началом расширения НАТО: Внешнеполитические аспекты. М.: Ин-т Европы РАН. 1998.

96. Манилов. В.Л. Безопасность в эпоху партнерства. М.: ТЕРРА, 1999.

97. Медвитев Р., Медвитев Ж.. Россия и запад в конце 20 века. М.1997.

98. Международные исследования в России и СНГ: справочник. отв.ред. Богатуров А.Д., Кортунов А.В. М.:МОНФ. 1999.

99. Международное сотрудничество на пороге XXI века. М.: РАГС. 1999.

100. Механизм формирования внешней политики США. Отв. ред. Трофименко П.А., Подлесный П.Т. М., 1986.

101. Мигранян А.М. Россия в поисках идентичности (1985 — 1995): Сб. ст. и очерков. М., 1997.

102. Михайлов Т.А. Эволюция геополитических идей. М.: Весь мир, 1999.

103. Моисеев Н. Мировое сообщество и судьба России. М.,1997.

104. Научные институты, исследовательские центры и организации России и стран СНГ, ведущие изучение международных отношений и проблем международной безопасности. Справочник. Под ред. А.Г. Булычева и А.И. Никитика. М.: Центр политических и международных исследований, 1996.

105. Никулин Н.М. Политические процессы в современной России: тенденции развития. М.,1996.

106. Никулин Н.М. Политические процессы в современной России: тенденции развития (часть вторая). М.,1999.

107. Новиков Г.Н. Теории международных отношений. Иркутск. 1996.

108. Новикова О.Н. Концепция《национальной безопасности》в современной американской политологии: научно-аналитический обзор. М.:ИНИОН, 1994.

109. Ныпорко Ю.И. Конституционые взаимоотношения президента и Конгресса США в облости внешней политики. Киев.,1979.

110. Общественное сознание и внешняя политика США. Отв. ред. Замошкин Ю.А. М.,1987.

111. О процессе международных переговоров: опыт зарубежных исследований. Отв.ред. Богатуров Р.Г., Кременюк В.А. М., 1989.

112. Паппэ Я.Ш. Новые группы в России. М.,1994.

113. Паппэ Я.Ш. Олигархи: экономическая хроника 1992—2000. М.,2000.

114. Перегудов С.П., Лапина Н.Ю., Семененко И.С. Группы интересов и российское государство. М.,1999.

115. Петровский В.Е. Азиатско-тихоокеанские режимы безопасности после《холодной войны》: Эволюция, перспективы российского участия. М., 1998.

116. Поздняков Э.А. Системный подход и международные отношения. М.: Наука. 1976.

117. Поздняков Э.А. Внешнеполитическая деятельность и межгосударственные отношения. М., 1986.

118. Политическая наука в России. Отв.ред. А.Д. Воскресерский. М.:МОНФ, 2000.

119. Политология: Энциклопедический словарь. Общ.ред. Аверьянов Ю.И. М.,1993.

120. Положение России и её национальные интересы. Отв. ред. Арбатов Г.А., Кременюк В.А. М.:ИСК РАН. 1993.

121. Попов В.И. Современная дипломатия: теория и практика. (Часть1 Дипломатия-наука и искусство. М.: Научная кника. 2000.

122. Похлебкин В.В. Внешняя политика Руси, России и СССР за 1000 лет в именах, датах, фактах. Вып. 1: Ведомства внешней политики и их руководители. М., 1995.

123. Похлебкин В.В. Внешняя политика Руси, России и СССР за 1000 лет в именах, датах, фактах. Вып. 2: Войны и мирные договоры. М., 1995.

124. Примаков Е.М. Годы в большой политике. М., 1999.

125. Президент—Правительство—испольнительная власть: Российская модель. Под.ред. И. Шаблинского. М: МОНФ., 1997.

126. Пресняков В., Соколов В. Современная внешнеторговая политика России и инструменты ее регулирования. М., 1996.

127. Проблемы внешней и оборонной политики России: сборник статей. №. 1-4. М.:РИСИ.,1995.

128. Проблемы участия американской общественности в формировании внешней политики США. Научно-аналистический обзор. М.: ИНИОН, 1987.

129. Проскурин С.А. Теоретические основы внешнеполитической стратегие России. М.,1997.

130. Проскурин С.А. Теоретико—методологические проблемы формирования внешнеполитического курса Российской Федерации в условиях меняющегося мира. Дис… д.п.н. М., 1998.

131. Протопопов А. С., КозьменкоВ. М., Елманова Н. С., История международных отношений и внешней политики России 1648—2000. М.: Аспект Пресс, 2001.

132. Процесс формирования и осуществления внешней политики капиталистических государств. М., 1981.

133. Рар А., Краузе Й. Новая внешняя политика России: Специализированная информация. М.: ИНИОН РАН. 1996.

134. Реформирование России и современный мир. Вып. 1. Редкол.: Терновая Л.О., Марчук Н.И. М.: РАГС. 1998.

135. Российская внешняя политика на рубеже веков: преемственность, изменения, перспективы: Сборник статей . М.: ИМЭМО РАН. 2000.

136. Российские исследовательские организации в области международных отношений и внешней политики. М.: Московский центр Карнеги. 1994.

137. Российско-американские отношения после холодной войны. М., 2000.

138. Россия и бедущее Европейское устройство: Сборник статей (часть 1). Отв. ред. Косолапов Н.А. М.: ИМЭМО. 1994.

139. Россия и международные режимы безопасности: Сб. работ участников проекта《Российская полит. культура и междунар. право》. Отв. ред. А.Д. Богатуров. М.:МОНФ, 1998.

140. Россия и основные институты безапосности в Европе: вступая в XXI век. Под ред. Дмитрия Тренина. М.: Московский центр Карнеги. 2000.

141. Россия и США после《холодной войны》. Отв ред. Кременюк В.А. М.: Наука. 1999.

142. Рудницкий А.Ю. Внешняя политика России. М.:ИАМП.1996.

143. Рудницкий А.Ю. Тихоокеанская политика России. М.:1999.

144. Русский строй: Сборник статьей по пробленам российской государственности. Подред. Совельев А.Н.. М.,1997.

145. Рыбкин И.П. К безопасности—через согласие и доверие. М., 1997.

146. Савельев А.Г. Политические и военно-стратегические аспекты договоров СНВ-1 и СНВ-2. М.: ИМЭМО РАН. 2000.

147. Сергунин А.А. США: президентский лоббизм и внешняя политика. М.,1989.

148. Сергунин А.А. США: аппарат президента по связям с конгрессом и внешняя политика. Нижний Новгород. 1990.

149. Система, структура и процесс развития международных отношений. Отв. ред. Гантман В.И. М.: Наука. 1981.

150. Системный подход: анализ в прогнозирование международных отношений (опыт прикладных исследований). Сборник научных трудов. Под ред. Тюлина И.Г. М., 1991.

151. Советская внешняя политика в годы 《холодной войны》 (1945 — 1985): Новое прочтение / Ин-т рос. истории РАН. М.: Междунар. отношения, 1995.

152. Современные буржуазные теории международных отношений: Критический анализ. М.,1976.

153. Стратегия для России: Повестка дня для Президента-2000 / Совет по внешней и оборонной политике. М.: Вагриус, 2000.

154. Стрежнева М.В. ЕС и СНГ: сравнительный анализ институтов. М.: МОБФ. 1999.

155. Темирханов И. Группы давления в российской политике. М.,1994.

156. Титаренко М.Л. Россия и Восточная Азия. М., 1994.

157. Торкунов А.В. Современные международные отношения. М., 2000.

158. Тригубенко М.Е. Восточноазиатский вектор внешней политики России в конце 90-х гг. XX-го столетия: Доклад на Ученом совете. М.: АОЗТ 《Эпикон》. 2000.

159. Тюрин И.Г. Мировая политика: теория и практика.. М.: МГИМО,1997.

160. Уткин А.И. Россия и Запад: проблемы взаимного восприятия и перспективы строительства отношений. М.: РНФ, 1995.

161. Уткин А.И. Американская стратегия для XXI века. М.: Логос. 2000.

162. Уткин А.И. Россия и Запад: история цивилизаций. М., 2000.

163. Федеральное Собрание: Совет Федерации, Государственная Дума— Справочник. М.: Фонд развития парламентанизма в России. 1996.

164. Федоров А.Ф. Перспективы России в мировой системе координат XXI века. М., 2000.

165. Финансово-промышленные группы и конгломераты в экономике и политике современной России. М., 1997.

166. Фокин В.М. Правоохранительные органы Российской Федерации. М.,2000.

167. Формирование политической системы России. Под.ред. Кортунова А. М.:МОНФ.1996.

168. Хрусталев М.А. Теория политики и политический анализ.. М.: ЦМИ МГИМО, 1991.

169. Хрусталев М.А. Основы теории внешней политики государства. М.,1984.

170. Цыганков П.А. Международные отношения. М.,1996.

171. Цыганков П.А. Политическая социология международных отношений. М.,1994.

172. Чайко И.В. Политический процесс: вопросы теории и опыт России. Дис⋯к.п.н. МГУ. 2000.

173. Шаклеина Т.А. Российская внешнеполитическая мысль: в поисках националъная стратегии—дискуссии в политико-академических кругах по актуальным вопросам внешней политики России. М.:МОНФ. 1997.

174. Шведков Ю.А. США: внешнеполитический механизм—организация, функция и управление. М., 1972.

175. Шерман У. Гарнетт. Органиченное Партнерство: Российско-китайские отношения в изменяющейся Азии. Доклад Группы по изучению российско-китайских отнешений. М.,1999.

176. Шибикина Н.А. Трансформация механизма принятия политических решений в процессе демократизации российского общества. Дис⋯ к.п.н. РАГС. М.,1996.

177. Шохин А.Н. Взаимодействие властей в законодательном процессе. М.,1997.

178. Щетинин В.Д. Экономическая дипломатия. М.: Международные отношения. 2001.

179. Эволяция структур военной безопасности: роль и место России (геополитический аспект). М., 1997.

180. Этап за глобальным. Либеральный национализм во внешней политике России: Докл. независимой группы экспертов. Отв. ред. А.Д. Богатуров. М.: РНФ, 1994.

181. Яшкова Т.А. Российская государственность в условиях политической модернизации: кризис, проблемы развития. Дис⋯к.п.н. РАГС. М.,1997.

3. 主要俄文論文

1. Аксенова Л., Гусев Л., Полякова Т. Государственная Дума: анализ голосования по внешнеполитическим вопросам.// *Исследование ЦМИ No. 7, М. :МГИМО, 1996.*

2. Аксенова Л., Гусев Л., Полякова Т.. Государственная Дума: анализ голосования по внешнеполитическим вопросам. *Выпуск второй. // Исследование ЦМИ No. 12, М:МГИМО,1998.*

3. Александров Ю. Лоббизм по-российски // *Российские вести. 1995.7 октября.*

4. Анохин М. Политический лоббизм: сущность, формы, методы // *Политическое управление. М.,1996, С.245-260.*

5. Арбатов А. С точки зрения парламентария.// *Международная жизнь, 1999, No. 3.*

6. Арбатов А. Национальная идея и национальная безопасность.// *МЭ И МО, 1998, No. 5,6.*

7. Арбатов А. Безопасность для России и Запада // *МЭ и МО, 1999, No. 9.*

8. Арон А. Внешнеполитическая доктрина посткомунистической России и её внутриполитический контекст. //*США: экономика, политика, идеология, 1999, No. 1-2.*

9. Афанасьев М. Правящие элиты России: образ деятельности.// *МЭ И МО,1996, No. 3,4.*

10. Баранов С. Группы давления в современной России. // *Неопубликованный доклад.*

11. Беляев С.Внешнеполитические взглады партий.//*Международная жизнь,1995, No. 11-12.*

12. Богатуров А. Национальное и наднациональное сознание в российской политике // *Международная жизнь, 1995, No. 8.*

13. Богатуров А. Пять синдромов Ельцина и пять образов Путина: Ретро-перспектива личностной дипломатии в России. // *Pro et Contra. Том 6, Зима-весна 2001.*

14. Богомолов О. Национальные интересы во внешней политике России.// *Международная жизнь,1996, No. 3.*

15. Вахрамеев А.В. Геополитическое положение и внешняя политика России // *Социально-политический журнал. 1998. No. 2.*

16. Вишняков А.Г. Проблемы государственного регулирования лоббизма в Российской Федерации // *Представительная власть: мониторинг, анализ, информация. 1995. No. 3.*

17. Возжеников А.В. Системный подход в исследованиях национальной безопасности. // *Управление риском., 1998, No. 2.*

18. Возжеников А.В. Особенность и недостатки существующей системы обеспечения национальной безопасности. // *Управление риском., 1998, No. 1.*

19. Возжеников А.В., Прохожев А.А. Система жизненно важных интересов Российской Федерации: сущность, содержание, характер и классификация.// *Управление риском, 1998, No. 3.*

20. Волжский В. В этой борьбе победителей не будет: война парламента и МИДа России за первенство в разработке внешнеполитической стратегии продолжается. // *Независимая газета. 25 июля 1992г.*

21. Воскресенский А. Сбалансированное многомерное партнерство-оптимальная стратегия для России // *Восток. 1998. No. 1.*

22. .Гайдар Е. Россия XXI века: Не мировой жандарм, а форпост демократии в Евразии.// *Известия, 18 мая 1995г.*

23. Городецкий Г. Выработка советской внешней политики: история и реальная политика // *Советская внешняя политика в ретроспективе 1917—1991. М.: Наука, 1993.*

24. Грэхэм Т. Новый российский режим. // *Независимая газета. 1995. 23,ноября.*

25. Губернаторов В. Группы влияния российских деловых кругов. // *Власть. 1995, No. 7.*

26. Даллин А. Внутренние аспекты советской внешней политики.// *Советская внешняя политика в ретроспективе 1917—1991. М.: Наука, 1993.*

27. Дахина Е.М. Внешняя политика государства в стратегии и тактике политических партий: опыт исторического сравнения. // *Проблемы*

реформирования России в современный мир. М,1994.

28. Джордан Г. Группы давления, партия и социальные движение: есть ли потребность в новых разграничениях. // *МЭ и МО, 1997, No. 1.*

29. Дробот Г. Внешнеполитические ориентации формирующейся российской элиты.// *МЭ и МО,1996, No. 9.*

30. Дудник В. Армия в российской политике // *МЭ и МО,1997, No. 5.*

31. Егоров С. Российские банкиры. // *Международная жизнь,1995, No. 10.*

32. Загладин Н. 《Новый мировой беспорядок》 и внешняя политика России: Новое осмысление современной системы международных отношений и роль России в них // *МЭ и МО. 2000. No. 1.*

33. Клепацкий Л. Дилеммы российской внешней политики // *Международная жизнь. 2000. No. 7.*

34. Колчин С. Нефтяной фактор в российской экономике и политике.// *МЭ и МО,1996, No. 5.*

35. Кондаков А.,Смирнов П. Экономическая дипломатия России //*Международная жизнь,1997, No. 3.*

36. Косолапов Н. Анализ внешней политики: основные направления исследований.// *МЭ и МО,1999, No. 2.*

37. Косолапов Н. Внешняя политика и внешнеполитический процесс субъектов международных отношений. //*МЭ и МО, 1999, No. 3.*

38. КосолаповН. Внешняя политика России: проблемы становления и политико-формирующие факторы.// *МЭ и МО, 1993, No. 2,.*

39. Косолапов Н. Россия: самосознание общества и внешняя политика. // *МЭ и МО No. 5,1993.*

40. Косолапов Н. Становление субъекта российской внешней политики. // *Pro et Contra. Том 6, Зима-весна 2001.*

41. Кривохижа В.И. и др. О некоторых подходах к решению сложных внешнеполитических задач (на примере 《расширение НАТО на восток: поиск решений》) // *Проблемы внешней и оборонной политики России:*

Сборник статей. 1997. No. 4.

42. Кузьмин Э. Российские центр и регионы и внешний мир.// *Международная жизнь,1998. No. 11-12.*

43. Куклина И. Деформация глобальных структур безопасности и Россия // *МЭ и МО. 1999. No. 11.*

44. Кулакин В. Современные теории международных отношений // *Международная жизнь,1998, No. 1.*

45. Лихачев В. Совет Федерации в международных делах. // *Международная жизнь,1998, No. 4.*

46. Лобов О. Совет безопасности России и национальные интересы страны. // *Международная жизнь,1995 , No. 10.*

47. Луков В. Безопасность России: внешнеполитическое измерение.// *Международная жизнь, 1995, No. 8.*

48. Лукин В. Парламент в формировании внешнеполитического курсы России // *Выступление на Академии Государственной службы при Президенте РФ. 1999. 28 сентября.*

49. Матвиенко В. Центр и регионы во внешней политике России.// *Международная жизнь, 1996, No. 8.*

50. Медведев О. Российский ВПК: младший брат в семействе лоббистов // *Бизнес и власть, 1995, No. 1.*

51. Мирский Г. Армия в российской политике. // *МЭ и МО,1997, No. 3.*

52. Мэндельбаум М. Российская внешняя политика в исторической перспективе // *США: Экономика. Политика. Идеология. 1998. No. 9, No. 10.*

53. Нарочницкая Н. Историческая Россия и СССР в мировой политике 20 веке.// *Новая и новейшая история , 1998, No. 1.*

54. Озеров О. Дипломатия в эпоху информационных технологий. // *Международная жизнь,1997, No. 4.*

55. Ольшанский Д. О группах влияния и некоторых「 влияющих 」в российской политике // *Бизнес и политика, 1995, No. 1.*

56. Паппэ Я. Нефтяная и газовая дипломатия России // *Pro et Contra, т.2, No. 3.*

57. ПерегудовС., СемененкоИ. Лоббизм в политической системе России. // *МЭ и МО,1996, No. 9.*

58. Писарев В.Д., Хозин Г.С. Механизм выработки внешнеполитических решений. // *США: экономика, политика, идеология,1996, No. 1-2.*

59. Пляйс Я. Новый этап внешней политики России // *Обозреватель-Observer. 1999. No. 10.*

60. Пляйс Я. Стратегия внешней политики современной России // *Обозреватель-Observer. 1999. No. 9.*

61. Попов Н. Внешняя политика России //*МЭ и МО,1994, No. 3,4..*

62. Примаков Е. Россия: Реформы и внешняя политика. // *Международная жизнь,1998, No. 7.*

63. Родионов Петр. Газпром в формировании энертегической стратегии России // *Международная жизнь. 2000. No. 3.*

64. Рыбкин И. Дума и внешние интересы России.// *Международная жизнь,1995, No. 11-12.*

65. Саква Р. Режимная система и гражданское общество в России // *Полис, 1997, No. 1.*

66. Сахаров Н.Лоббизм как фактор политической жизни // *Бизнес и политика, 1994, No. 1.*

67. Севортьян Р. Потенциал участия военных в современной российской политике//*МЭ и МО, 1997, No. 4*

68. Селезнев Г. Роль Государственной Думы в решении вопросов внешней политики Российской Федерации. //*Дипломатический ежегодник,* М., *1999.*

69. Сергеев Р.А. О неразрывности и преемственности истории внешней политики и дипломатии России // *Дипломатический вестник. 1999. No. 12.*

70. Соколов В. Национальные экономические интересы: выработка консенсуса // *МЭ и МО, 1996, No. 3.*

71. Средин В.Д. Основные направления внешней политики России на современном этапе: Выступление В.Д. Средина в Академии государственной

службы при президенте Российской Федерации // *Дипломатический вестник.1999. No. 10.*

72. Федоров А. Новый прагматизм внешней политики России // *Международная жизнь.1999 No. 8.*

73. Федоров Ю. Экономические группы интересов и внешняя политика России.// *Международная жизнь, 1998, No. 9.*

74. Федоров Ю. Экономические группы интересов в России: ТЭК и добывающие отрасли // *Бизнес и власть, 1995, No. 1.*

75. Хыонг Х.Т.М. Динамика российско-американских отношений после холодной войны: О мировом порядке после холодной войны // *США-Канада: экономика, политика, культура. 2000. No. 5.*

76. Цыганков П.А. Взаимосвязь внутренней и внешней политики: идеи Джеймса Розенау и современность // *Социально-гуманитарные знания. 1999. No. 3.*

77. Черкин В. Президентская власть // *Государство и право, 1997, No. 5.*

78. Шевцова Л. Российский политический режим. Могут ли его спасти пирамиды, вертикали, паутины ? // *Независимая газета, 1996, 20 октября.*

79. Шевцова Л. Дилеммы посткоммунистического общества // *Полис, 1996, No. 5.*

80. Шевцова Л., Клямкин И. Эта всесильная бессильная власть // *Независимая газета, 1998. 24-25, июня.*

81. Яковлев И. Законодательная власть в России: соотношение сил и распределение интересов // *Власть, 1994, No. 12.*

三、英文資料

1. Allison G.T., Szanton P.L. Remaking Foreign Policy. N.Y., 1976.

2. Christer Pursiainen. Russian Foreign Policy and International Relations Theory. Burlington. 2000.

3. Domestic Context of Soviet Foreign Policy. Boulder, Colo., 1981.

4. Foreign and Security Policy Decisionmaking Under Yeltdsin. F.Stephen Larrabee and Theodore W.Karasik. National Desearch Research Institute, Washington, 1997.

5. Foreign Policy Analysis: Continuity and Change in its Second Generation. Englewood Cliffs. N.J., 1995.

6. From Empire to Anarchy: Postcommunist Foreign Policy and International Relations. Mette Skak. New York: St.Martin』s Press 1996.

7. Internal Factors in Russia Foreign Policy. Nell Malcolm, Alex Pravda, Roy Allison and Margot Light. New York: Published for the Royal Institute of International Affairs by Oxford University Press 1996.

8. Russian Foreign Policy after the Cold War. Leszek Buszynski.1996.

9. Russian Foreign Policy Since 1990. Edited by Peter Shearman. Boulder: Westview Press 1995.

10. Russian National Security and Foreign Policy in Transition. Rumer,Eugene B. Rand. 1995.

11. Russian Negotiating Strategy (Analytic Case Studies form SALT and START).

12. State Building and Military Power in Russia and the New States of Eurasia. Editor: Bruce Parrott. New York: M.E.Sharpe, Inc.1995.

13. The Foreign Policy of the Russian Federation. Edited by Roger E. Kanet and Alexander V. Kozhemiakin. New York: St.Martin』s Press, Inc.1997.

14. The Foreign Policy of Russia: Changing Systems, Enduring Interests. Robert H.Donaldson and Joseph L .Nogee. New York: M.E.Sharpe, Inc.1998.

15. The Making of Foreign Policy in Russia and The New States of Eurasia. Editors:Adeed Dawisha and Karen Dawisha, New York: M.E.Sharpe,Inc1995.

16. The New Russian Foreign Policy. Edited by Michael Mandel. The Council on Foreign Relations1998.

17. The Sources of Russian Foreign Policy After the Cold War. Edited by Celeste A. Wallander. Boulder: Westview Press, Inc. 1996.

18. Understandings of Russian Foreign Policy.

俄羅斯外交決策機制：
從蘇聯解體到俄烏戰爭

馮玉軍　著

責任編輯　王春永
裝幀設計　鄭喆儀
排　　版　黎　浪
印　　務　劉漢舉

出版　開明書店
香港北角英皇道 499 號北角工業大廈一樓 B
電話：（852）2137 2338　傳真：（852）2713 8202
電子郵件：info@chunghwabook.com.hk
網址：http://www.chunghwabook.com.hk

發行　香港聯合書刊物流有限公司
香港新界荃灣德士古道 220-248 號
荃灣工業中心 16 樓
電話：（852）2150 2100　傳真：（852）2407 3062
電子郵件：info@suplogistics.com.hk

版次　2025 年 5 月初版

規格　16 開（240mm×170mm）

ISBN　978-962-459-289-4